JERSEY
PLACE NAMES

JERSEY PLACE NAMES
A Corpus of Jersey Toponymy

* * *

VOLUME II
THE MAPS

by
Charles Stevens & Collette Stevens

* * *

From material collected
by
Jean Arthur & Joan Stevens

2017
Société Jersiaise

A Facsimile of the Original 1986 Edition
- *with an index to the map names* -

Jersey Place Names
Volume 2: The Maps

First published in Great Britain
in 1986 by Société Jersiaise

This facsimile edition with an index to the map names
published in 2017 by Société Jersiaise

Copyright © Société Jersiaise, 2017

All rights reserved. No part of this publication may be reproduced, stored in a retrieval system, or transmitted, in any form or by any means, without the prior permission of the publisher. The book is sold subject to the conditions that it shall not, by way of trade or otherwise, be lent, resold, hired out or otherwise circulated without the publisher's prior consent in any form of binding or cover other than that in which it is published and without similar condition being imposed on the subsequent publisher.

The moral rights of the authors have been asserted.

ISBN 978-0-901897-01-5

NOTE FROM THE CARTOGRAPHER

The maps are traced from the 12.5 inches to the mile Ordinance Survey of 1934, which was revised by BKS Air Survey in 1958.

The draughtsman's guiding principles have been:
    to emphasise place names;
    to bring up in blue all water;
    to liberate Ordinance Survey sheets from the symbols for woodland, substituting a plain green ground on which words and numbers stand out clearly.

Preface to the Second Edition

The original 1986 *Jersey Place Names* volumes are highly sought after by scholars and for several years the Société Jersiaise has been seeking a means of making this great work more generally available. The cost of reprinting the volumes in their original format is prohibitive and plans to publish digital copies on a CD-ROM proved to be impracticable. However, the recent arrival of print-on-demand technology has made it possible to publish facsimile copies of the original volumes at an affordable price. In early 2016 it was agreed by the Société's Executive Committee that both volumes would be reprinted in an A4 format and that digital versions of the volumes would also be published on the Société Jersiaise website.

In preparation for the facsimile and website versions the text and maps from both *Jersey Place Names* volumes were digitally scanned. The text images were cleaned and collected into a single PDF document in preparation for publishing. The map images were stitched together into a single large map and imported into specialist cartographic software. During the summer of 2016 a student, George van Oordt, was employed by the Société to type up all the map names and to give each a latitude and longitude.

Thanks to George's dedication, all 22,931 place names (plus incidental information) were digitised, classified and given an accurate real world map reference. This meant that the names could be imported into a database and plotted on GIS software such as Google Earth and Bing Maps. This has permitted the creation of a searchable online version of the *Jersey Place Names* maps, a copy of which should be accessible through the Société Jersiaise website. At the time of writing the names on the maps are being cross-referenced against the names given in the text part of the work with the aim of making both *Jersey Place Names* volumes fully searchable online.

In the autumn of 2016 the database of names was used to create an index to the maps in Volume II. The complexity of creating an index by hand meant that such a feature could not be included with the original 1986 *Jersey Place Names* but an idex has been prepared for this new edition. This index contains entries relating to all the digitised place names but excludes unnamed features (such as fields) plus a majority of notes and comments on the maps.

It should be noted that this facsimile edition has reproduced all the original maps but in a smaller size format than the 1986 edition. This means that each spread in this edition represents a quarter section of the larger gatefold maps as reproduced in 1986. For this reason, and because the original maps are hand drawn and not geometrically precise, the reproduced maps are often not flush to the edge of each page. Nonetheless we feel that this reproduction of the original maps provides a working edition of the original Volume II that will be of benefit to amateur and professional researchers.

This project could not have proceeded without considerable work from Gareth Syvret, George van Oordt, Bromyn Matthews, Clare Cornick, Jonathan Sykes, Roger Long, Marie-Louise Backhurst and members of the Société Jersiaise Executive and Publications Committees. Their effort and dedication is greatly appreciated.

PAUL CHAMBERS
April 2017

JERSEY PLACE NAMES
A Corpus of Jersey Toponymy

1A	1B	2A	2B
1C	1D	2C	2D
5A	5B	6A	6B
5C	5D	6C	6D
8A	8B	9A	9B
8C	8D	9C	9D

2B	3A		
2D	3C	3B	
6B	7A	3D	4A&B
6D	7C	7B	4C	4D
9B	10A	7D	11A	12A
9D	10C	10B	12B&C	11B
		10D	11C&D	

Map 1A

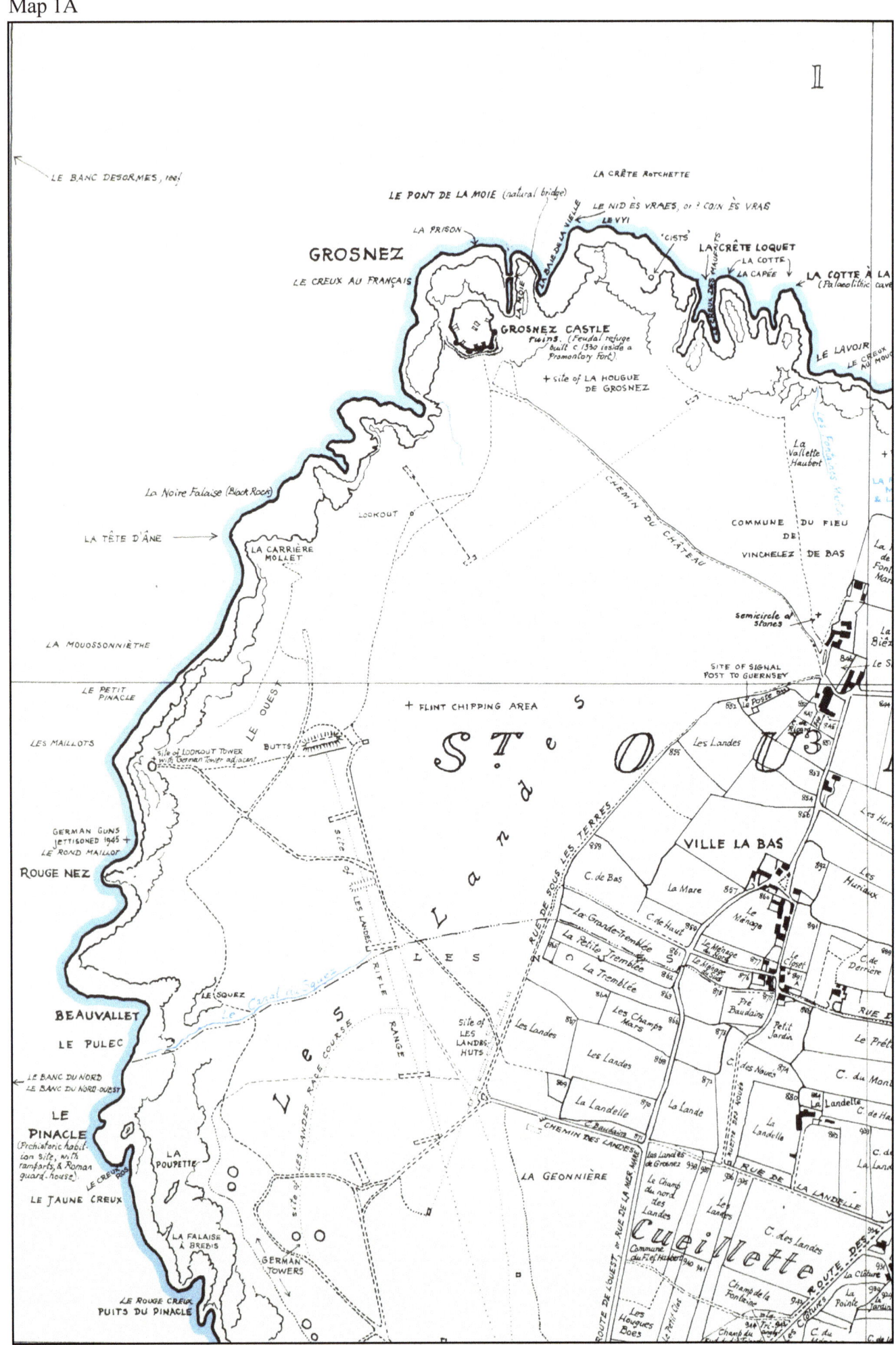

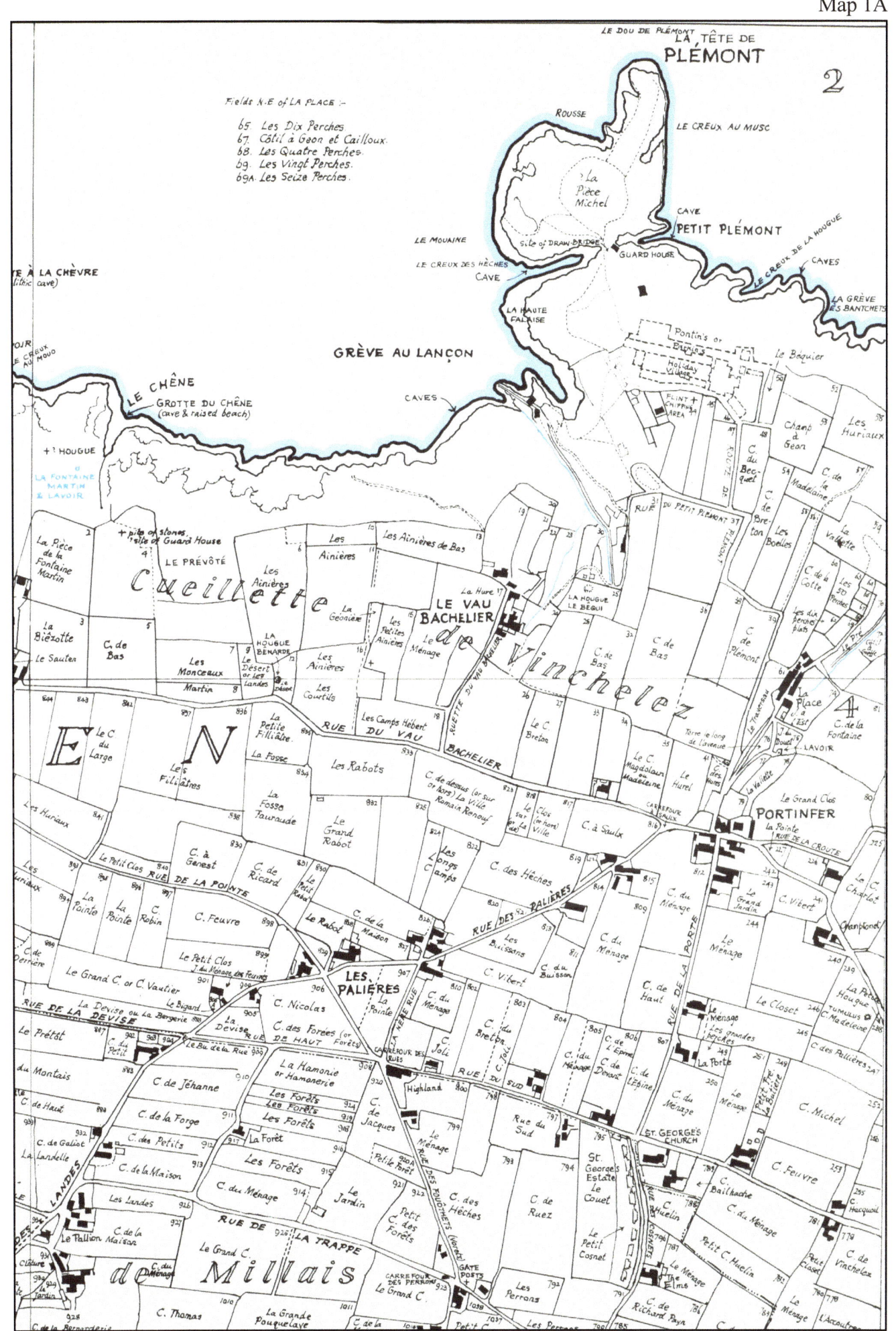

Map 1A

Map 1B

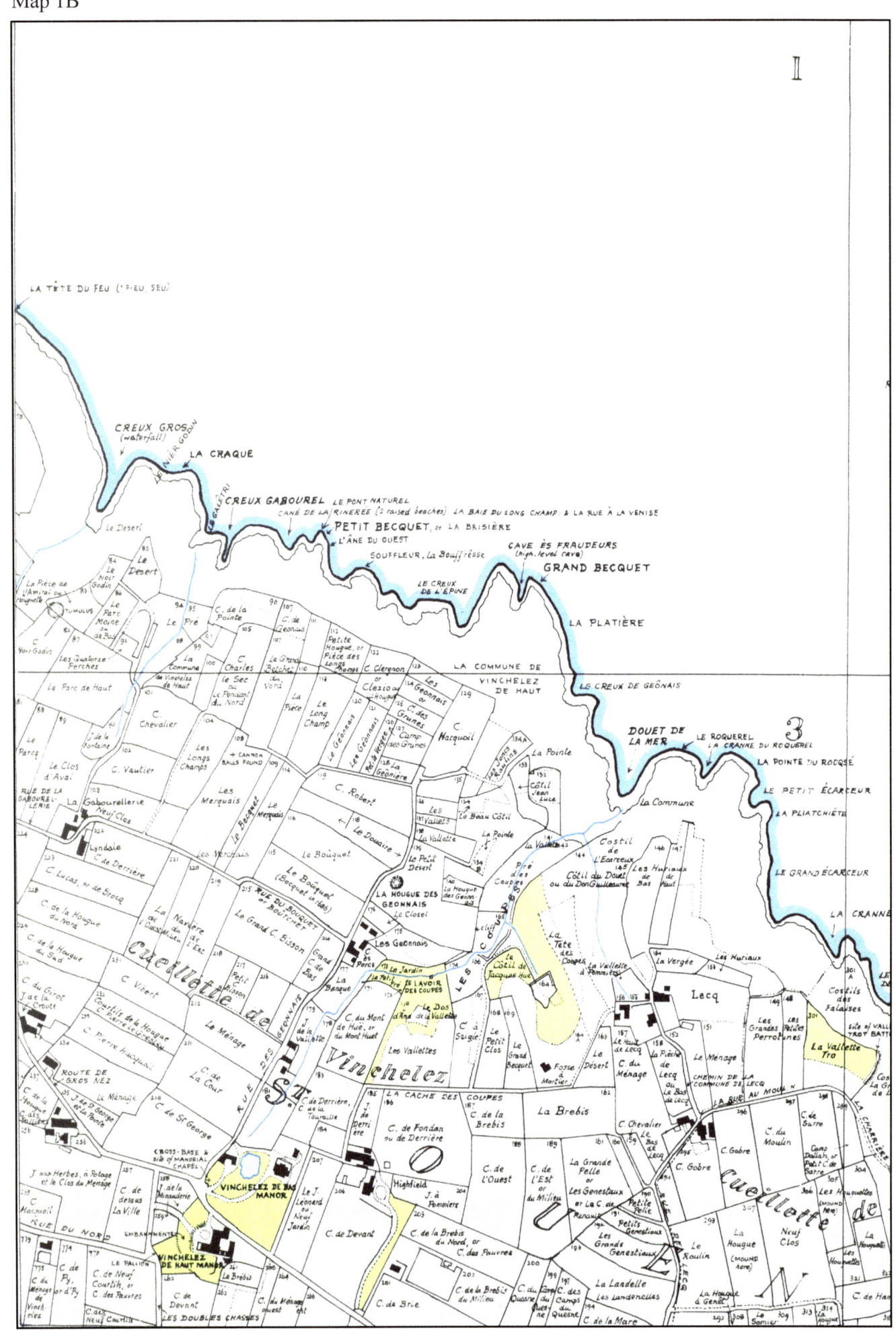

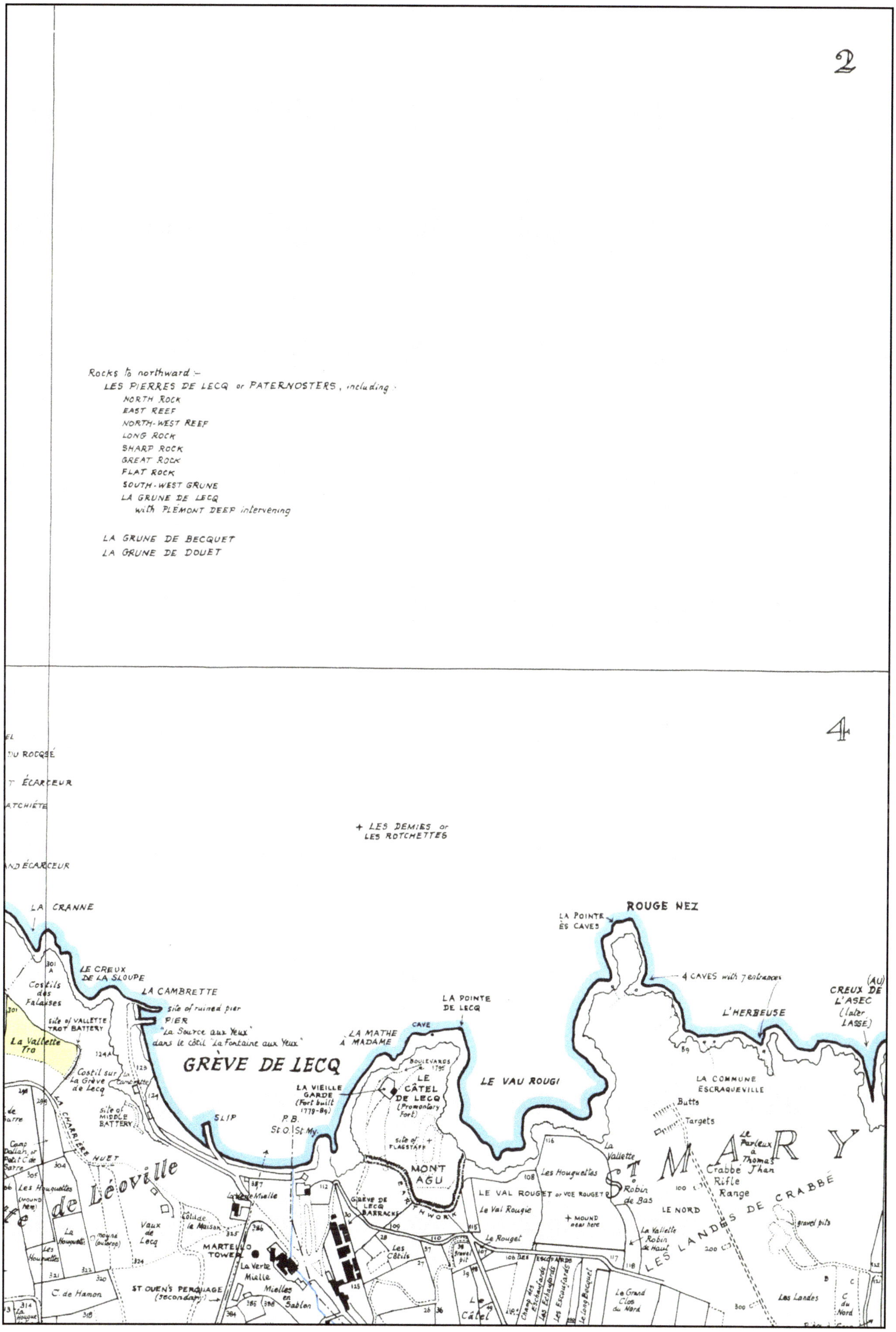

Map 1B

2

Rocks to northward :—
  LES PIERRES DE LECQ or PATERNOSTERS, including :
    NORTH ROCK
    EAST REEF
    NORTH-WEST REEF
    LONG ROCK
    SHARP ROCK
    GREAT ROCK
    FLAT ROCK
    SOUTH-WEST GRUNE
    LA GRUNE DE LECQ
      with PLÉMONT DEEP intervening

  LA GRUNE DE BECQUET
  LA GRUNE DE DOUET

4

+ LES DEMIES or
  LES ROTCHETTES

ROUGE NEZ
LA POINTE ÉS CAVES
LA CRANNE
LE CREUX DE LA SLOUPE
LA CAMBRETTE
site of ruined pier
PIER
"La Source aux Yeux"
dans le côtil "La Fontaine aux Yeux"
LA POINTE DE LECQ
4 CAVES with 7 entrances
(AU) CREUX DE L'ASEC (later LASSE)
L'HERBEUSE
Costils des Falaises
site of VALLETTE TROT BATTERY
La Vallette Tro
Costil sur La Grève de Lecq
site of MIDDLE BATTERY
SLIP
GRÈVE DE LECQ
LA MATHE A MADAME
CAVE
LE VAU ROUGI
LA COMMUNE ESCRAQUEVILLE
Butts
Targets
LA VIEILLE GARDE (Fort built 1779-84)
LE CÂTEL DE LECQ (Promontory Fort)
BOULEVARDS 1795
site of flagstaff
La Vallette Robin de Bas
Le Perleux à Thomas Jhan
Crabbé Rifle Range
P.B. St.O. St.My.
de Leoville
La Verte Mielle
Collide la Maison
Vaux de Lecq
GRÈVE DE LECQ BARRACKS
N WORK
Le Val Rougi
LE NORD
gravel pits
Les Houquettes
Camp Dodiah or Petit Câe Sarre
Les Houquettes
Les Houquettes
mound (outcrop)
MARTELLO TOWER
La Verte Mielle
Les Côtils
Chang des Escraquevards
La Vallette Robin de Haut
LES LANDES DE CRABBÉ
ST OUEN'S PERQUAGE (secondary)
Mielles en Sablon
Le Câtel
gravel pit
Les Escraqueards
Le Long Becquet
Le Grand Clos du Nord
Les Landes
C du Nord
C. de Hamon
MOUND near here

Map 1C

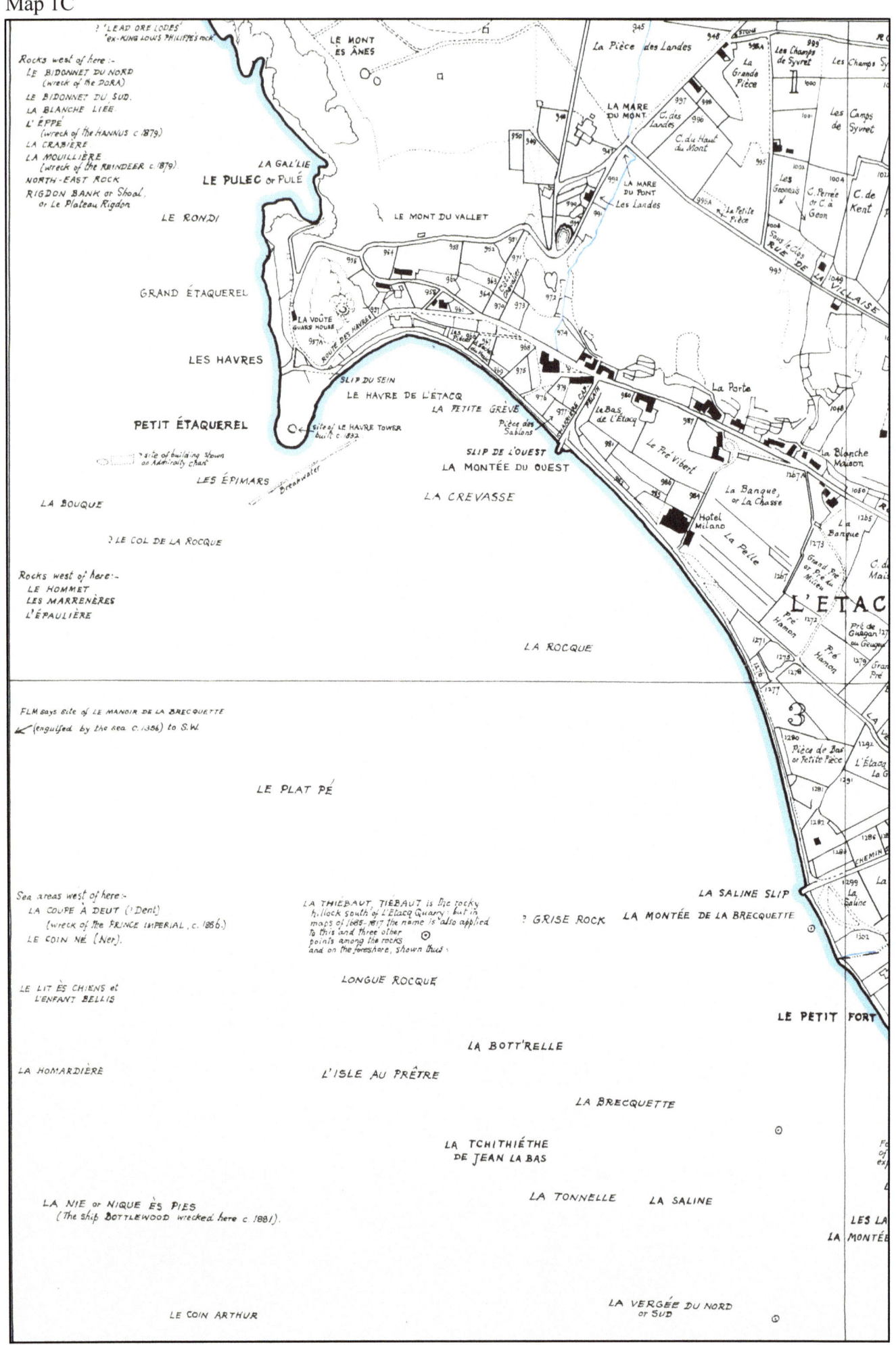

Map 1C

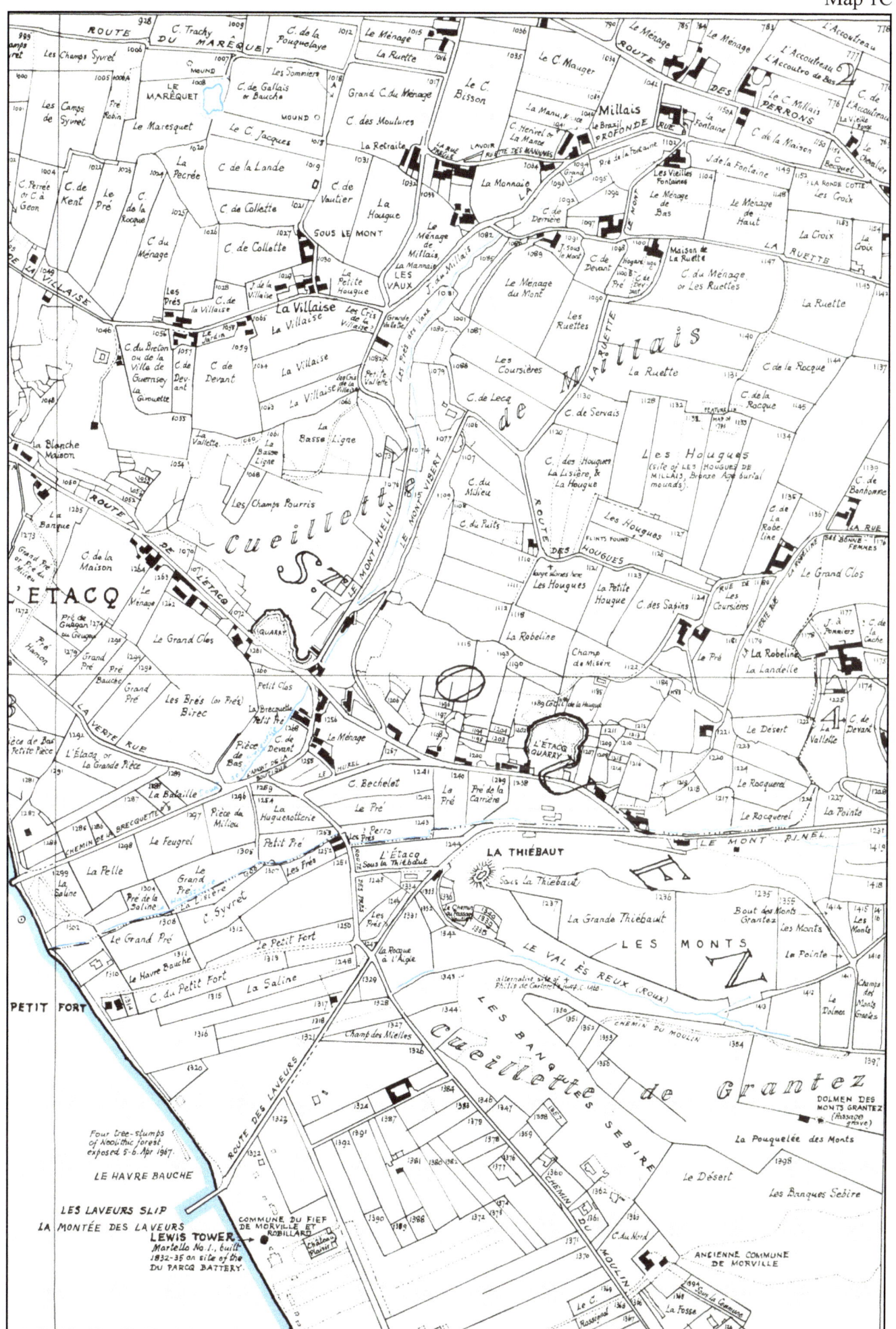

Map 1D

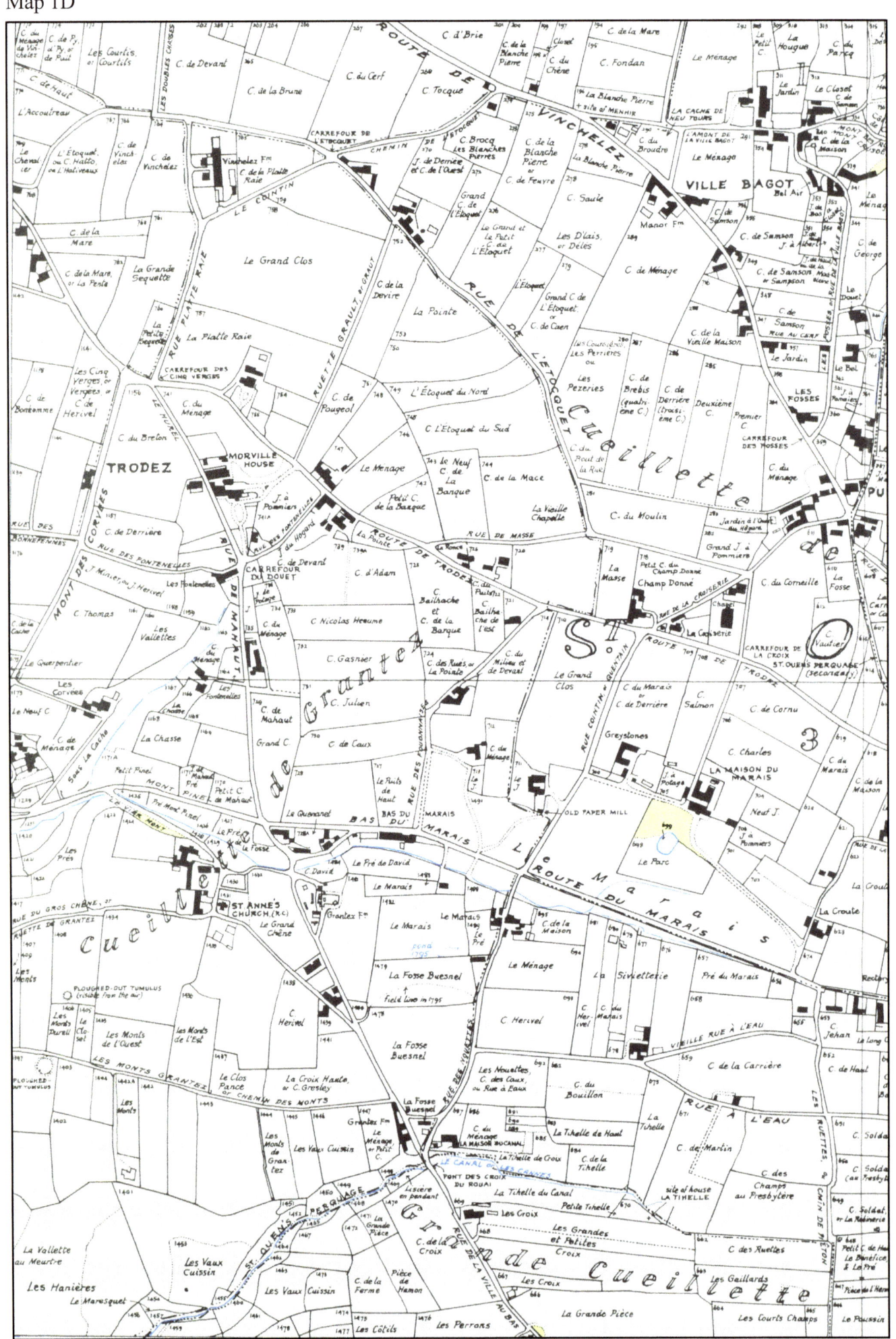

Map 1D

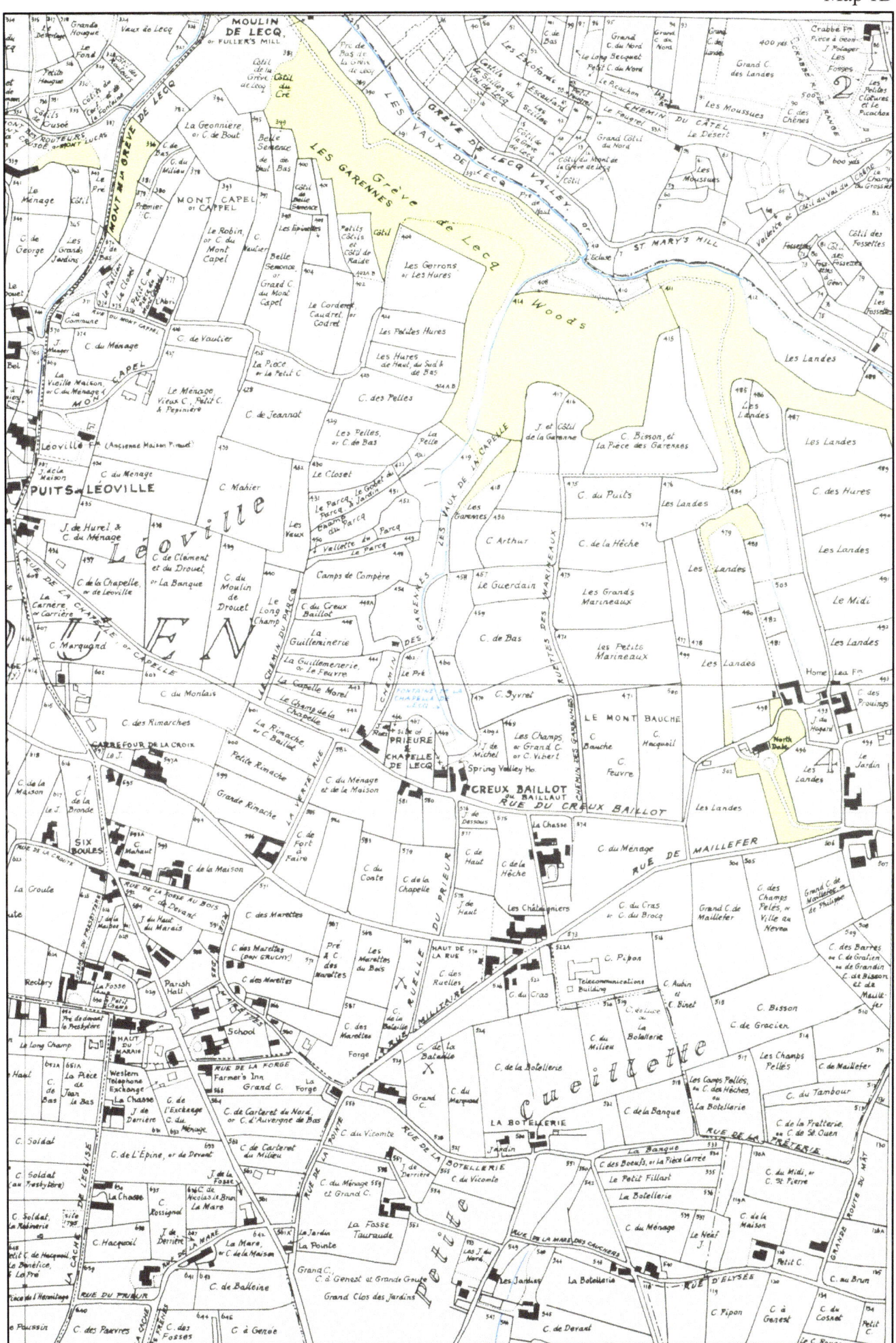

Map 2A

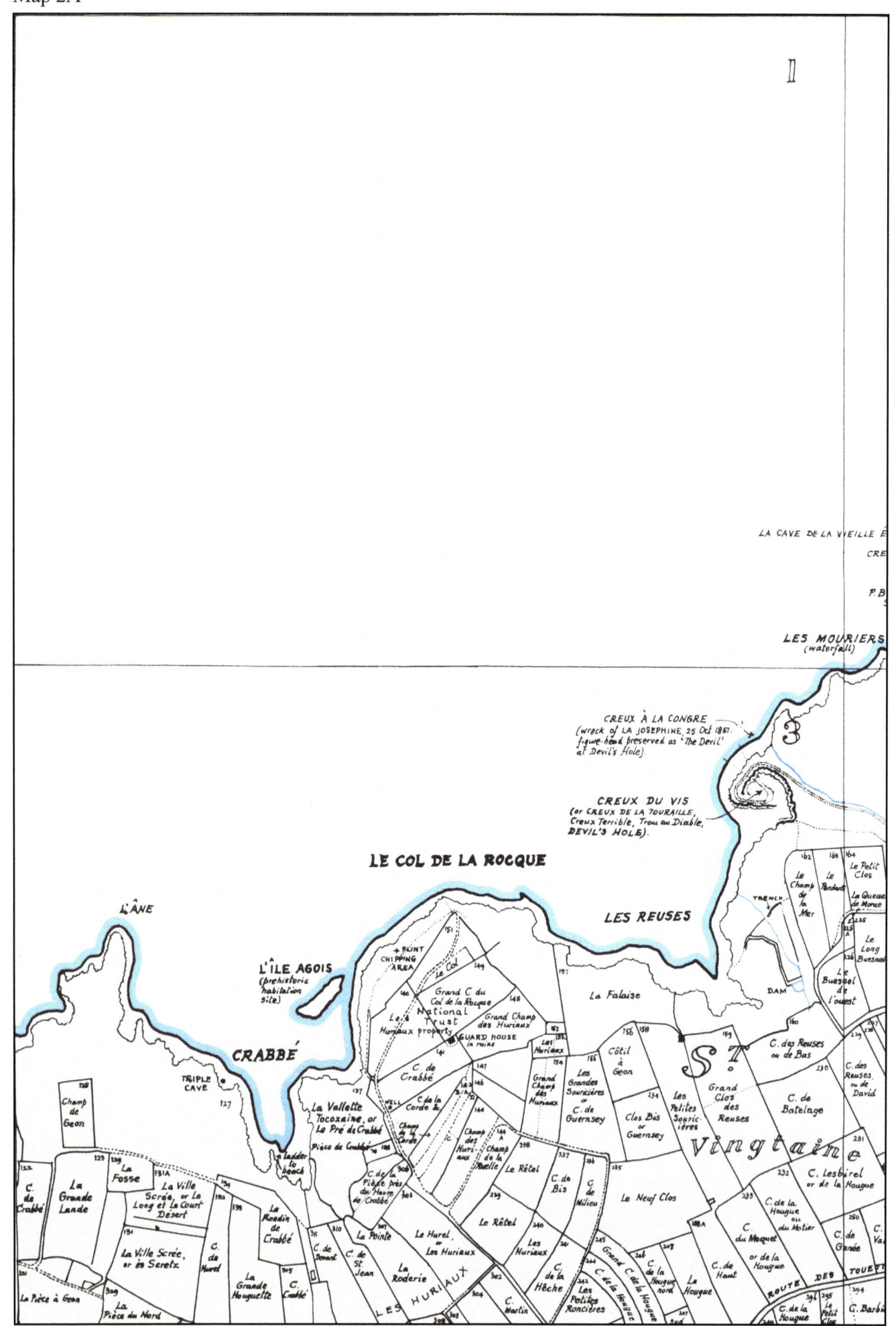

Map 2A

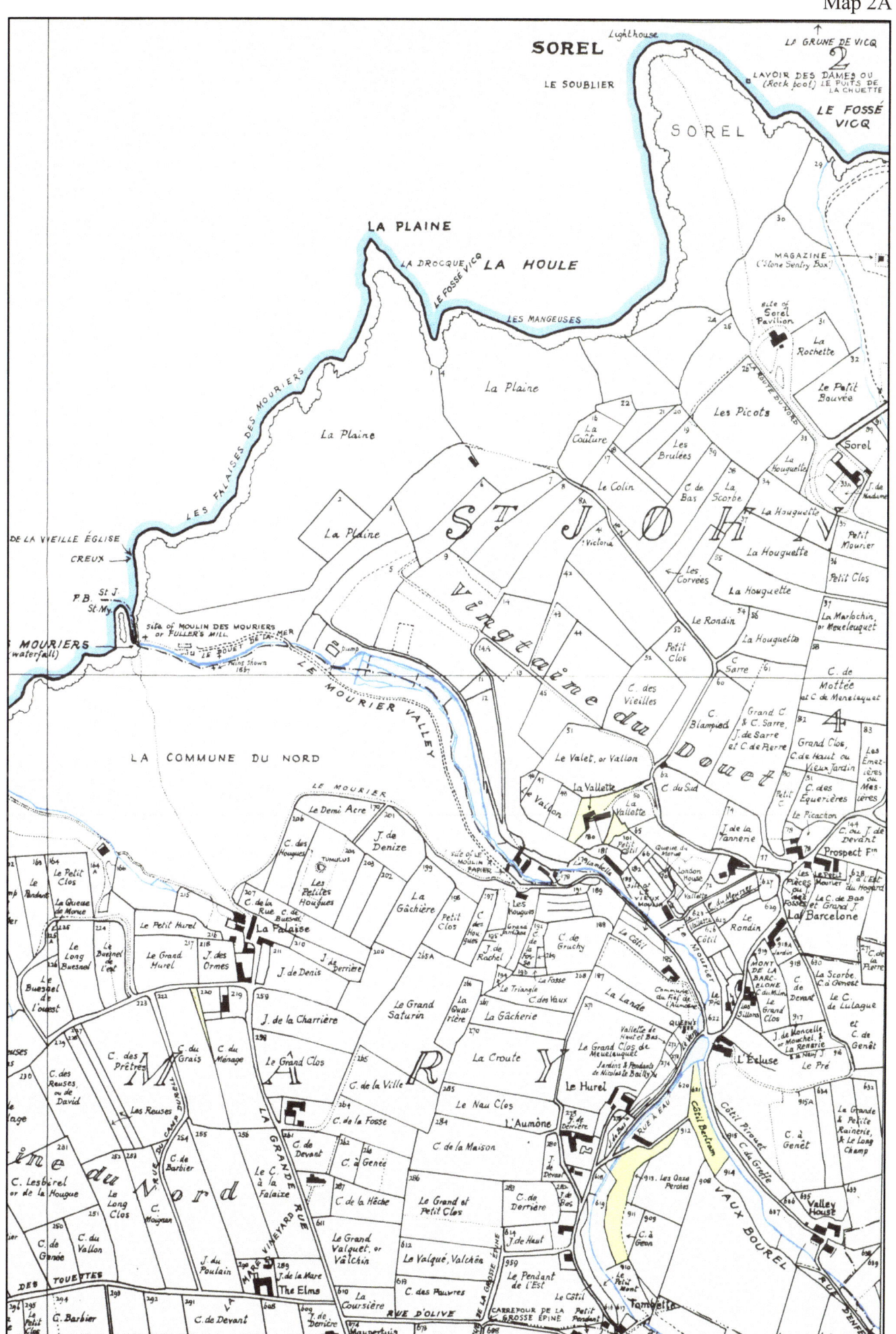

Map 2B

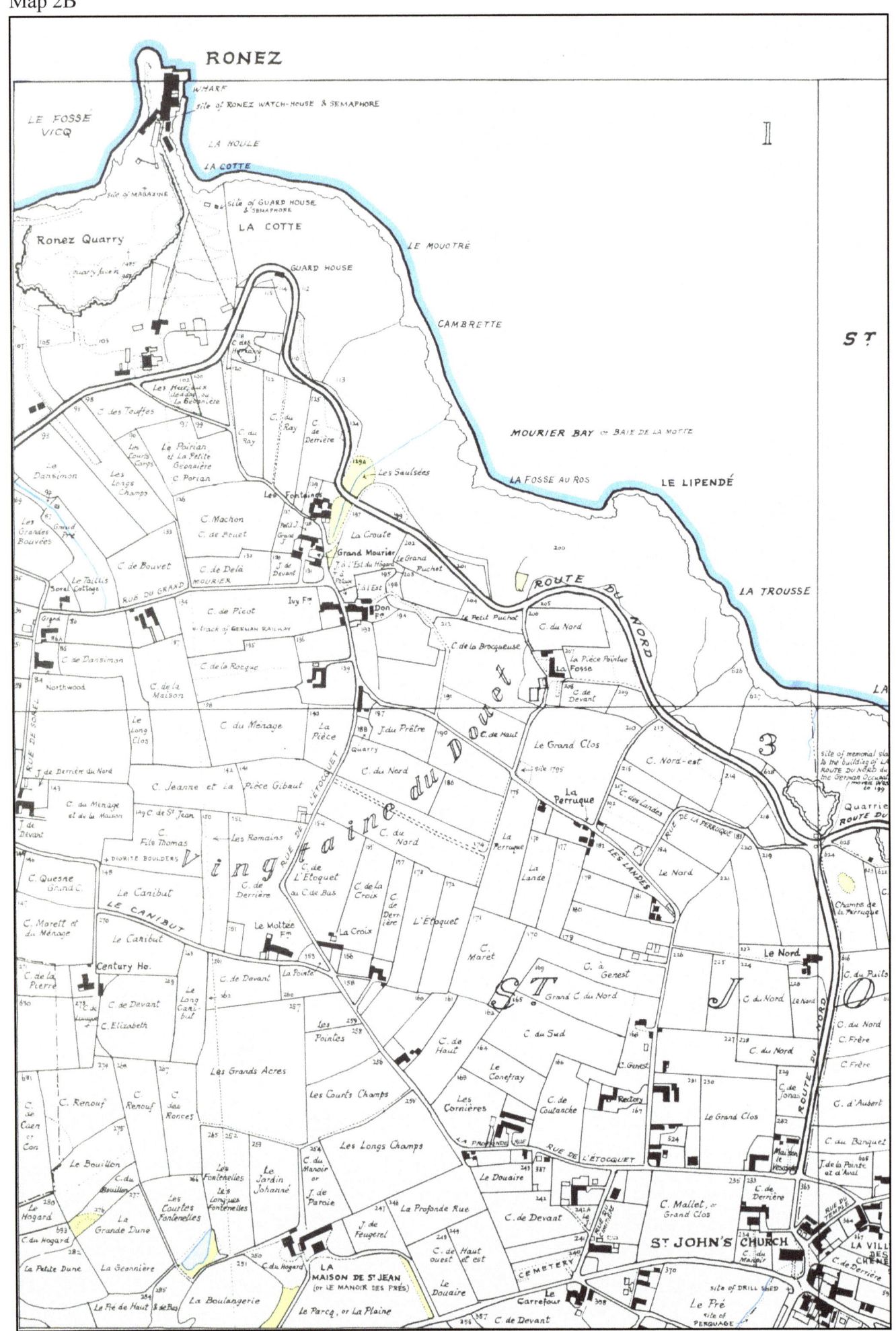

Map 2B

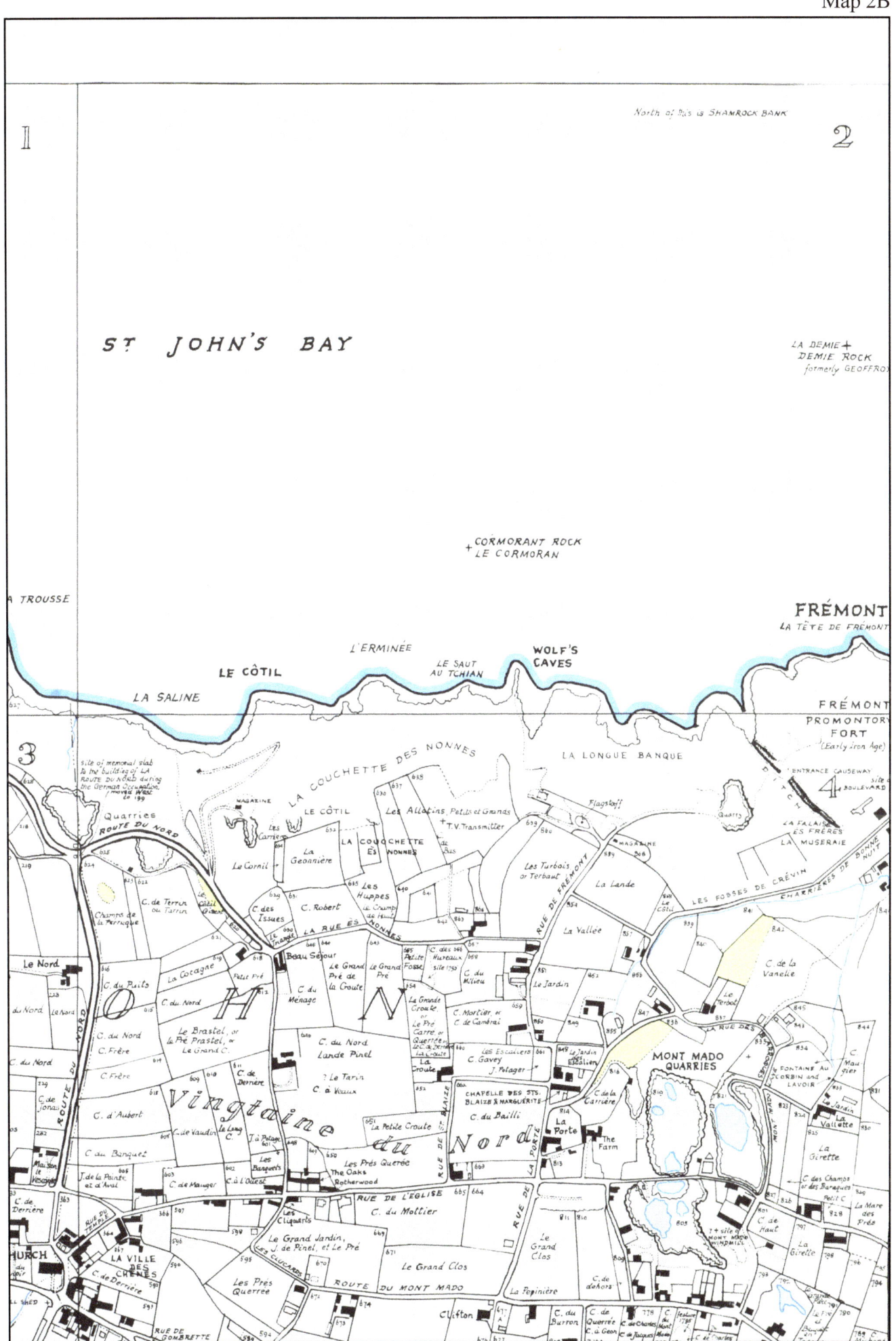

Map 2C

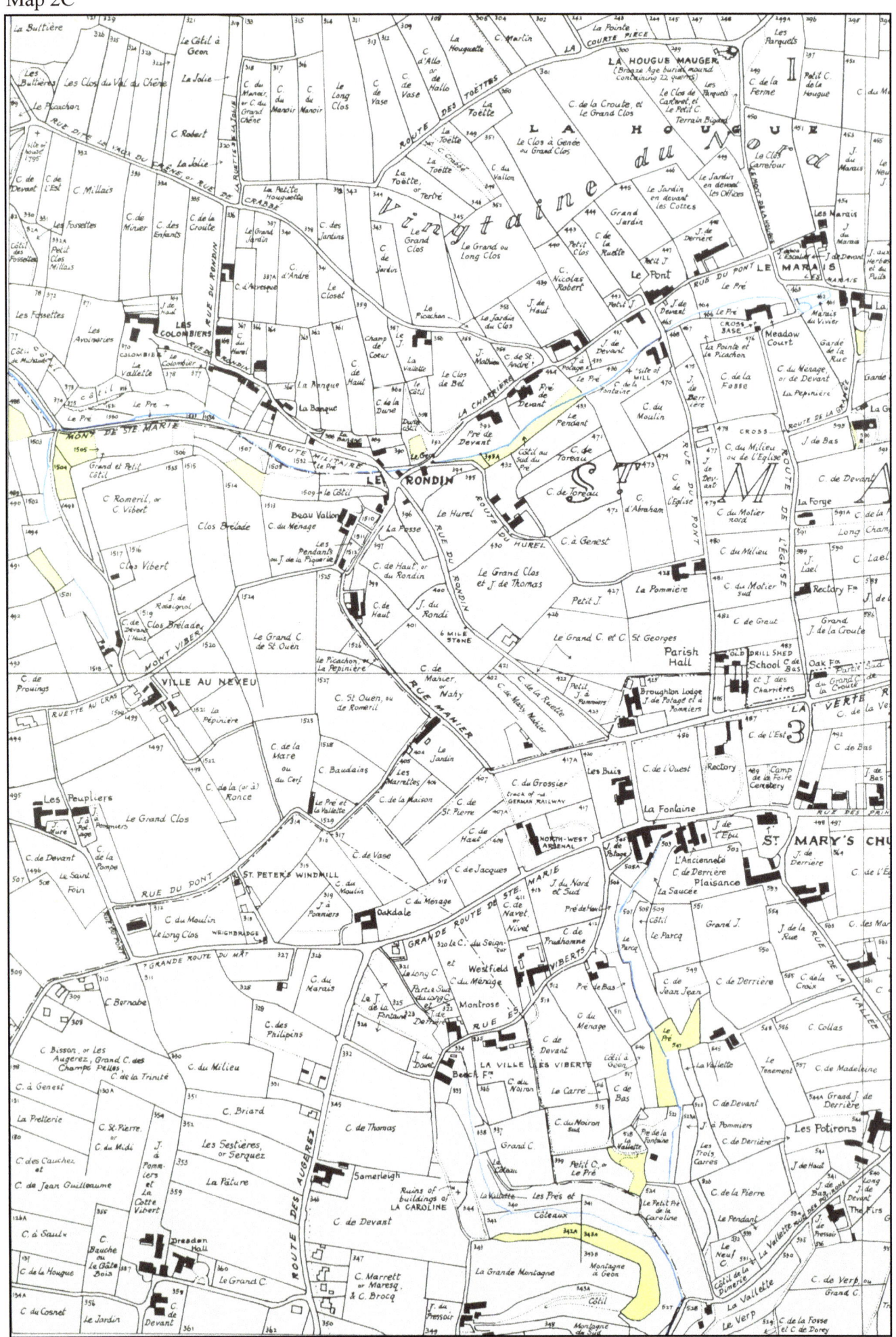

Map 2C

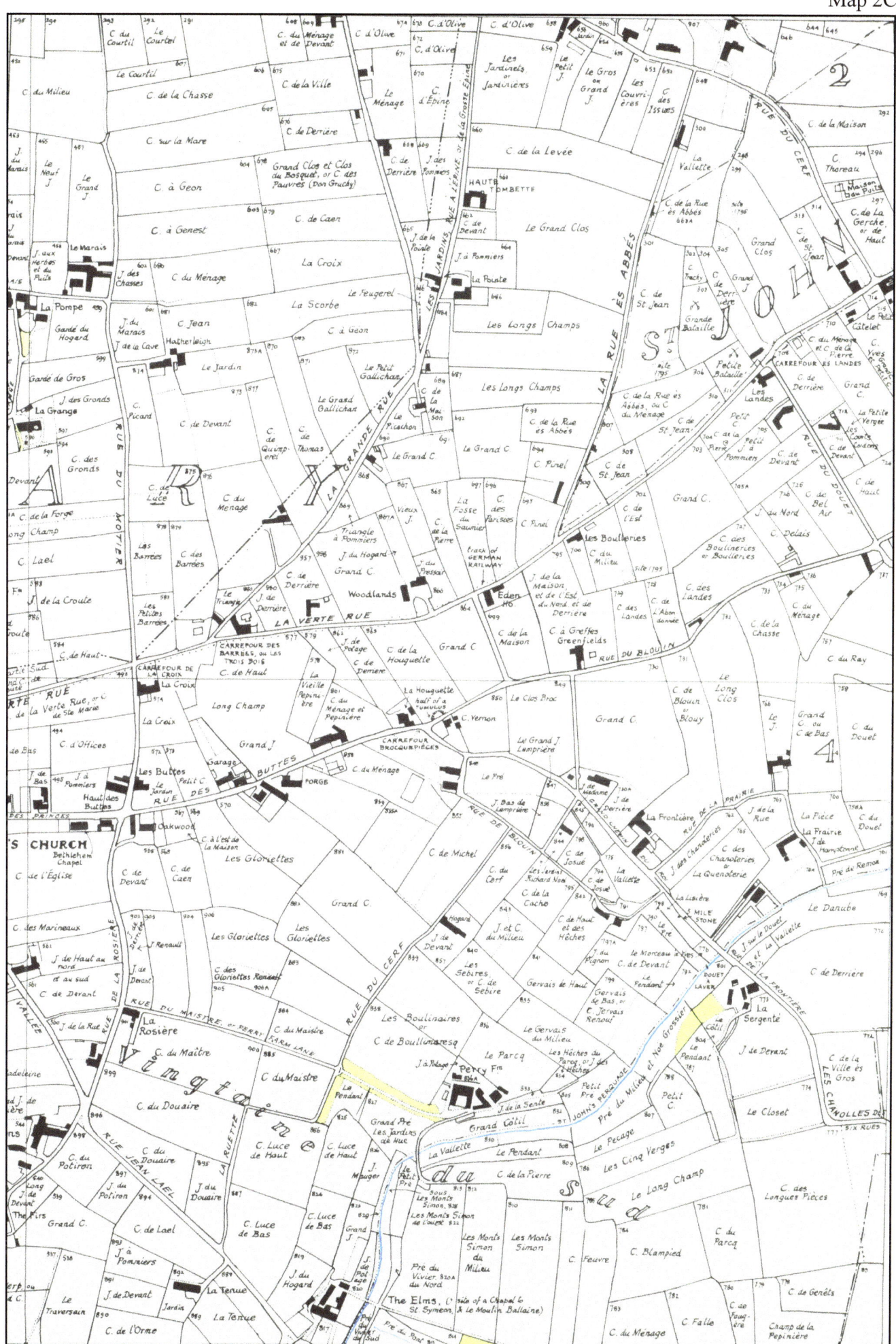

Map 2D

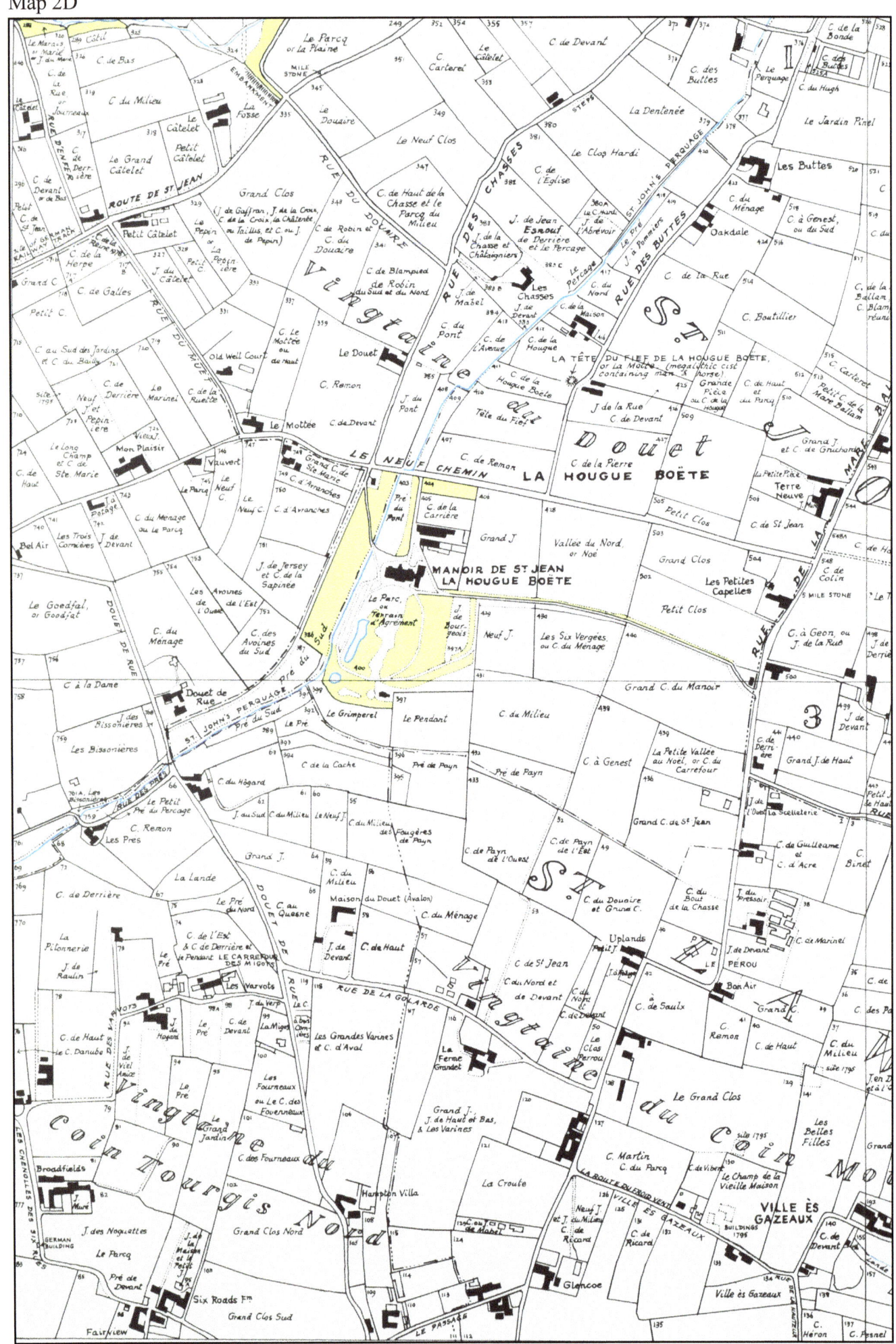

Map 2D

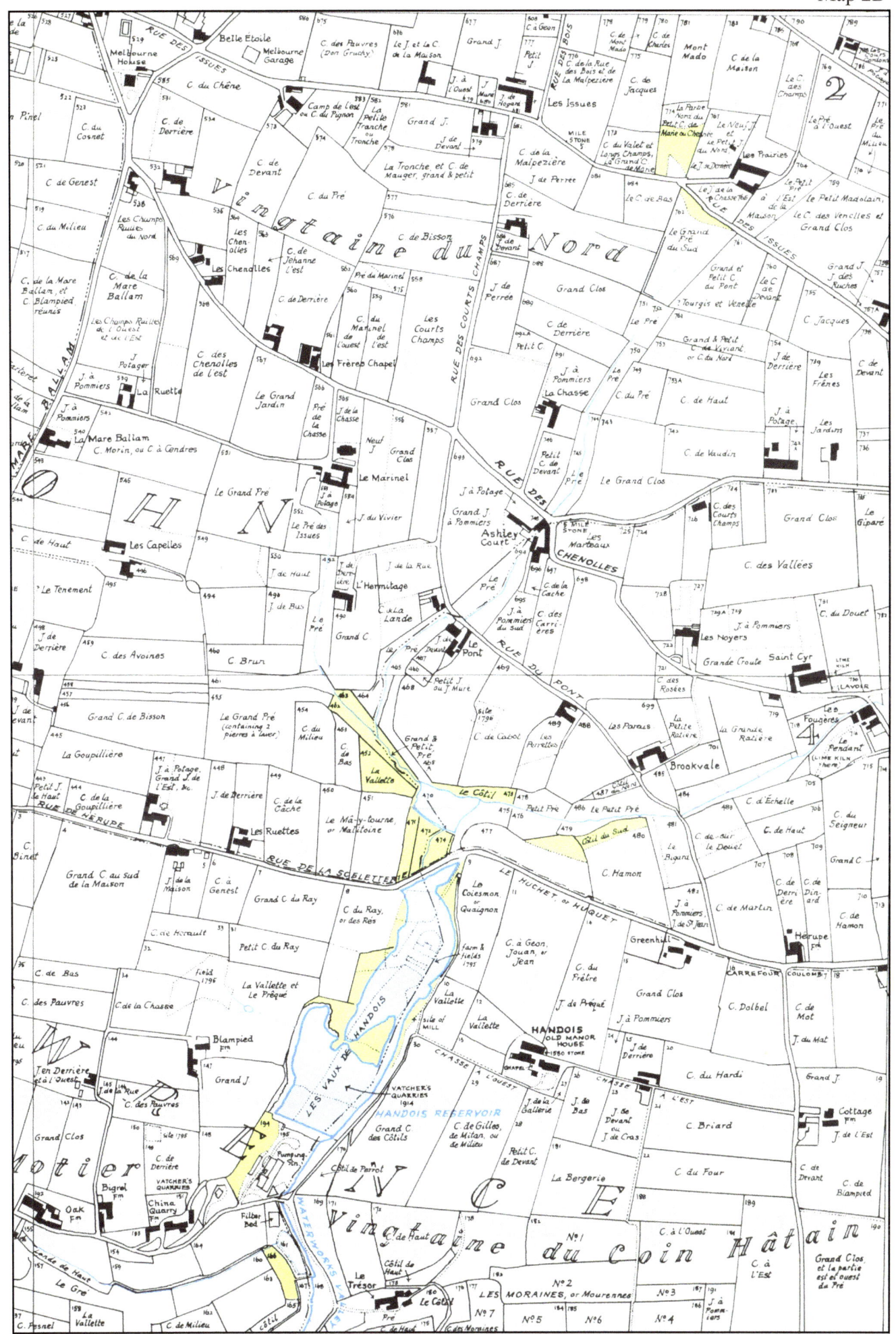

Map 3A

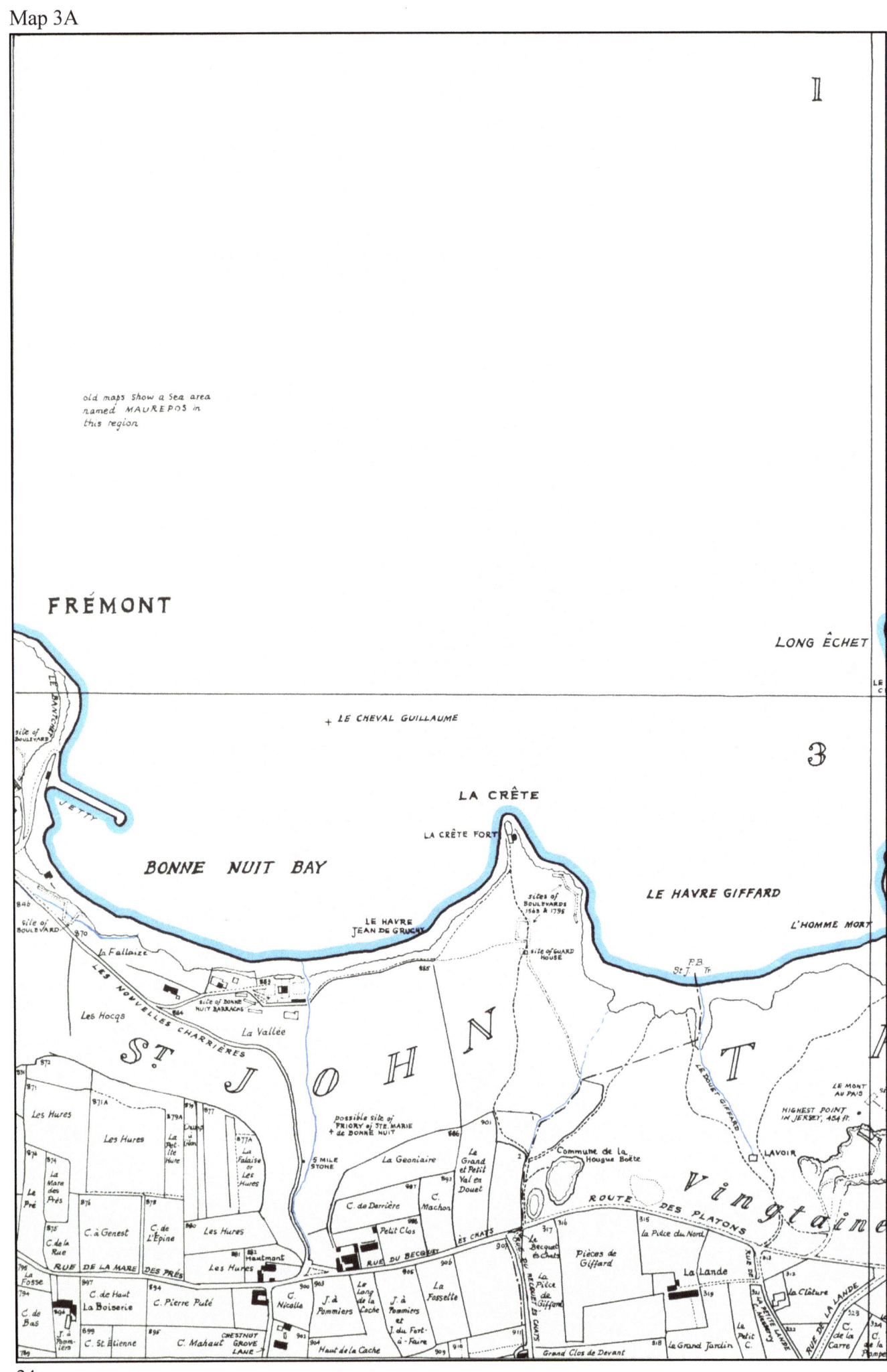

Map 3A & B

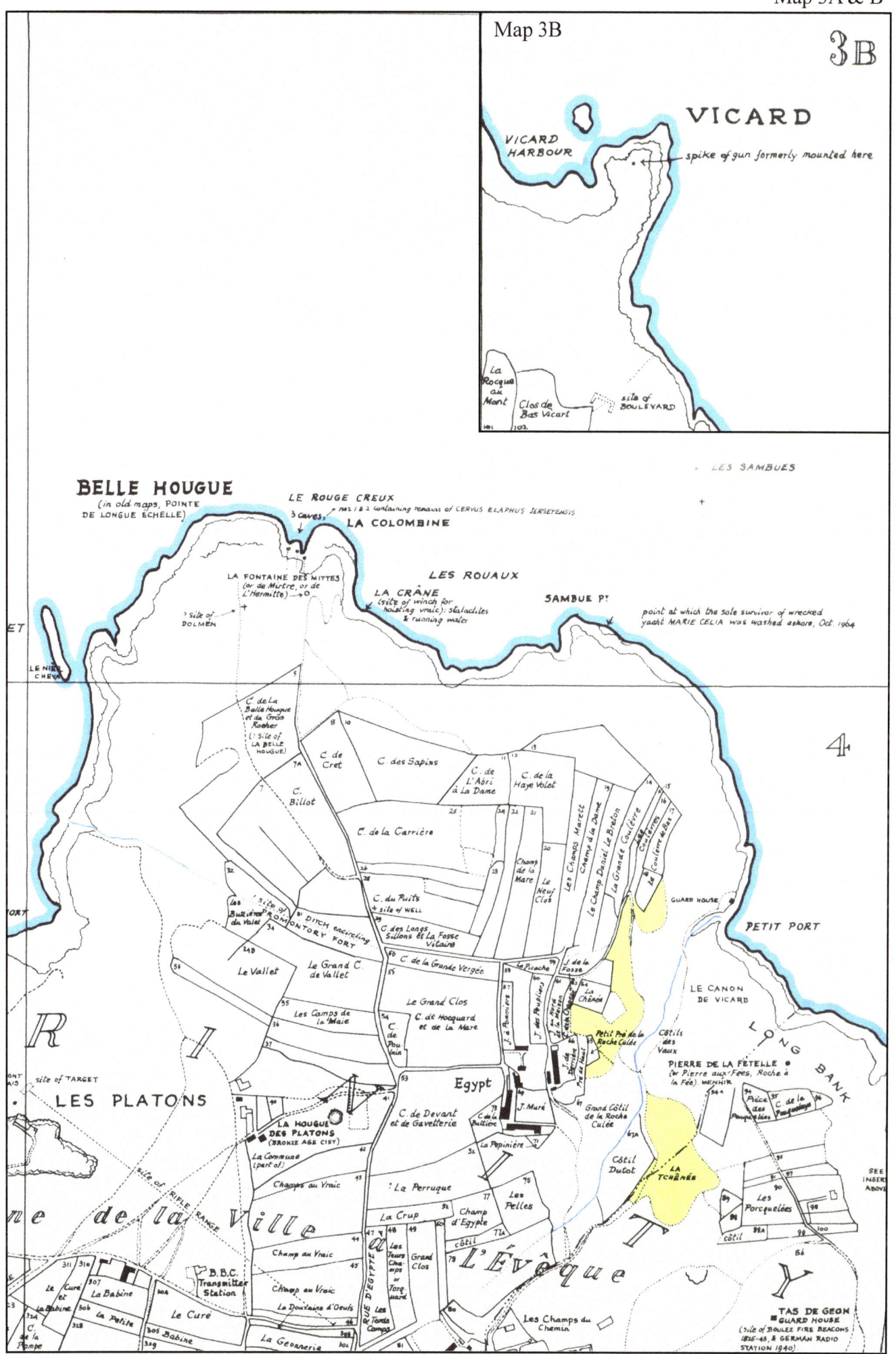

Map 3C

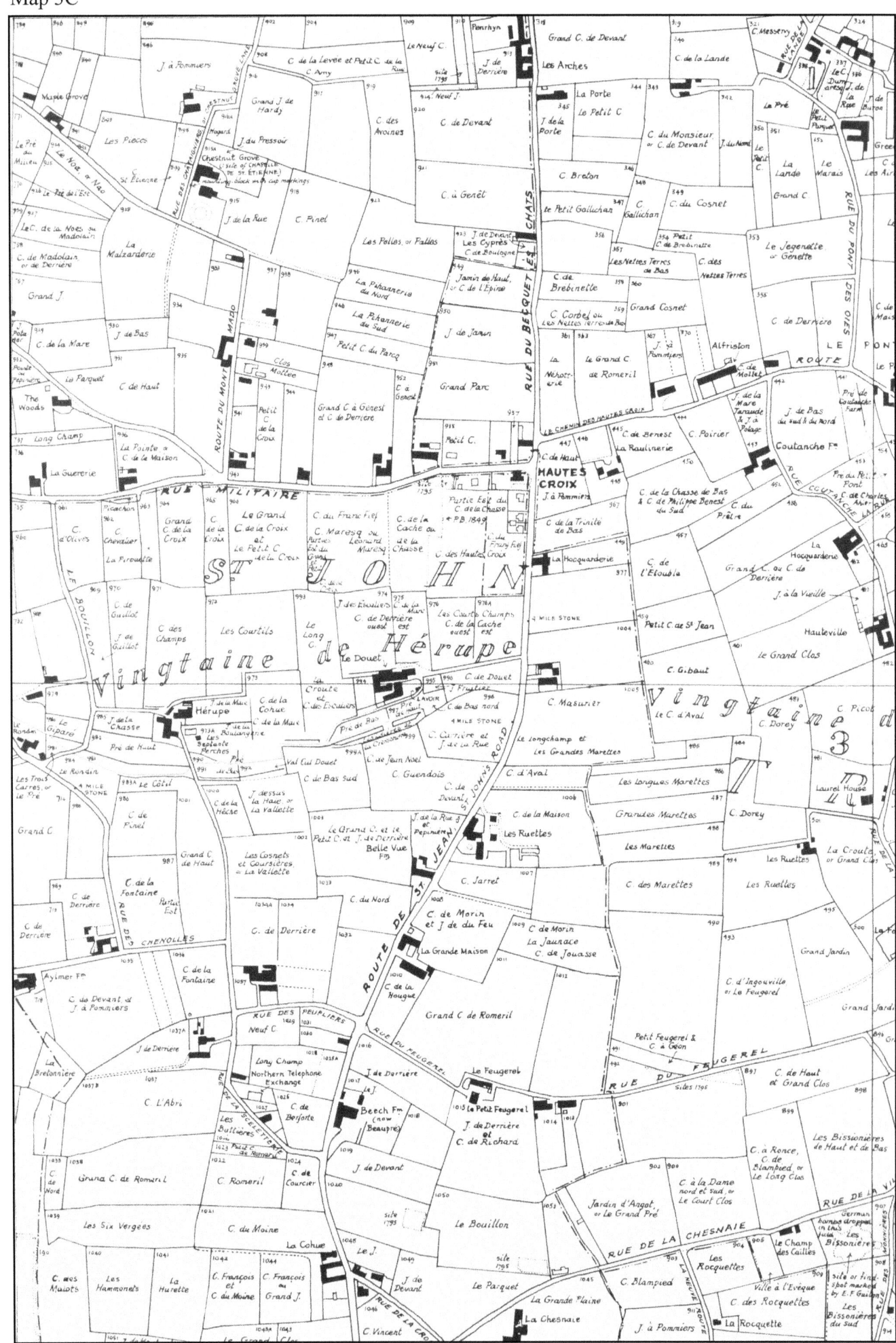

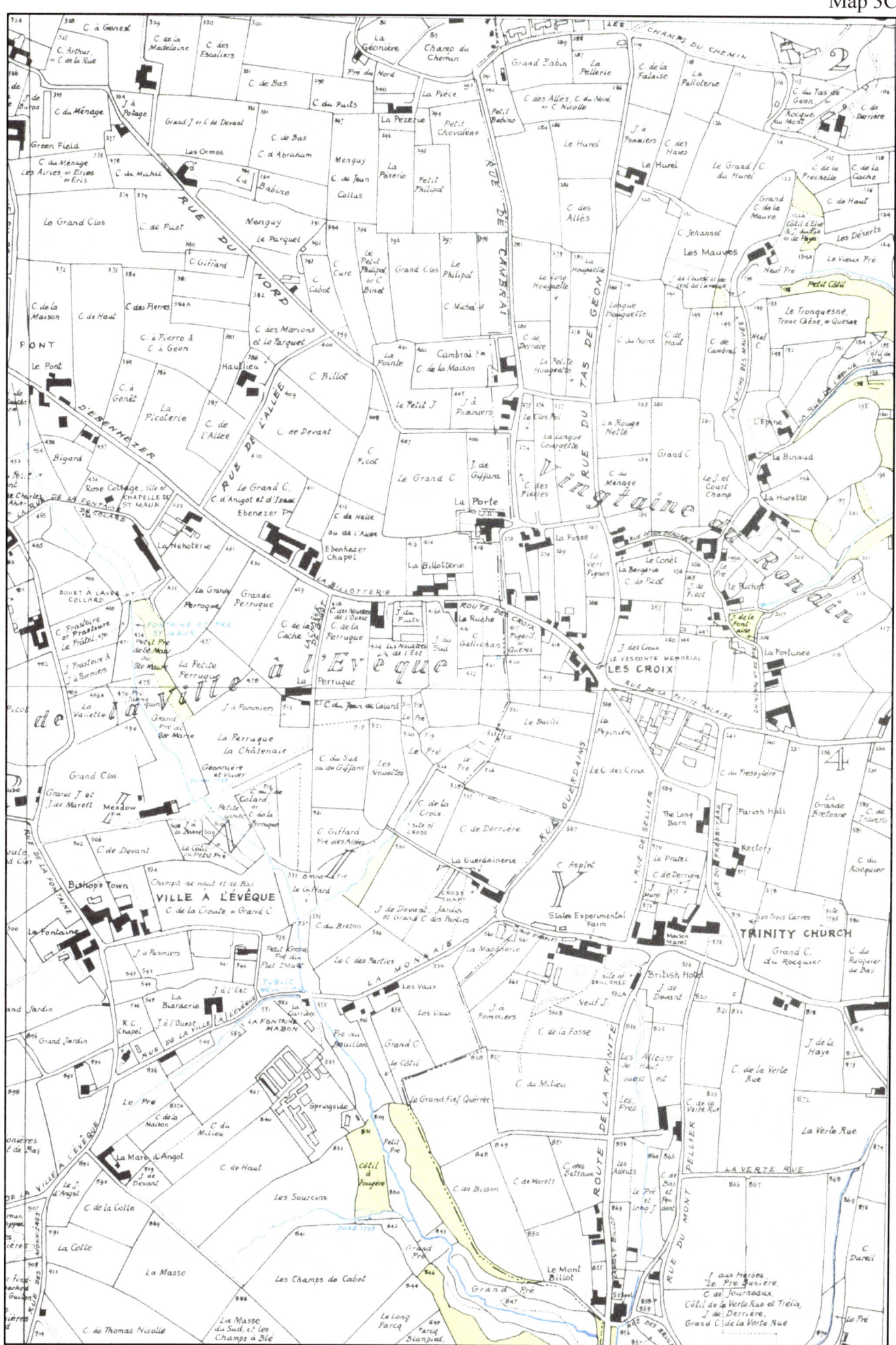

Map 3C

Map 3D

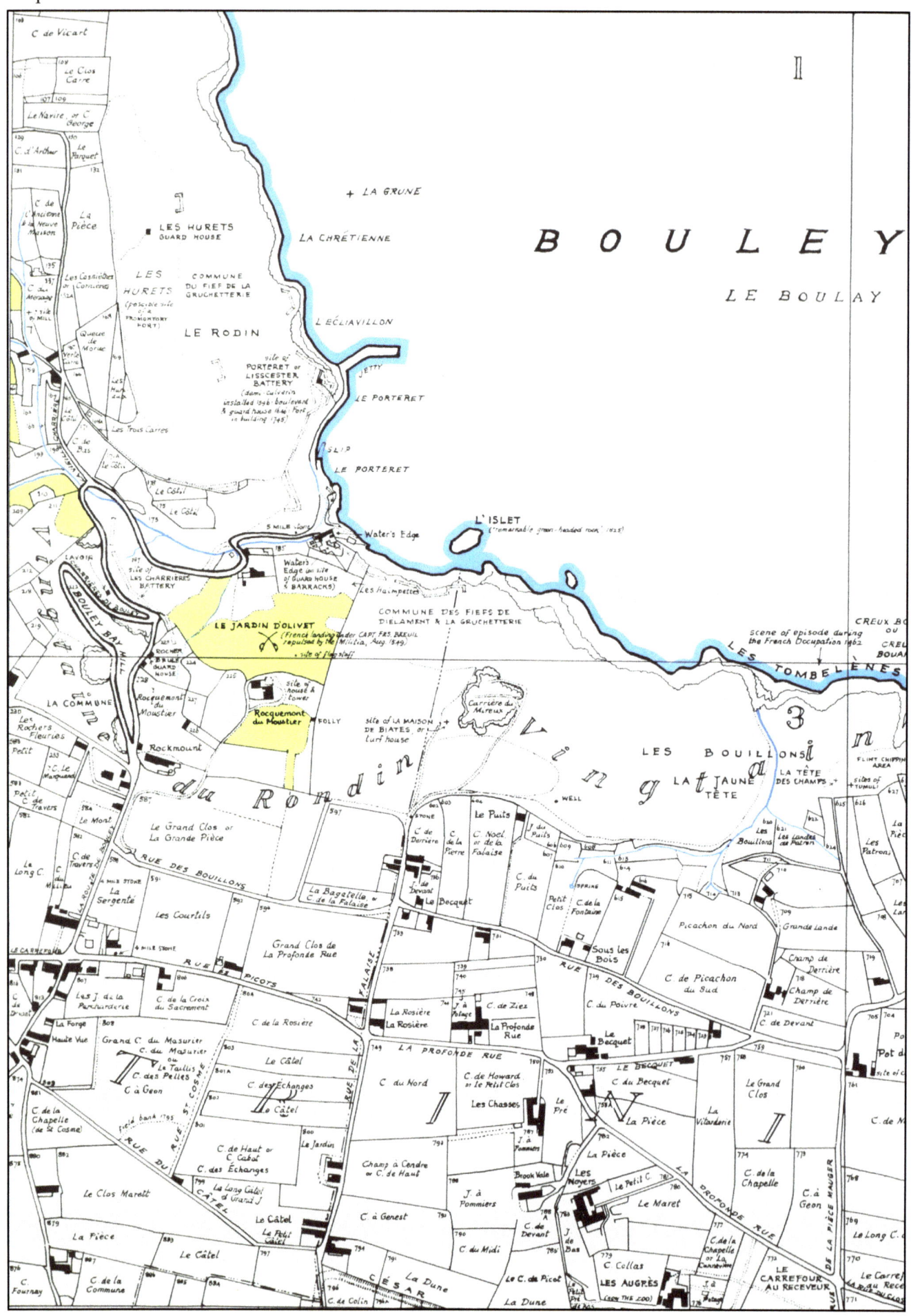

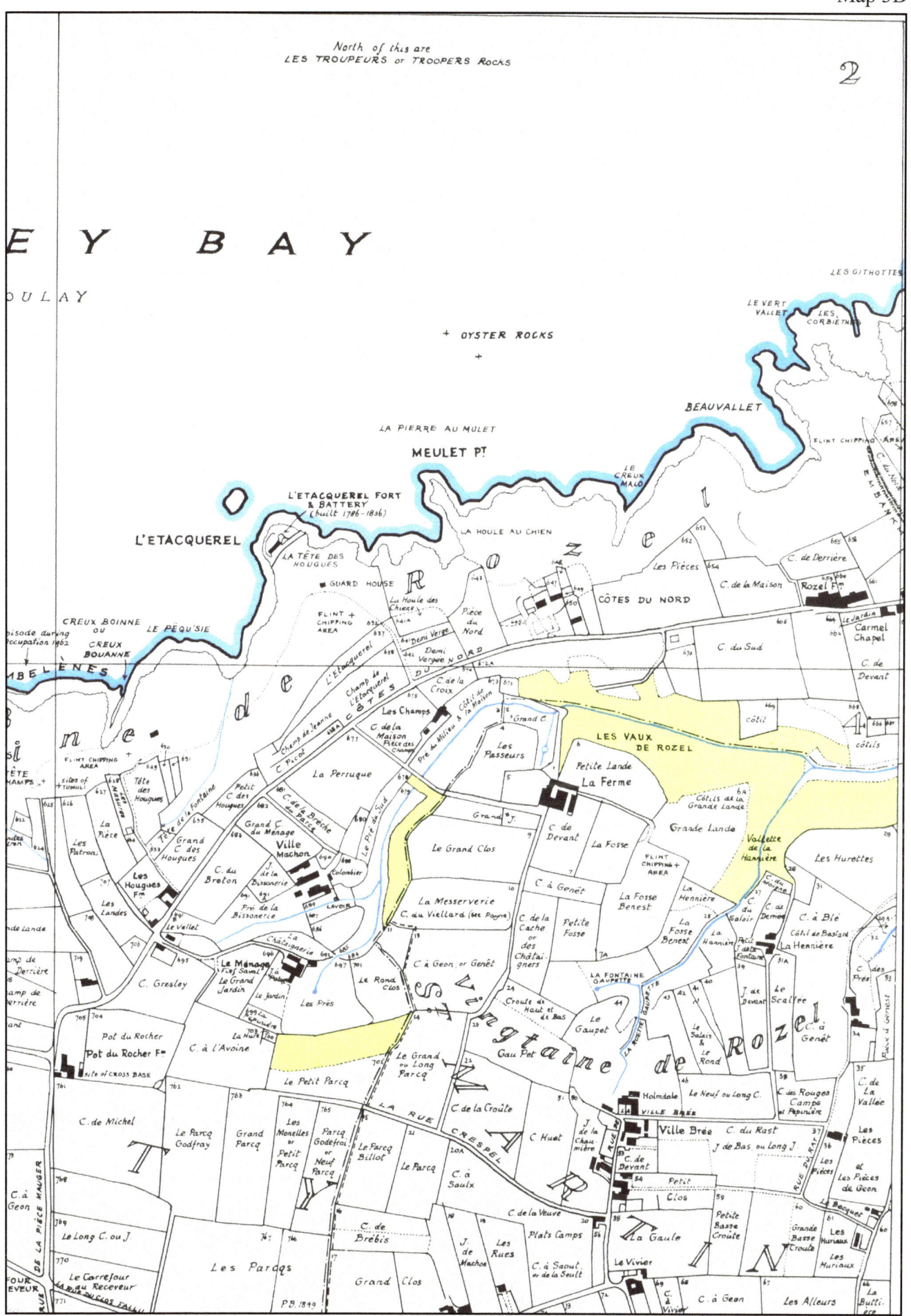

Map 3D

Map 4A

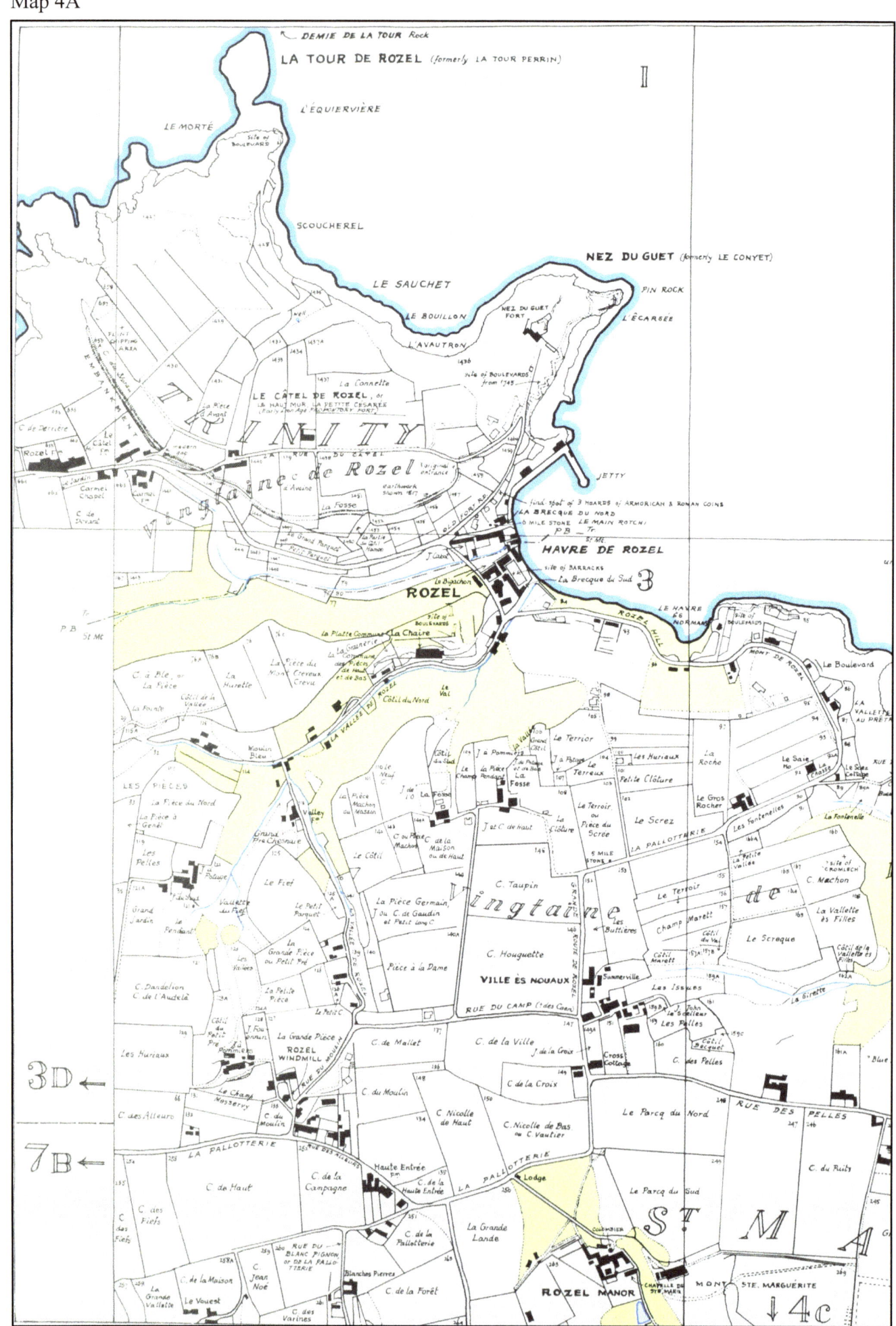

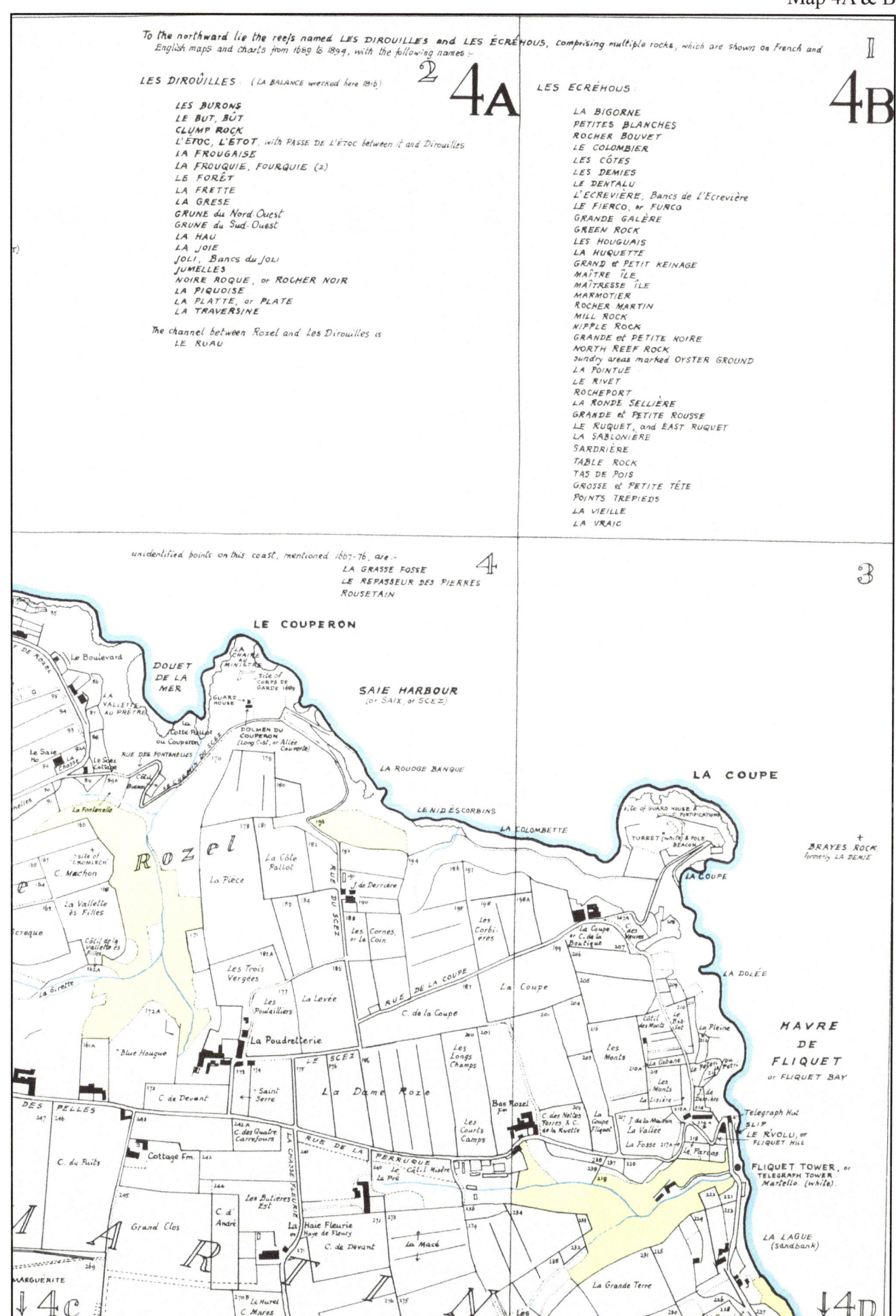

Map 4C

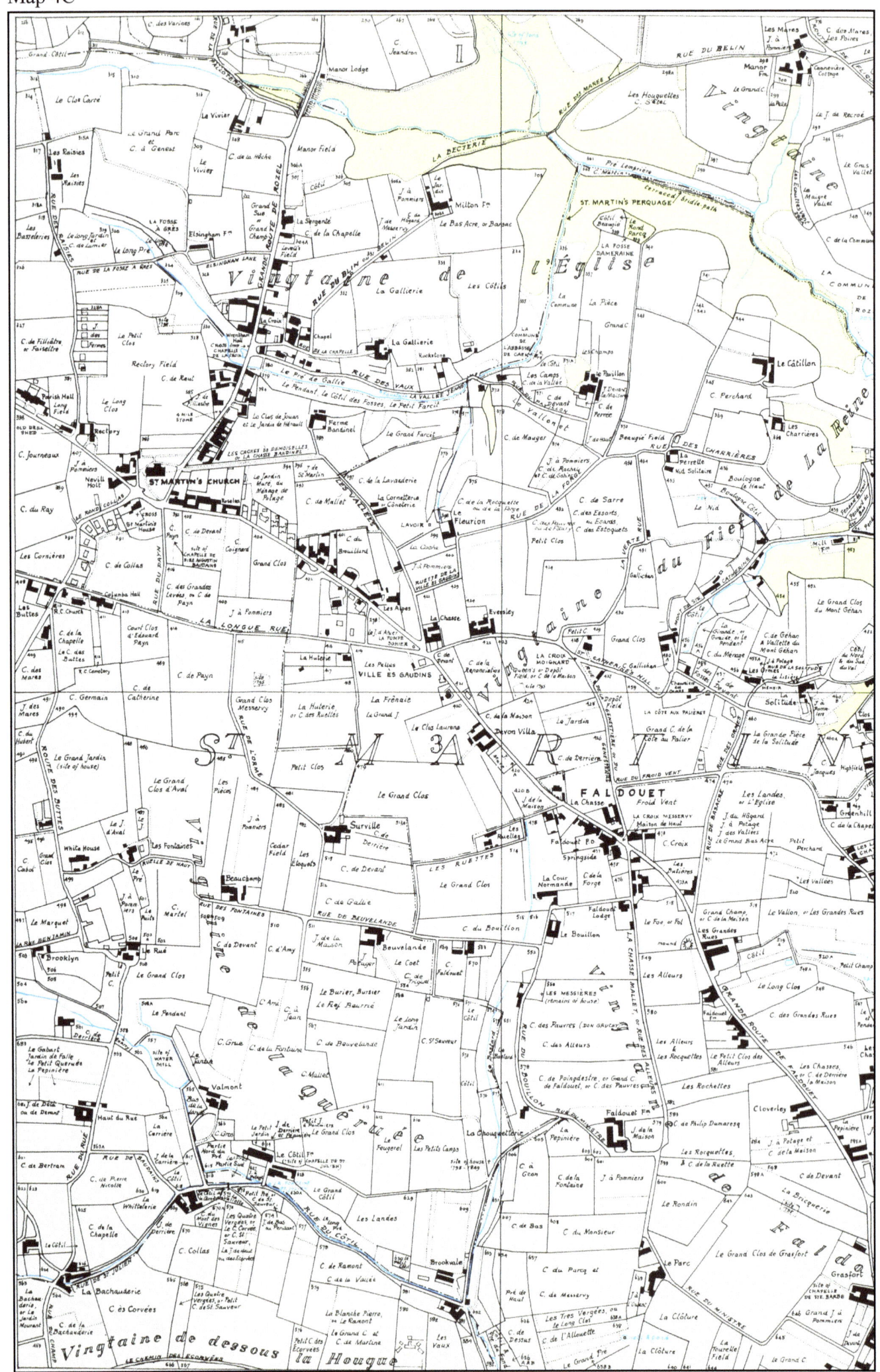

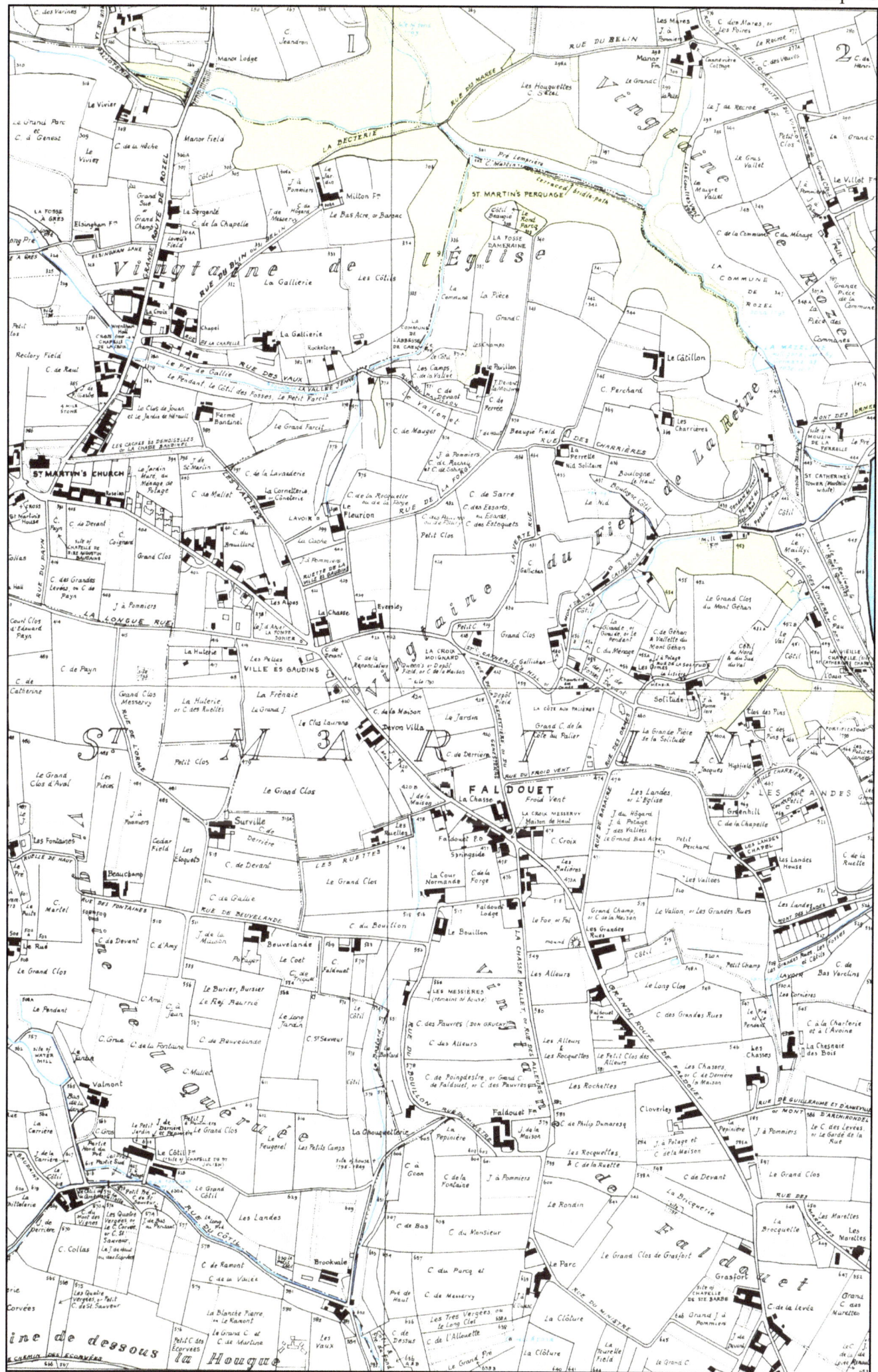

Map 4D

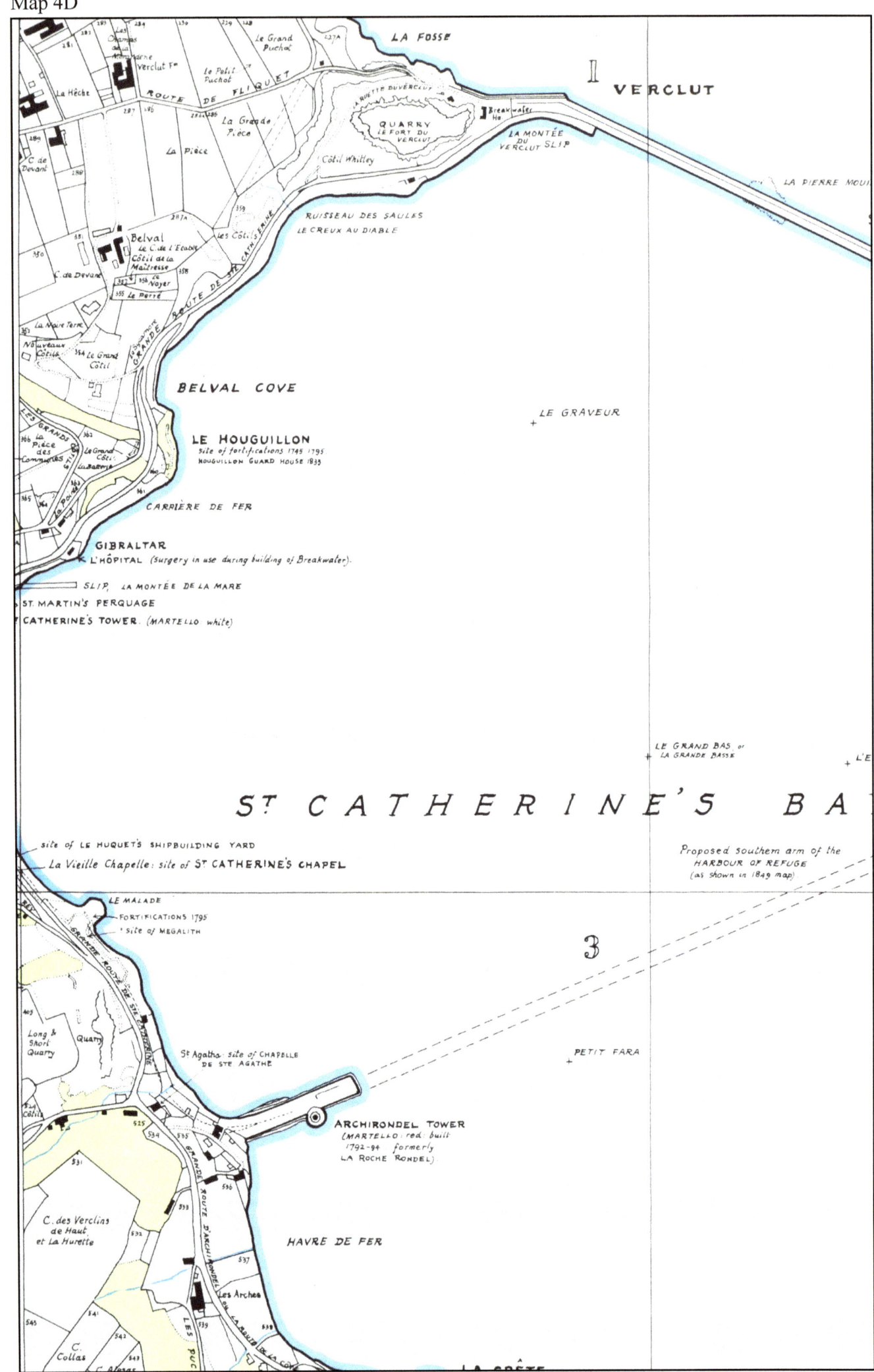

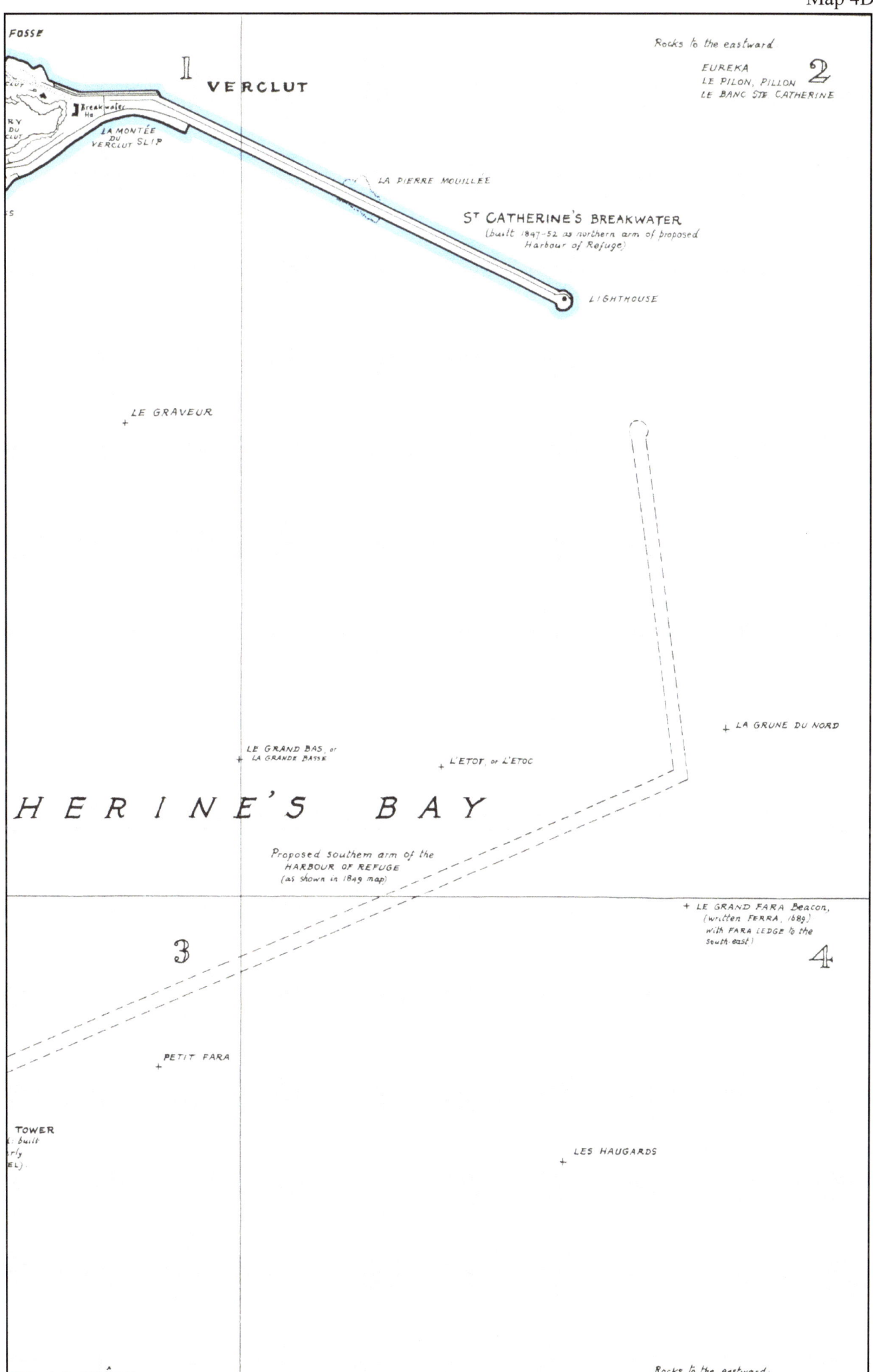

Map 5A

LA VERGÉE DU SUD
or DU NORD
(site of a field of La Brecquette
walls formerly visible)

1

LE BANNAGE

far west of here is WEST ROCK

S?   O U E N ' S   B A Y

3

Map 5A

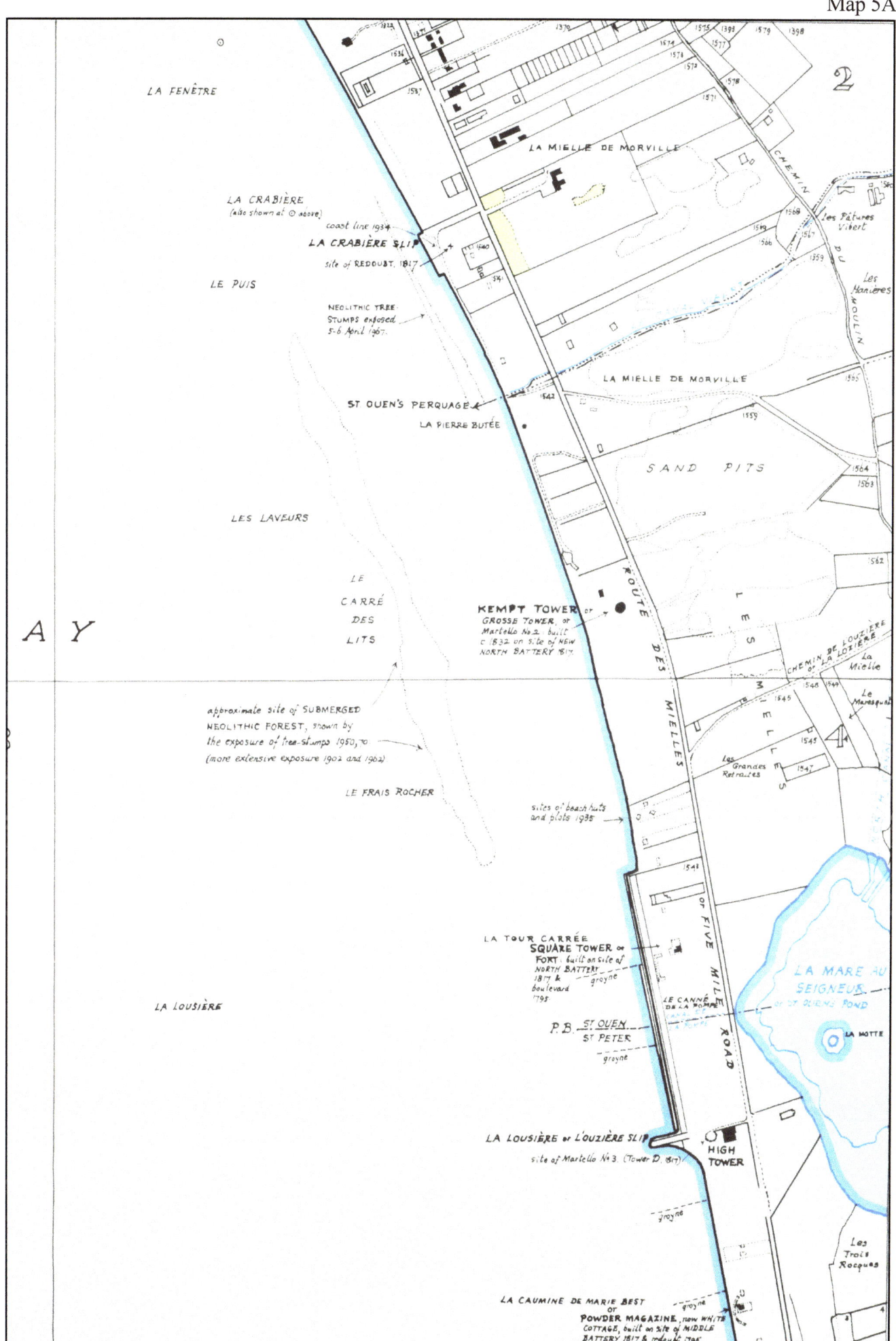

Map 5B

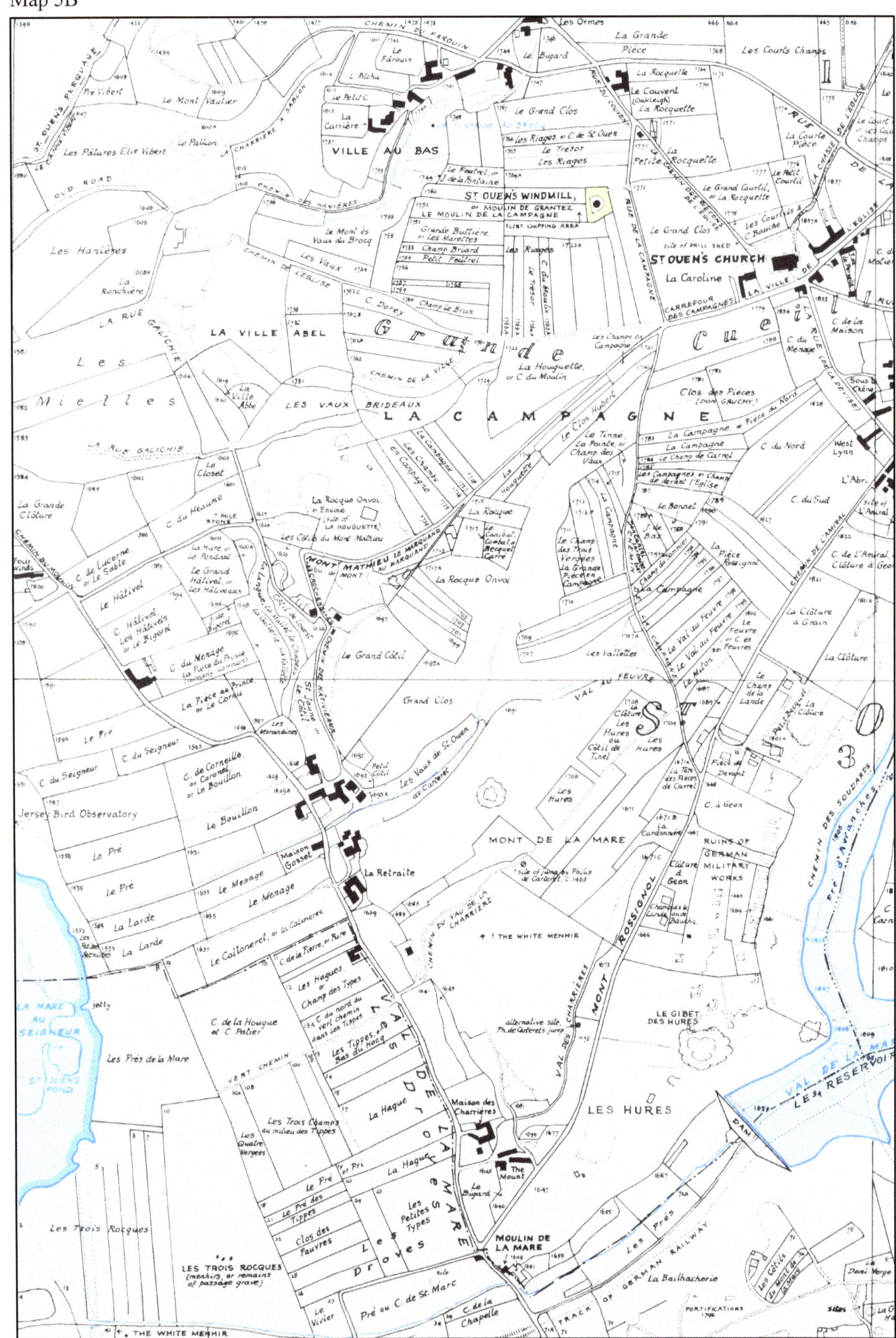

Map 5B

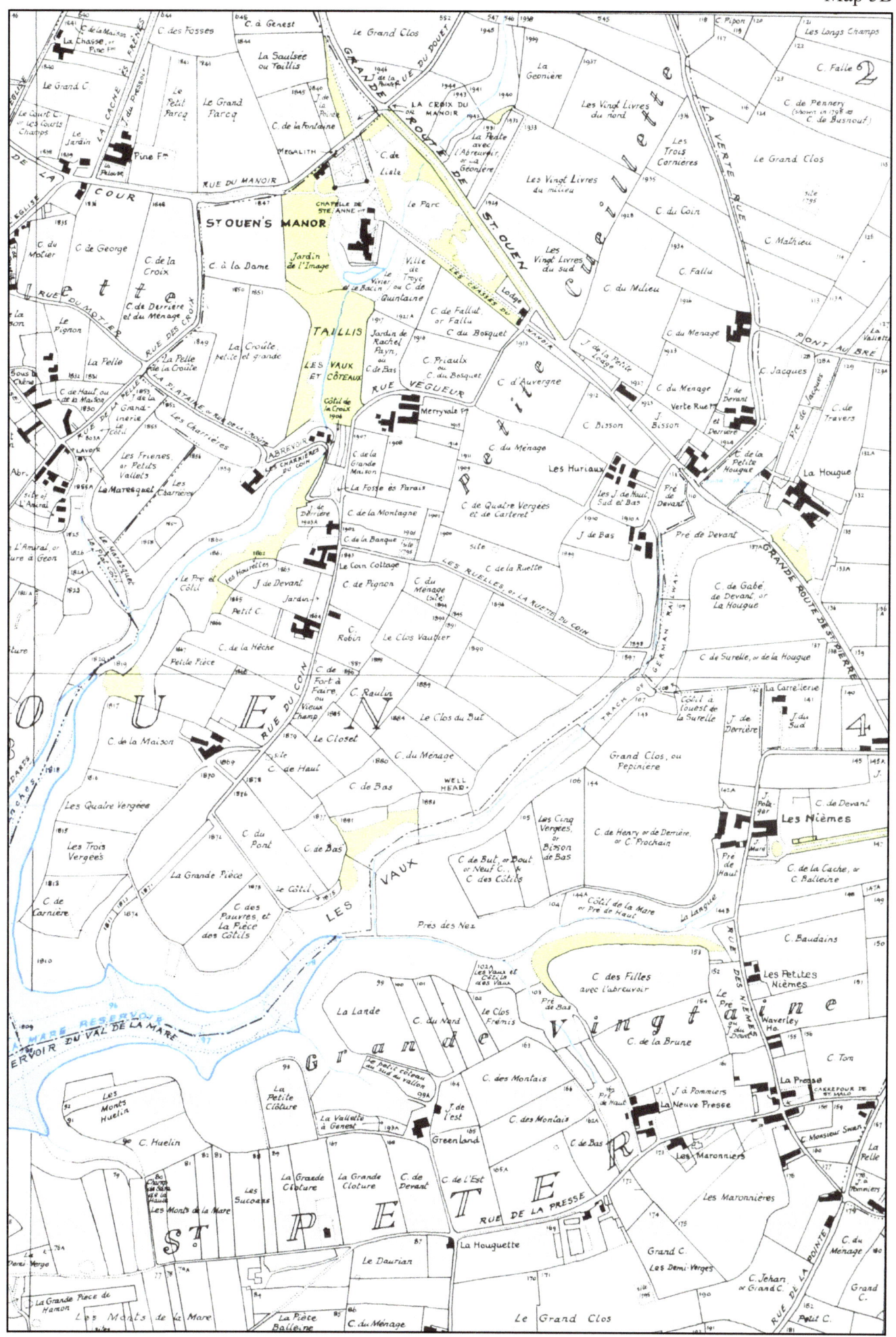

Map 5C

II

ST O U E N'S

3

west of here are reefs LE GRAND and LE PETIT BANC (Great and Little Banks)

† LA D'GAUTIÈRE

LE VERMEUX

LE SO

south-west of La Rocco is
a reef LA PRUDENTE

Map 5C

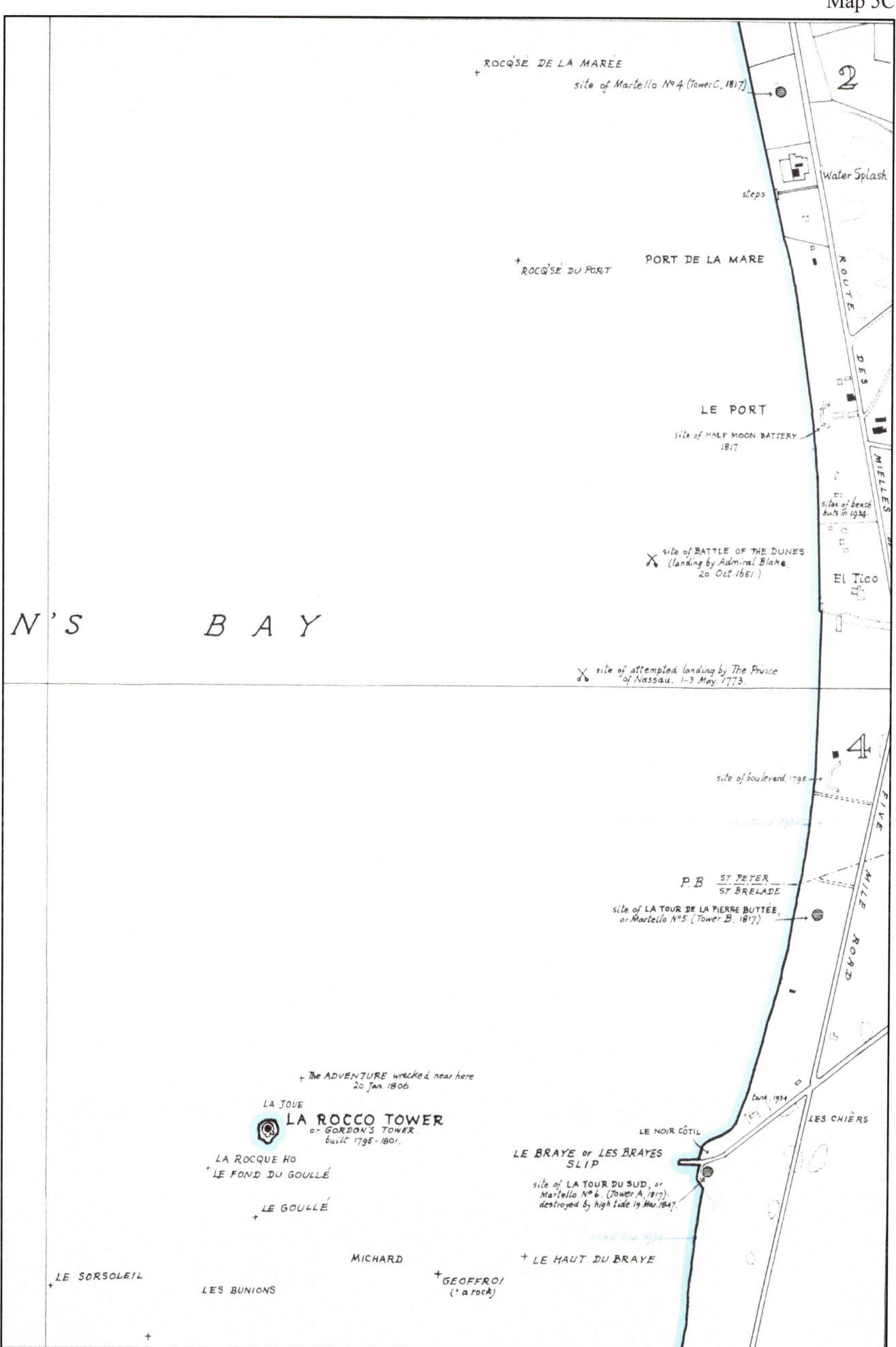

Map 5D

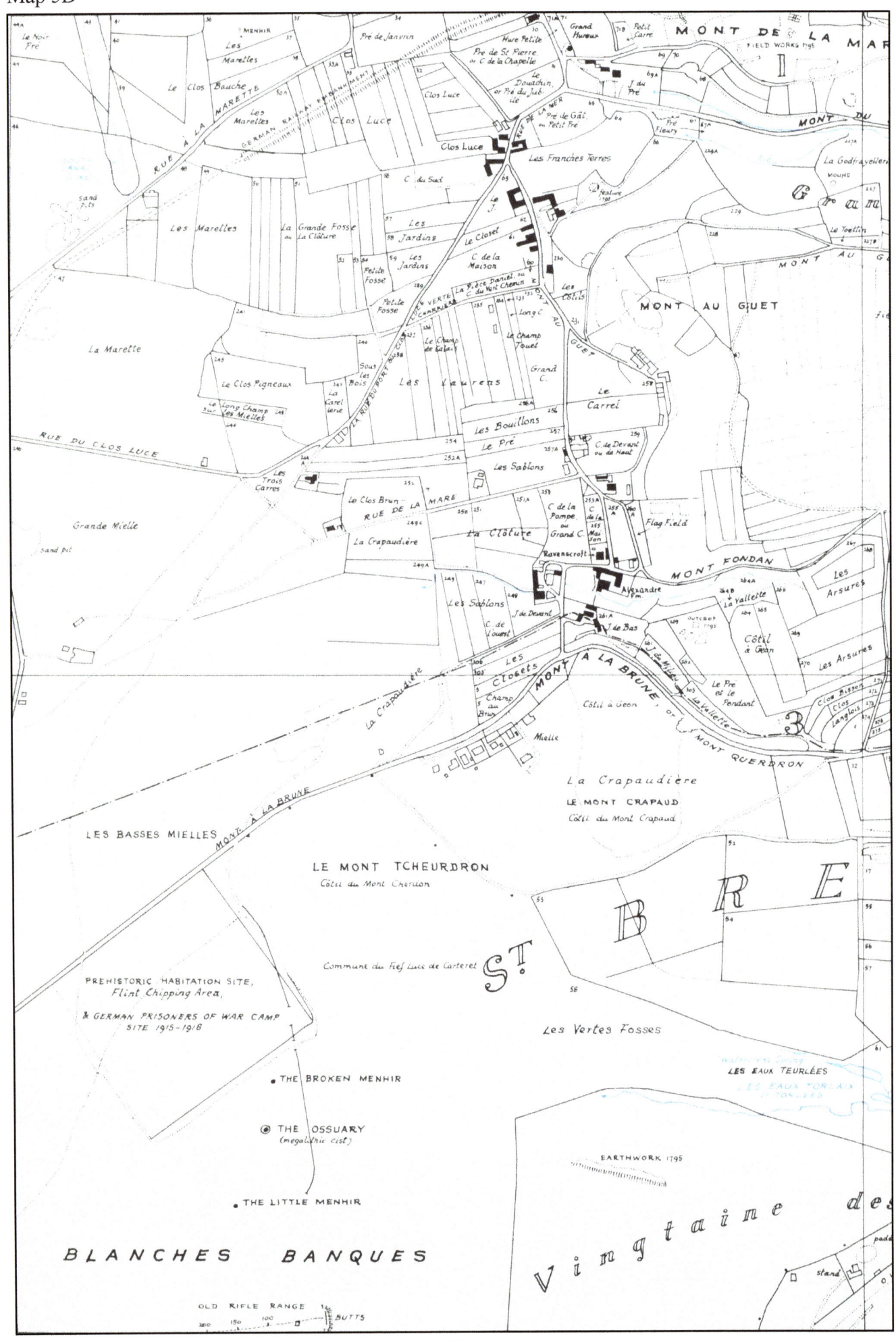

Map 5D

Map 6A

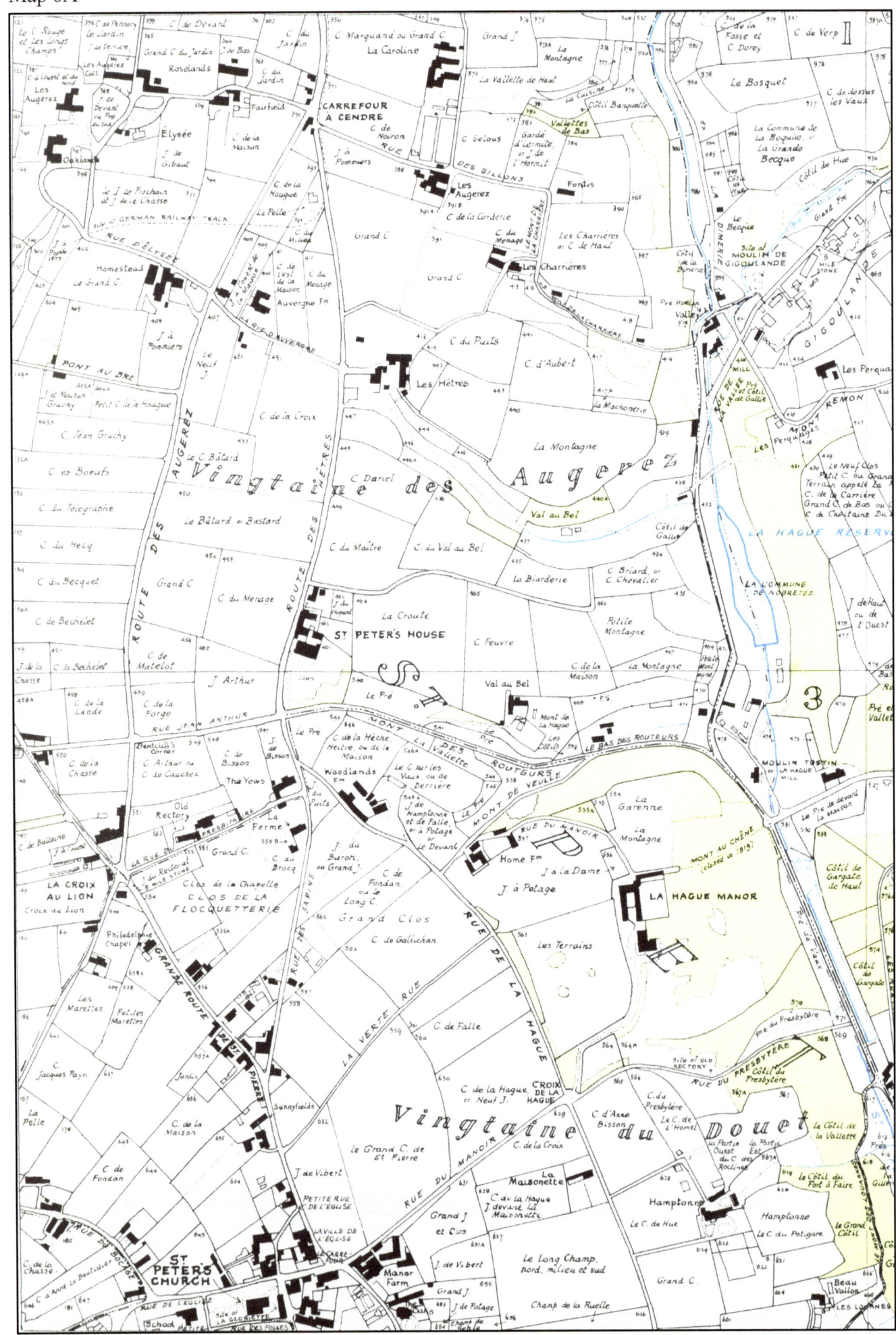

Map 6A

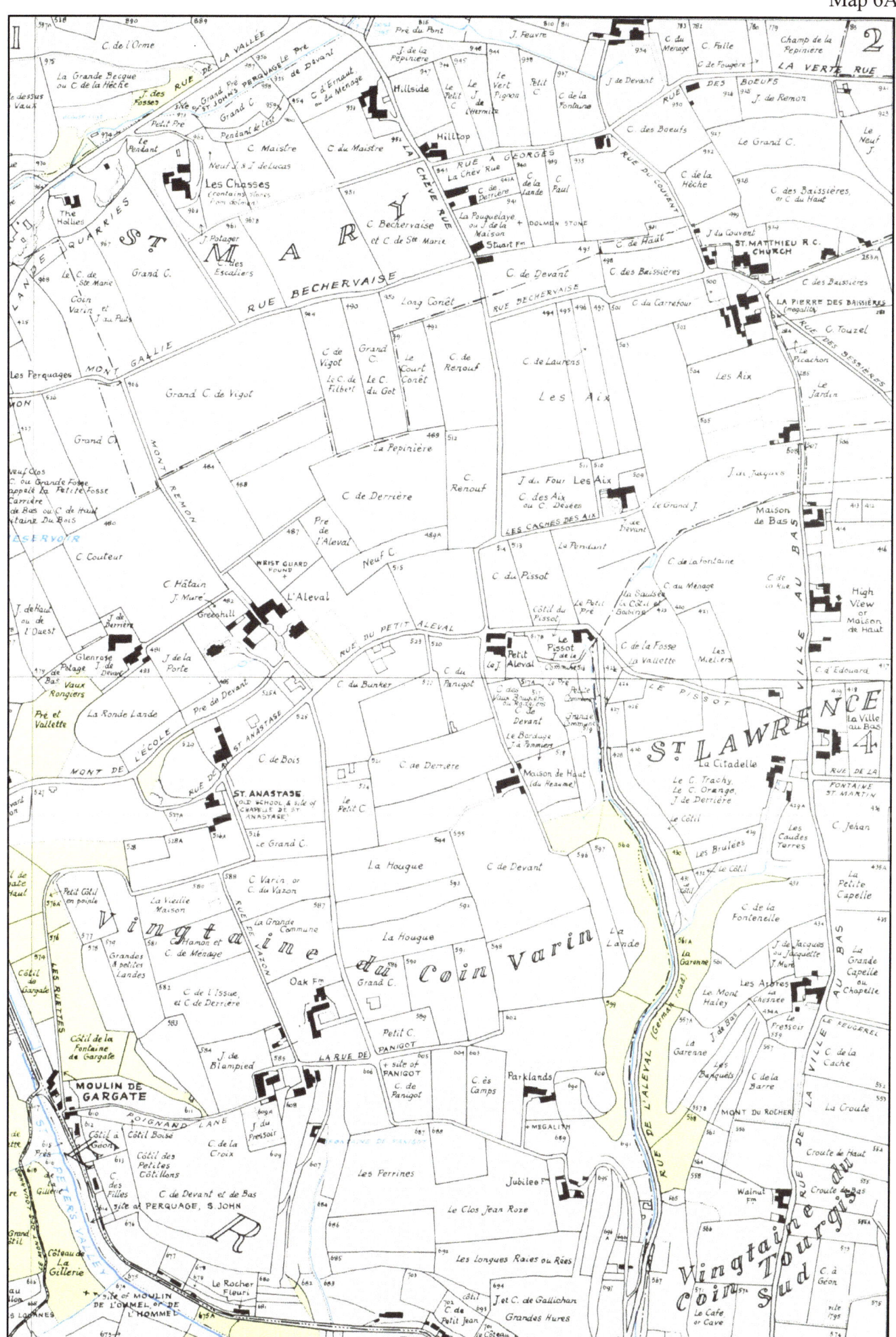

Map 6B

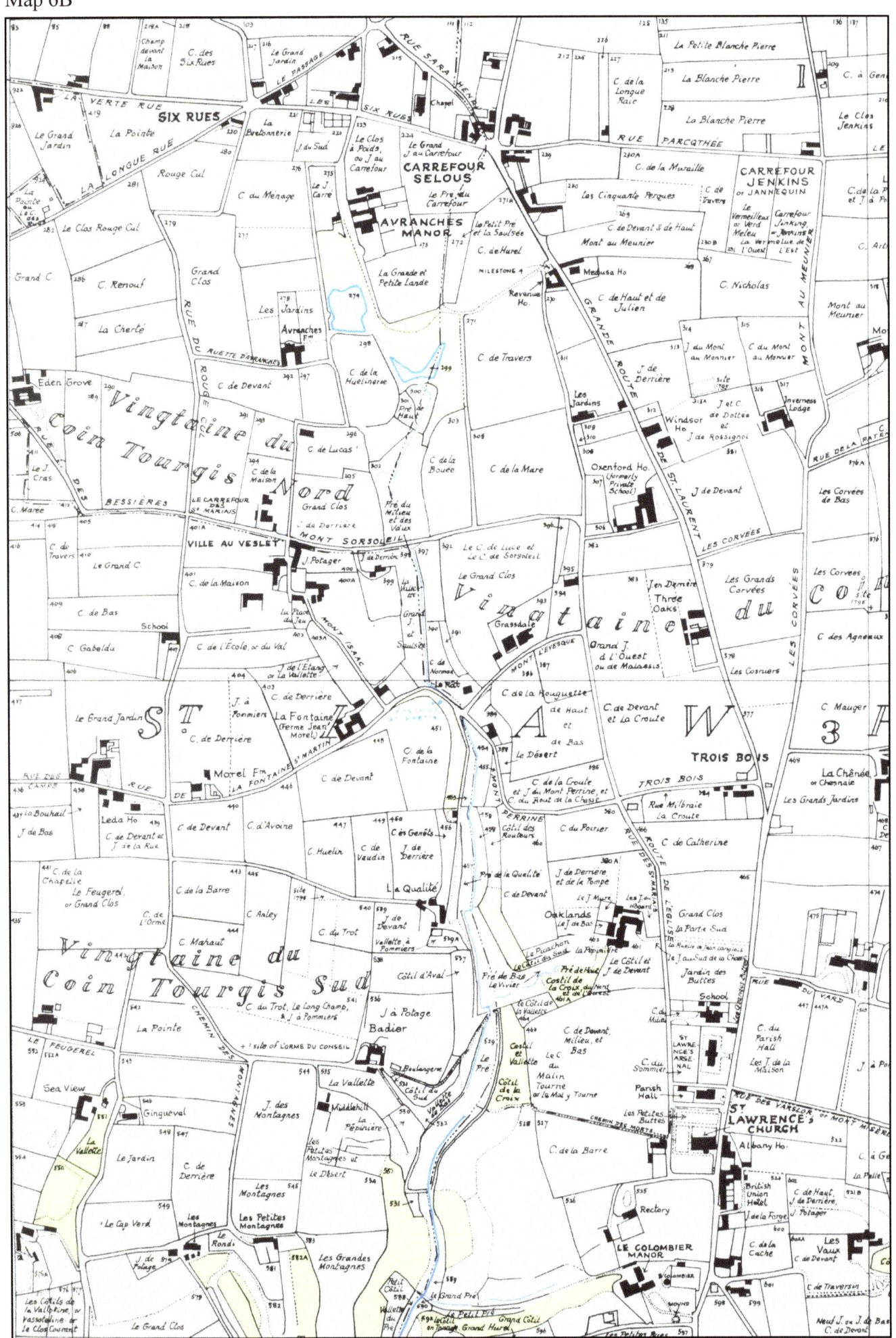

Map 6B

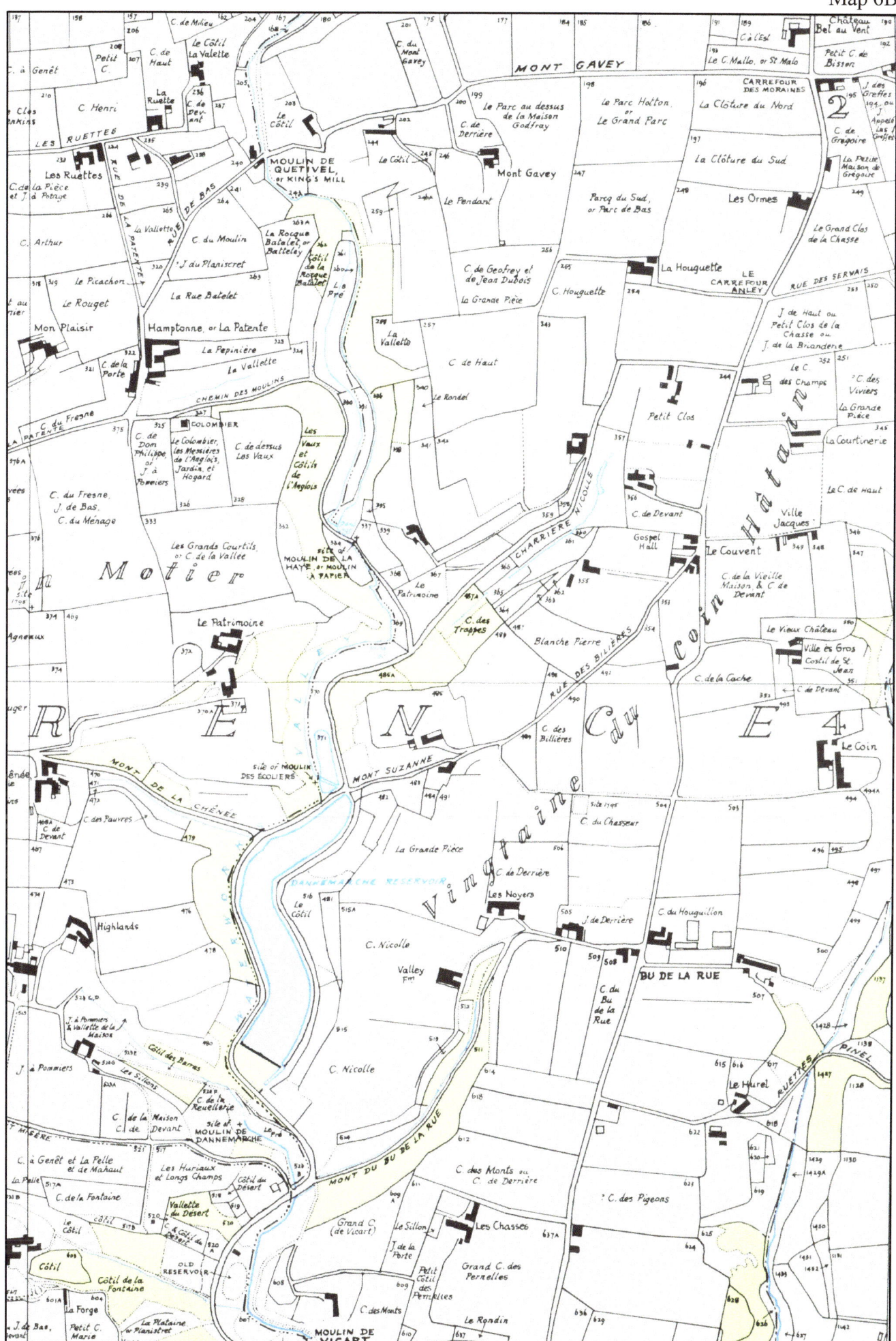

Map 6C

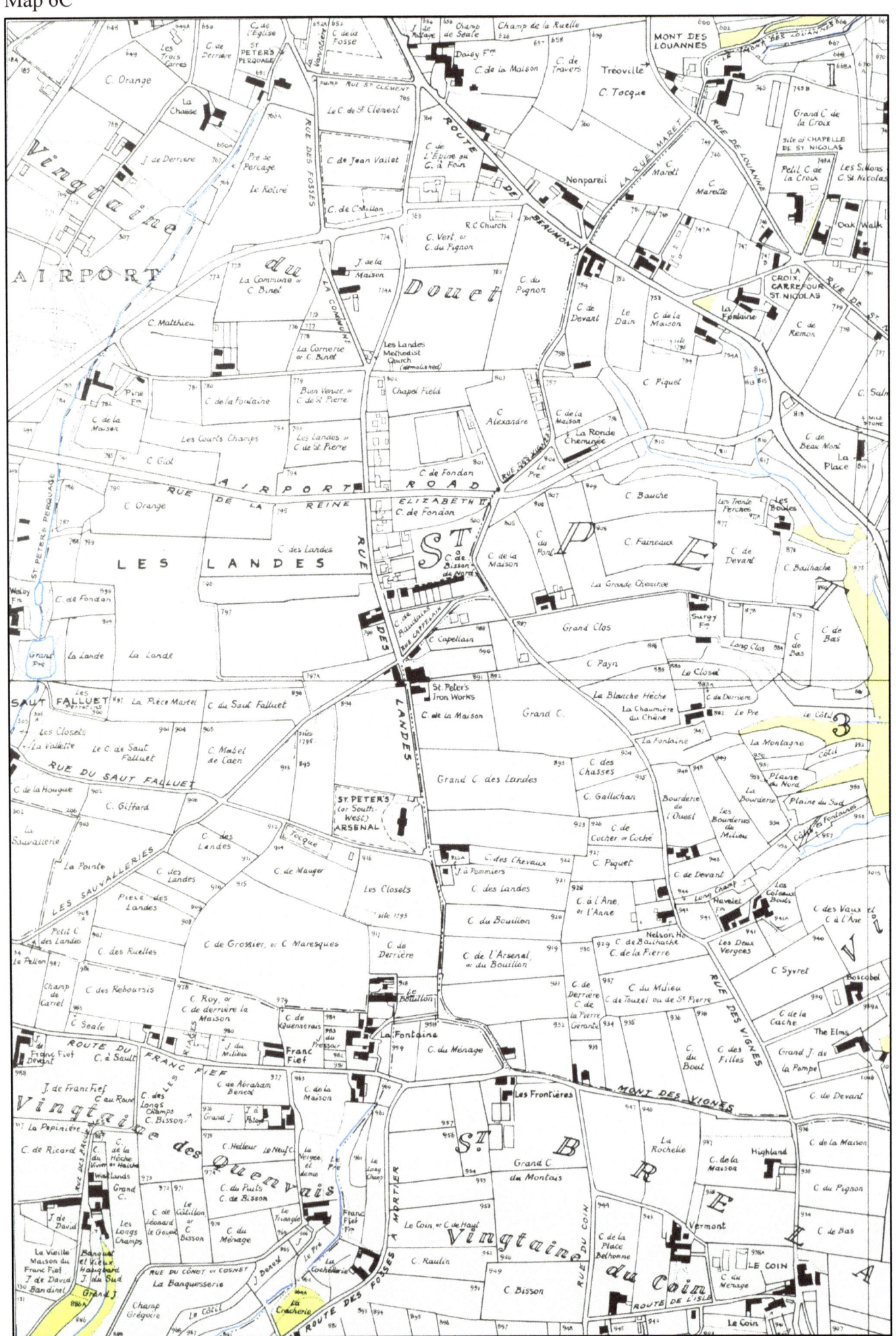

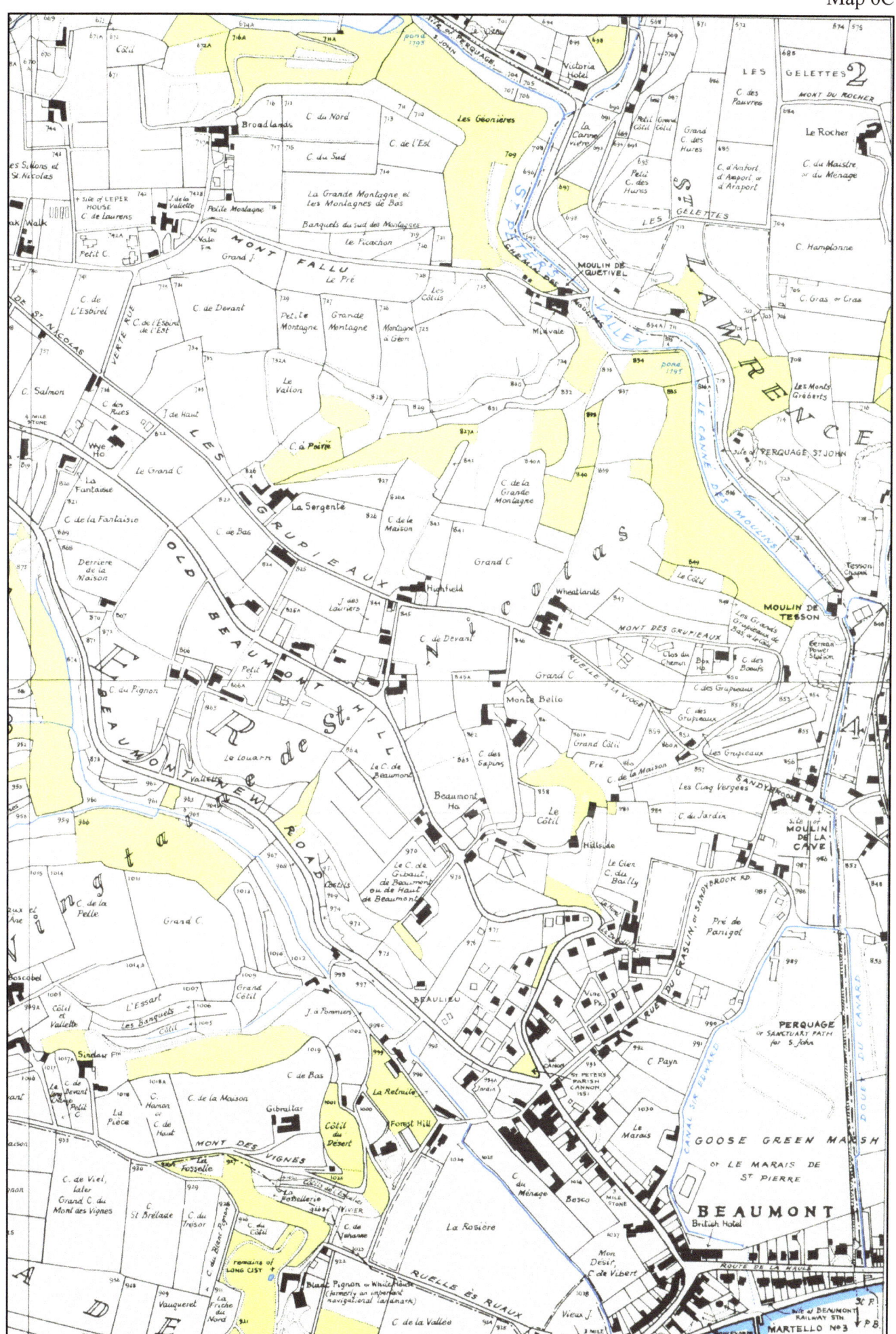

Map 6D

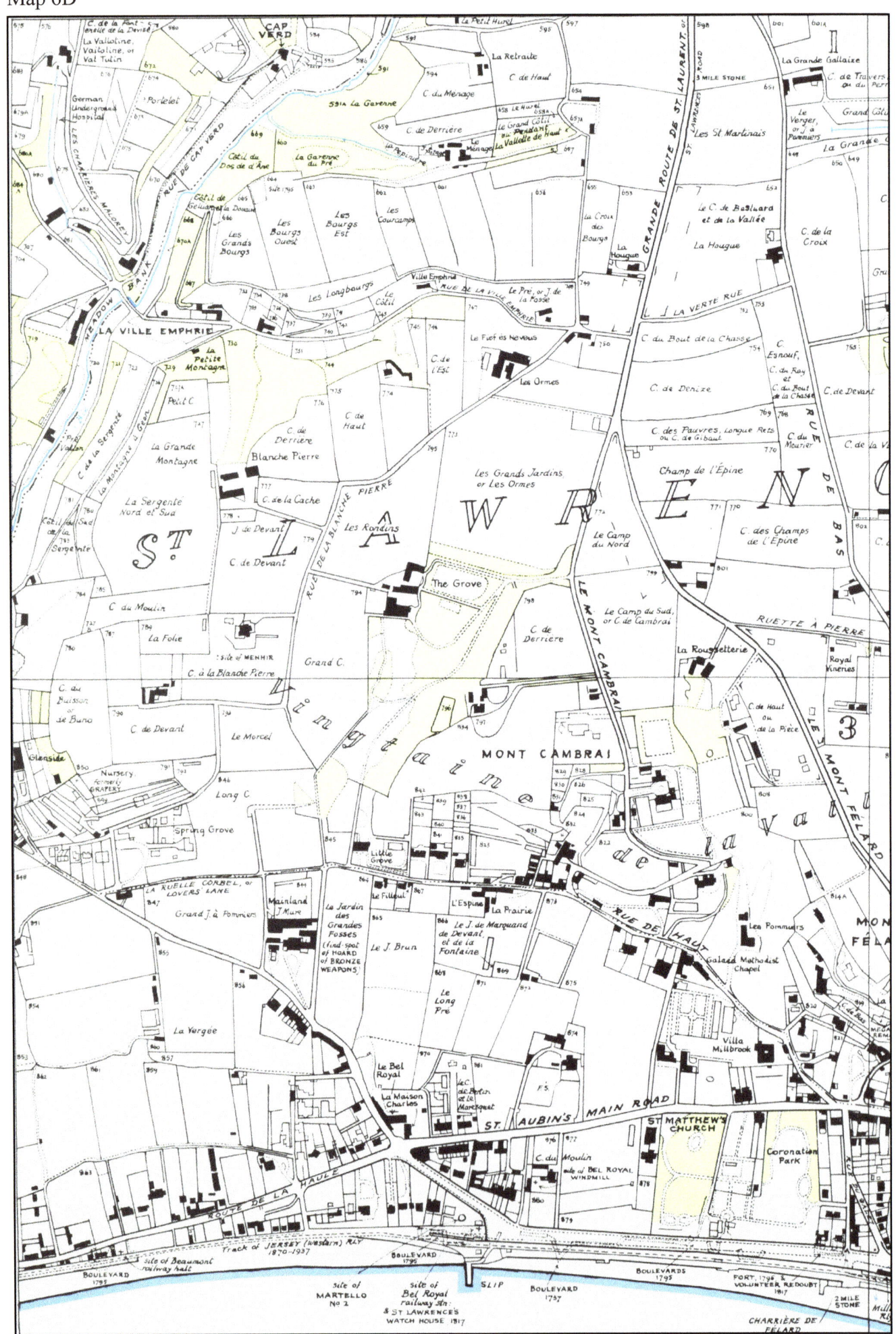

Map 6D

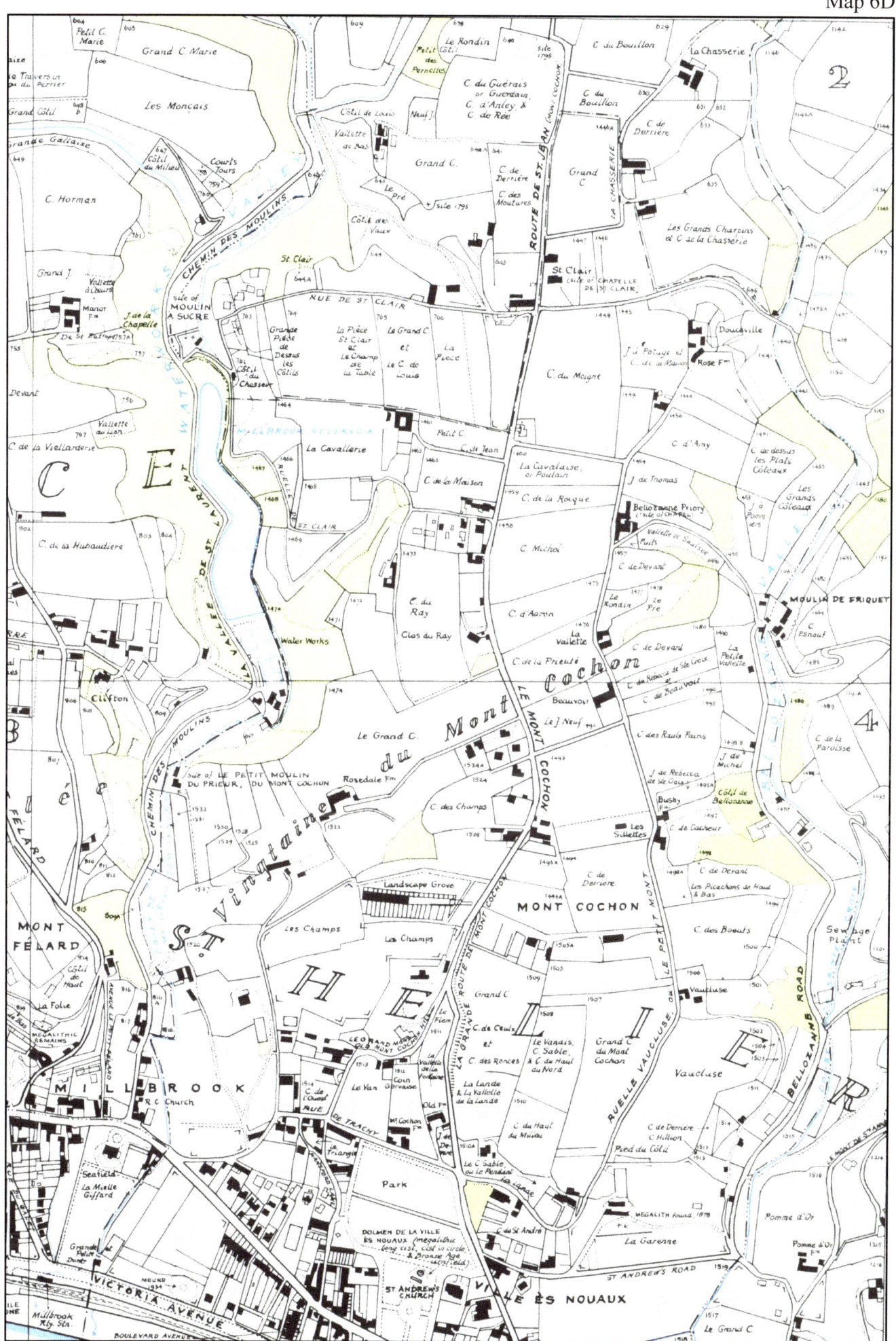

Map 7A

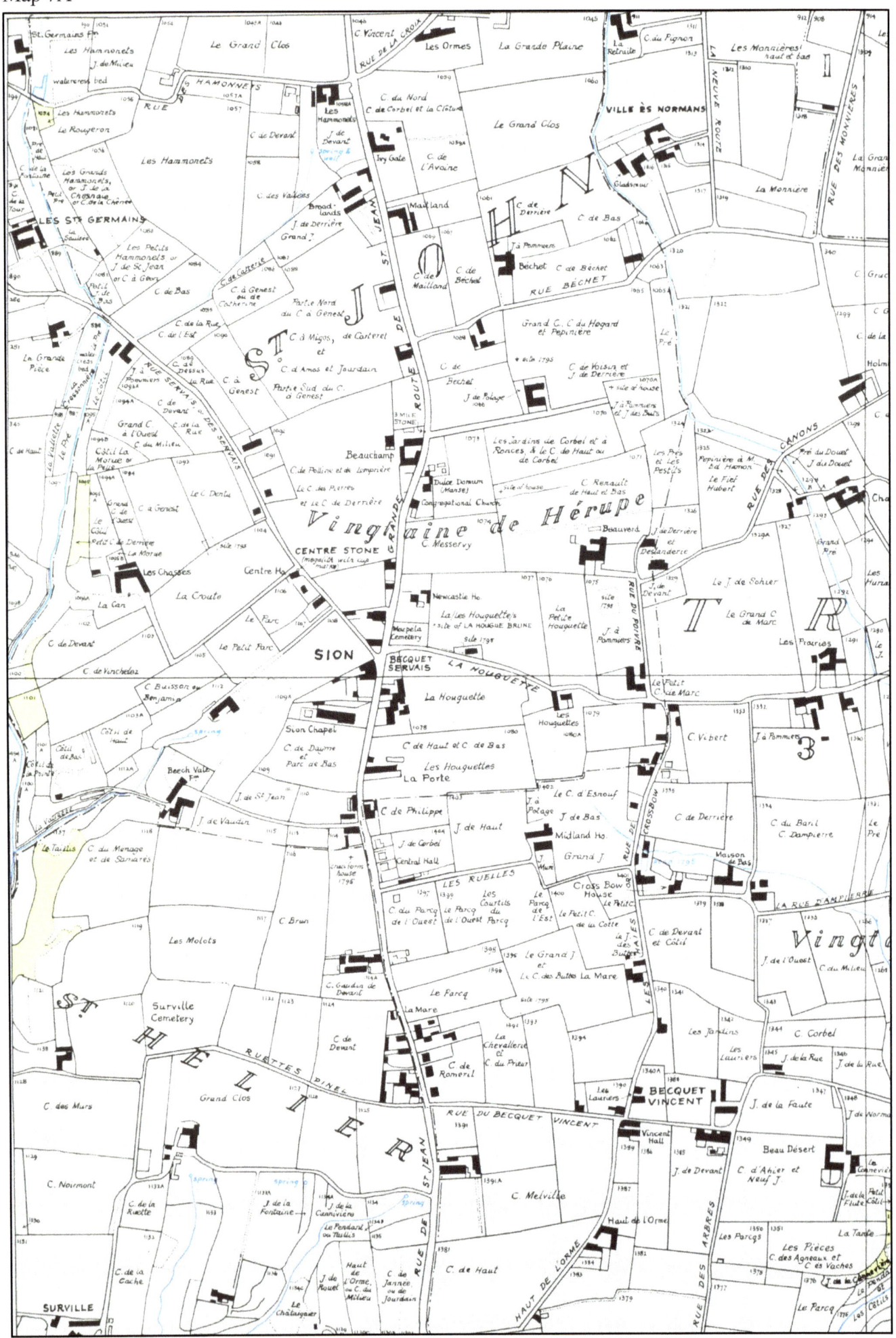

Map 7A

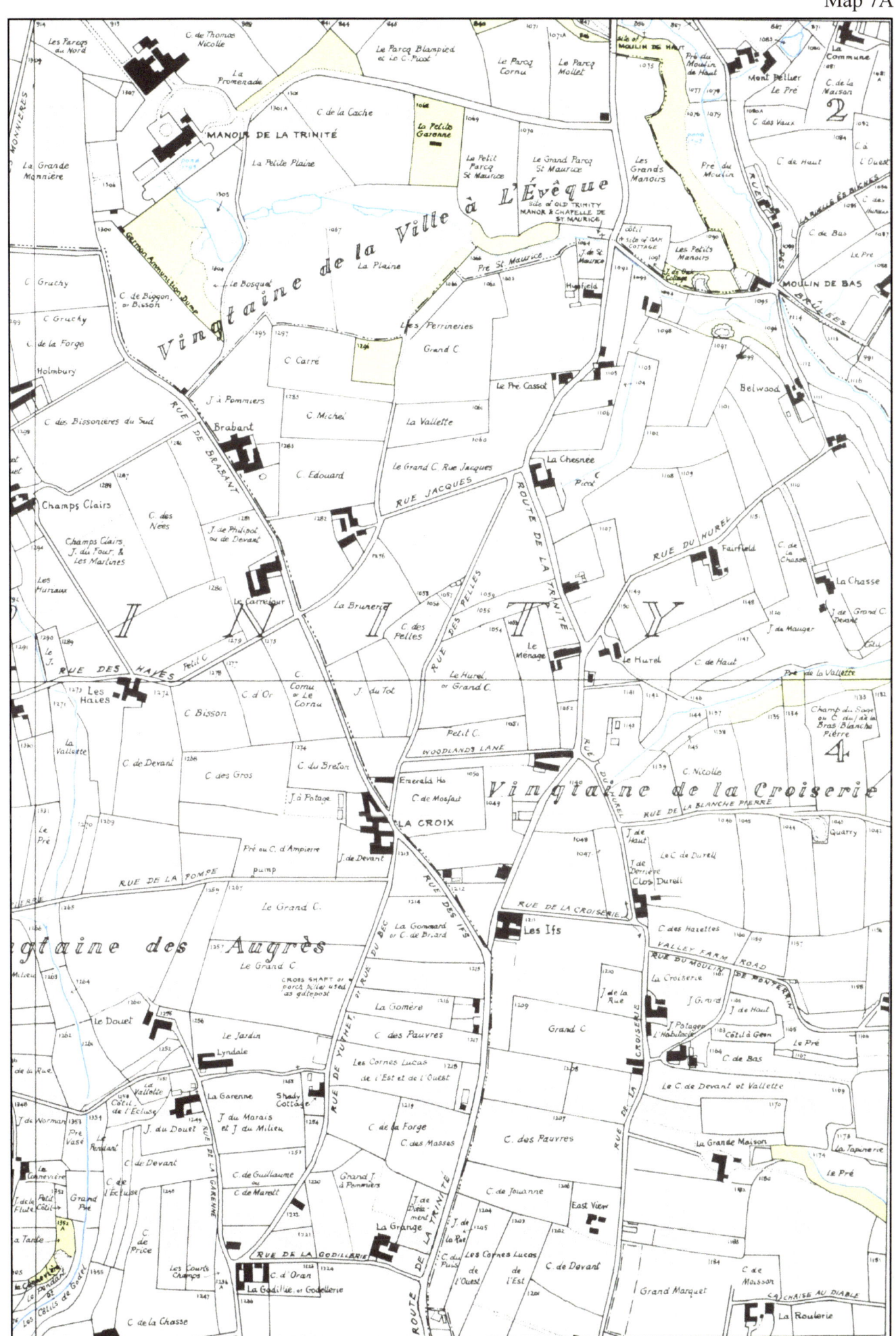

Map 7B

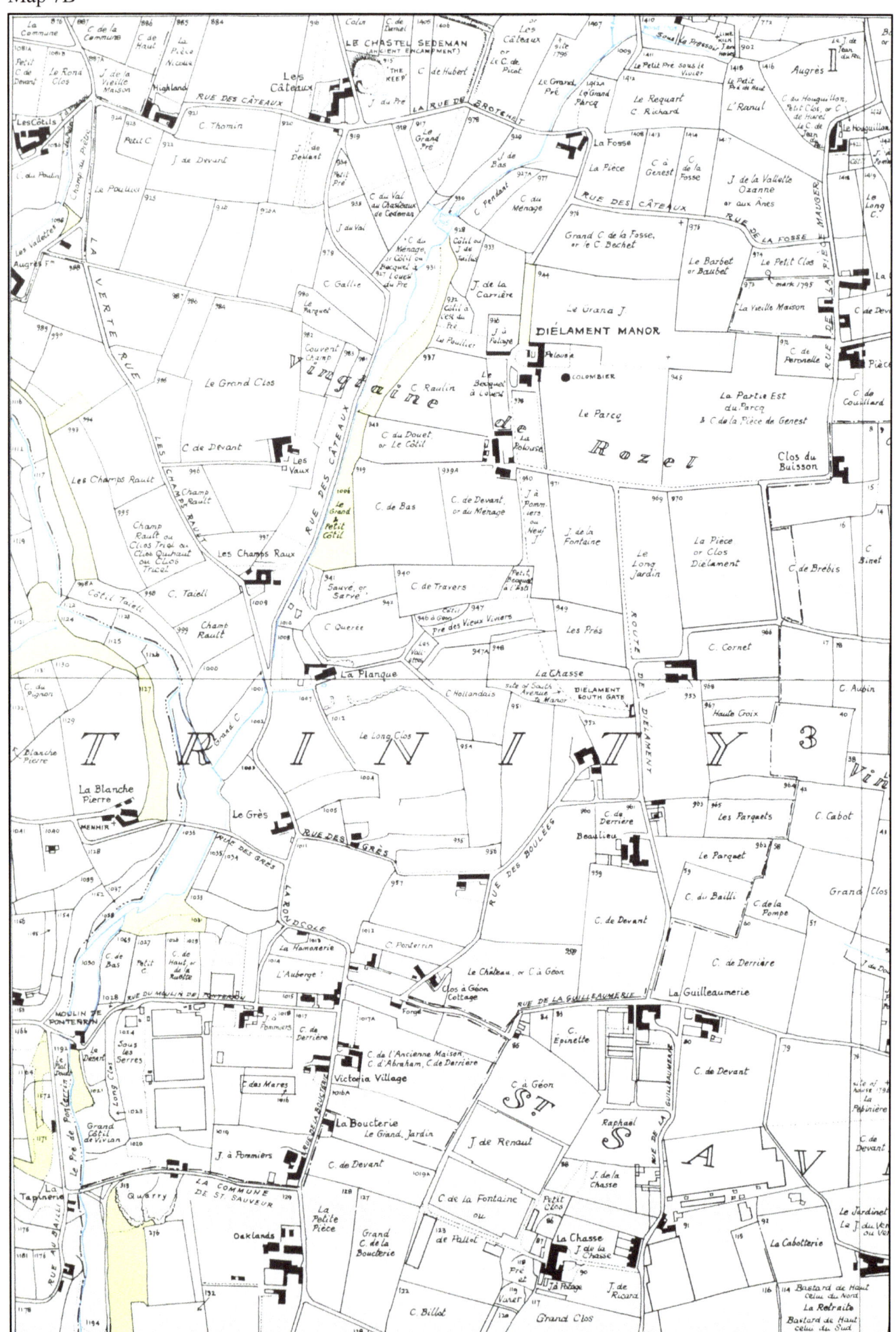

Map 7B

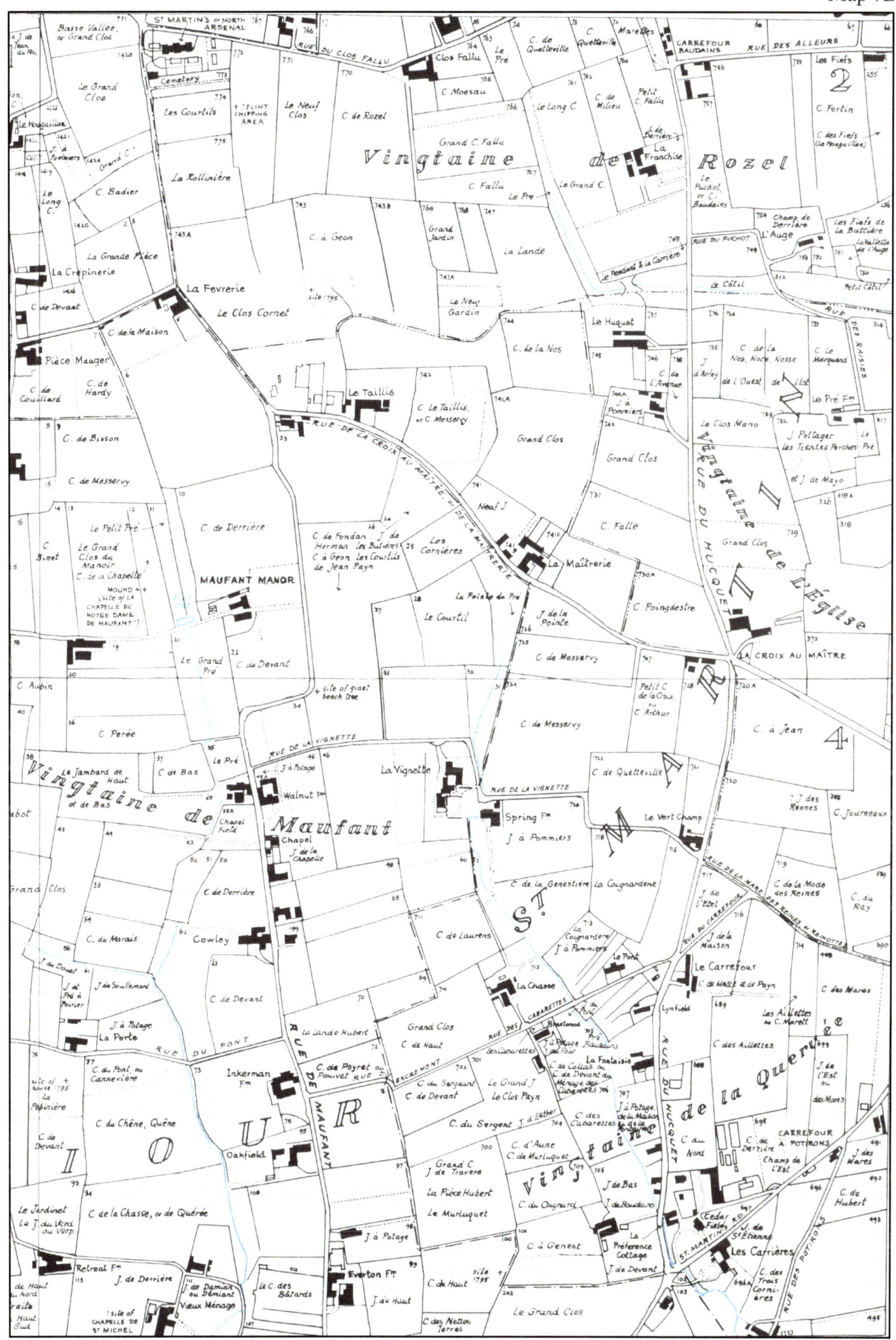

Map 7C

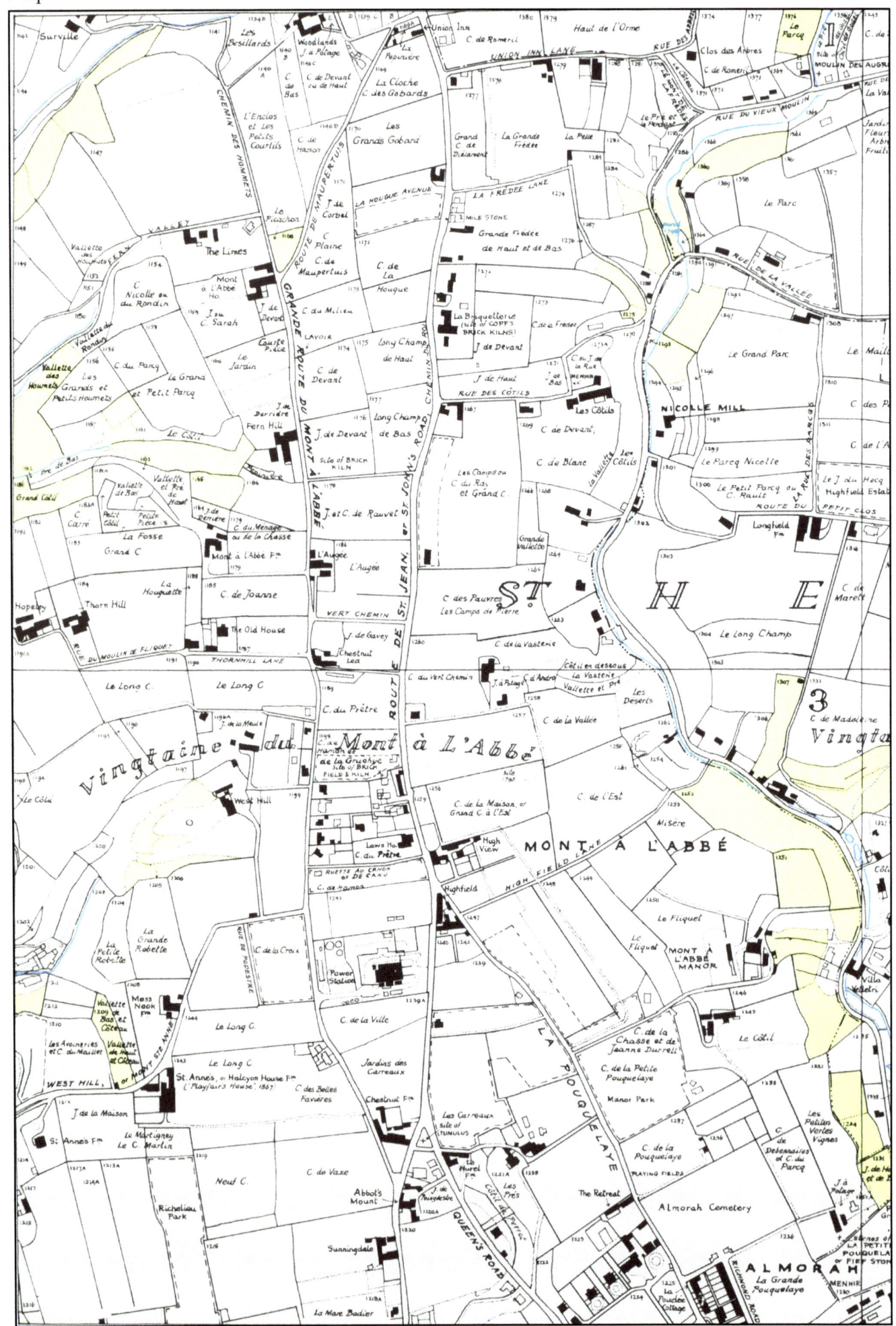

Map 7C

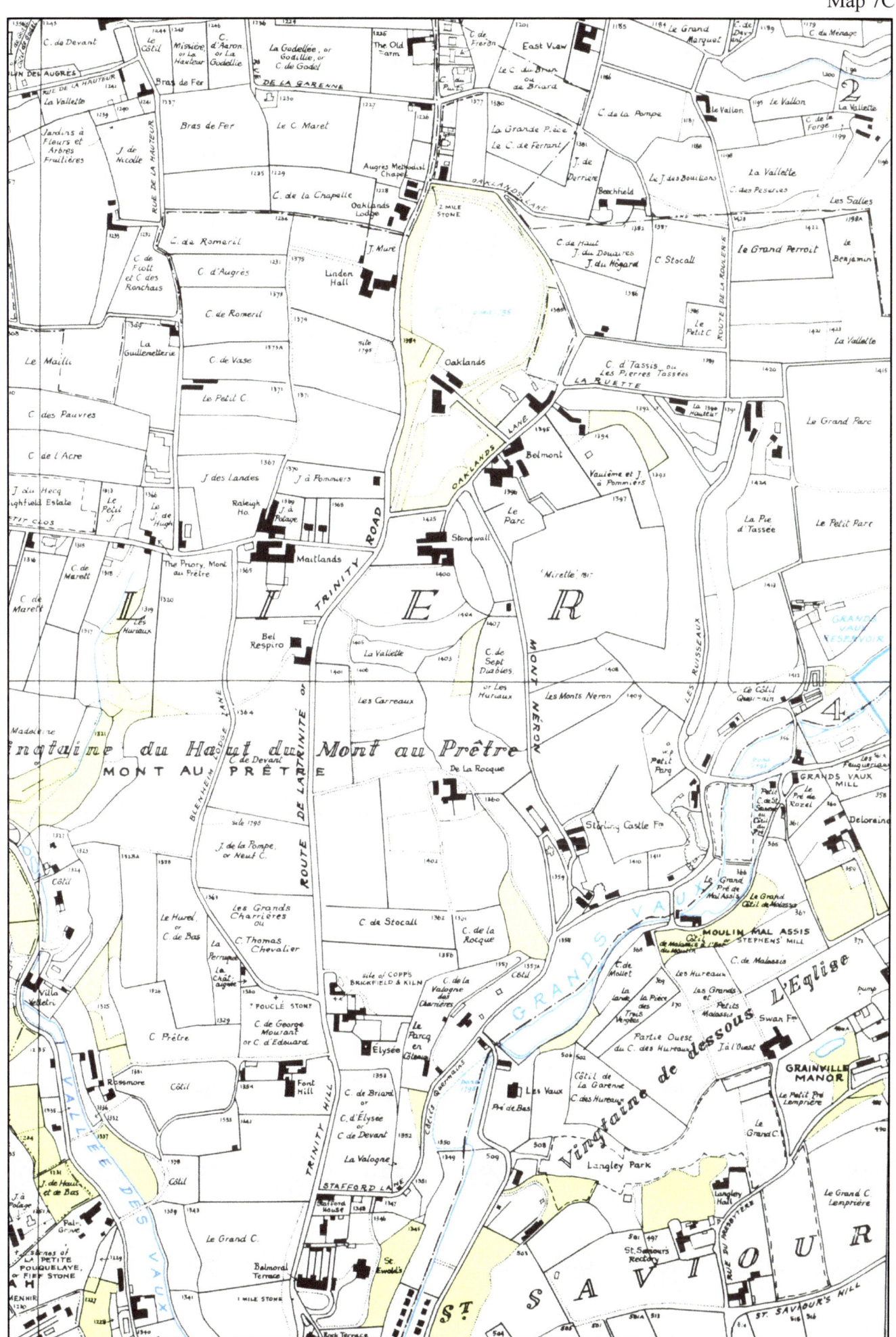

Map 7D

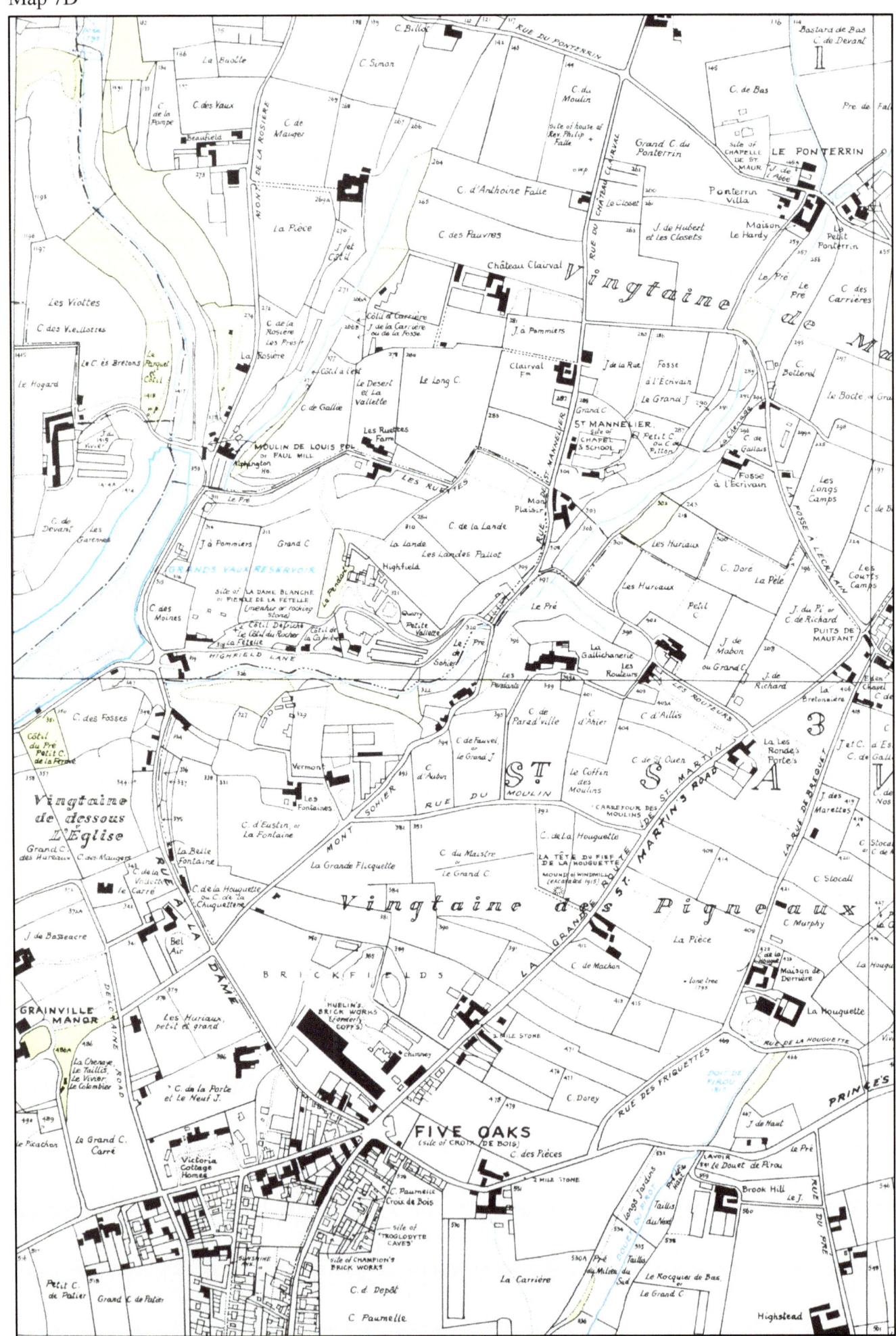

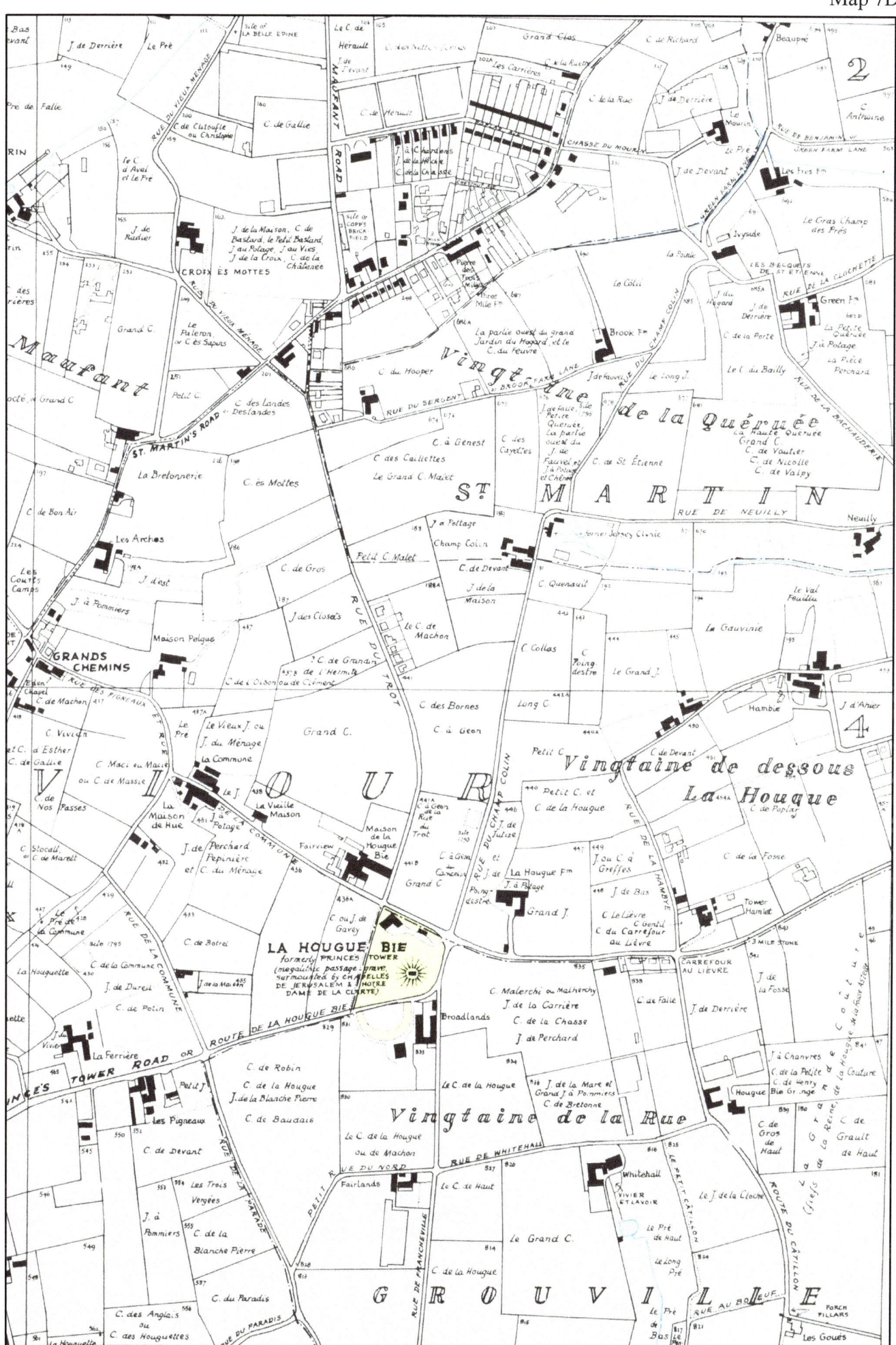

Map 8A

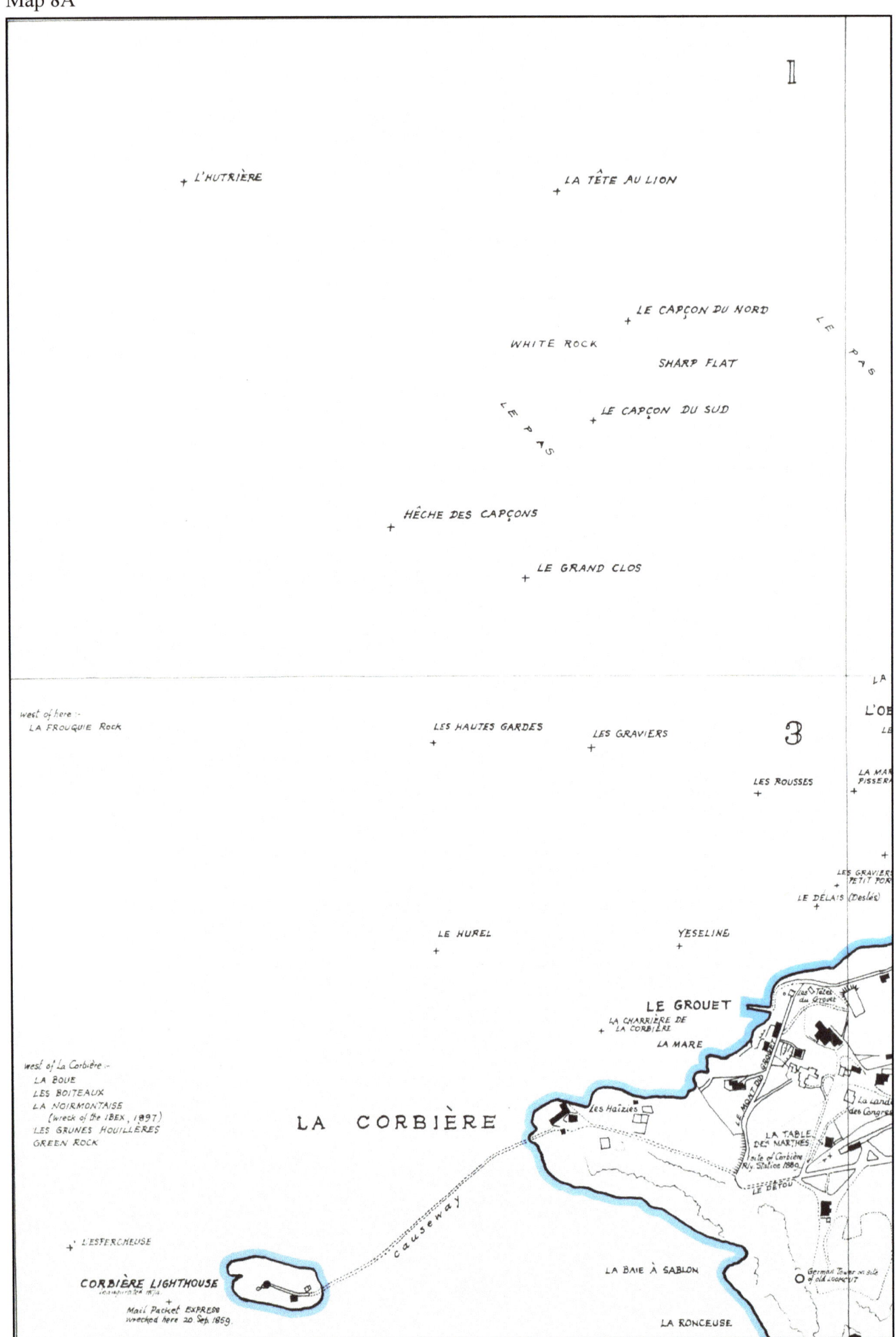

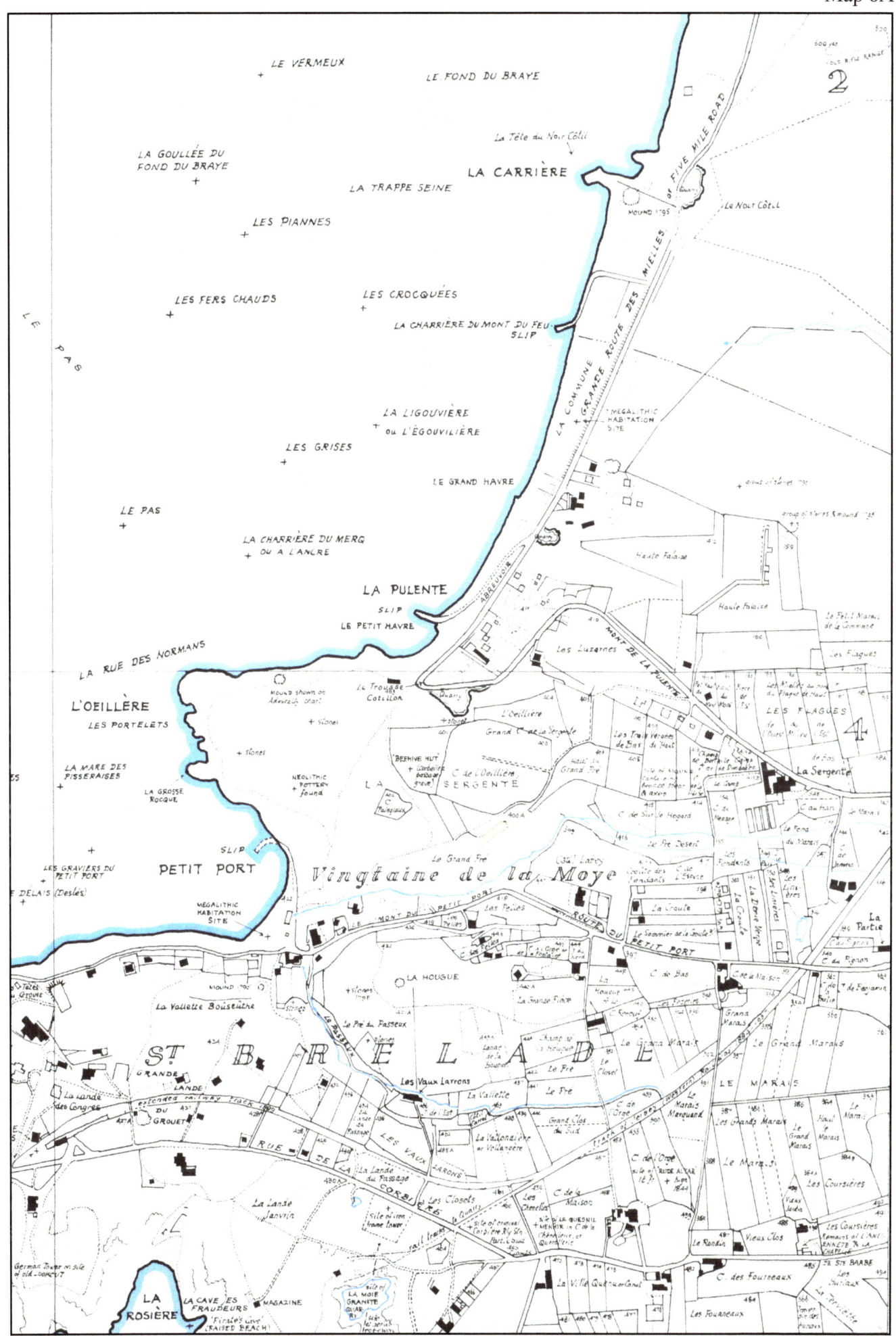

Map 8B

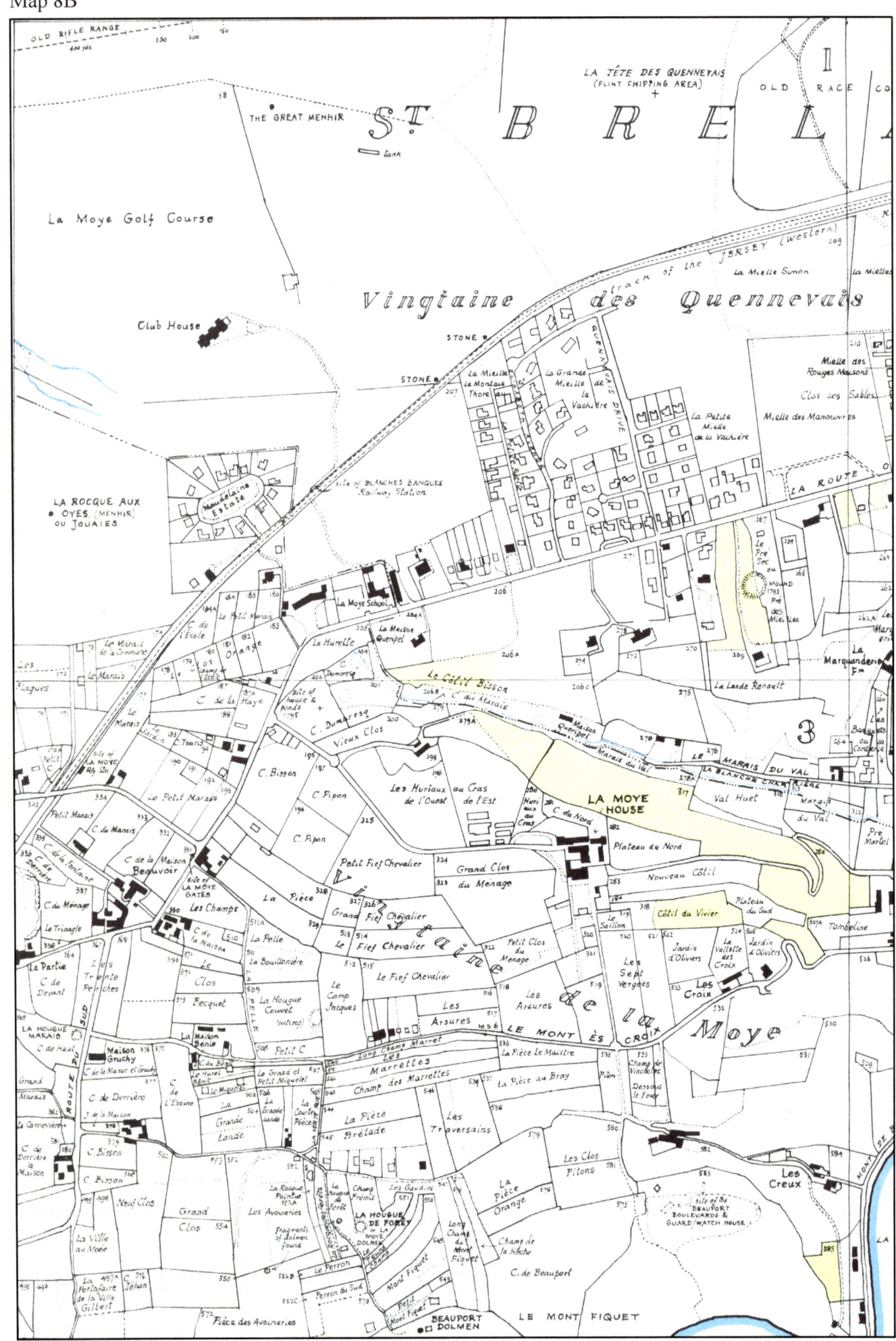

Map 8B

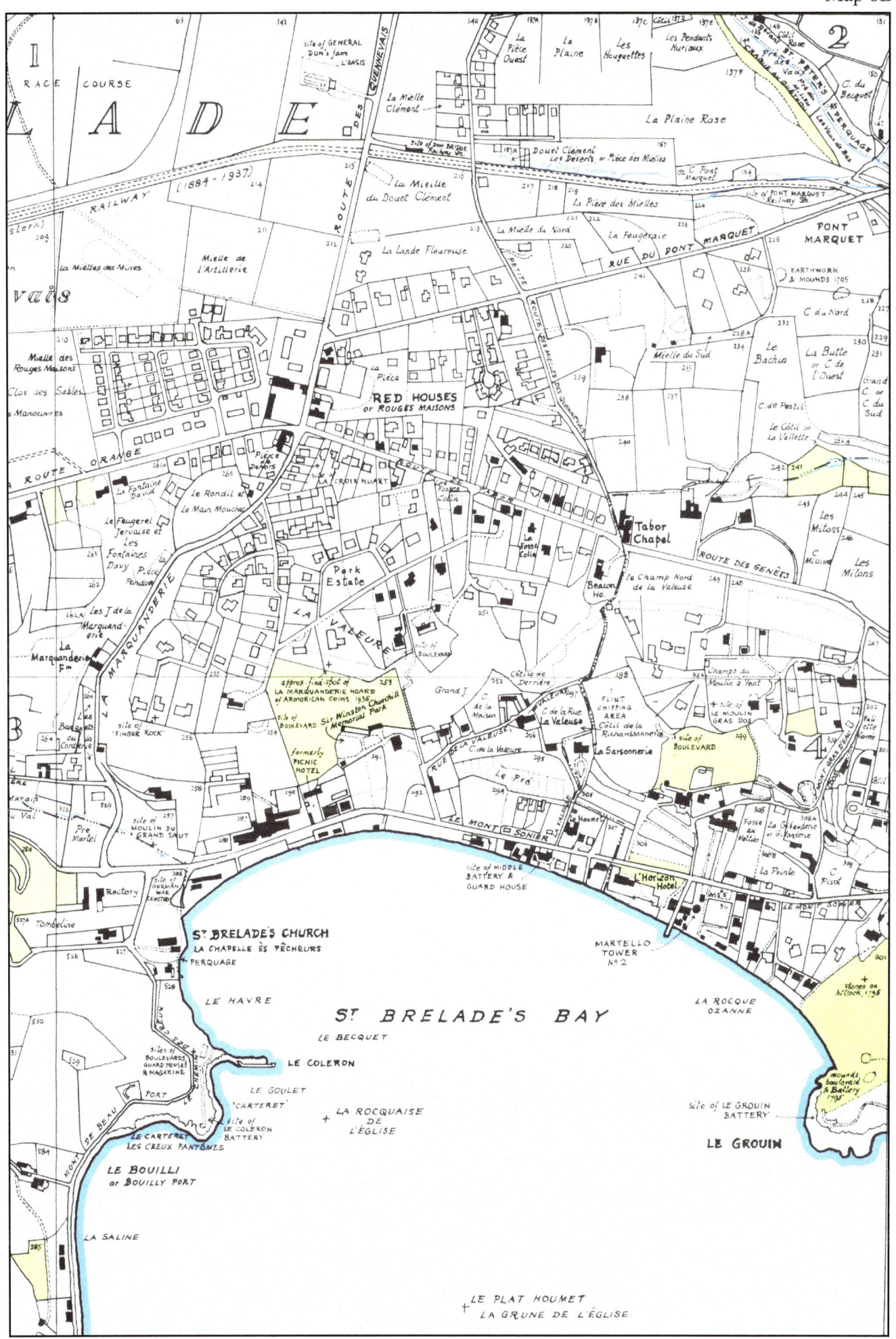

Map 8C

+ LA PLATIÈRE

+ L'HÔPITAL

II

LE SAUT

+ LA JUMENT

+ NEPTUNE

LES FRUQUIERS D'AMONT ↙

LA DE
DU NA

3

BANC DE LA MOYE ↙

+ LA PLATIÈRE

+ L'HÔPITAL

LA DE
DU NA

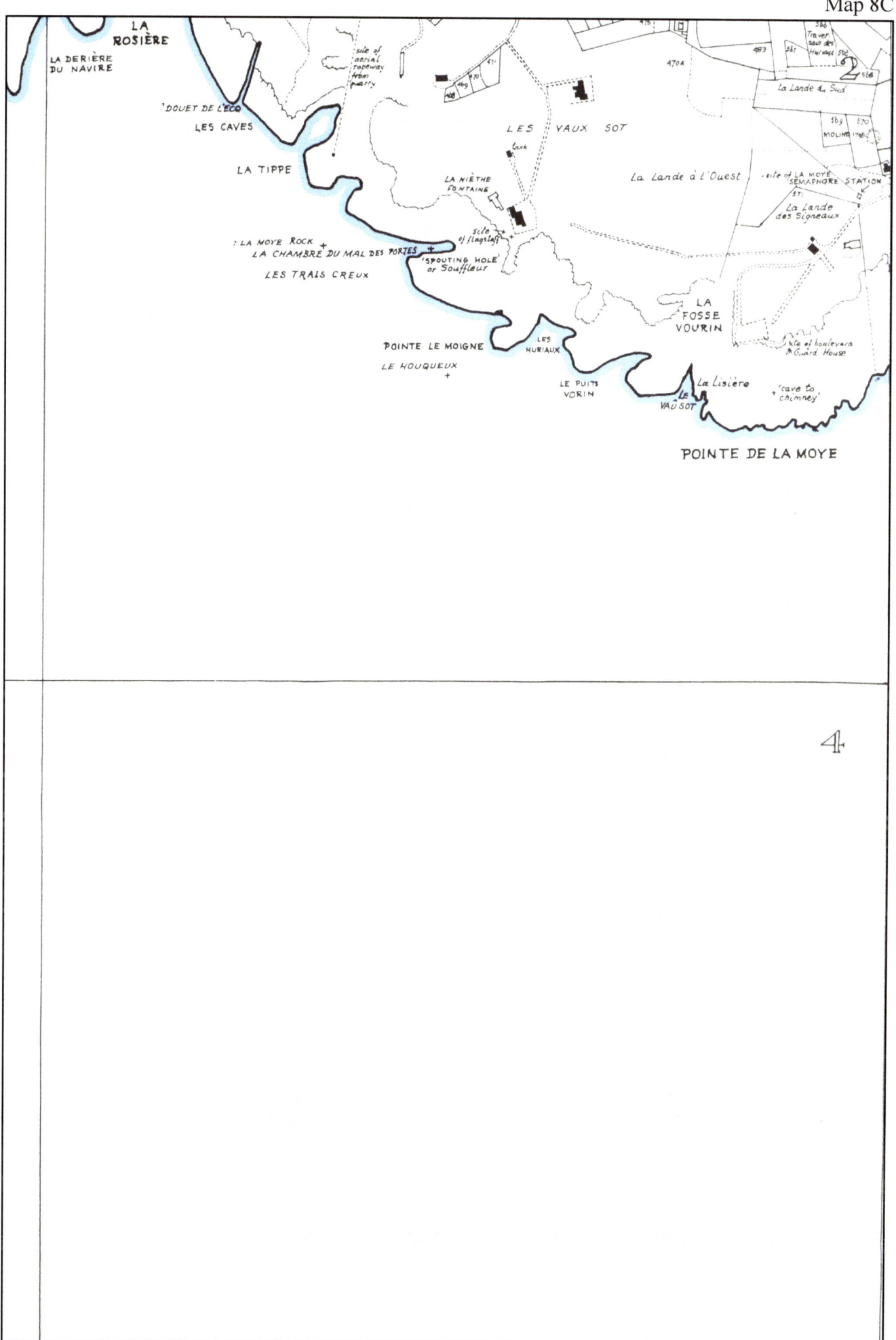
Map 8C

Map 8D

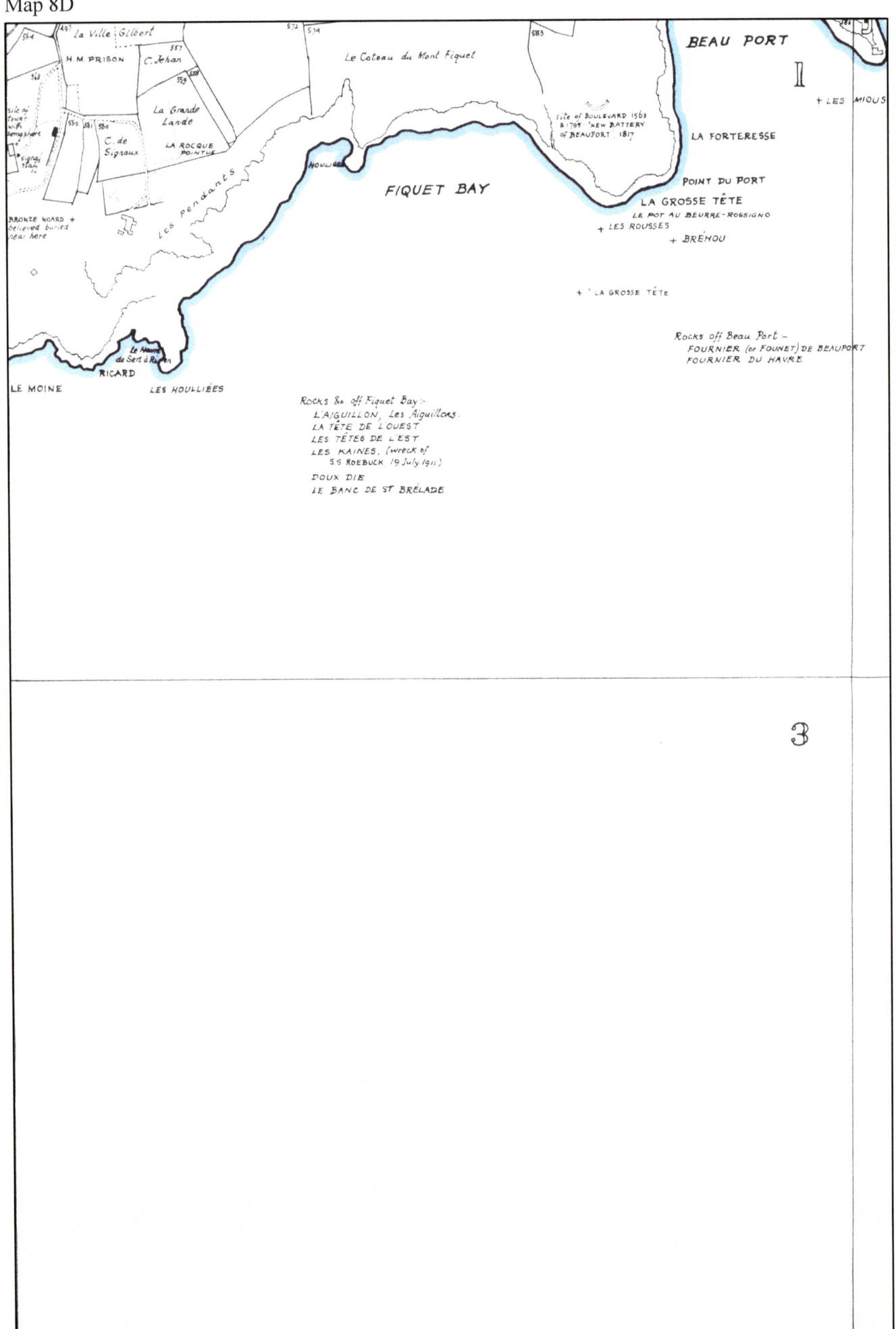

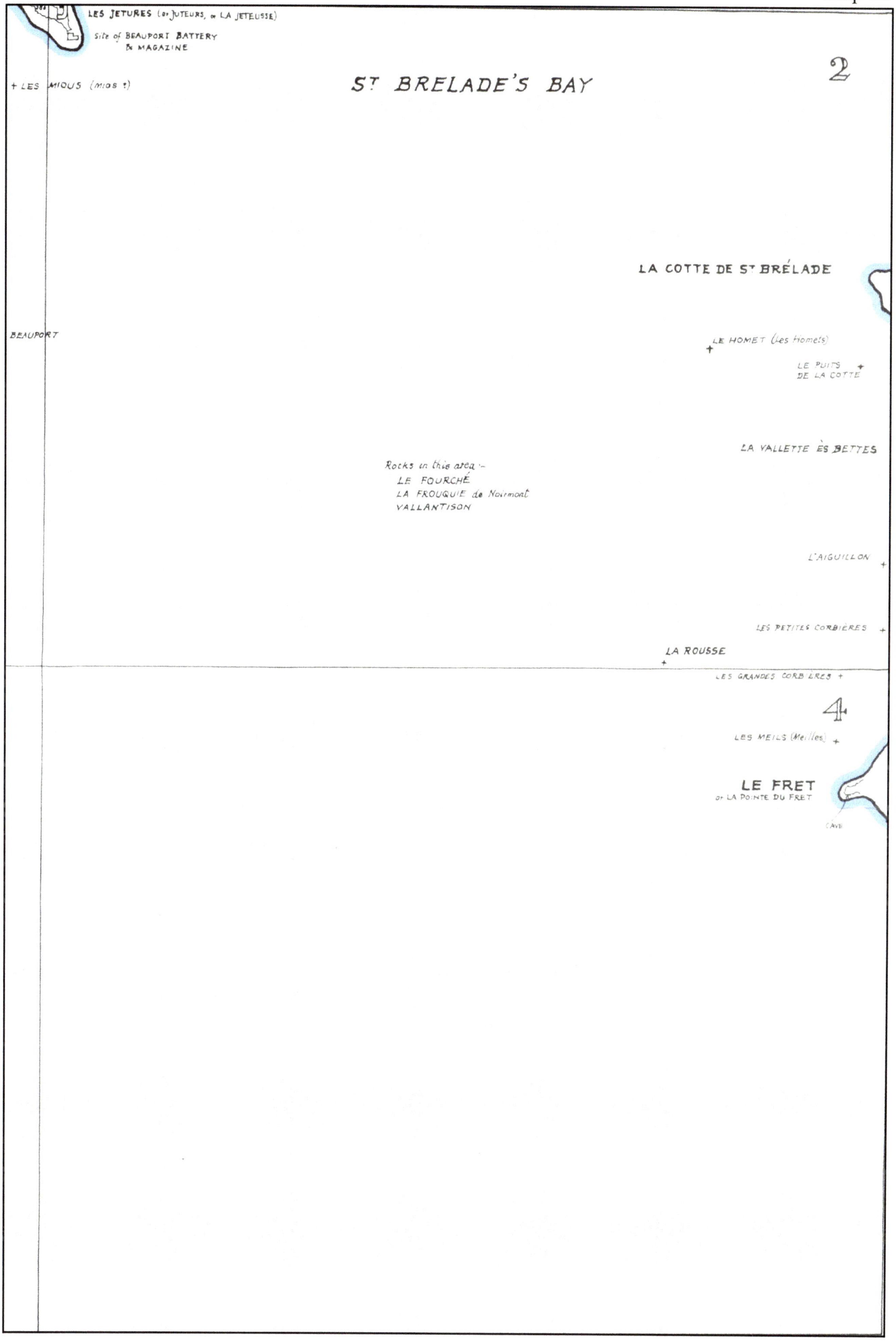

Map 8D

LES JETURES (or JUTEURS, or LA JETEUSSE)
Site of BEAUPORT BATTERY
& MAGAZINE

+ LES MIOUS (MIOS ?)

ST BRELADE'S BAY

2

LA COTTE DE ST BRÉLADE

BEAUPORT

LE HOMET (Les Homets) +

LE PUITS +
DE LA COTTE

LA VALLETTE ÈS BETTES

Rocks in this area :—
LE FOURCHÉ
LA FROUQUIE de Noirmont
VALLANTISON

L'AIGUILLON +

LES PETITES CORBIÈRES +

LA ROUSSE
+

LES GRANDES CORBIÈRES +

4

LES MEILS (Meilles) +

LE FRET
or LA POINTE DU FRET

CAVE

Map 9A

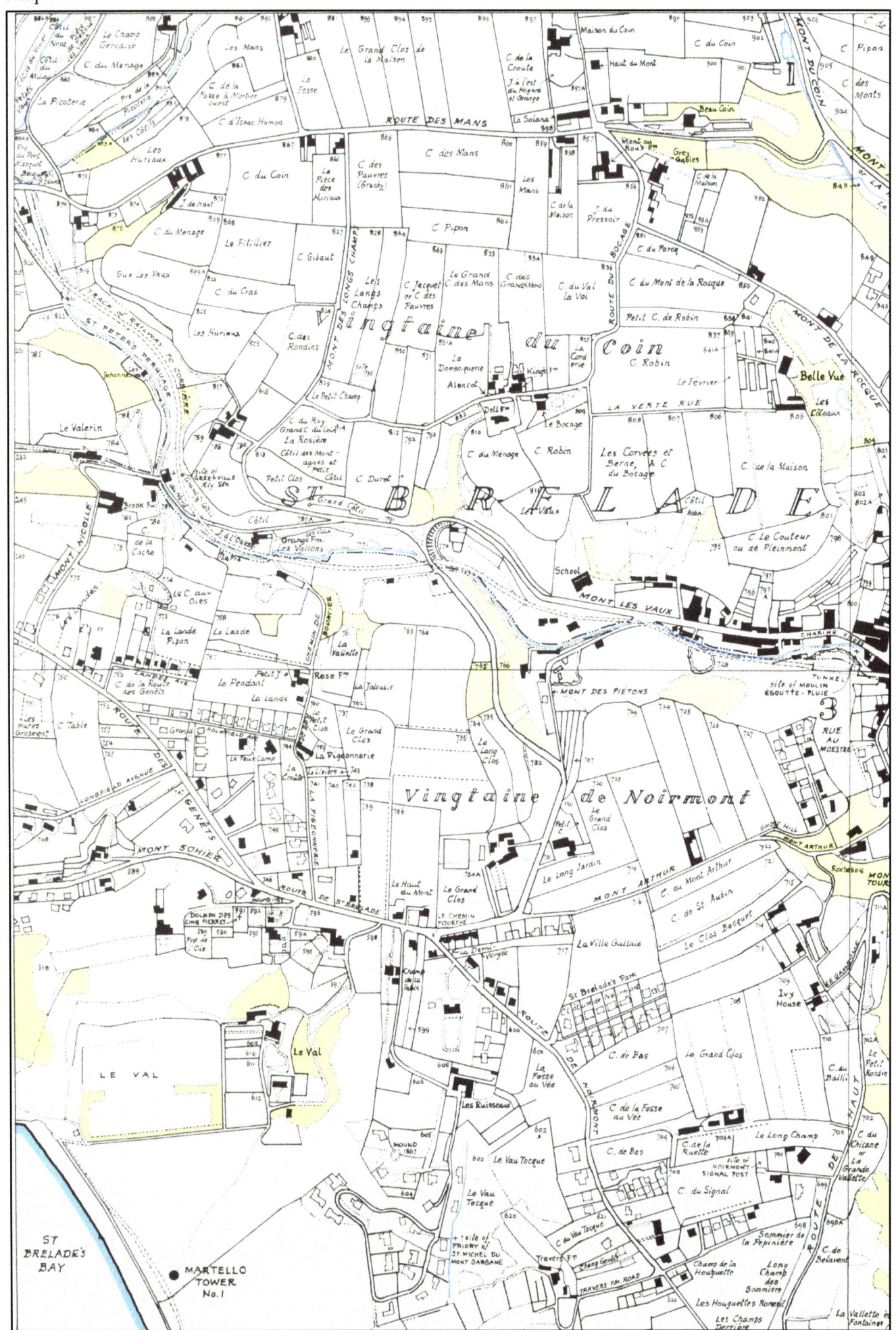

Map 9A

Map 9B

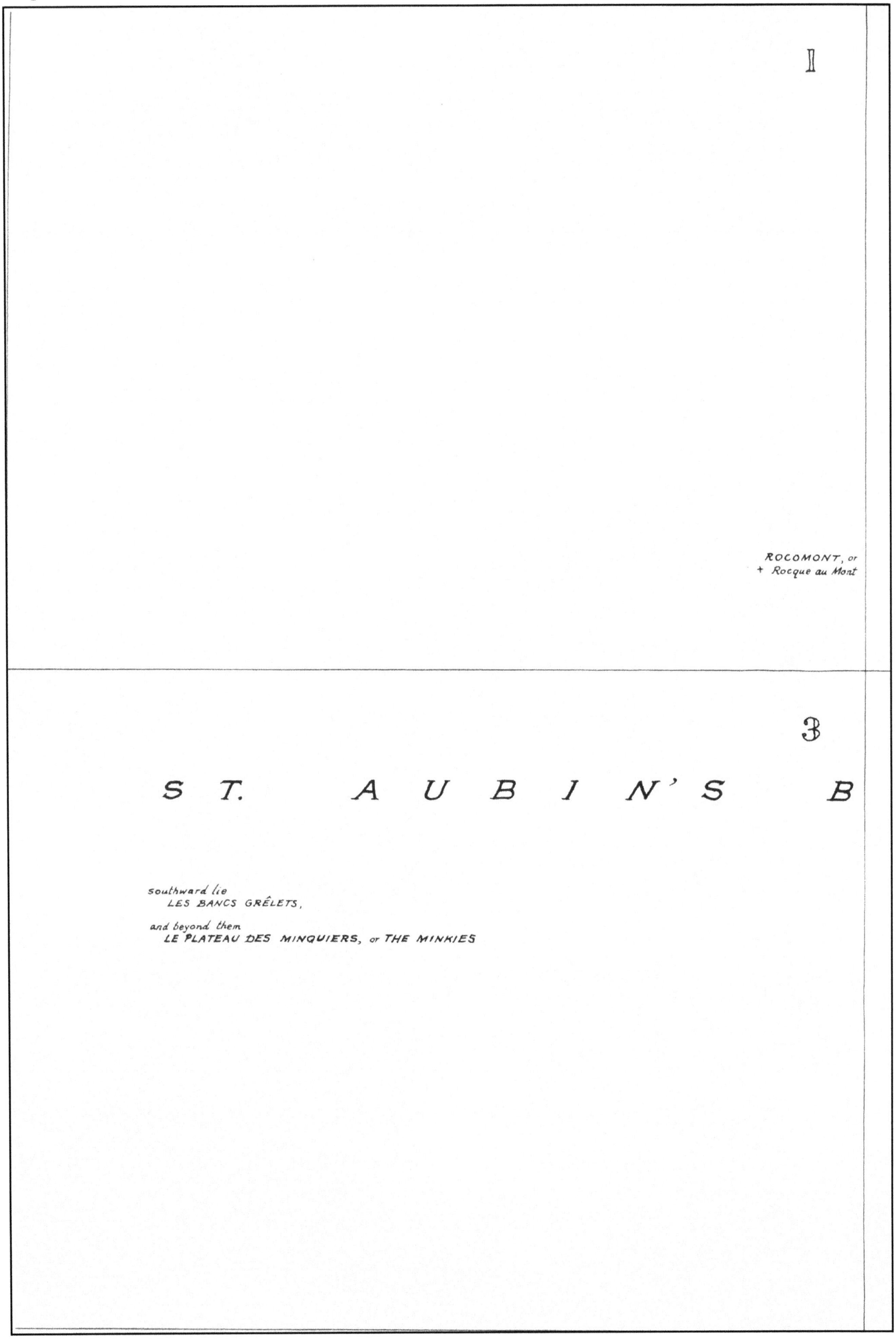

II

ROCOMONT, or
+ Rocque au Mont

3

S T.   A U B I N ' S   B

southward lie
  LES BANCS GRÊLETS,

and beyond them
  LE PLATEAU DES MINQUIERS, or THE MINKIES

Map 9B

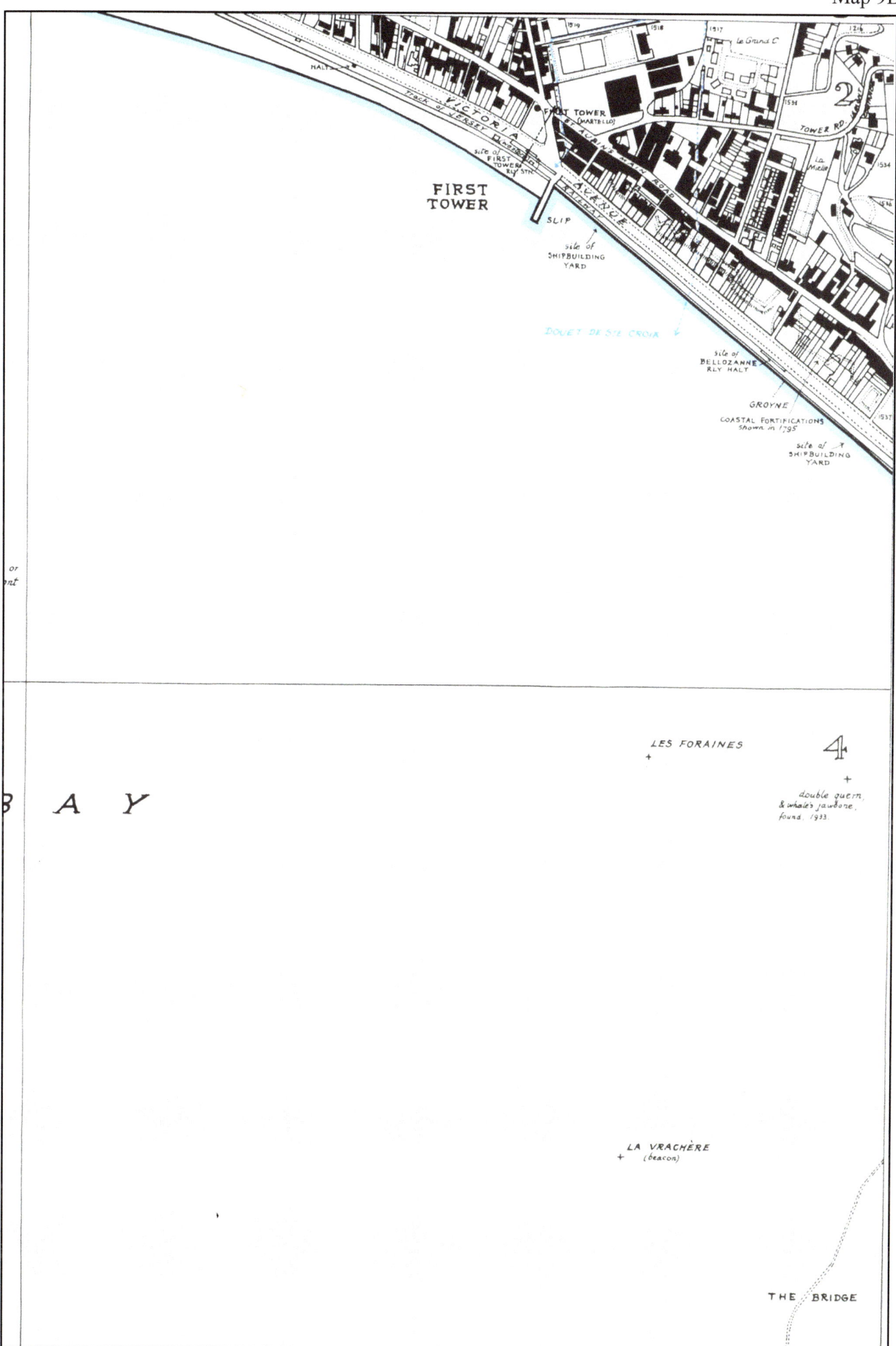

Map 9C

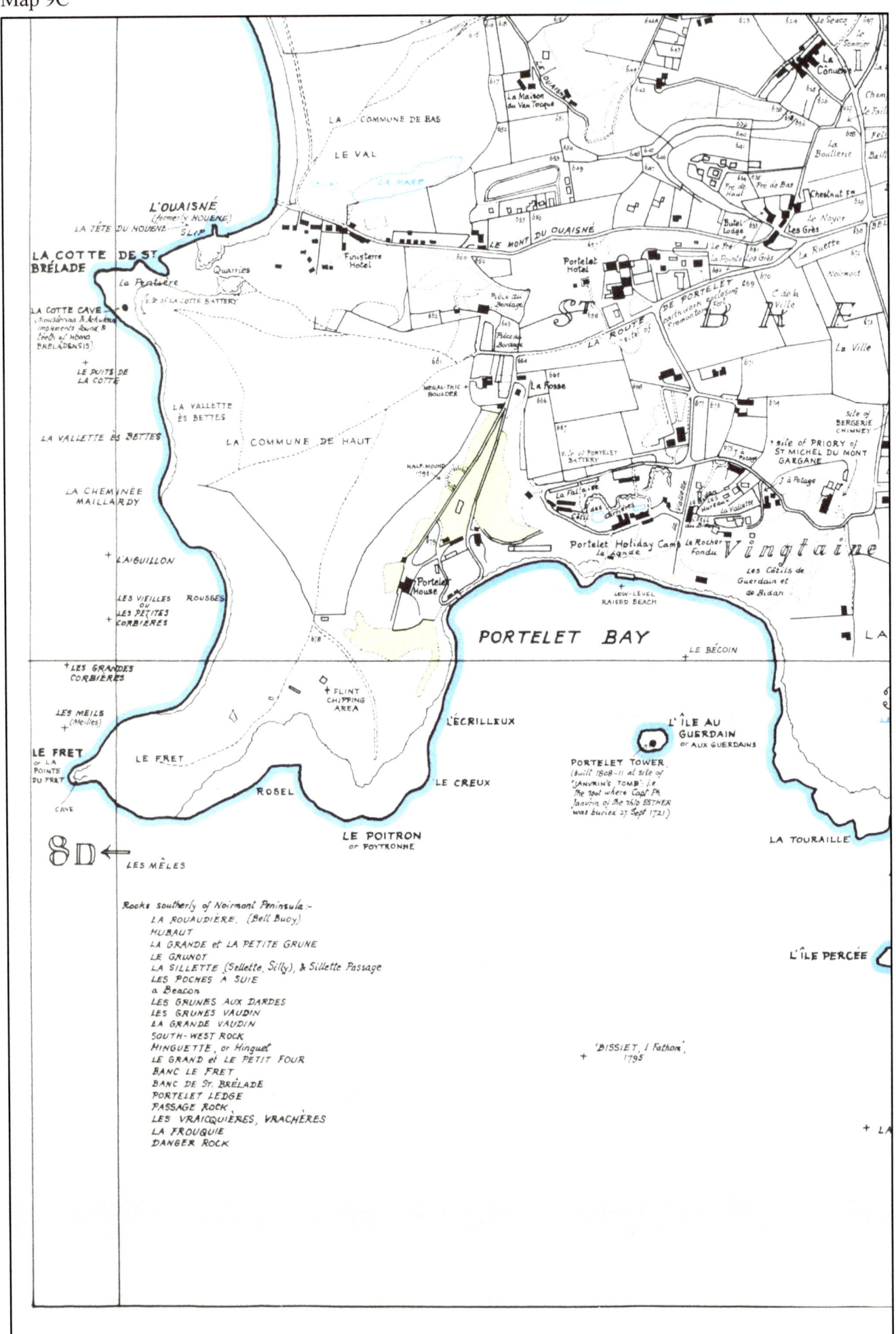

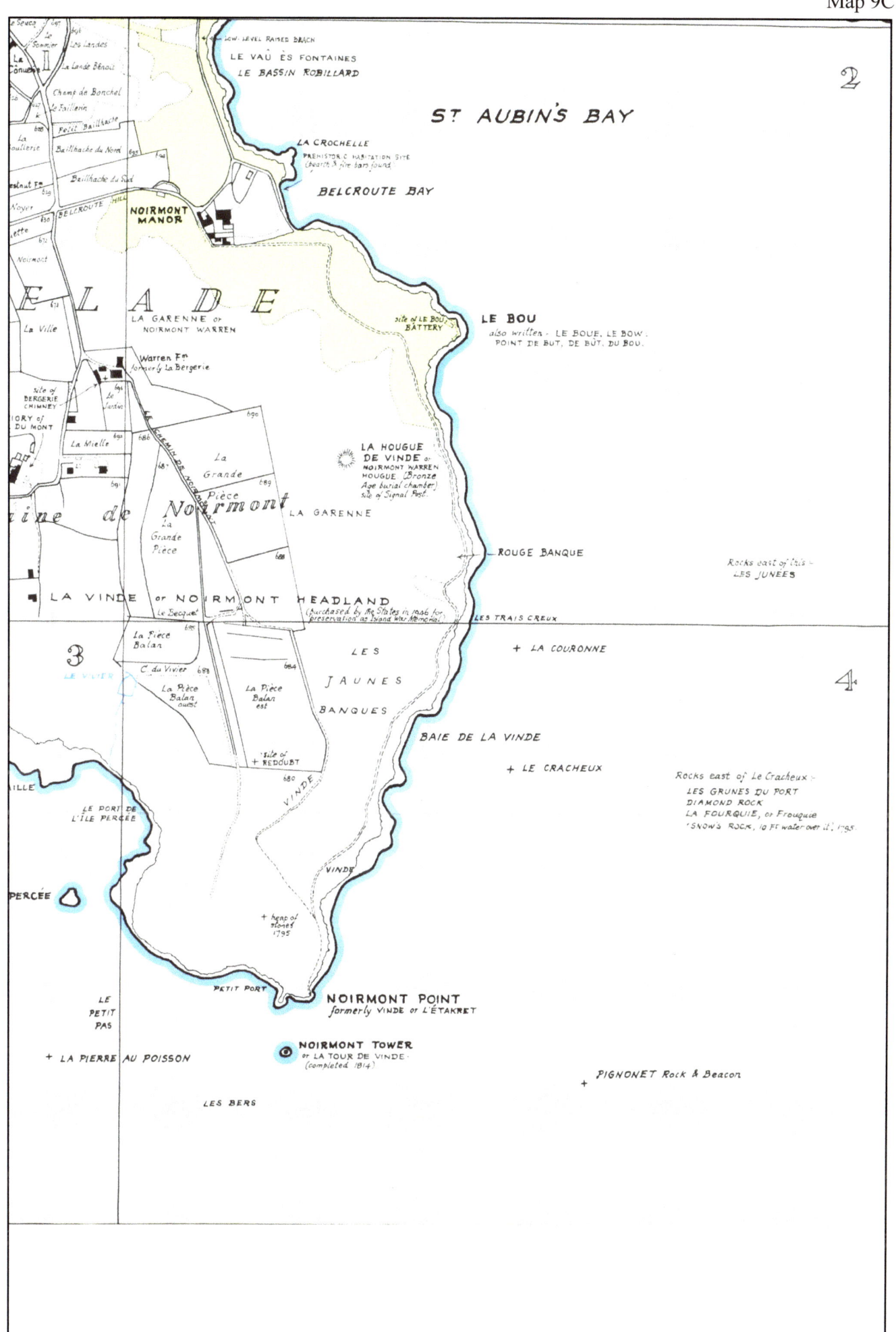

Map 9D

II

3
LA GRANDE
('The Great Road. Men of

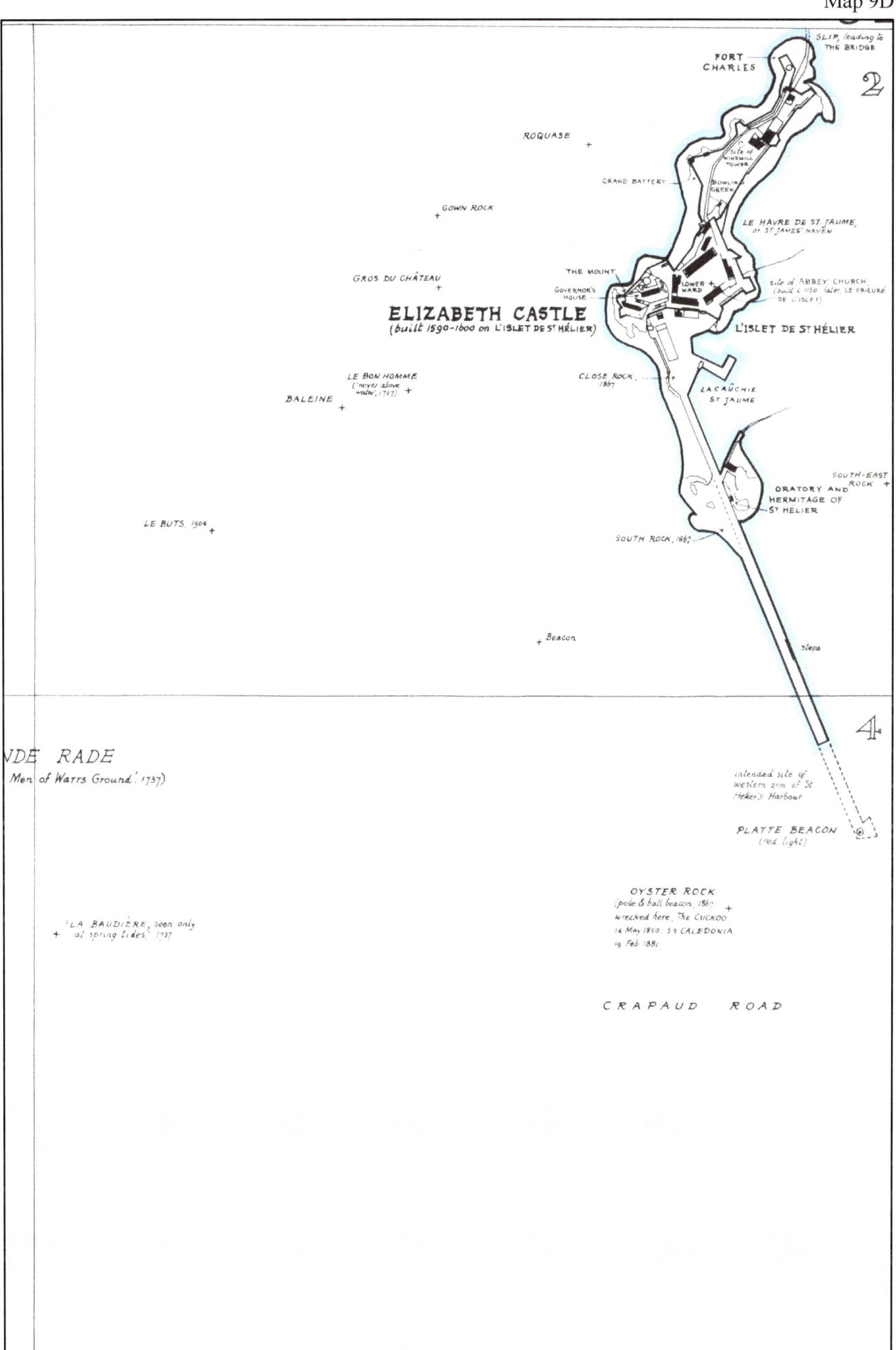

Map 10A

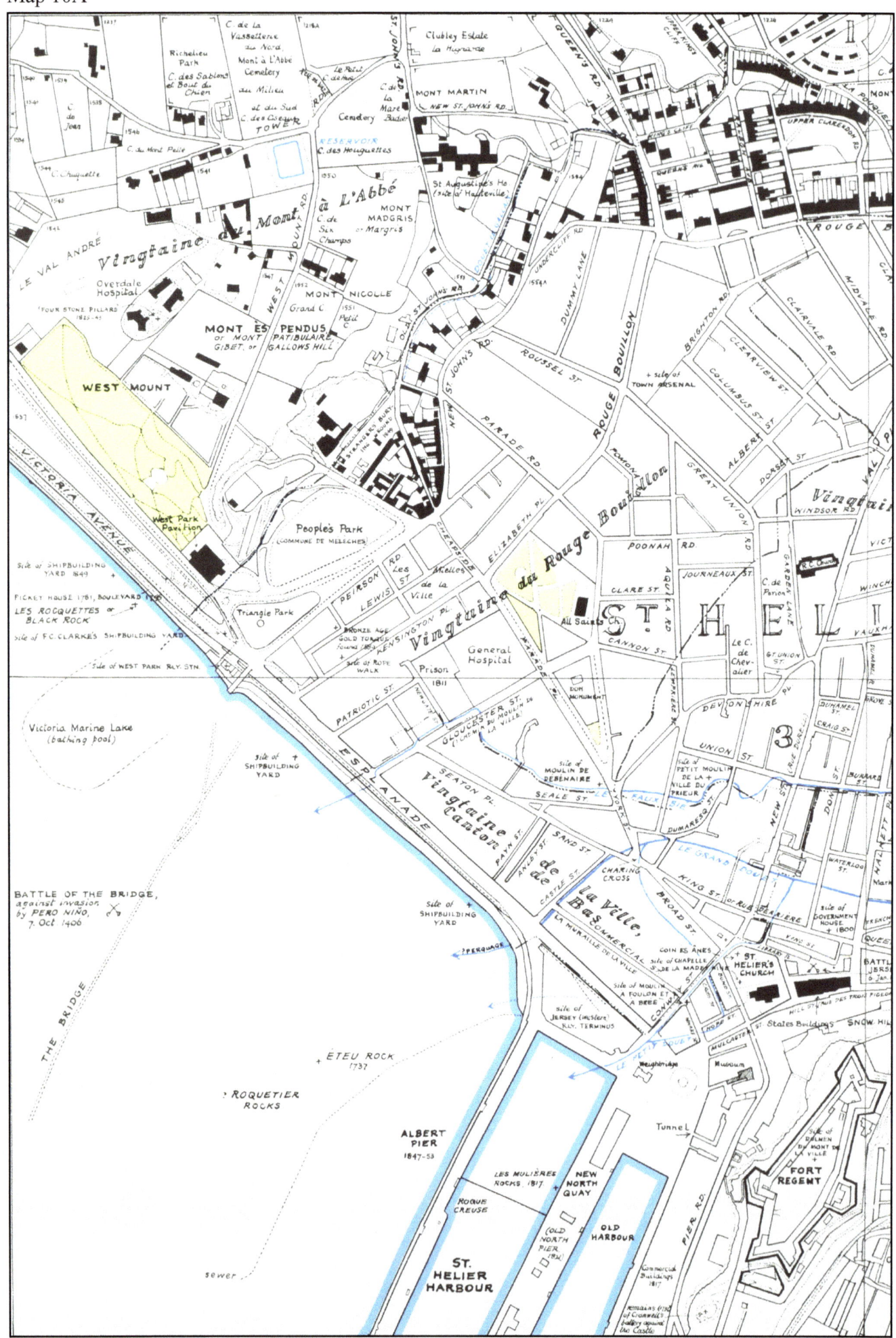

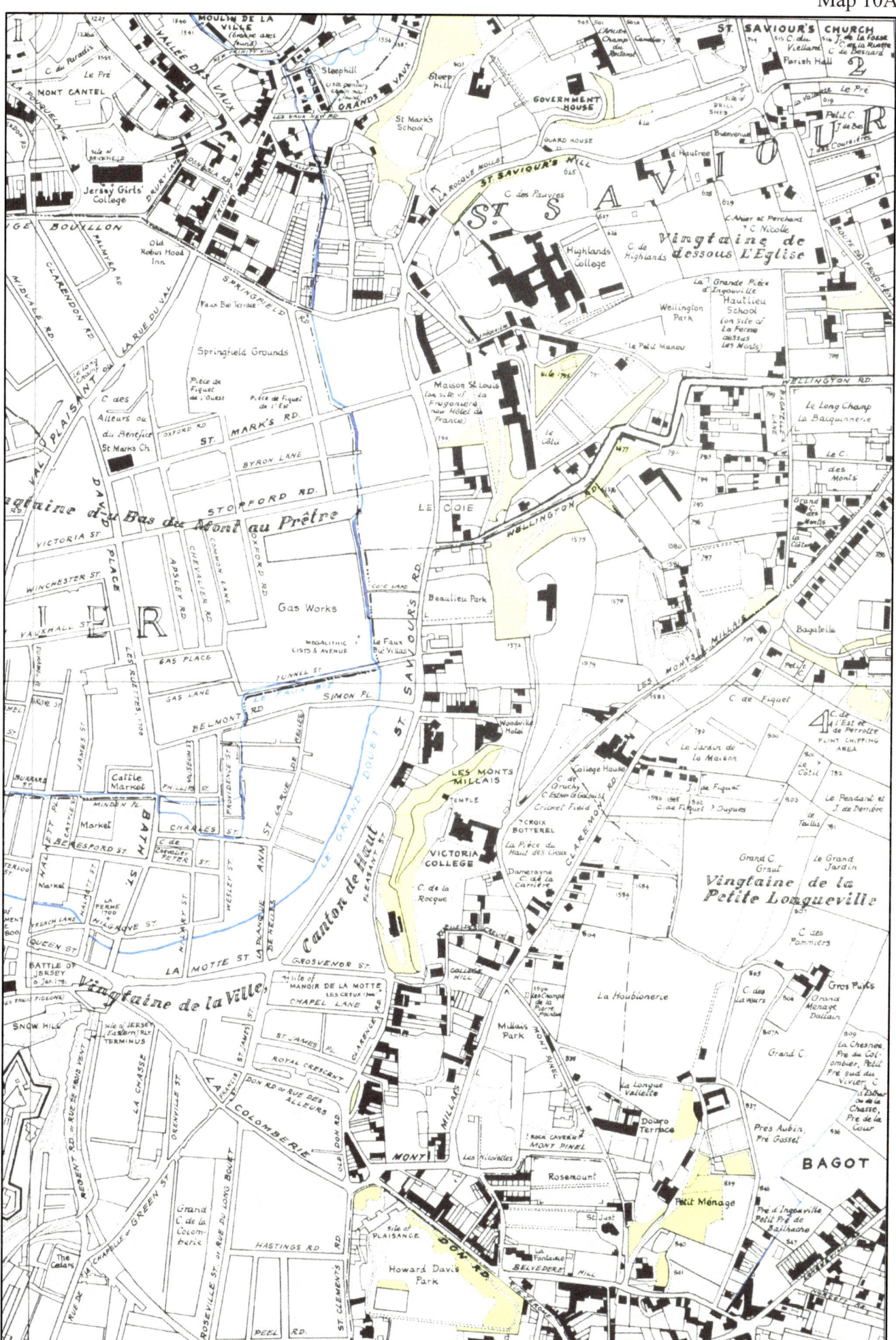
Map 10A

Map 10B

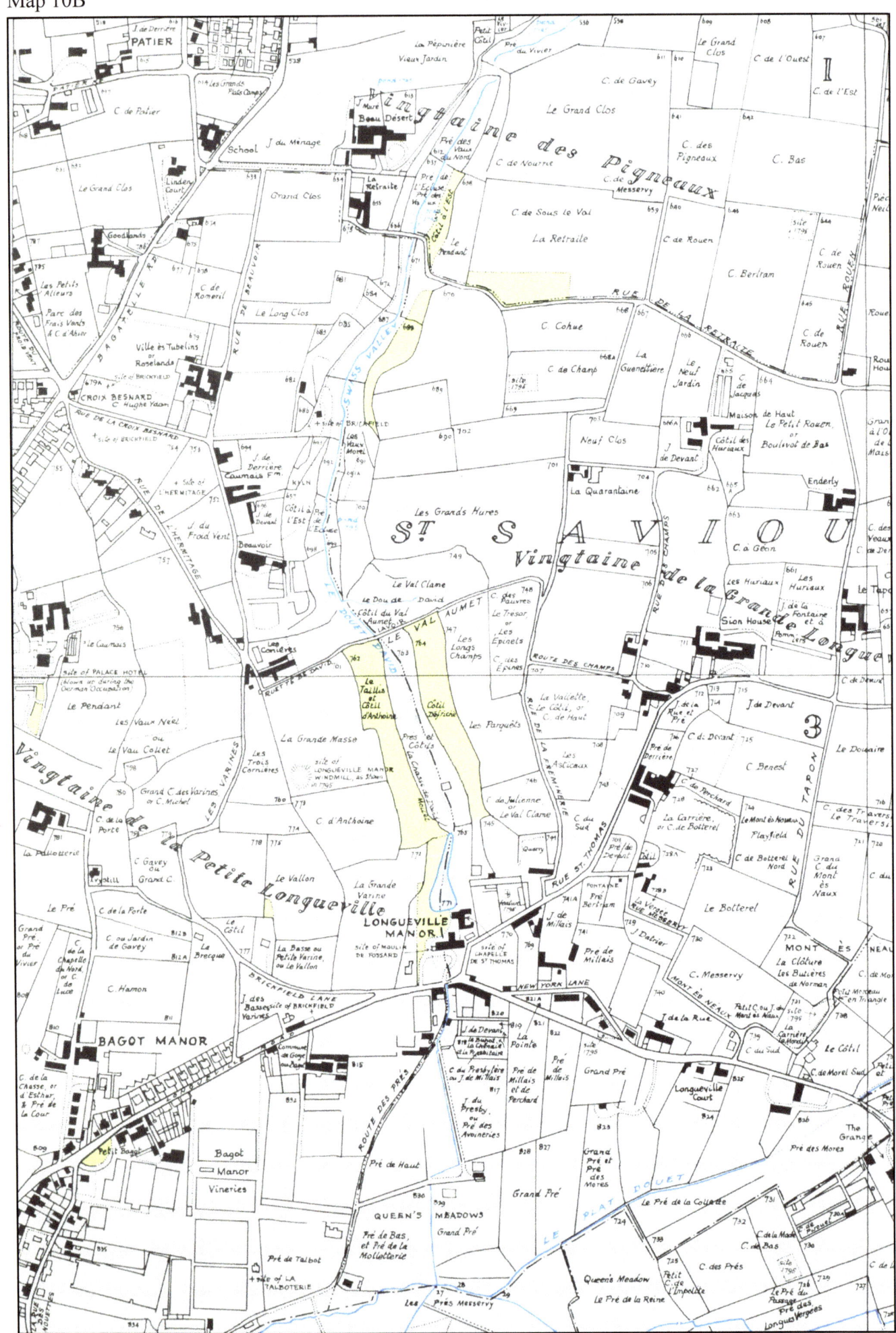

Map 10B

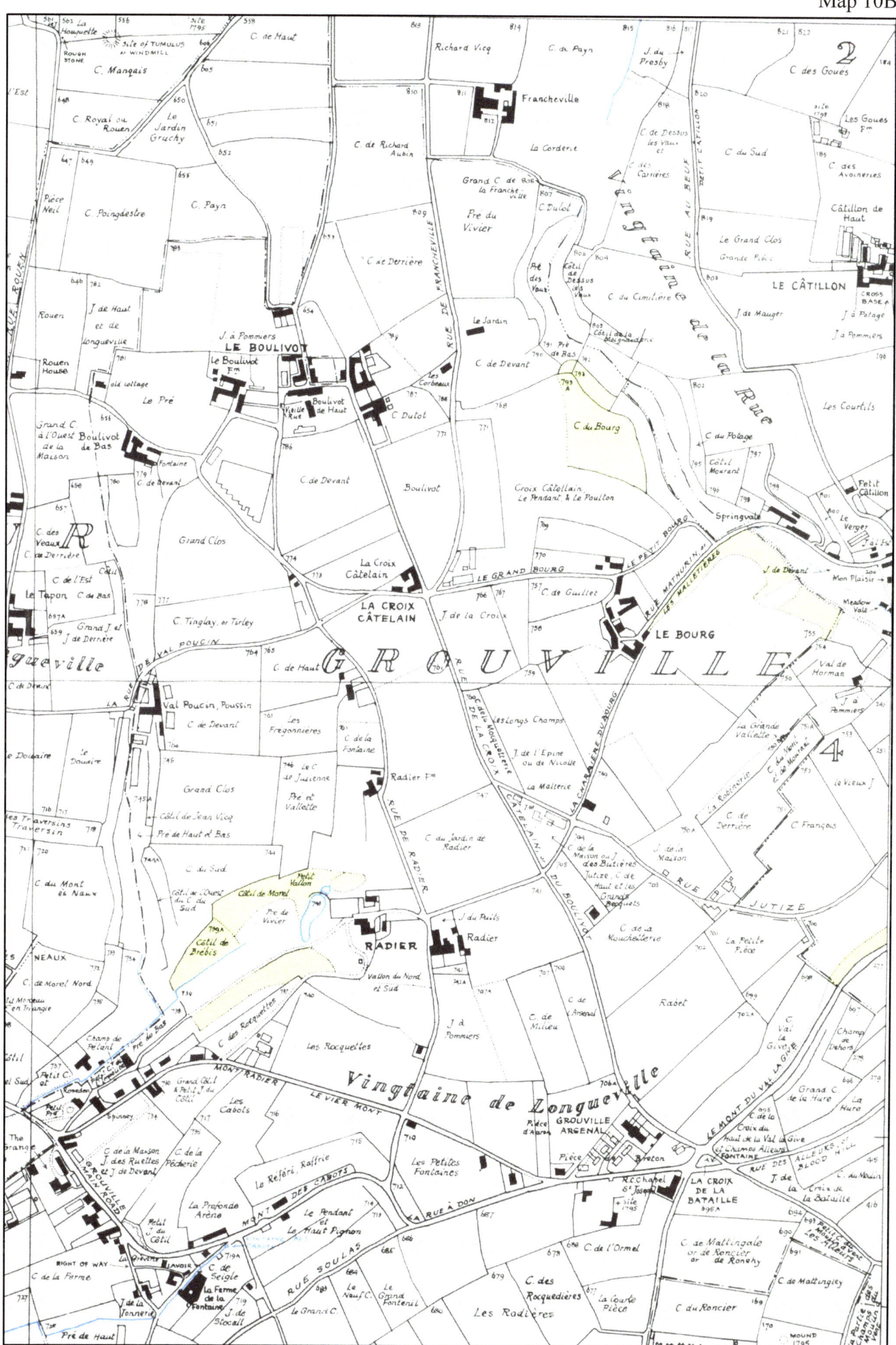

Map 10C

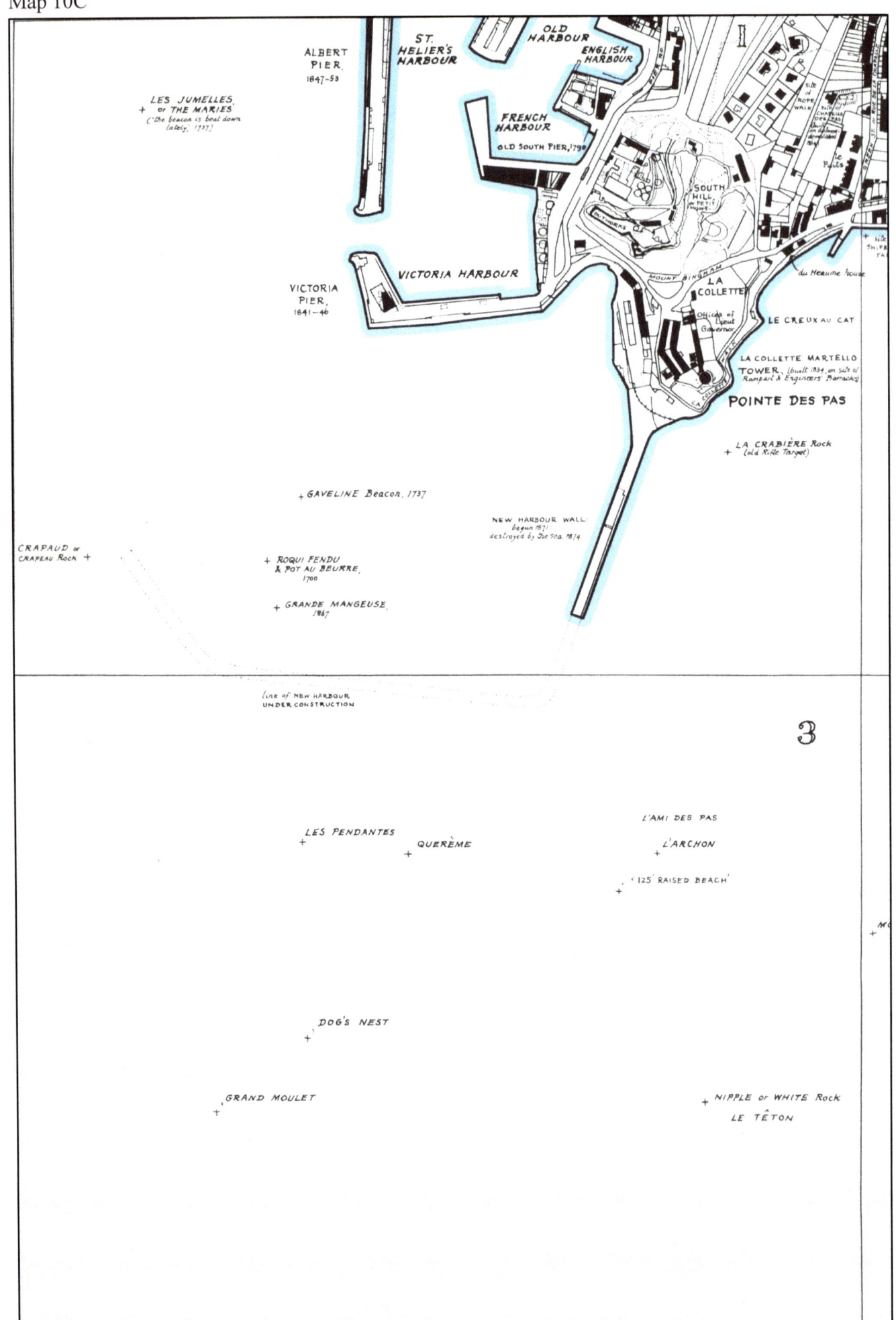

Map 10C

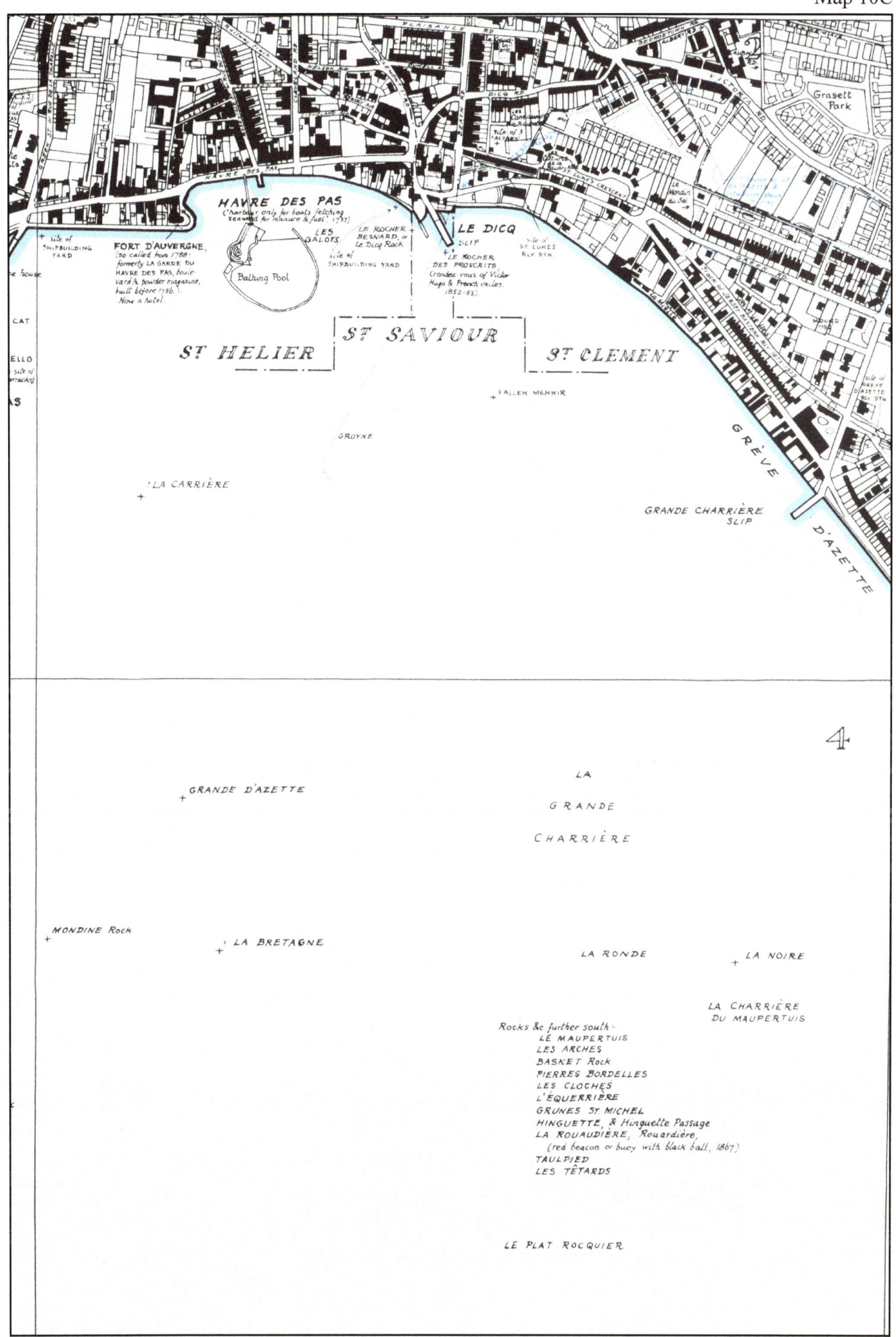

Map 10D

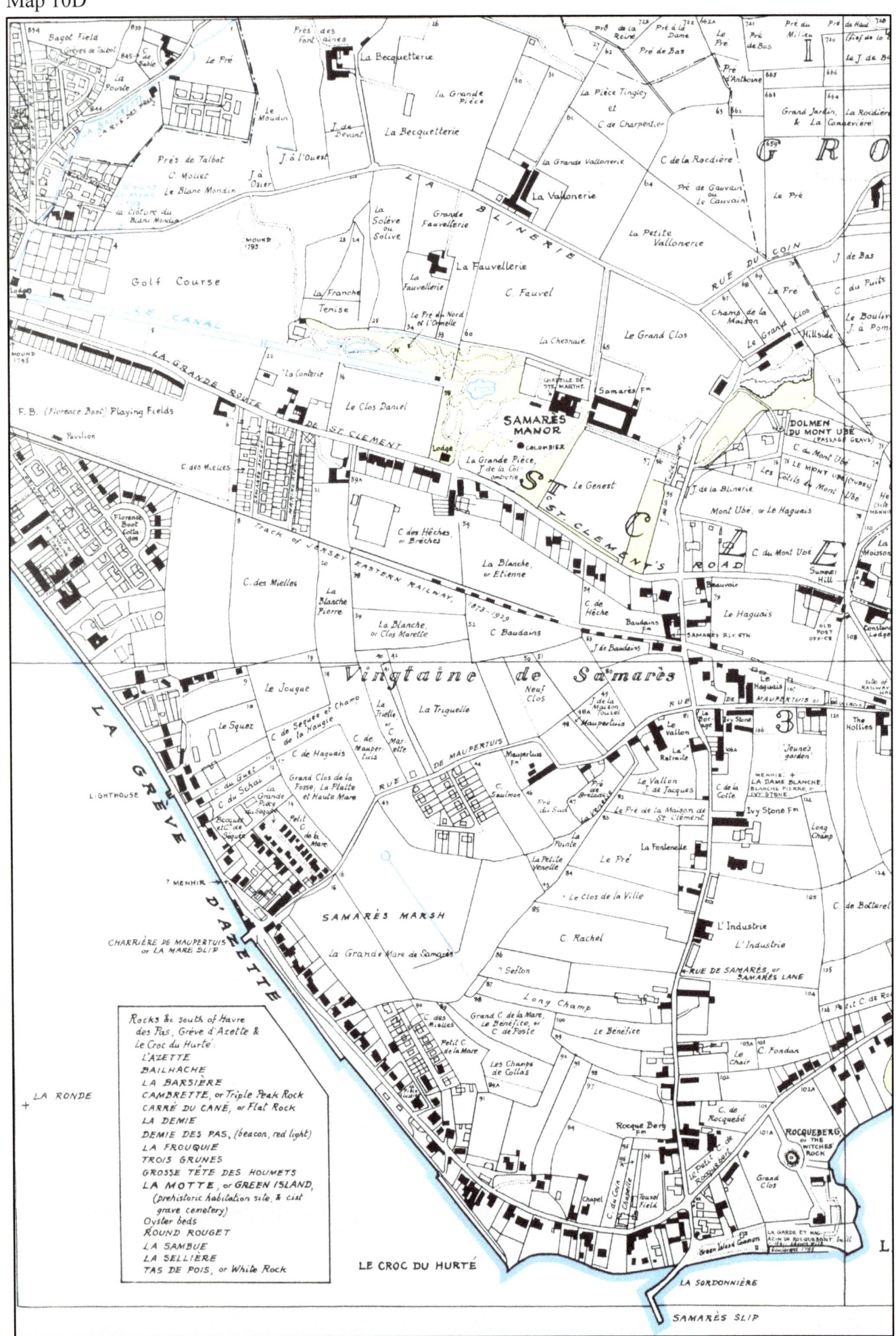

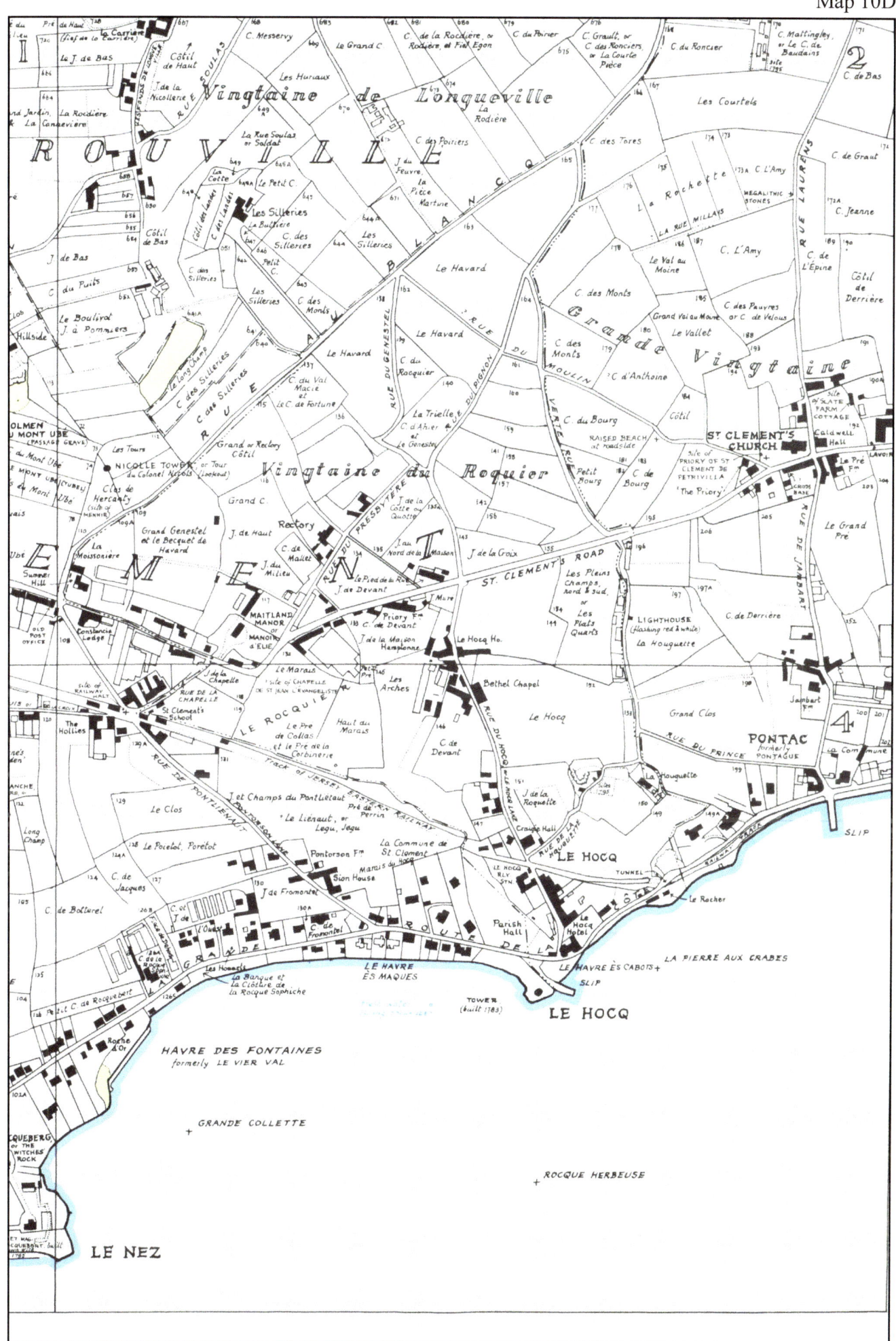

Map 10D

Map 11A

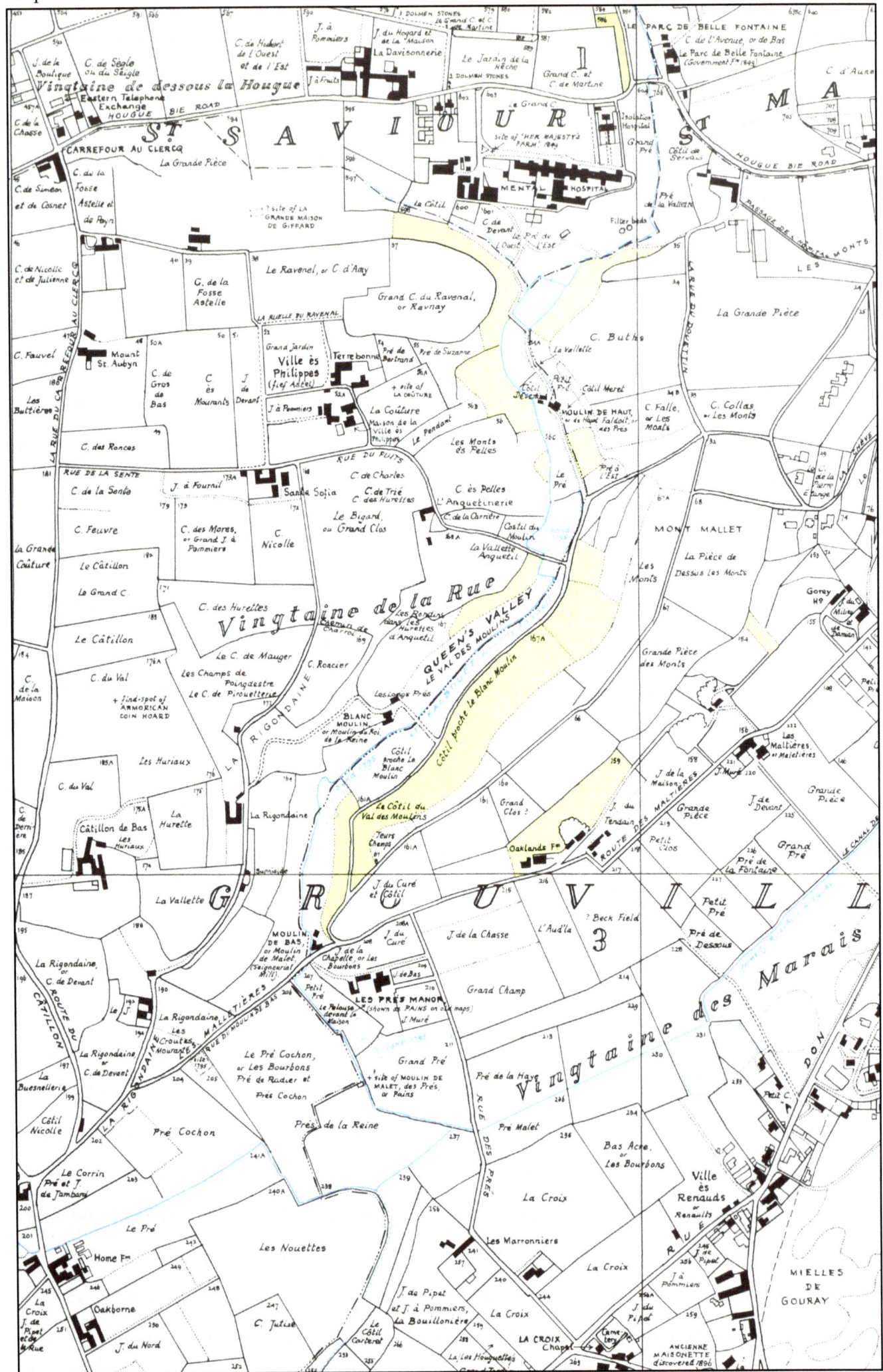

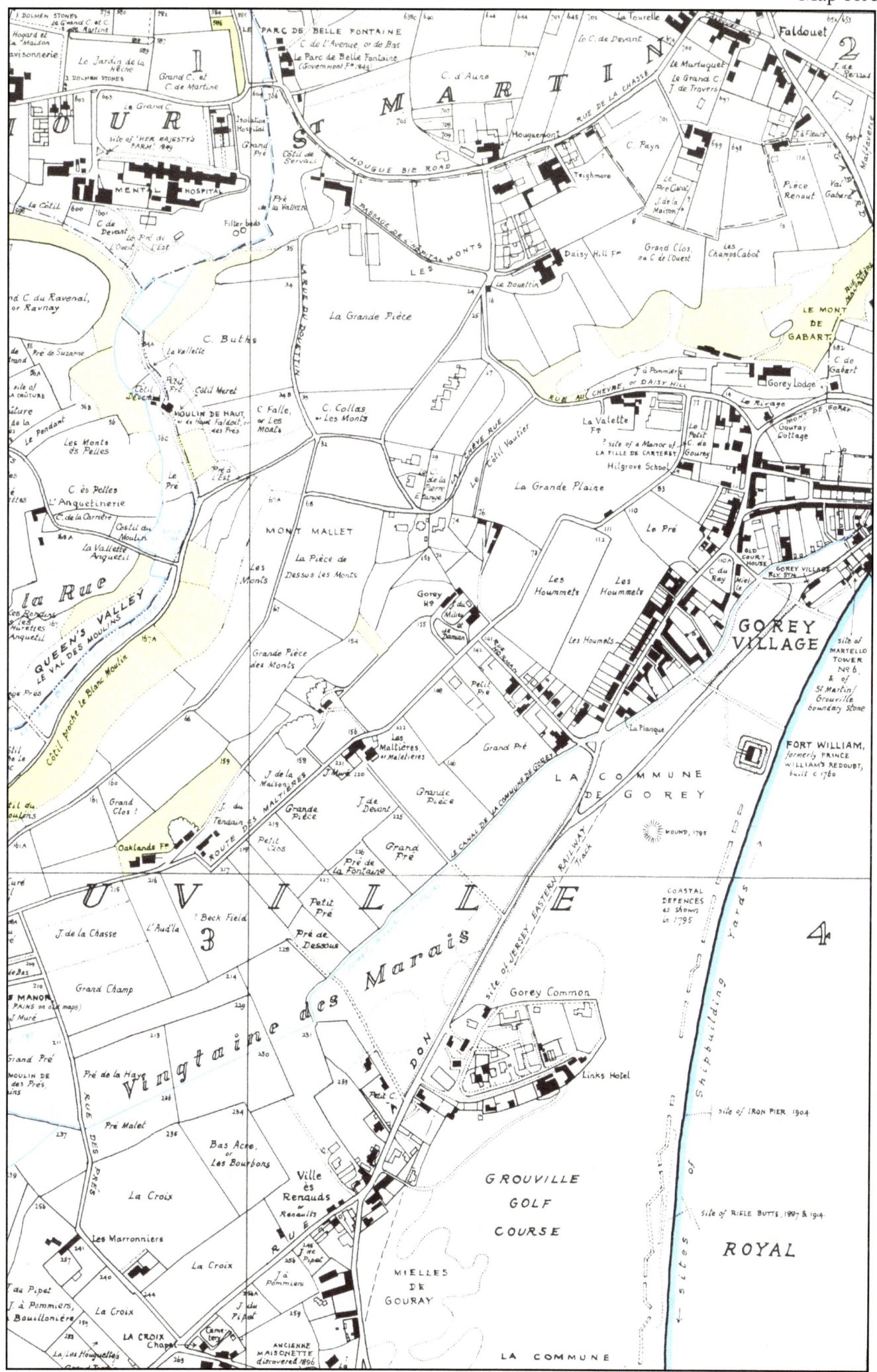

Map 11A

Map 11B

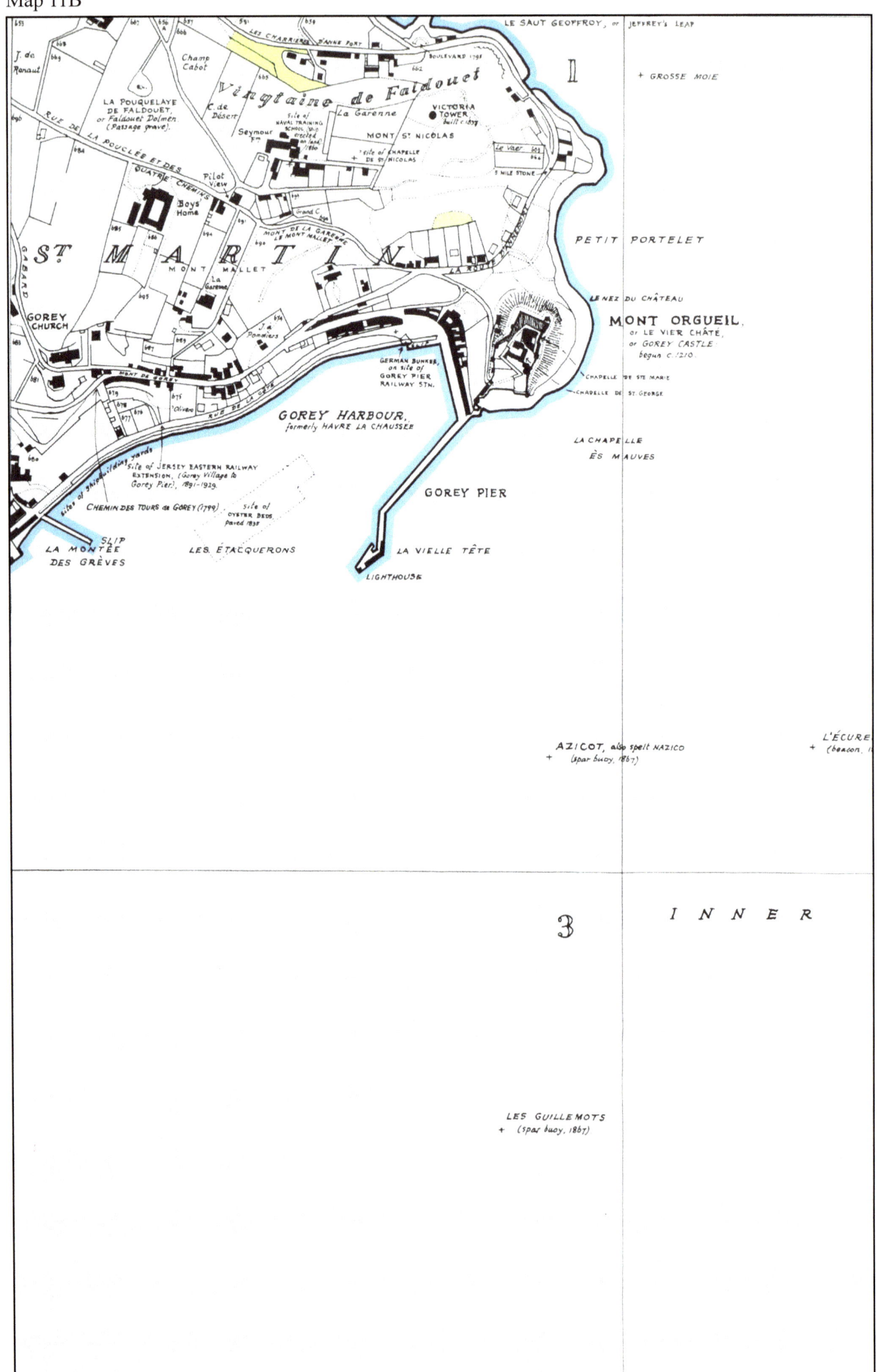

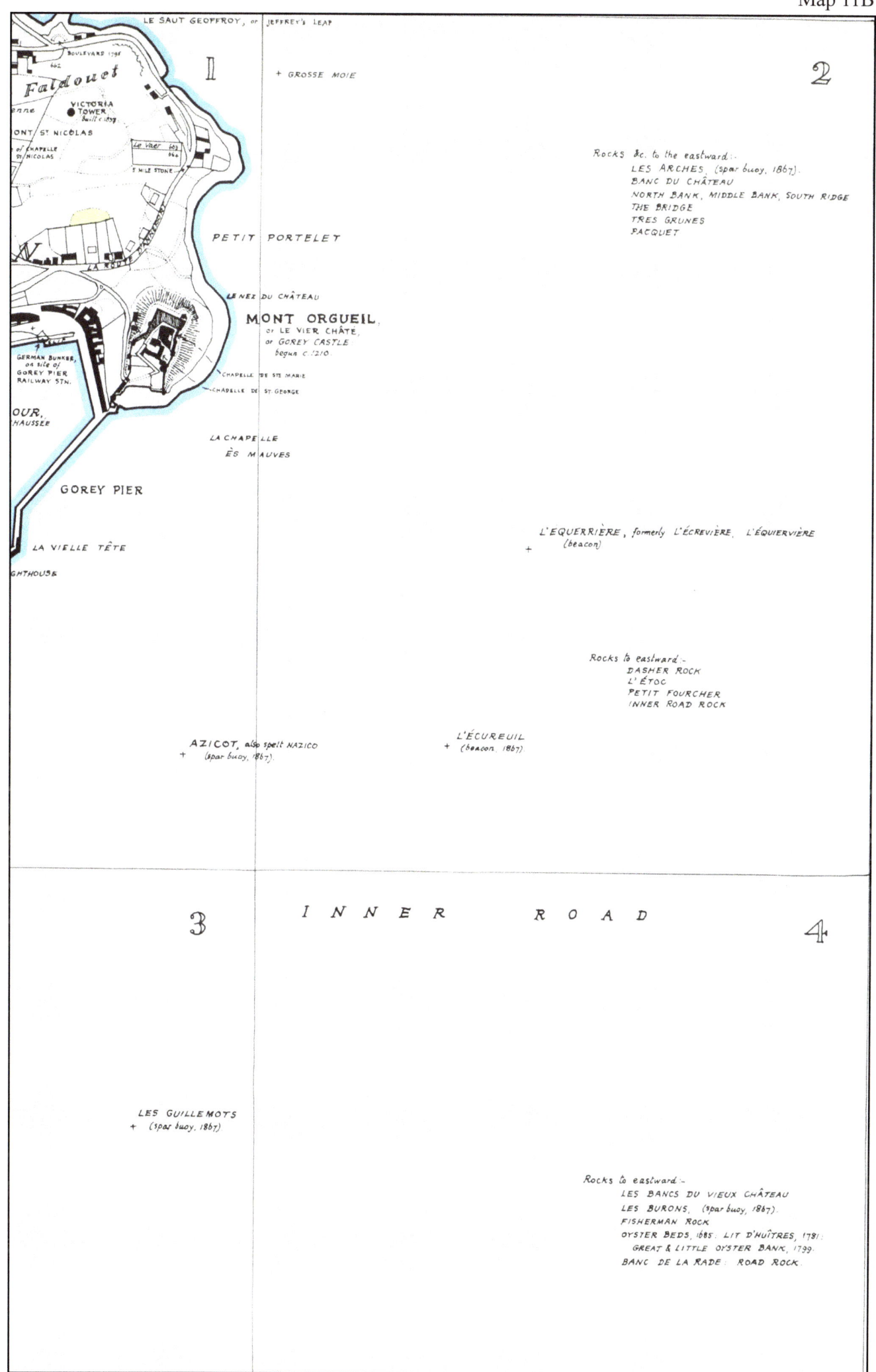

Map 11C

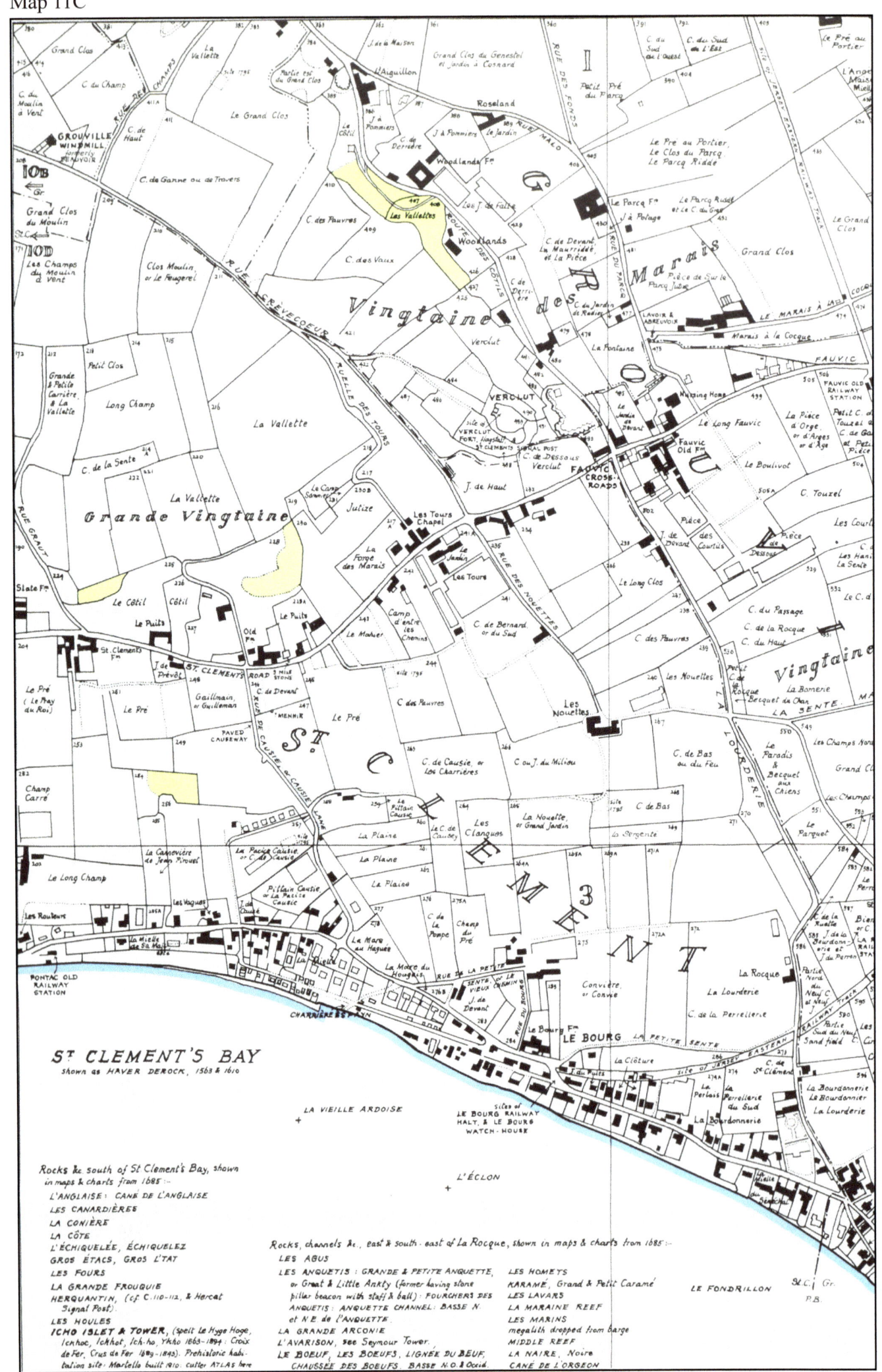

Map 11C

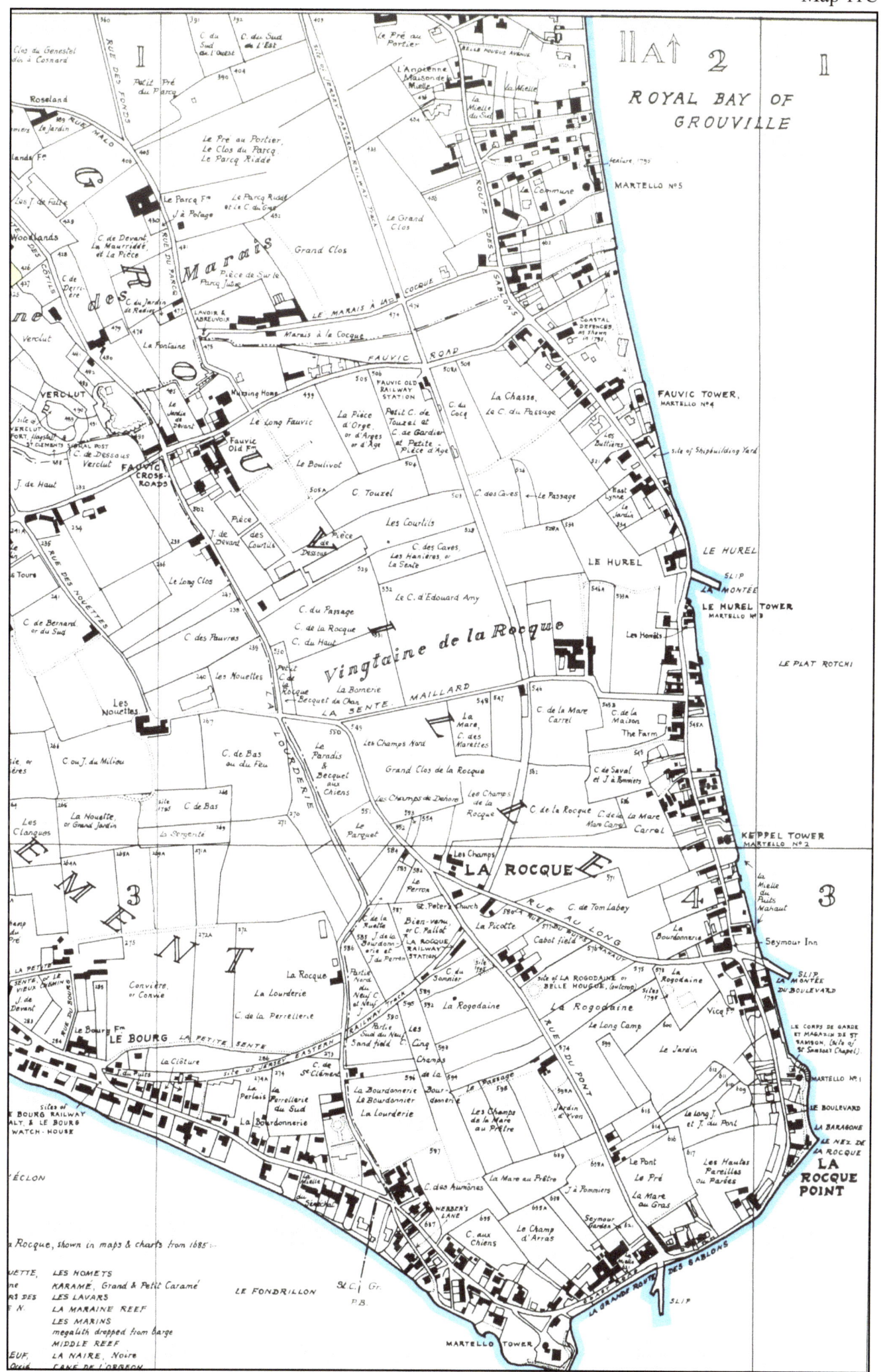

Map 12A, B & C

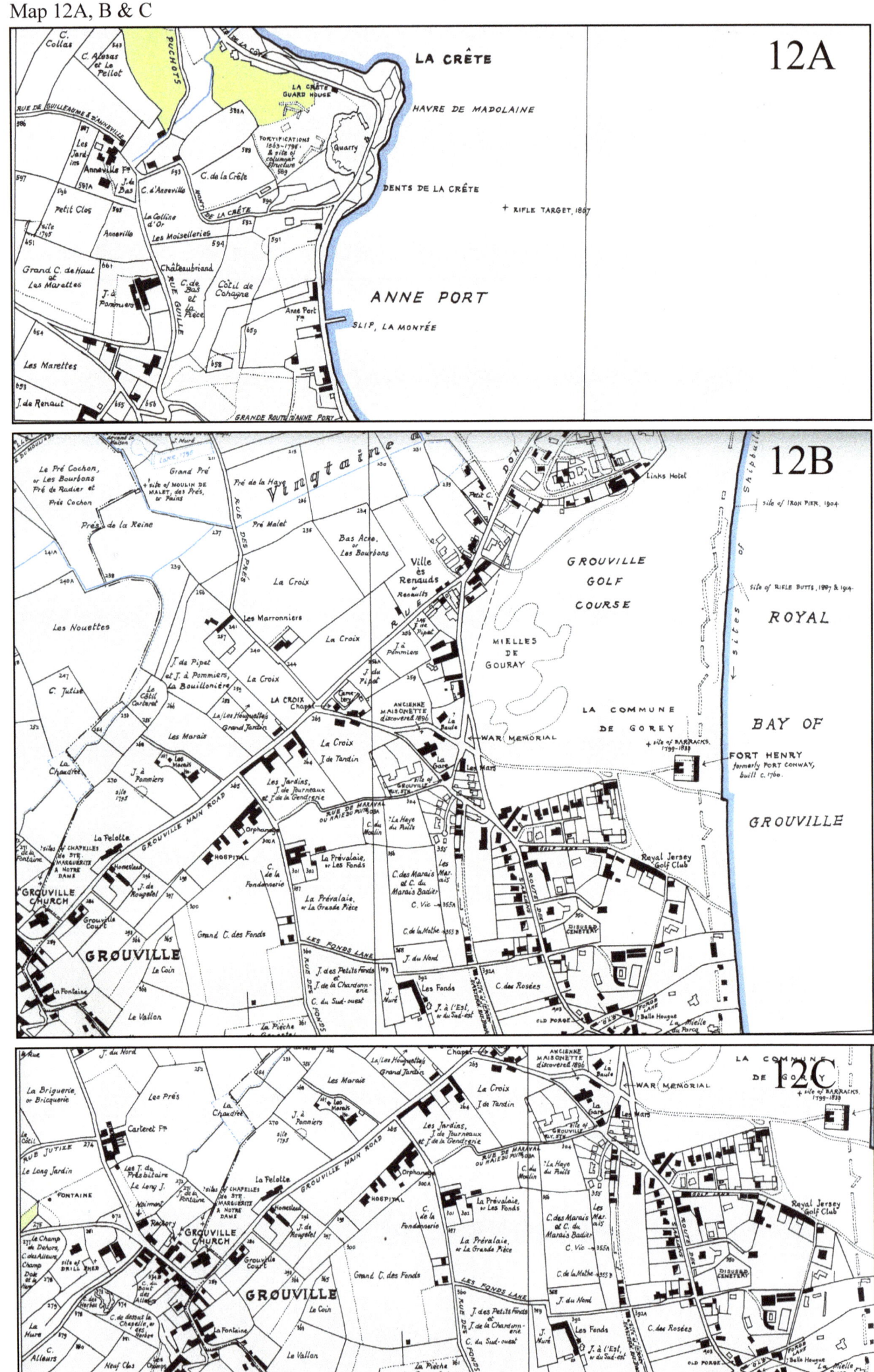

Index to the Maps

In the index that follows each entry conatins the following information:

Place name - in bold but minus prefixes such as 'le', 'la', etc.

Parish - in which the place name is located. Abbreviated. Coastal features such as rocks and shipwrecks that lie outside of terrestrial parish boundaries are referenced as 'Co' for 'Coastal'.

Map reference. This is made of the map number (e.g. 4C) and then the square in which the place name is located (e.g. 3). If there is more than one feature with the same name in the map square then the number of place names is given in parenthesis.

It should be noted that this is a working index based on the database of map names created for the interactive part of this project (see Preface for more details). The index was generated using a computer and, while it has been generally checked, not every entry has been cross-referenced against the original maps. For this reason it cannot be promised that every single place name was captured during the original digitisation process or that the spelling, grammar, formatting and map locations are completely accurate and consistent.

Nonetheless, it is hoped that the index is broadly accurate and that it will be of assistance to students of Jersey's toponomy. An interactive version of the map index is available on the Société Jersiaise; this is searchable and should be consulted if a particular name cannot be found in the index to this volume. Any errors, omissions or comments should be directed to the Société Jersiaise so that future editions of this work (and the database) may be corrected.

Abbot's Mount, StH: 7C3
Abreuvoir, StB: 8A2
Abrevoir, StO: 5B2
Abri, StO: 1D2
Agus, Co: 11C3
Aillettes, StMa: 7B4
Ainières (4), StO: 1A2
Ainières de bas, StO: 1A2
Airies, Tr: 3C2
Airport, StP: 5D2
Aix (3), StP: 6A2
Albany House, StL: 6B3
Albert Pier, StH: 10A3
Albert Pier, StH: 10C1
Albert Road, StS: 10C2
Albert Street, StH: 10A1
Alexandre Farm, StP: 5D1
Alfriston, Tr: 3C1
All Saints, StH: 10A1
Allée Couverte, StMa: 4A4
Alleurs, Gr: 10B4
Alleurs, StMa: 3D4
Alleurs, StMa: 4C4
Alleurs, Tr: 3C4
Alleurs de Haut Est, Tr: 3C4
Alleurs de Haut ouest, Tr: 3C4
Alleurs et Les Rocquettes, StMa: 4C4
Allotins, Petits et Grandes, StJ: 2B4
Almorah Cemetery, StH: 7C3
Almorah Crescent, StH: 7C3
Alpes, StMa: 4C1
Alphington House, StS: 7D1
Ancienne Commune de Morville, StO: 1C4
Anne Port, Co: 4D3
Anne Port Farm, StMa: 4D3
Anneville, StMa: 4D3
Anneville Farm, StMa: 4D3
Appelé les Greffes, StL: 6B2
Apsley Road, StH: 10A2
Arbres, StL: 6A4
Arches, Co: 10C4
Arches, Co: 11B2
Arches, StJ: 3C1
Arches, StS: 7D2
Archirondel Tower, StMa: 4D3
Arsures (2), StB: 8B3
Arsures (2), StP: 5D1
Arsures, StP: 5D2
Ashley Court, StJ: 2D2
Asticaux, StS: 10B3
Auberge, Tr: 7B3
Aubin Road, StS: 10C2
Augerez (2), StP: 6A1
Augerez, StP: 2C3
Augerez Cottage, StP: 6A1
Augrés, Tr: 3D3
Augrés, Tr: 7B1
Augrés Farm, Tr: 7B1
Augrés Methodist Chapel, Tr: 7C2
Auvergne Farm, StP: 6A1
Avenue, StC: 10D1
Avenue le Petit Félard, StL: 6D4
Avoineries, StB: 8B3
Avoineries, StMy: 2C1
Avoineries et Clos du Maillet, StH: 7C3
Avoines de l'Est, StMy: 2D1
Avoines de l'Ouest, StMy: 2D1
Avranches Farm, StL: 6B1
Avranches Manor, StL: 6B1
Aylmer Farm, StJ: 3C3
Azicot, Co: 11B1

Baae, StS: 10B3
Babine (2), Tr: 3A4
Babine, Tr: 3C2
Bachauderie (2), StS: 4C3
Bachin, StB: 8B2
Bacquinnerie, StS: 10A2
Badier, StL: 6B3

Bagatelle, StS: 10A2
Bagatelle, Tr: 3D3
Bagatelle Lane, StS: 10A2
Bagatelle Road, StS: 10B1
Bagot Field, StS: 10D1
Bagot Manor, StS: 10B3
Bagot Manor Vineries, StS: 10B3
Baie à Sablon, Co: 8A3
Baie de la Motte, Co: 2B1
Baie de la Vielle, StO: 1A1
Baie de la Vinde, Co: 9C4
Bailhache, Co: 10D3
Bailhacherie, StP: 5B3
Baillhache du Nord, StB: 9C1
Baillhache du Sud, StB: 9C1
Bailli, Tr: 3C4
Balance, shipwreck, StMa: 4A2
Baleine, Co: 9D2
Balmoral Terrace, StH: 7C4
Banc de la Moye, Co: 8C3
Banc de la Rade, Co: 11B4
Banc de St Brélade, Co: 8D1
Banc de St Brélade, Co: 9C3
Banc du Château, Co: 11B2
Banc Le Fret, Co: 9C3
Banc Ste Catherine, Co: 4D2
Banchet, StJ: 3A3
Bancs Desormes, Co: 1A1
Bancs du Joli, StMa: 4A2
Bancs du Vieux Château, Co: 11B4
Bancs Grêlets, Co: 9B3
Bannage, Co: 5A1
Banque (3), StMy: 2C1
Banque, StO: 1C1
Banque, StO: 1C2
Banque, StO: 1D2
Banque, StO: 1D4
Banque et la Clôture de la Rocque Sophiche, StC: 10D4
Banques Sebire (2), StO: 1C4
Banquet et Vieux Hauguard, StB: 6C3
Banquets, StB: 8B4
Banquets, StJ: 2B4
Banquets, StP: 6C4
Banquêts, StL: 6A4
Banquets du Sud des Montagnes, StP: 6C2
Baragone, Gr: 11D3
Barbet, Tr: 7B1
Barcelone, StMy: 2A4
Barrées, StMy: 2C2
Barsac, StMa: 4C1
Barsière, Co: 10D3
Bas Acre, Gr: 11A3
Bas Acre, StMa: 4C1
Bas de la Lande, StMa: 4C3
Bas de Lecq, StO: 1B3
Bas de l'Etacq, StO: 1C1
Bas des Reuteurs, StP: 6A3
Bas du Hocq, StP: 5B3
Bas du Marais, StO: 1D3
Bas Rozel Farm, StMa: 4B3
Basket Rock, Co: 10C4
Basse Ligne (2), StO: 1C2
Basse Vallée, Tr: 7B2
Basseleries, StMa: 4C1
Basses Mielles, StB: 5D3
Bassin Robillard, Co: 9C2
Bastard, StMa: 4C3
Bastard, StMa: 4C4
Bastard, StP: 6A1
Bastard de Bas, StS: 7D1
Bastard de Haut celui du Nord, StS: 7B3
Bastard de Haut celui du Sud, StS: 7B3
Bataille, StO: 1C4
Bâtard, StP: 6A1
Bathing Pool, Co: 10C2
Batterie, StMa: 4D1
Baubet, Tr: 7B1
Bauche, StO: 1C2
Bauche Clos Hacquoil, StO: 1D4

Baudains Farm, StC: 10D1
Baudière, Co: 9D4
Baudrette, StS: 10D1
Baule, Gr: 11A4
BBC Transmitter Station, Tr: 3A4
Beach Farm, StP: 2C3
Beach Road, StS: 10C2
Beacon, Co: 9D2
Beacon House, StB: 8B2
Beau Coin, StB: 9A1
Beau Côtil, StO: 1B3
Beau Désert, StS: 10B1
Beau Désert, Tr: 7B3
Beau Port, Co: 8B3
Beau Séjour, StJ: 2B4
Beau Vallon, StO: 2C1
Beau Vallon, StP: 6A3
Beauchamp, StJ: 7A1
Beauchamp, StMa: 4C3
Beaufield, StS: 7D1
Beaugié Field, StMa: 4C2
Beaulieu (2), Tr: 7B3
Beaulieu, StP: 6C4
Beaulieu Park, StH: 10A2
Beaumont, StP: 6C4
Beaumont House, StP: 6C4
Beauport Dolmen, StB: 8B3
Beaupré, StJ: 3C3
Beaupré, StMa: 7D2
Beauvallet, Co: 1A3
Beauvallet, Co: 3D2
Beauverd, StJ: 7A1
Beauvoir, Gr: 11C1
Beauvoir, StC: 10D1
Beauvoir, StH: 6D4
Beauvoir, StS: 10B1
Béchet, StJ: 7A1
Beck Field, Gr: 11A3
Bécoin, Co: 9C1
Becquet (2), Tr: 3D3
Becquet, StS: 5D4
Becquet, StMa: 3D4
Becquet, StO: 1B3
Becquet à l'Ouest du Pré, Tr: 7B1
Becquet Carré, StO: 5B1
Becquet et Clos de Séquée, StC: 10D3
Becquet Servais, StJ: 7A1
Becquet Vincent, Tr: 7B3
Becquets de St Etienne, StMa: 7D2
Becquetterie (2), StC: 10D1
Becterie, StMa: 4C1
Beech Farm, StJ: 3C3
Beech Vale Farm, StJ: 7B3
Beechfield, Tr: 7C2
Bel, StO: 1D1
Bel Air, StMy: 2D1
Bel air, StO: 1D1
Bel Air, StS: 7D3
Bel Respiro, StH: 7C2
Bel Royal, StL: 6D3
Bel Royal Railway station, StL: 6D3
Bel Royal Windmill, StL: 6D3
Belcroute Bay, Co: 9C2
Belcroute Hill, StB: 9C1
Belle Épine, StS: 7D2
Belle Étoile, StJ: 2D2
Belle Fontaine, StS: 7D3
Belle Hougue, Co: 3A2
Belle Hougue, Gr: 11A4
Belle Hougue Avenue, Gr: 11C2
Belle Semence, StO: 1D2
Belle Semence de Bas, StO: 1D2
Belle Semence de Haut, StO: 1D2
Belle Vue, StB: 9A1
Belle Vue Farm, StJ: 3C3
Belles Filles, StL: 2D3
Bellozanne Priory, StH: 6D2
Bellozanne Railway Station, StH: 9B2
Bellozanne Road, StH: 6D4
Belmont, StH: 7C2

Belmont Street, StH: 10A4
Belval, StMa: 4D1
Belval Cove, Co: 4D1
Belvedere Hill, StS: 10A4
Belwood, Tr: 7A2
Bénéfice (2), StC: 10D3
Bénéfice, StO: 1D4
Benjamin, StH: 7C2
Bentlif's Corner, StP: 6A3
Bequi, StO: 1A2
Béquier, StO: 1A2
Beresford Street, StH: 10A4
Bergerie, StB: 9C1
Bergerie, StL: 2D4
Bergerie, StO: 1A4
Bergerie, Tr: 3C2
Bergerie Chimney, StB: 9C1
Bers, Co: 9C4
Besco, StP: 6C4
Besillards, StH: 7C1
Bethlehem Chapel, StMy: 2C4
Beuvelande, StMa: 4C3
Biarderie, StP: 6A1
Biarderie, Tr: 3C4
Bien Venue, StP: 6C1
Bien-venu, Gr: 11C4
Bienvenue, StS: 10A2
Biêzotte, StO: 1A2
Bigachon, StMa: 4A3
Bigard, Gr: 11A1
Bigard, StJ: 2D4
Bigard, StO: 1A4
Bigard, StO: 5B1
Bigard, StO: 5B3
Bigard, Tr: 3C2
Bigerel, StO: 5B1
Bigorne, StMa: 4B1
Bigrel Farm, StL: 2D4
Billotterie (2), Tr: 3C2
Binaud, Tr: 3C2
Bishop's Town, Tr: 3C4
Bissiet, Co: 9C3
Bisson de Bas, StP: 5B4
Bissonière, StL: 2D3
Bissonières, StMy: 2D3
Bissonières, Tr: 3C3
Bissonières de Haut et de Bas, Tr: 3C3
Bissonières du Sud, Tr: 3C3
Bissot, StMa: 4B3
Black Rock, Co: 10A1
Black Rock, StO: 1A1
Blampied Farm, StL: 2D4
Blanc Mondin, StC: 10D1
Blanc Moulin, Gr: 11A1
Blanc Pignon, StB: 6C4
Blanc Pignon Plaine, StB: 9A2
Blanche (2), StC: 10D1
Blanche Hêche, StP: 6C3
Blanche Maison, StO: 1C1
Blanche Pierre (2), StL: 6B1
Blanche Pierre (2), StO: 1D1
Blanche Pierre (2), Tr: 7B3
Blanche Pierre, StC: 10D1
Blanche Pierre, StC: 10D3
Blanche Pierre, StL: 6B2
Blanche Pierre, StL: 6D1
Blanche Pierre, StS: 4C3
Blanches Banques, StB: 5D3
Blanches Banques, StB: 8B1
Blanches Pierres, StMa: 4A3
Blenheim Lodge Lane, StH: 7C4
Blinerie, StC: 10D1
Blood Hill, Gr: 10B4
Blue Hougue, StMa: 4A4
Bocage, StB: 9A1
Bocage, StC: 10D3
Bocquet, StO: 1B3
Bocté, StS: 7D1
Boelles, StO: 1A2
Boeuf, Co: 11C3

Boeufs, Co: 11C3
Boiserie, StJ: 3A3
Boiteaux, Co: 8A3
Bon Air, StL: 2D3
Bon Homme, Co: 9D2
Bonne Nuit, StJ: 2B4
Bonne Nuit Barracks, StJ: 3A3
Bonne Nuit Bay, Co: 3A3
Bonnet, StO: 5B1
Bordage, StP: 6A4
Boscobel, StP: 6C3
Bosquet, StMy: 6A1
Bosquet, Tr: 7A2
Botellerie (5), StO: 1D4
Botterel, StS: 10B3
Bott'relle, Co: 1C3
Bou, StB: 9C2
Boucterie, StS: 7B3
Bouderies du Milieu, StP: 6C3
Boudonnier, Gr: 11C4
Boue, Co: 8A3
Bouff'rêsse, Co: 1B1
Bouilli, Co: 8B4
Bouillon (2), StO: 5B3
Bouillon, Co: 4A1
Bouillon, StB: 6C3
Bouillon, StJ: 2B3
Bouillon, StJ: 3C1
Bouillon, StJ: 3C3
Bouillon, StMa: 4C4
Bouillonière, StB: 8B3
Bouillons (2), Tr: 3D3
Bouillons, StP: 5D1
Bouilly Port, Co: 8B4
Boulangerie, StJ: 2B3
Boules, StP: 6C1
Boulevard, Gr: 11D3
Boulevard, StB: 9A4
Boulevard, StMa: 4A4
Boulevard, StC: 10D3
Boulevard, StMa: 11B1
Boulevards, StMy: 1B4
Bouley Bay, Co: 3D1
Bouley Bay Hill, Tr: 3D1
Boulinaires, StMy: 2C4
Boulivot (2), Gr: 10B2
Boulivot, Gr: 10D2
Boulivot, Gr: 11C2
Boulivot de Bas, Gr: 10B2
Boulivot de Bas, StS: 10B1
Boulivot de Haut, Gr: 10B2
Boulivot Farm, Gr: 10B2
Boullerie, StB: 9C1
Boulleries, StMy: 2C2
Boulogne le Haut, StMa: 4C2
Bouque, Co: 1C1
Boûquet (2), StO: 1B3
Bourbons (2), Gr: 11A3
Bourbons Pré de Radier et Prés Cochon, Gr: 11A3
Bourderie, StP: 6C3
Bourderie de l'Ouest, StP: 6C3
Bourdonnerie (2), Gr: 11C4
Bourdonnerie, StC: 11C4
Bourg, Gr: 10B2
Bourg, StC: 11C3
Bourg Farm, StC: 11C3
Bourgs Est, StL: 6D1
Bourgs Ouest, StL: 6D1
Bout du Monts Grantez, StO: 1C4
Boûtchet, StO: 1B3
Bowling Green, StH: 9D2
Box House, StP: 6C2
Boys Homme, StMa: 11B1
Brabant, Tr: 7A2
Bras de Fer (2), Tr: 7C2
Brastel, StJ: 2B4
Braye Slip, StB: 5C4
Brayes Rock, Co: 4B3
Breakwater House, StMa: 4D1

Brébis (2), StO: 1B3
Brecque, StS: 10B3
Brecque du Nord, Tr: 4A1
Brecque du Sud, StMa: 4A3
Brecquette, Co: 5A1
Bréhou, Co: 8D1
Brequet, Co: 8B4
Brequette, Co: 1C3
Brequette Farm, StO: 1C4
Bretagne, Co: 10C4
Breton, Gr: 10B4
Bretonnerie, StL: 6B1
Bretonnerie, StS: 7D2
Bretonnière, StL: 3C3
Bretonnière, StS: 7D1
Brickfield Lane, StS: 10B3
Bricquerie, Gr: 11A3
Bricquerie, StMa: 4C4
Bridge, Co: 11B2
Bridge, Co: 9B4
Brighton Road, StH: 10A1
Briguerie, Gr: 11A3
Briqueterie, StH: 7C1
Brisière, StO: 1B1
British Hotel, Tr: 3C4
British Union Hotel, StL: 6B3
Broad Lands, StP: 6C2
Broad Street, StH: 10A3
Broadfields, StL: 2D3
Brocquette, StMa: 4C4
Broken Menhir, StB: 5D3
Brook Farm, StB: 9A1
Brook Farm, StMa: 7D2
Brook Hill, StS: 7D3
Brook Vale, Tr: 3D3
Brooklyn, StMa: 4C3
Brookvale, StJ: 2D4
Brookvale, StMa: 4C3
Brule Guard House, Tr: 3D3
Brulées, StJ: 2A2
Brûlées, StL: 6A4
Brûleries, StB: 5D4
Brun, StB: 5D3
Brunerie, Tr: 7A2
Bruntwood, StMa: 7B4
Bu de la Rue, StL: 6B4
Bu de la Rue, StO: 1A4
Buesnel de l'est, StMy: 2A4
Buesnel de l'Ouest, StMy: 2A4
Buesnellerie, Gr: 11A3
Buildings 1795, StL: 2D3
Buis, StMy: 2C3
Buissons, StO: 1A4
Bulwarks Hill, StB: 9A4
Bunions, Co: 5C4
Buotte, StS: 7D1
Burier, StMa: 4C3
Burons, Co: 11B4
Burons, StMa: 4A2
Burrard Street, StH: 10A3
Bursier, StMa: 4C3
Bushy Farm, StH: 6D4
But, StMa: 4A2
Bût, StMa: 4A2
Butel Lodge, StB: 9C1
Butières, StMa: 4C4
Butières de Norman, StS: 10B3
Butières Est, StMa: 4A4
Buts, Co: 9D2
Butte, StB: 8B2
Buttes, StJ: 2D1
Buttes, StMa: 4C1
Buttes, StMy: 2C4
Buttiere, Gr: 10D2
Buttière, StMa: 3D4
Buttière, StMy: 2C1
Buttières, Gr: 11C2
Buttières, StJ: 3C3
Buttières, StMa: 4A3
Buttières du Valet, Tr: 3A4

93

Butts, StO: 1A3
Byron Lane, StH: 10A2

Cabane, StMa: 4B3
Cabarettes, StMa: 7B4
Cabot Field, Gr: 11C4
Cabots, Gr: 10B4
Cabotterie, StS: 7B3
Cache, StMa: 4C1
Cache de l'Eglise, StO: 1D4
Cache de Neu Tours, StO: 1D1
Cache des Coupes, StO: 1B3
Cache des Mauves, Tr: 3C2
Cache ès Frênes, StO: 5B2
Caches des Aix, StP: 6A2
Caches ès Demoiselles, StMa: 4C1
Café, StL: 6A4
Caldwell Hall, StC: 10D2
Calloneret, StP: 5B3
Cambrai Farm, Tr: 3C2
Cambrette, Co: 10D3
Cambrette, Co: 1B4
Cambrette, Co: 2B1
Cambrette, StO: 1B4
Camp, StB: 8A4
Camp Dallan, StO: 1B4
Camp de la Foire Cemetery, StMy: 2C3
Camp de l'est, StJ: 2D2
Camp d'entre les Chemins, StC: 11C1
Camp du Nord, StL: 6D1
Camp du Sud, StL: 6D1
Camp Jacques, StB: 8B3
Camp Sommier, StC: 11C1
Campagne (3), StO: 5B1
Camps, StH: 7C1
Camps, StMa: 4C2
Camps de Compère, StO: 1D2
Camps de la Maie, Tr: 3A4
Camps de Pierre, StH: 7C1
Camps Hébert, StO: 1A4
Camps Pellés, StO: 1D4
Camps Syvret, StO: 1C2
Can, StJ: 7A1
Canal, StO: 1D3
Canal de la Commune de Gorey, Gr: 11A2
Canal du Squez, StO: 1A3
Canal Sir Edward, StP: 6C4
Canal Vibert, StO: 5A2
Canardières, Co: 11C3
Cané de la Rinerée, StO: 1B1
Cané de l'Anglaise, Co: 11C3
Cané de l'Oregon, Co: 11C3
Canibut (3), StJ: 2B3
Canibut, StO: 5B1
Canné de la Pompe, StP: 5A4
Canné des Moulins, StP: 6C2
Canné Vibert, StO: 5B1
Cannes, StO: 1D3
Cannevière, StB: 8B3
Cannevière, StL: 6C2
Cannevière Cottage, StMa: 4C2
Cannevière de Jean Pirouet, StC: 11C3
Cannon Street, StH: 10A1
Canon de Vicard, Tr: 3A4
Cap Verd, StL: 6B3
Cap Verd, StL: 6D1
Capçon du nord, Co: 8A1
Capçon du Sud, Co: 8A1
Capée, Co: 1A1
Capelle Morel, StO: 1D4
Capelles, StJ: 2D2
Cardonnière, StO: 5B3
Careefour des Barrées, StMy: 2C2
Carefour Saulx, StO: 1A4
Carellerie, StP: 5D1
Carmel Chapel, Tr: 3D2
Carmel Farm, Tr: 4A1
Caroline, StO: 5B1
Caroline ruins, StP: 2C3

Carré, StMy: 2C3
Carré, StS: 7D3
Carré des Lits, Co: 5A2
Carré du Cané, Co: 10D3
Carreaux, StH: 7C3
Carreaux, StH: 7C4
Carrefour, StJ: 2B3
Carrefour, StMa: 7B4
Carrefour, StP: 6A3
Carrefour, Tr: 3D3
Carrefour, Tr: 7A2
Carrefour à Cendre, StP: 6A1
Carrefour à Potirons, StMa: 7B4
Carrefour Anley, StL: 6B2
Carrefour au Clercq, Gr: 11A1
Carrefour au Lièvre, StS: 7D4
Carrefour au Receveur, Tr: 3D3
Carrefour au Receveur, Tr: 3D4
Carrefour Baudains, StMa: 7B2
Carrefour Brocque Pièces, StMy: 2C4
Carrefour Coulomb, StL: 2D4
Carrefour de la Croix, StMy: 2C2
Carrefour de la Croix, StO: 1D4
Carrefour de la Grosse Épine, StJ: 2B4
Carrefour de l'Etocquet, StO: 1D1
Carrefour de St Malo, StP: 5B4
Carrefour des Campagnes, StO: 5B1
Carrefour des Cinq Verges, StO: 1D1
Carrefour des Fosses, StO: 1D1
Carrefour des Moraines, StL: 6B2
Carrefour des Perrons, StO: 1A4
Carrefour des Rues, StO: 1A4
Carrefour des St Marais, StL: 6B1
Carrefour du Douet, StO: 1D1
Carrefour ès Landes, StJ: 2C2
Carrefour Jannequin, StL: 6B1
Carrefour Jenkins (2), StL: 6B1
Carrefour Selous, StL: 6B1
Carrefour St Nicolas, StP: 6C1
Carrel, StP: 5D1
Carrellerie, StP: 5B4
Carrière, Co: 10C2
Carrière, Co: 8A2
Carrière, Gr: 10D2
Carrière, StMa: 4C3
Carrière, StO: 5B1
Carrière, StS: 10B3
Carrière, StS: 7D3
Carrière, Tr: 3C4
Carrière de Fer, Co: 4D1
Carrière du Mireaux, Tr: 3D3
Carrière le Mondin, StS: 10B3
Carrière Mollet, StO: 1A1
Carrières, StMa: 7B4
Carrières, StS: 7D2
Carrires, StJ: 2B4
Carteret (2), Co: 8B4
Carteret Farm, Gr: 11A3
Castle Street, StH: 10A3
Câteaux, Tr: 3D3
Câteaux, Tr: 7B1
Câtel (3), StMy: 1B4
Câtel (4), Tr: 3D3
Câtel de Lecq, StMy: 1B4
Câtel de Rozel (2), Tr: 4A1
Câtelet (3), StJ: 2D1
Câtillon, StB: 6C3
Câtillon (2), Gr: 11A1
Câtillon, Gr: 10B2
Câtillon, StMa: 4C2
Câtillon de Bas, Gr: 11A1
Câtillon de Haut, Gr: 10B2
Cattle Market, StH: 10A4
Cattle Street, StH: 10A4
Caûchie St Jaume, StH: 9D2
Caudes Terres, StL: 6A4
Caudret, StO: 1D2
Caumais, StS: 10B1
Caumais Farm, Gr: 11A3
Caumine de Marie Best, StP: 5A4

Causie Lane, StC: 11C1
Cauvain, StC: 10D1
Cavalaise, StH: 6D2
Cavallerie, StH: 6D2
Cave, StB: 8D4
Cave, StL: 6A4
Cave, StO: 1A2
Cave de la Vieille Église, Co: 2A2
Cave es Fraudeurs, StB: 8A4
Cave ès Fraudeurs, StO: 1B1
Cavée, StB: 5D4
Caves (2), Co: 1A2
Caves, Co: 8C2
Caves, StO: 1A2
Cedar Field, StMa: 4C3
Cedar Fields, StMa: 7B4
Cedars, StH: 10A4
Cemetery, StH: 10A1
Cemetery, StJ: 2B3
Cemetery, StMa: 7B2
cemetery, StS: 10A2
Centre House, StJ: 7A1
Centre Stone, StJ: 7A1
Century House, StJ: 2B3
César, Tr: 3D3
Chair, StC: 10D3
Chaire, StMa: 4A3
Chaire au Ministre, StMa: 4A4
Chaise au Diable, Tr: 7A4
Chambre du Mal des Portes, Co: 8C2
Champ, StB: 5D3
Champ, StMa: 4A3
Champ à Cendre, Tr: 3D3
Champ à Geon, StO: 1A2
Champ à Géon, StJ: 3A3
Champ à la Dame, Tr: 3A4
Champ au Vraic (2), Tr: 3A4
Champ Briard, StO: 5B1
Champ Cabot, StMa: 11B1
Champ Carré, StC: 11C1
Champ Colin, StS: 7D2
Champ Daniel Le Breton, Tr: 3A4
Champ d'Arras, Gr: 11C4
Champ de Bonchel, StB: 9C1
Champ de Bouche, StO: 5B3
Champ de Carrel, StB: 6C3
Champ de Coeur, StMy: 2C1
Champ de Dehors, Gr: 10B4
Champ de Dehors, Gr: 11A3
Champ de Derrière (2), Tr: 3D3
Champ de Derrière, StMa: 7B2
Champ de Geon, StMy: 2A3
Champ de Girard (2), StB: 5D4
Champ de Haut, StJ: 2B4
Champ de Jeanne, Tr: 3D4
Champ de la Chapelle, StO: 1D4
Champ de la Corde, StMy: 2A3
Champ de la Fontaine, StO: 1A3
Champ de la Fosse, StP: 5D4
Champ de la Hêche, StB: 8B3
Champ de la Hougue, StB: 8A4
Champ de la Houguette, StB: 9A3
Champ de la Lande (2), StO: 5B3
Champ de la Maison, StC: 10D1
Champ de la Mar, StMy: 2A3
Champ de la Mare, Tr: 3A4
Champ de la Pepinière, StMy: 2C4
Champ de la Pièce des Chemins, StB: 5D4
Champ de la Rue, StMa: 4C2
Champ de la Ruelle, StMy: 2A3
Champ de la Ruelle, StP: 6A3
Champ de la Ruelle, StP: 6C1
Champ de la Table, StB: 9A3
Champ de la Vieille Maison, StB: 5D4
Champ de la Vieille Maison, StL: 2D3
Champ de l'Ecole, StB: 8B1
Champ de l'Est, StMa: 7B4
Champ de l'Etacqurel, Tr: 3D4
Champ de Misère, StO: 1C2
Champ de Pétant, Gr: 10B4

Champ de Sare de la Haule, StP: 5B4
Champ de Seale, StP: 6C1
Champ de Vinchelez, StB: 8B3
Champ d'Egypte, Tr: 3A4
Champ des Cailles, Tr: 3C3
Champ des Marrettes, StB: 8B3
Champ des Mielles, StO: 1C4
Champ des Monts Grantez, StO: 1C4
Champ des Trois Vergées la Grande Pièce en Campagne, StO: 5B1
Champ des Vaux, StO: 5B1
Champ devant la Maison, StL: 6B1
Champ Dole et la Hure, Gr: 11A3
Champ Donné, StO: 1D1
Champ ds Types, StP: 5B3
Champ du Calais, StP: 5D1
Champ du Chemin, Tr: 3C2
Champ du Grossier, StMy: 1D2
Champ du Nord des Landes, StO: 1A3
Champ du Parcq, StO: 1D2
Champ du Pré, StC: 11C3
Champ du Prêtre, StO: 5B2
Champ du Sage, Tr: 7A4
Champ du Sommier, StO: 5B1
Champ du Sud dudit Triangle, StO: 1A3
Champ Frémis, StB: 8B3
Champ Genêts, StB: 9A3
Champ Gervaise, StB: 9A1
Champ Grégoire, StB: 6C3
Champ le Brun, StO: 5B1
Champ Marett, StMa: 4A4
Champ Messervy, StMa: 4A3
Champ Nord de la Valeuse, StB: 8B2
Champ Rault (3), Tr: 7B1
Champ Touet, StP: 5D1
Champs (2), StH: 6D4
Champs, Gr: 11A3
Champs, Gr: 11C4
Champs, StB: 8B3
Champs, StMa: 4D1
Champs, StO: 1D4
Champs, Tr: 3D4
Champs à Laver, StB: 5D4
Champs au Vraic, Tr: 3A4
Champs Cabot, Gr: 11A2
Champs Clairs, Tr: 7A1
Champs Clairs, Jardin du Four et Les Martines, Tr: 7A2
Champs de Cabot, Tr: 3C4
Champs de Collas, StC: 10D3
Champs de Dehors, Gr: 11C2
Champs de Girard, StB: 5D4
Champs de Haut et de Bas, Tr: 3C4
Champs de la Mare au Prêtre, Gr: 11C4
Champs de la Moranderie, StMa: 4D1
Champs de la Pierre Pointure, StH: 10A4
Champs de la Rocque, Gr: 11C2
Champs de le Perruque, StJ: 2B4
Champs de Poigndestre, Gr: 11A1
Champs de Syvret, StO: 1C1
Champs des Eschaufards, StMy: 1B4
Champs des Huriaux, StMy: 2A3
Champs du Chemin, Tr: 3A4
Champs du Chemin, Tr: 3C2
Champs du Moulin à Vent, StB: 8B4
Champs du Moulin à Vent, StC: 11C1
Champs en Campagne (2), StO: 5B1
Champs Marett, Tr: 3A4
Champs Mars, StO: 1A3
Champs Nord, Gr: 11C2
Champs Pellés, StO: 1D4
Champs Pourris, StO: 1C2
Champs Railles de l'Ouest et de l'est, StJ: 2D2
Champs Railles du Nord, StJ: 2D2
Champs Rault (2), Tr: 7B1
Champs Raux, Tr: 7B1
Champs Syvret, StO: 1C2
Champtonet, StO: 1A4
Chapel, StL: 6B1

Chapel, StS: 7B4
Chapel Field, StP: 6C1
Chapel Field, StS: 7B4
Chapel Lane, StH: 10A4
Chapelle, Gr: 11A3
Chapelle, StC: 10D3
Chapelle de St George, StMa: 11B1
Chapelle de St Maur, StS: 7D1
Chapelle de St Nicholas, StMa: 11B1
Chapelle de St Thomas, StS: 10B3
Chapelle de Ste Anne, StO: 1C4
Chapelle de Ste Marie, StMa: 11B1
Chapelle de Ste Marie, StMa: 4A3
Chapelle des St Blaize et St Marguérite, StJ: 2B4
Chapelle ès Mauves, Co: 11B1
Chapelle ès Pêcheurs, StB: 8B4
Charière Huet, StO: 1B4
Charing Cross, StB: 9A1
Charing Cross, StH: 10A3
Charles Street, StH: 10A4
Charrière à l'Ancre, Co: 8A2
Charrière à Sablon, StO: 5B1
Charrière Cappelain, StO: 1C1
Charrière de Félard, StL: 6D3
Charrière de la Corbière, Co: 8A3
Charrière de Maupertuis, StC: 10D3
Charrière du Bourg, Gr: 10B4
Charrière du Maupertuis, Co: 10C4
Charrière du Merq, Co: 8A2
Charrière du Mont du Feu Slip, Co: 8A2
Charrière ès Payn, StC: 11C3
Charrière Nicolle, StL: 6B2
Charrières (2), StO: 5B2
Charrières (2), StP: 6A1
Charrières, StC: 11C1
Charrières, StMa: 4C2
Charrières Battery, Tr: 3D1
Charrières d'Anne Port, StMa: 11B1
Charrieres de Bonne Nuit, StJ: 2B4
Charriéres de Bouley, Tr: 3D1
Charrières du Coin, StO: 5B2
Charrières Malorey, StL: 6D1
Chaserie, StL: 6D2
Chasse (3), StO: 1D4
Chasse, StH: 10A4
Chasse, StJ: 2D2
Chasse, StMa: 4A4
Chasse, StMa: 4C1
Chasse, StMa: 4C4
Chasse, StO: 1C1
Chasse, StO: 1D3
Chasse, StP: 6C1
Chasse, StS: 7B3
Chasse, Tr: 7A2
Chasse, Tr: 7B1
Chasse à l'Ouest, StL: 2D4
Chasse Bandinel, StMa: 4C1
Chasse de Bagot, Tr: 3C2
Chasse du Mourin, StS: 7D2
Chasse Farm, StO: 5B2
Chasse Fleurie, StMa: 4A4
Chasse Mallet, StMa: 4C4
Chasserie, StL: 6D2
Chasses, StJ: 2D1
Chasses, StJ: 7A1
Chasses, StL: 6B4
Chasses, StMa: 4C4
Chasses, StMy: 6A2
Chasses, StO: 1D3
Chasses, Tr: 3D3
Chasses du Manoir, StO: 5B2
Chastel Sedeman, Tr: 7B1
Châtaignée, StH: 7C4
Châtaignerie, Tr: 3D4
Châtaignier, StH: 7B3
Châtaigniers, StO: 1D4
Château, Tr: 7B3
Château Bel au Vent, StL: 6B2

Château Clairval, StS: 7D1
Château Plaisir, StO: 1C4
Châteaubriand, StMa: 4D3
Châtenaie, Tr: 3C4
Chaudrée, Gr: 11A3
Chaumière du Chêne, StP: 6C3
Chaumières des Ormes, StMa: 4C2
Chausée des Boeufs, Co: 11C3
Cheapside, StH: 10A1
Chemin, StO: 1C4
Chemin de Bourcier, StB: 9A1
Chemin de La Brecquette, StO: 1C4
Chemin de la Commune de Lecq, StO: 1B3
Chemin de la Ville Abel, StO: 5B1
Chemin de l'Amiral, StO: 5B1
Chemin de l'Eglise, StO: 5B1
Chemin de l'Etocquet, StO: 1D1
Chemin de l'Ouzière, StO: 5A2
Chemin de Noirmont, StB: 9C2
Chemin de Piéton, StO: 1D3
Chemin des Brûleries, StB: 5D4
Chemin des Creux, StB: 8B4
Chemin des Ecorvées, StS: 4C3
Chemin des Garennes, StO: 1D2
Chemin des Garennes, StO: 1D4
Chemin des Hanières, StO: 5B1
Chemin des Hâtivieaux, StO: 5B3
Chemin des Hautes Croix, Tr: 3C1
Chemin des Hommets, StH: 7C1
Chemin des landes, StO: 1A3
Chemin des Montagnes, StL: 6B3
Chemin des Monts, StO: 1D3
Chemin des Morts, StL: 6B3
Chemin des Moulins, StL: 6B2
Chemin des Moulins, StL: 6D2
Chemin des Moulins, StL: 6D4
Chemin des Piétons de l'Eglise, StO: 5B1
Chemin des Soudards, StO: 5B3
Chemin des Tours de Gorey, StMa: 11B1
Chemin du Câtel, StMy: 1D2
Chemin du Château, StO: 1A1
Chemin du Clairval, StS: 7D1
Chemin du Farouin, StO: 5B1
Chemin du Ménage, StO: 1D3
Chemin du Moulin (2), StO: 1C4
Chemin du Moulin, StO: 5A2
Chemin du Moulin, StO: 5B1
Chemin du Parcq, StO: 1D2
Chemin du Presbytére, StO: 1D4
Chemin du Scez, StMa: 4A4
Chemin du Vau de la Charrière, StO: 5B3
Chemin Fourche, StB: 9A3
Cheminée Maillardy, StB: 9C1
Chenage, StS: 7D1
Chênaie, StS: 10B3
Chêne, Co: 1A2
Chênée, StL: 6B4
Chênée, Tr: 3A4
Chenelles, StB: 8A4
Chenolles (2), StJ: 2D2
Chenolles des Six Rues, StL: 2D3
Cherry Farm, StP: 5D2
Cherté, StL: 6B1
Chesnaie, StJ: 3C3
Chesnaie, StL: 6B4
Chesnaie des Bois, StMa: 4C4
Chesnée, StL: 6A4
Chesnée, StS: 10A4
Chesnée, Tr: 7A2
Chesnut Grove, StJ: 3C1
Chestnut Farm, StB: 9C1
Chestnut Farm, StH: 7C3
Chestnut Grove Lane, StJ: 3C1
Chestnut Lea, StH: 7C1
Cheval Guillaume, Co: 3A3
Chevalier, StO: 1D1
Chevalier Road, StH: 10A2
Chevallerie et Clos du Prieur, Tr: 7B3
Chève Rue, Gr: 11A2
Chève Rue, StMy: 6A2
Chièrs, StB: 5C4

95

Chiev Rue, StMy: 6A2
China Quarry Farm, StL: 2D4
Chrétienne, Co: 3D1
Cinq Champs de la Bourdonnerie, Gr: 11C4
Cinq Vergées, StP: 5B4
Cinq Vergées, StP: 6C4
Cinq Verges, StMy: 2C4
Cinqs Verges, StO: 1D1
Ciquante Perques, StL: 6B1
Citadelle, StL: 6A4
Clairval Farm, StS: 7D1
Clairvale Road, StH: 10A1
Clanques, StC: 11C1
Clare Street, StH: 10A1
Claremont Road, StH: 10A4
Clarence Road, StH: 10A4
Clarendon Road, StH: 10A2
Clearview Street, StH: 10A1
Cleveland Avenue, StH: 10C2
Cleveland Road, StH: 10C2
Clifton, StJ: 2B4
Clifton, StL: 6D2
Clios de la Hougue du Nord, StO: 1B3
Clios Quihaut, Tr: 7B1
Clios Tricel, Tr: 7B1
Clios Triol, Tr: 7B1
Cliquarts, StJ: 2B4
Cloche, StH: 7C1
Cloche Clos des Gobards, StH: 7C1
Cloches, Co: 10C4
Cloôture à Geon, StO: 5B1
Clos, StC: 10D4
Clos à Blé, StMa: 3D4
Clos à Blé, StMa: 4A3
Clos à Cendres, StJ: 2D2
Clos à Foin, StP: 6C1
Clos à Genée, StMy: 2A4
Clos à Genée, StMy: 2C1
Clos à Genée, StO: 1D4
Clos à Genest (3), StJ: 7A1
Clos à Genest, StJ: 2B3
Clos à Genest, StJ: 2D1
Clos à Genest, StJ: 2D3
Clos à Genest, StJ: 3A3
Clos à Genest, StJ: 3C1
Clos à Genest, StL: 2D4
Clos à Genest, StMa: 7B4
Clos à Genest, StMa: 7D2
Clos à Genest, StMy: 2A4
Clos à Genest, StMy: 2C1
Clos à Genest, StMy: 2C2
Clos à Genest, StO: 1A4
Clos à Genest, StP: 1D4
Clos à Genest, StP: 2C3
Clos à Genest, Tr: 3C2
Clos à Genest, Tr: 3D3
Clos à Genest, Tr: 7B1
Clos à Genest et Grande Croute, StO: 1D4
Clos à Genêt (3), StMa: 3D4
Clos à Genêt, StJ: 3C1
Clos à Genêt, StL: 6B1
Clos à Genêt, StMy: 2A4
Clos à Genêt, Tr: 3C2
Clos à Genêt et la Pelle et de Mahaut, StL: 6B4
Clos à Geon (2), StMa: 3D4
Clos à Geon (2), Tr: 3D3
Clos à Geon, StJ: 2B4
Clos à Geon, StJ: 2D1
Clos à Geon, StJ: 2D2
Clos à Geon, StJ: 7A1
Clos à Geon, StL: 2D4
Clos à Geon, StMa: 4C4
Clos à Geon, StMa: 7B2
Clos à Geon, StMy: 2A4
Clos à Geon, StMy: 2C2
Clos à Geon, StO: 5B3
Clos à Geon, StS: 7D4
Clos à Géon, StL: 6A4
Clos à Géon, StMy: 2C2

Clos à Géon, StS: 10B1
Clos à Géon, StS: 7B2
Clos à Géon, StS: 7B3
Clos à Géon, Tr: 3C3
Clos à Géon, Tr: 7B3
Clos à Géon Cottage, Tr: 7B3
Clos à Geon de la Rue du Trot, StS: 7D4
Clos à Geon du Camcolin, StS: 7D4
Clos à Geonnais, StO: 1C1
Clos à Greffes, StMy: 2C2
Clos à Greffes, StS: 7D4
Clos à Jean, StL: 2D4
Clos à Jean, StMa: 4C3
Clos à Jean, StMa: 7B4
Clos à Jouan, StL: 2D4
Clos à la Bauche, StB: 5D4
Clos à la Blanche Pierre, StL: 6D1
Clos à la Charterie et à l'Avoine, StMa: 4C4
Clos à la Dam, StO: 5B2
Clos à la Dame, StMy: 2D3
Clos à la Dame nord et sud, Tr: 3C3
Clos à la Falaize, StMy: 2A4
Clos à l'Ane, StP: 6C3
Clos à l'Avoine, Tr: 3D4
Clos à l'esr de la Maison, StMy: 2C4
Clos à l'Est, StL: 2D4
Clos à l'Oest, StJ: 2B4
Clos à l'Orge, StB: 8A4
Clos à l'Ouest, StL: 2D4
Clos à l'Ouest, Tr: 7A2
Clos à l'Ouest et du Nord, StP: 6A1
Clos à Migos, de Carteret et Clos d'Amos et Jourdain, StJ: 7A1
Clos à Pierre et Clos à Géon, Tr: 3C2
Clos à Poids, StL: 6B1
Clos à Poirié, StP: 6C2
Clos à Ronce, StO: 2C3
Clos à Ronce, Tr: 3C3
Clos à Saout, StMa: 3D4
Clos à Saul, StP: 2C3
Clos à Sault, StB: 6C3
Clos à Saulx, StL: 2D3
Clos à Saulx, StMa: 3D4
Clos à Saulx, StO: 1A4
Clos à Seigle, StO: 1B3
Clos à Vivier, StMa: 3D4
Clos Alesas et le Pallot, StMa: 4D3
Clos Alexandre, StP: 6C1
Clos Alleurs, Gr: 11A3
Clos Ami, StMa: 4C3
Clos Amy, StJ: 3C1
Clos Anley, StL: 6B3
Clos Anthoine, StMa: 7D2
Clos Arthur, StL: 6B2
Clos Arthur, StMa: 7B4
Clos Arthur, StO: 1D2
Clos Arthur, StP: 6A3
Clos Arthur, Tr: 3C2
Clos Asplet, Tr: 3C4
Clos au Brun, StP: 1D4
Clos au Feuvre, Gr: 10D2
Clos au Ham, StB: 8A4
Clos au Quesne, StL: 2D3
Clos au Roux, StB: 6C3
Clos au Sud des Jardin et Clos du Bailly, StMy: 2D1
Clos Aubin, StS: 7B1
Clos Aubin et Clos Binet, StO: 1D4
Clos aux Chiens, Gr: 11C4
Clos aux Feuvres, StO: 5B1
Clos aux Oies, StB: 9A1
Clos Badier, StS: 7B2
Clos Bailhache, StO: 1A4
Clos Bailhache, StO: 1D1
Clos Bailhache, StP: 6C1
Clos Bailhache de l'est, StO: 1D1
Clos Baillot, StO: 1D4
Clos Balleine, StP: 5B4
Clos Barbier, StMy: 2A4
Clos Bas, StS: 10B1

Clos Bâtard, StP: 6A1
Clos Bauche, StO: 1D4
Clos Bauche, StP: 2C3
Clos Bauche, StP: 5D1
Clos Baudains, StC: 10D1
Clos Baudains, StMa: 7B2
Clos Baudains, StO: 1A3
Clos Baudains, StP: 5B4
Clos Baudains, StP: 6C1
Clos Baudins, StO: 2C3
Clos Bechelet, StO: 1C4
Clos Bechervaise et Close Ste Marie, StMy: 6A2
Clos Bechet, Tr: 7B1
Clos Becquet, StB: 8B3
Clos Becquet, StB: 9A3
Clos Becquet, StO: 1C2
Clos Benest, StS: 10B3
Clos Benjamin, StJ: 7B3
Clos Bernabe, StP: 2C3
Clos Bertram, StS: 10B1
Clos Billot, StS: 7B3
Clos Billot, Tr: 3A4
Clos Billot, Tr: 3C2
Clos Binet (2), StP: 6C1
Clos Binet, StL: 2D3
Clos Binet, StS: 7B2
Clos Binet, Tr: 3C2
Clos Bis, StMy: 2A3
Clos Bisson (3), StB: 6C3
Clos Bisson (3), StB: 8B3
Clos Bisson, StO: 1C2
Clos Bisson, StO: 1D4
Clos Bisson, StO: 5B2
Clos Bisson, StP: 2C3
Clos Bisson, StP: 5D3
Clos Bisson, Tr: 7A4
Clos Bisson et la Pièce des Garennes, StO: 1D2
Clos Blampied, StJ: 2A4
Clos Blampied, StMy: 2C4
Clos Blampied, Tr: 3C3
Clos Bouche, StP: 6C1
Clos Boutillier, StB: 9A2
Clos Boutillier, StJ: 2D1
Clos Brélade, StO: 2C1
Clos Breton, StO: 1A4
Clos Breton, Tr: 3C1
Clos Briard, StO: 1D3
Clos Briard, StP: 2C3
Clos Briard, StP: 6A1
Clos Broc, StMy: 2C4
Clos Brocq, StP: 2C3
Clos Broq les Blanches Pierre, StO: 1D1
Clos Brun, StH: 7B3
Clos Brun, StJ: 2D2
Clos Brun, StP: 5D1
Clos Buisson, StJ: 7B3
Clos Buths, Gr: 11A1
Clos Cabot, StMa: 4C3
Clos Cabot, StS: 7B3
Clos Cabot, Tr: 3C2
Clos Cabot, Tr: 3D3
Clos Capellain, StP: 6C1
Clos Carré, StH: 7C1
Clos Carré, StMa: 4C1
Clos Carré, Tr: 3D1
Clos Carré, Tr: 7A2
Clos Carrière et Jardin de la Rue, StJ: 3C3
Clos Carteret (2), StJ: 2D1
Clos Charles, StO: 1D3
Clos Charles le Sec, StO: 1B1
Clos Charlot, StO: 1A4
Clos Charlot, StO: 1B3
Clos Chevalier (2), StO: 1B3
Clos Chevalier, StJ: 3C1
Clos Chevalier, StP: 6A1
Clos Chuquette, StH: 10A1
Clos Clergnon, StO: 1B1
Clos Cohue, StS: 10B1

Clos Coignard, StMa: 4C1
Clos Collas, Gr: 11A2
Clos Collas, StMa: 4D3
Clos Collas, StMy: 2C3
Clos Collas, StS: 4C3
Clos Collas, StS: 7D2
Clos Collas, Tr: 3D3
Clos Corbel, Tr: 3C1
Clos Corbel, Tr: 7B3
Clos Cornet, StMa: 7B2
Clos Cornet, Tr: 7B1
Clos Cornu, Tr: 7A4
Clos Corvée, StS: 4C3
Clos Coumnt, StL: 6B3
Clos Couteur, StP: 6A2
Clos Crabbé, StMy: 2A3
Clos Crabbé, StMy: 2C1
Clos Cras, StL: 6C2
Clos Croix, StMa: 4C4
Clos Cure, Tr: 3C2
Clos d'Aaron, StH: 6D2
Clos d'Aaron, Tr: 7C2
Clos d'Abraham, StMy: 2C1
Clos d'Abraham, Tr: 3C2
Clos d'Abraham, Tr: 7B3
Clos d'Adam, StO: 1D1
Clos d'Ahier, StS: 7D3
Clos d'Ahier et Le Genestel, StC: 10D2
Clos d'Ahier et Neuf Jardin, Tr: 7B3
Clos d'Aillis, StS: 7D3
Clos d'Allée, Tr: 3C2
Clos d'Allo, StMy: 2C1
Clos d'Amfort, StL: 6C2
Clos Dampierre, Tr: 7B3
Clos d'Ampierre, Tr: 7A4
Clos d'Amport, StL: 6C2
Clos d'Amy, Gr: 11D1
Clos d'Amy, StH: 6D2
Clos d'Amy, StMa: 4C3
Clos Dandelion, StMa: 4A3
Clos d'Andre, StH: 7C3
Clos d'André, StMa: 4A4
Clos d'André, StMy: 2C1
Clos d'Angot et d'Isaac, Tr: 3C2
Clos Daniel, StC: 10D1
Clos Daniel, StP: 6A1
Clos d'Anley et Clos de Rée, StL: 6D2
Clos d'Anne Bisson, StP: 6A3
Clos d'Anne le Boetillier, StP: 6A3
Clos d'Anneville, StMa: 4D3
Clos d'Anthoine, StC: 10D2
Clos d'Anthoine, StS: 10B3
Clos d'Anthoine Falle, StS: 7D1
Clos Danube, StL: 2D3
Clos d'Arnport, StL: 6C2
Clos d'Arthur, Tr: 3D1
Clos d'Aubert, StJ: 2B4
Clos d'Aubert, StP: 6A1
Clos d'Aubin, StS: 7D3
Clos d'Augrès, StH: 7C2
Clos d'Aune, StMa: 11A2
Clos d'Aune, StMa: 7B4
Clos d'Auvergne, StO: 5B2
Clos d'Auvergne du Bas, StO: 1D4
Clos d'Auvesque, StMy: 2C1
Clos d'Aval, StJ: 3C3
Clos d'Aval, StO: 1B3
Clos d'Aval, Tr: 3C3
Clos d'Aval et le Pré, StS: 7D2
Clos d'Avoine, StL: 6B3
Clos d'Avoine, Tr: 4A1
Clos d'Avranches (2), StMy: 2D1
Clos de Abraham Benest, StB: 6C3
Clos de Bailhache, StP: 6C3
Clos de Balleine, StO: 1D4
Clos de Barbier, StMy: 2A4
Clos de Bas (2), StB: 9A3
Clos de Bas (2), StC: 11C2
Clos de Bas (2), StJ: 2D1
Clos de Bas (2), StJ: 7A1

Clos de Bas (2), StMy: 2C3
Clos de Bas (2), StO: 5B4
Clos de Bas (2), StP: 6C1
Clos de Bas (2), Tr: 3C2
Clos de Bas (3), StO: 1A2
Clos de Bas (3), StO: 1D2
Clos de Bas, StB: 5D4
Clos de Bas, StB: 6C3
Clos de Bas, StB: 8A4
Clos de Bas, StC: 10D2
Clos de Bas, StH: 7C1
Clos de Bas, StH: 7C4
Clos de Bas, StJ: 2A2
Clos de Bas, StJ: 2B3
Clos de Bas, StJ: 2B4
Clos de Bas, StJ: 2D2
Clos de Bas, StJ: 2D4
Clos de Bas, StJ: 3A3
Clos de Bas, StL: 2D4
Clos de Bas, StL: 6B1
Clos de Bas, StL: 6D3
Clos de Bas, StMa: 11A2
Clos de Bas, StMa: 4C4
Clos de Bas, StMy: 1D2
Clos de Bas, StMy: 2A3
Clos de Bas, StMy: 2C1
Clos de Bas, StMy: 2C4
Clos de Bas, StO: 1A3
Clos de Bas, StO: 1D4
Clos de Bas, StO: 5B2
Clos de Bas, StP: 5B4
Clos de Bas, StP: 6C2
Clos de Bas, StP: 6C4
Clos de Bas, StS: 10B2
Clos de Bas, StS: 7B4
Clos de Bas, StS: 7D1
Clos de Bas, Tr: 3C1
Clos de Bas, Tr: 7A2
Clos de Bas, Tr: 7A4
Clos de Bas, Tr: 7B1
Clos de Bas, Tr: 7B3
Clos de Bas et Grand Jardin, StJ: 2A4
Clos de Bas et la Pièce, StMa: 4D3
Clos de Bas et Pendant, Tr: 3C4
Clos de Bas Nord, StJ: 3C3
Clos de Bas Sud, StJ: 3C3
Clos de Bas Vercline, StMa: 4C4
Clos de Bas Vicart, Tr: 3B3
Clos de Bastard, StS: 7D2
Clos de Baudains, StC: 10D2
Clos de Baudais, Gr: 7D4
Clos de Beau Mont, StP: 6C1
Clos de Beaumont (2), StP: 6C4
Clos de Beauport, StB: 8B3
Clos de Beauvoir, StH: 6D2
Clos de Bechelet (2), StP: 6A1
Clos de Béchet (2), StJ: 7A1
Clos de Bel Air, StMy: 2C2
Clos de Belavent, StB: 9A3
Clos de Benest, Tr: 3C1
Clos de Berforte, StJ: 3C3
Clos de Bernard, StC: 11C1
Clos de Bertin et le Maresquet, StL: 6D3
Clos de Bertram, StMa: 4C3
Clos de Besluard et de la Vallée, StL: 6D1
Clos de Besnard, StS: 10A2
Clos de Beuvelande, StMa: 4C3
Clos de Biggon, Tr: 7A2
Clos de Bis, StMy: 2A3
Clos de Bisson, StB: 6C3
Clos de Bisson, StJ: 2D2
Clos de Bisson, StO: 1D4
Clos de Bisson, StP: 6A3
Clos de Bisson, StS: 7B2
Clos de Bisson, Tr: 3C4
Clos de Bisson, Tr: 7A2
Clos de Bisson de Nord, StP: 6C1
Clos de Blampied, StL: 2D4
Clos de Blampied, Tr: 3C3
Clos de Blampied de Robin du Sud et du

Nord, StJ: 2D1
Clos de Blanc, StH: 7C1
Clos de Blouin, StMy: 2C4
Clos de Blouy, StMy: 2C4
Clos de Bon Air, StS: 7D2
Clos de Bonhomme, StO: 1C2
Clos de Bonhomme, StO: 1D1
Clos de Botrel, StS: 7D4
Clos de Botterel, StC: 10D4
Clos de Botterel, StS: 10B3
Clos de Botterel, StS: 7D1
Clos de Botterel Nord, StS: 10B3
Clos de Bouet, StJ: 2B1
Clos de Boullimaresq, StMy: 2C4
Clos de Boulogne, StJ: 3C1
Clos de Bourg, StC: 10D2
Clos de Bout, StO: 1D2
Clos de Bouvet, StJ: 2B1
Clos de Brébinette, Tr: 3C1
Clos de Brebis, StO: 1D1
Clos de Brebis, StS: 7B1
Clos de Brébis, StMa: 3D4
Clos de Breton, StO: 1A2
Clos de Bretonne, Gr: 7D4
Clos de Briard, StH: 7C2
Clos de Briard, StH: 7C4
Clos de Briard, Tr: 7A4
Clos de Brie, StO: 1B3
Clos de Brocq, StO: 1B3
Clos de Buesnel, StMy: 2A4
Clos de Buno, StL: 6D3
Clos de But, StP: 5B4
Clos de Cabot, StJ: 2D4
Clos de Cacheur, StH: 6D4
Clos de Caen, StMy: 2B3
Clos de Caen, StMy: 2C2
Clos de Caen, StMy: 2C4
Clos de Caen, StO: 1D1
Clos de Cambrai, StJ: 2B4
Clos de Cambrai, StL: 6D1
Clos de Cambrai, Tr: 3C2
Clos de Capitaine du Bois, StP: 6A1
Clos de Capitane du Bois, StP: 6A1
Clos de Carnière, StO: 5B4
Clos de Carrel, StB: 5D4
Clos de Carrière, Tr: 3A4
Clos de Carteret du Milieu, StO: 1D4
Clos de Carteret du Nord, StO: 1D4
Clos de Carteret et le Petit Clos, StMy: 2C1
Clos de Catherine, StJ: 7A1
Clos de Catherine, StL: 6B3
Clos de Catherine, StMa: 4C1
Clos de Catterie, StJ: 7A1
Clos de Cauchez, StP: 6A3
Clos de Causi, StC: 11C3
Clos de Causie, StC: 11C1
Clos de Caux, StO: 1D3
Clos de Caves, Gr: 11C2
Clos de Ceulx, StH: 6D4
Clos de Champ, StS: 10B1
Clos de Chanoteries, StMy: 2C4
Clos de Charles, Gr: 11A1
Clos de Charles, StJ: 2B4
Clos de Charles, StJ: 2D2
Clos de Charpentier, StC: 10D1
Clos de Chevalier, StH: 10A1
Clos de Chevalier, StH: 10A4
Clos de Christophe, StS: 7D2
Clos de Clément, StS: 7D2
Clos de Clément et du Drouet, StO: 1D2
Clos de Coché, StP: 6C3
Clos de Cocher, StP: 6C3
Clos de Colard, Tr: 3C4
Clos de Colin, StJ: 2D1
Clos de Colin, Tr: 3D3
Clos de Collas, StMa: 4C1
Clos de Collas, StMa: 7B4
Clos de Collette (2), StO: 1C2
Clos de Con, StMy: 2B3
Clos de Corbel (2), StJ: 7A1

Clos de Corneille, StO: 5B3
Clos de Cornu, StO: 1D3
Clos de Coronel, StO: 5B3
Clos de Cotillon, StP: 6C1
Clos de Couillard, Tr: 7B1
Clos de Courcier, StJ: 3C3
Clos de Coutanche, StJ: 2B3
Clos de Crabbé (2), StMy: 2A3
Clos de Cret, Tr: 3A4
Clos de Critoufle, StS: 7D2
Clos de Danile, Tr: 7B1
Clos de Dansimon, StJ: 2B1
Clos de David, StMy: 2A4
Clos de Dayme et Parc de Bas, StJ: 7B3
Clos de Debennaires et Clos du Parcq, StH: 7C3
Clos de Dehors, StJ: 2B4
Clos de Delà, StJ: 2B1
Clos de Denize, StL: 6D1
Clos de Depôt, StS: 7D3
Clos de Derrère, StMy: 2C3
Clos de Derriére, StMy: 2C3
Clos de Derrière (2), Gr: 11C1
Clos de Derrière (2), StB: 8B3
Clos de Derrière (2), StH: 6D4
Clos de Derrière (2), StJ: 2B4
Clos de Derrière (2), StJ: 7A1
Clos de Derrière (2), StL: 6B4
Clos de Derrière (2), StL: 6D1
Clos de Derrière (2), StL: 6D2
Clos de Derrière (2), StMa: 4C3
Clos de Derrière (2), StO: 1D1
Clos de Derrière (2), Tr: 3C1
Clos de Derrière (2), Tr: 3C2
Clos de Derrière (2), Tr: 3C4
Clos de Derrière (3), StJ: 2B3
Clos de Derrière (3), StJ: 2D2
Clos de Derrière (3), StJ: 3C3
Clos de Derrière (3), StL: 6B3
Clos de Derrière (3), StO: 1B3
Clos de Derrière (3), StP: 6C3
Clos de Derrière (4), Tr: 7B3
Clos de Derrière (5), StMy: 2C2
Clos de Derrière, Gr: 10B2
Clos de Derrière, Gr: 10B4
Clos de Derrière, Gr: 11A1
Clos de Derrière, StC: 10D2
Clos de Derrière, StJ: 2B1
Clos de Derrière, StJ: 2C2
Clos de Derrière, StJ: 2D1
Clos de Derrière, StJ: 2D3
Clos de Derrière, StJ: 2D4
Clos de Derrière, StJ: 3A3
Clos de Derrière, StJ: 3C1
Clos de Derrière, StL: 2D3
Clos de Derrière, StL: 2D4
Clos de Derrière, StL: 6B1
Clos de Derrière, StMa: 3D4
Clos de Derrière, StMa: 4C4
Clos de Derrière, StMa: 7B4
Clos de Derrière, StMy: 2A4
Clos de Derrière, StMy: 2C4
Clos de Derrière, StMy: 2D1
Clos de Derrière, StMy: 6A2
Clos de Derrière, StO: 1A3
Clos de Derrière, StO: 1C2
Clos de Derrière, StO: 1D3
Clos de Derrière, StP: 5B4
Clos de Derrière, StP: 5D2
Clos de Derrière, StP: 6A2
Clos de Derrière, StP: 6A3
Clos de Derrière, StP: 6A4
Clos de Derrière, StP: 6C1
Clos de Derrière, StS: 10B2
Clos de Derrière, StS: 7B2
Clos de Derrière, StS: 7B3
Clos de Derrière, StS: 7B4
Clos de Derrière, Tr: 3D2
Clos de Derrière, Tr: 3D3
Clos de Derrière Est, StJ: 3C1

Clos de Derrière et du Ménage, StO: 5B2
Clos de Derrière la Maison, StB: 6C3
Clos de Derrière la Maison, StB: 8B3
Clos de Derrière la Maison, StMa: 4C4
Clos de Derrière ouest, StJ: 3C1
Clos de Derrière Plaisance, StMy: 2C3
Clos de Désert, StMa: 11B1
Clos de Dessus, StMa: 4C4
Clos de dessus la Chapelle, Gr: 11A3
Clos de Dessus la Ville, StO: 1B3
Clos de Dessus la Ville Romain Renouf, StO: 1A4
Clos de dessus le Rue, StJ: 7A1
Clos de Dessus les Plats Côteaux, StH: 6D2
Clos de dessus les Vaux, StMy: 6A1
Clos de Dessus les Vaux et Clos des Carrières, Gr: 10B2
Clos de Devannt, StJ: 7A1
Clos de Devant (2), Gr: 11A3
Clos de Devant (2), StB: 5D4
Clos de Devant (2), StH: 6D2
Clos de Devant (2), StH: 7C4
Clos de Devant (2), StJ: 7A1
Clos de Devant (2), StL: 2D3
Clos de Devant (2), StL: 6B4
Clos de Devant (2), StL: 6D1
Clos de Devant (2), StMa: 3D4
Clos de Devant (2), StMa: 4A4
Clos de Devant (2), StMa: 4C1
Clos de Devant (2), StMa: 4C3
Clos de Devant (2), StMa: 4D1
Clos de Devant (2), StMy: 2C3
Clos de Devant (2), StO: 1B3
Clos de Devant (2), StO: 1C4
Clos de Devant (2), StP: 5B4
Clos de Devant (2), StP: 6A4
Clos de Devant (2), StP: 6C1
Clos de Devant (2), StP: 6C2
Clos de Devant (2), StP: 6C3
Clos de Devant (2), StS: 10B3
Clos de Devant (2), StS: 7B3
Clos de Devant (2), StS: 7B4
Clos de Devant (2), StS: 7D4
Clos de Devant (2), Tr: 3C2
Clos de Devant (2), Tr: 7B1
Clos de Devant (2), Tr: 7C2
Clos de Devant (3), Gr: 10B2
Clos de Devant (3), StH: 7C1
Clos de Devant (3), StJ: 2D1
Clos de Devant (3), StJ: 2D2
Clos de Devant (3), StL: 6B2
Clos de Devant (3), StMy: 2A4
Clos de Devant (3), StMy: 2C1
Clos de Devant (3), StMy: 2C2
Clos de Devant (3), StMy: 2C4
Clos de Devant (3), StO: 1D4
Clos de Devant (3), StP: 2C3
Clos de Devant (3), Tr: 3D3
Clos de Devant (3), Tr: 7A4
Clos de Devant (4), StJ: 2B3
Clos de Devant (4), StO: 1C2
Clos de Devant (5), StL: 6B3
Clos de Devant, Gr: 10B4
Clos de Devant, StB: 8B3
Clos de Devant, StC: 10D2
Clos de Devant, StC: 10D4
Clos de Devant, StC: 11C1
Clos de Devant, StH: 6D4
Clos de Devant, StH: 7B3
Clos de Devant, StH: 7D1
Clos de Devant, StJ: 2B1
Clos de Devant, StJ: 3C1
Clos de Devant, StJ: 3C3
Clos de Devant, StL: 2D4
Clos de Devant, StL: 6B1
Clos de Devant, StL: 6D3
Clos de Devant, StMa: 11A2
Clos de Devant, StMa: 4C2
Clos de Devant, StMa: 4C4
Clos de Devant, StMa: 7B4

Clos de Devant, StMy: 2A3
Clos de Devant, StMy: 6A2
Clos de Devant, StO: 1A4
Clos de Devant, StO: 1D1
Clos de Devant, StO: 2C3
Clos de Devant, StP: 5B2
Clos de Devant, StP: 5D1
Clos de Devant, StP: 5D2
Clos de Devant, StP: 6C4
Clos de Devant, StS: 11A1
Clos de Devant, StS: 7B2
Clos de Devant, StS: 7D1
Clos de Devant, StS: 7D2
Clos de Devant, Tr: 3C1
Clos de Devant, Tr: 3C4
Clos de Devant, Tr: 3D4
Clos de Devant, Tr: 7B2
Clos de Devant, Tr: 7B3
Clos de Devant & de Haut, StL: 6B1
Clos de Devant du Ménage des Cabarettes, StMa: 7B4
Clos de Devant et Côtil, Tr: 7B3
Clos de Devant et de Bas, StP: 6A4
Clos de Devant et de Gavetterie, Tr: 3A4
Clos de Devant et Jardin à Pommiers, StJ: 3C3
Clos de Devant et Jardin de la Rue, StL: 6B3
Clos de Devant et la Croute, StL: 6B3
Clos de Devant et Vallette, Tr: 7A4
Clos de Devant l'Huis, StO: 2C1
Clos de Devant, La Maurriddé et la Pièce, Gr: 11C1
Clos de Devant, Milieu et Bas, StL: 6B3
Clos de Dinard, StJ: 2D4
Clos de Dom Philippe, StL: 6B2
Clos de Douet, StJ: 3C1
Clos de Durell, Tr: 7A4
Clos de Faiseltre, StMa: 4C1
Clos de Falle, Gr: 7D4
Clos de Falle, StP: 6A3
Clos de Fallu, StO: 5B2
Clos de Fallut, StO: 5B2
Clos de Fauvel, StS: 7D3
Clos de Ferrant, StH: 7C2
Clos de Feuvre, StO: 1D1
Clos de Filbert, StMy: 6A2
Clos de Filles, StB: 5D4
Clos de Filliâtre, StMa: 4C1
Clos de Fiott et Clos des Ronchais, Tr: 7C2
Clos de Fiquet (2), StS: 10A4
Clos de Fleury, StMa: 4C2
Clos de Fonadan, StP: 6A3
Clos de Fondan, StO: 1B3
Clos de Fondan, StP: 6A3
Clos de Fondan, StP: 6C1
Clos de Fondan Horman, StS: 7B2
Clos de Fondon (2), StP: 6C1
Clos de Fort à Faire, StO: 1D4
Clos de Fort à Faire, StO: 5B4
Clos de Fougère, StMy: 2C4
Clos de Freron, StH: 7C2
Clos de Fromontel, StC: 10D4
Clos de Gabart, StMa: 11A2
Clos de Gabé, StP: 5B2
Clos de Galiot, StO: 1A4
Clos de Gallais, StO: 1C2
Clos de Galles, StMy: 2D1
Clos de Gallichan, StP: 6A3
Clos de Gallie, StMa: 4C3
Clos de Gallie, StS: 7D1
Clos de Gallie, StS: 7D2
Clos de Gallie, StS: 7D3
Clos de Ganée, StMy: 2A4
Clos de Ganne, Gr: 11C1
Clos de Gaudin, StMa: 4A3
Clos de Gavey, StS: 10B1
Clos de Gavey, StS: 10B3
Clos de Gavey, StS: 7D4
Clos de Géhan et Vallette du Mont Géhan, StMa: 4C2

Clos de Genest, StJ: 2D2
Clos de Genêt, StMy: 2A4
Clos de Genêts, StMy: 2C4
Clos de Geofrey et de Jean Dubois, StL: 6B2
Clos de Geonais, StO: 1B1
Clos de George, StO: 1D1
Clos de George, StO: 5B2
Clos de George Mourant, StB: 5D4
Clos de Gibaut, StL: 6D1
Clos de Gibaut, StP: 6C4
Clos de Giffard, Tr: 3C4
Clos de Gilles de Milieu, StL: 2D4
Clos de Gilles de Mitan, StL: 2D4
Clos de Godel, Tr: 7C2
Clos de Gracien, StO: 1D4
Clos de Grandin, StO: 1D4
Clos de Grandin de l'Hermite, StS: 7D2
Clos de Gratien, StO: 1D4
Clos de Grault de Haut, Gr: 7D4
Clos de Graut, StC: 10D2
Clos de Graut, StMy: 2C1
Clos de Grégoire, StL: 6B2
Clos de Gros, StS: 7D2
Clos de Gros de Bas, Gr: 11A1
Clos de Gros de Haut, Gr: 7D4
Clos de Grossier, StP: 6C3
Clos de Gruchy, StH: 10A4
Clos de Gruchy, StMy: 2A4
Clos de Grunes, StO: 1B3
Clos de Guernsey, StMy: 2A3
Clos de Guillaume, Tr: 7A4
Clos de Guilleame et Clos d'Acre, StL: 2D3
Clos de Guillet, Gr: 10B2
Clos de Guillot, StJ: 3C1
Clos de Haguais, StC: 10D3
Clos de Hallo, StMy: 2C1
Clos de Hamon, StH: 7C1
Clos de Hamon, StH: 7C3
Clos de Hamon, StJ: 2D4
Clos de Hamon, StO: 1B4
Clos de Hamon et de la Gruchye, StH: 7C3
Clos de Hardy, Tr: 7B2
Clos de Haut (2), StJ: 2B3
Clos de Haut (2), StJ: 2D2
Clos de Haut (2), StL: 6D1
Clos de Haut (2), StMa: 4A3
Clos de Haut (2), StO: 1A4
Clos de Haut (2), StO: 5B4
Clos de Haut (2), StP: 6C4
Clos de Haut (2), Tr: 7A2
Clos de Haut (2), Tr: 7B3
Clos de Haut (3), StL: 2D3
Clos de Haut (3), StMy: 2C1
Clos de Haut (3), StMy: 2C2
Clos de Haut (3), StP: 6A1
Clos de Haut (3), Tr: 3C2
Clos de Haut (3), Tr: 3D3
Clos de Haut (5), StL: 6B2
Clos de Haut, Gr: 10B2
Clos de Haut, Gr: 11C1
Clos de Haut, Gr: 7D4
Clos de Haut, StB: 5D4
Clos de Haut, StB: 6C3
Clos de Haut, StH: 7C1
Clos de Haut, StH: 7C2
Clos de Haut, StJ: 2A4
Clos de Haut, StJ: 2B4
Clos de Haut, StJ: 2C2
Clos de Haut, StJ: 2D1
Clos de Haut, StJ: 2D4
Clos de Haut, StJ: 3A3
Clos de Haut, StJ: 3C1
Clos de Haut, StL: 2D4
Clos de Haut, StL: 6B3
Clos de Haut, StL: 6D3
Clos de Haut, StMa: 7B4
Clos de Haut, StMy: 2A3
Clos de Haut, StMy: 2C3
Clos de Haut, StO: 1A3
Clos de Haut, StO: 1D1

Clos de Haut, StO: 1D3
Clos de Haut, StO: 1D4
Clos de Haut, StO: 5B2
Clos de Haut, StP: 5D1
Clos de Haut, StP: 6A2
Clos de Haut, StS: 10B2
Clos de Haut, StS: 10B3
Clos de Haut, StS: 7B4
Clos de Haut, Tr: 3C1
Clos de Haut, Tr: 3C4
Clos de Haut Est, StJ: 2B3
Clos de Haut et Clos de Bas, StJ: 7B3
Clos de Haut et de Julien, StL: 6B1
Clos de Haut et des Hêches, StMy: 2C4
Clos de Haut et du Parcq, StJ: 2D1
Clos de Haut et Grand Clos, Tr: 3C3
Clos de Haut Ouest, StJ: 2B3
Clos de Hêche, StC: 10D1
Clos de Helles, Tr: 3C2
Clos de Henri, StMa: 4C2
Clos de Henry, Gr: 7D4
Clos de Henry, StP: 5B4
Clos de Herault, StL: 2D4
Clos de Herault, StS: 7D2
Clos de Hérault, StS: 7D2
Clos de Hercanty, StC: 10D2
Clos de Herivel, StO: 1D1
Clos de Highlands, StS: 10A2
Clos de Hocquard et de la Mare, Tr: 3A4
Clos de Howard, Tr: 3D3
Clos de Hubert, StMa: 7B4
Clos de Hubert, Tr: 7B1
Clos de Hubert de l'Ouest et de l'Est, StS: 11A1
Clos de Hue, StP: 6A3
Clos de Hurel, StL: 6B1
Clos de Hurel, StMy: 2A3
Clos de Hurel, Tr: 7B1
Clos de Hures, StO: 1A4
Clos de Jacques, StC: 10D4
Clos de Jacques, StJ: 2B4
Clos de Jacques, StJ: 2D2
Clos de Jacques, StMy: 2C3
Clos de Jacques, StO: 1A4
Clos de Jacques, StS: 10B1
Clos de Jamrin, StB: 8A4
Clos de Jannée, StH: 7B3
Clos de Janvrin, StB: 5D4
Clos de Jardin, StMy: 2C1
Clos de Jean, StH: 10A1
Clos de Jean, StH: 6D2
Clos de Jean Collas, Tr: 3C2
Clos de Jean du Feu, Tr: 7B1
Clos de Jean Guilleaume, StP: 2C3
Clos de Jean Jean, StMy: 2C3
Clos de Jean Noel, StJ: 3C3
Clos de Jean Vallet, StP: 6C1
Clos de Jeannot, StO: 1D2
Clos de Jehanne, StP: 6C4
Clos de Jéhanne, StO: 1A4
Clos de Jehanne l'est, StJ: 2D2
Clos de Joanne, StH: 7C1
Clos de Jonas, StJ: 2B3
Clos de Josué (2), StMy: 2C4
Clos de Jouan et le Jardin de Hérault, StMa: 4C1
Clos de Jouanne, Tr: 7A4
Clos de Jouasse, StJ: 3C3
Clos de Jourdain, StH: 7B3
Clos de Journeaux, Tr: 3C4
Clos de Julienne, Gr: 10B4
Clos de Julienne, StS: 10B3
Clos de Kent, StO: 1C2
Clos de L'Est, StMy: 2C1
Clos de la Bachauderie, StS: 4C3
Clos de la Banque, StO: 1D4
Clos de la Banque, StO: 5B2
Clos de la Barque, StO: 1D1
Clos de la Barre (2), StL: 6B3
Clos de la Barre, StL: 6A4

Clos de la Bataille (2), StO: 1D4
Clos de la Belle Hougue et du Gros Rocher, Tr: 3A4
Clos de la Bernarderie, StO: 1A4
Clos de la Blanche Pierre, Tr: 7A4
Clos de la Blanche Pierre (2), StO: 1D1
Clos de la Blanche Pierre, StS: 7D4
Clos de la Bonde, StJ: 2D1
Clos de la Bornerie, Gr: 11C2
Clos de la Botellerie, StO: 1D4
Clos de la Bouée, StL: 6B1
Clos de la Boutique, StMa: 4B3
Clos de la Boutique, StP: 5D2
Clos de la Brebis, StO: 1B3
Clos de la Brebis du Milieu, StO: 1B3
Clos de la Brebis du Nord, StO: 1B3
Clos de la Brèche du Parcq, Tr: 3D4
Clos de la Brocqueuse, StJ: 2B1
Clos de la Broude, StO: 1D4
Clos de la Brune, StO: 1D1
Clos de la Brune, StP: 5B4
Clos de la Buttière, Tr: 3A4
Clos de la Cache (2), Tr: 3C2
Clos de la Cache, StB: 9A1
Clos de la Cache, StH: 7B3
Clos de la Cache, StJ: 2D2
Clos de la Cache, StJ: 3C1
Clos de la Cache, StL: 2D3
Clos de la Cache, StL: 2D4
Clos de la Cache, StL: 6A4
Clos de la Cache, StL: 6B2
Clos de la Cache, StL: 6D1
Clos de la Cache, StMa: 3D4
Clos de la Cache, StMy: 2C4
Clos de la Cache, StO: 1D1
Clos de la Cache, StP: 5B4
Clos de la Cache, StP: 6C3
Clos de la Cache, Tr: 7A2
Clos de la Câche, StJ: 2D4
Clos de la Cache Est, StJ: 3C1
Clos de la Cache Ouest, StJ: 3C1
Clos de la Campagne, StMa: 4A3
Clos de la Carre, Tr: 3A3
Clos de la Carrière (2), StP: 6A1
Clos de la Carrière, Gr: 11A1
Clos de la Carrière, StH: 10A4
Clos de la Carrière, StJ: 2B4
Clos de la Carrière, StJ: 2D1
Clos de la Carrière, StO: 1D3
Clos de la Chapell, StL: 6B3
Clos de la Chapell, StMa: 4C3
Clos de la Chapelle (2), StMa: 4C1
Clos de la Chapelle (2), Tr: 3D3
Clos de la Chapelle, StMa: 4C4
Clos de la Chapelle, StO: 1D4
Clos de la Chapelle, StP: 5B3
Clos de la Chapelle, StP: 5D1
Clos de la Chapelle, StP: 6A3
Clos de la Chapelle, StS: 7B2
Clos de la Chapelle, Tr: 7C2
Clos de la Chapelle (de St Cosme), Tr: 3D3
Clos de la Chapelle du Nord, StS: 10B3
Clos de la Chappel, StO: 1D2
Clos de la Chasse (2), StMy: 2C2
Clos de la Chasse (2), StP: 6A3
Clos de la Chasse, Gr: 7D4
Clos de la Chasse, StJ: 3C1
Clos de la Chasse, StS: 10A4
Clos de la Chasse, StS: 11A1
Clos de la Chasse, StS: 7B4
Clos de la Chasse, StS: 7D2
Clos de la Chasse, Tr: 3C4
Clos de la Chasse, Tr: 7A4
Clos de la Chasse de Bas et Clos de Philippe Benest du Sud, Tr: 3C1
Clos de la Chasse et de Jeanne Durrell, StH: 7C3
Clos de la Châtenée, StJ: 2D1
Clos de la Châtenée, StS: 7D2
Clos de la Chênée, StJ: 7A1

Clos de la Chênellerie, StB: 8A4
Clos de la Chuqeutterie, StS: 7D3
Clos de la Cohue, StJ: 3C3
Clos de la Commune, StS: 7D4
Clos de la Commune, Tr: 3D3
Clos de la Corderie, StP: 6A1
Clos de la Cotte, StC: 10D3
Clos de la Cotte, StO: 1A2
Clos de la Cotte, Tr: 3C4
Clos de la Coupe, StMa: 4A4
Clos de la Cour, StO: 1B3
Clos de la Crête, StMa: 4D3
Clos de la Croix, StH: 7C3
Clos de la Croix, StJ: 2B3
Clos de la Croix, StJ: 2D1
Clos de la Croix, StJ: 3C1
Clos de la Croix, StL: 6D1
Clos de la Croix, StMa: 4A3
Clos de la Croix, StMy: 2C3
Clos de la Croix, StO: 1D3
Clos de la Croix, StO: 5B2
Clos de la Croix, StP: 6A1
Clos de la Croix, StP: 6A3
Clos de la Croix, StP: 6A4
Clos de la Croix, Tr: 3C4
Clos de la Croix, Tr: 3D4
Clos de la Croix du Haut de la Val la Give et Champs Alleurs, Gr: 10B4
Clos de la Croix du Sacrement, Tr: 3D3
Clos de la Croute, StB: 9A1
Clos de la Croute, Tr: 3C4
Clos de la Croûte, StMa: 3D4
Clos de la Croüte, StMy: 2C1
Clos de la Croute et Jardin du Mont Perrine et Clos du Bout de la Chasse, StL: 6B3
Clos de la Croute et le Grand Clos, StMy: 2C1
Clos de la Devire, StO: 1D1
Clos de la Dune, StMy: 2C1
Clos de la Falaise (2), Tr: 3D3
Clos de la Falaise, Tr: 3C2
Clos de la Fantaisie, StP: 6C2
Clos de la Ferme, Gr: 10B4
Clos de la Ferme, StMy: 2C1
Clos de la Ferme, StO: 1D3
Clos de la Fondannerie, Gr: 11A3
Clos de la Fontaine (2), StJ: 3C3
Clos de la Fontaine, Gr: 10B4
Clos de la Fontaine, StB: 8A4
Clos de la Fontaine, StB: 8B3
Clos de la Fontaine, StL: 6B3
Clos de la Fontaine, StL: 6B4
Clos de la Fontaine, StL: 7A1
Clos de la Fontaine, StMa: 4C3
Clos de la Fontaine, StMa: 4C4
Clos de la Fontaine, StMy: 2C1
Clos de la Fontaine, StMy: 6A2
Clos de la Fontaine, StO: 1A4
Clos de la Fontaine, StO: 5B2
Clos de la Fontaine, StP: 6C1
Clos de la Fontaine, StS: 7B3
Clos de la Fontaine, Tr: 3D3
Clos de la Fontelle, StL: 6A4
Clos de la Forêt, StMa: 4A3
Clos de la Forge, StMa: 4C1
Clos de la Forge, StMa: 4C4
Clos de la Forge, StMy: 2C2
Clos de la Forge, StO: 1A4
Clos de la Forge, StP: 6A3
Clos de la Forge, Tr: 7A2
Clos de la Forge, Tr: 7A4
Clos de la Forge, Tr: 7C2
Clos de la Fosse (2), StMy: 2A4
Clos de la Fosse (2), StMy: 2C1
Clos de la Fosse, StB: 9A2
Clos de la Fosse, StL: 6A2
Clos de la Fosse, StMy: 2C3
Clos de la Fosse, StP: 6C1
Clos de la Fosse, StS: 7D4
Clos de la Fosse, Tr: 3C4

Clos de la Fosse, Tr: 7B1
Clos de la Fosse à Mortier Ouest, StB: 9A1
Clos de la Fosse Astelle, Gr: 11A1
Clos de la Fosse Astelle et de Payn, Gr: 11A1
Clos de la Fosse au Vée, StB: 9A3
Clos de la Foucherie, StP: 5D2
Clos de la Fourcherie, StP: 5D2
Clos de la Frédée, StH: 7C1
Clos de la Genestière, StMa: 7B4
Clos de la Gerche, StJ: 2C2
Clos de la Goupillière, StJ: 2D4
Clos de la Grande Montagne, StP: 6C2
Clos de la Grande Vergée, Tr: 3A4
Clos de la Hague (2), StP: 6A3
Clos de la Haiche, StB: 6C3
Clos de la Haute Entrée, StMa: 4A3
Clos de la Haye, StB: 8B3
Clos de la Haye Volet, Tr: 3A4
Clos de la Hêche (2), StMy: 6A2
Clos de la Hêche, StB: 6C3
Clos de la Hêche, StJ: 3C3
Clos de la Hêche, StMa: 4C1
Clos de la Hêche, StMy: 2A3
Clos de la Hêche, StMy: 2A4
Clos de la Hêche, StO: 1D2
Clos de la Hêche, StO: 5B2
Clos de la Hêche Heitre, StP: 6A3
Clos de la Herpe, StMy: 2D1
Clos de la Hôche, StO: 1D4
Clos de la Hougue (2), StJ: 2D1
Clos de la Hougue (3), StMy: 2A3
Clos de la Hougue (4), Gr: 7D4
Clos de la Hougue, StH: 7C1
Clos de la Hougue, StJ: 3C3
Clos de la Hougue, StMy: 2C1
Clos de la Hougue, StO: 1B3
Clos de la Hougue, StP: 2C3
Clos de la Hougue, StP: 5B2
Clos de la Hougue, StP: 5D4
Clos de la Hougue, StP: 6A1
Clos de la Hougue, StP: 6C3
Clos de la Hougue, StS: 7D3
Clos de la Hougue Boëte, StJ: 2D1
Clos de la Hougue du Sud, StO: 1B3
Clos de la Hougue et Clos Patier, StP: 5B3
Clos de la Hougue Nord, StMy: 2A3
Clos de la Hougue Sud, StMy: 2A3
Clos de la Houguette (2), StS: 7D3
Clos de la Houguette, StL: 6B3
Clos de la Houguette, StMy: 2C2
Clos de la Hubaudiere, StL: 6D2
Clos de la Huelinerie, StL: 6B1
Clos de la Journeaux, StJ: 2D1
Clos de la Lande, StJ: 2D2
Clos de la Lande, StMy: 6A2
Clos de la Lande, StO: 1C2
Clos de la Lande, StP: 6A3
Clos de la Lande, StS: 7D1
Clos de la Lande, Tr: 3C1
Clos de la Lavanderie, StMa: 4C1
Clos de la Levée (2), StMa: 4C4
Clos de la Levée, StMy: 2C2
Clos de la Levée et Petit Clos de la Rue, StJ: 3C1
Clos de la Longue Raic, StL: 6B1
Clos de la Mace, StO: 1D1
Clos de la Made, Gr: 10B3
Clos de la Madelaine, StO: 1A2
Clos de la Madelaine, Tr: 3C2
Clos de la Maison (2), Gr: 10B4
Clos de la Maison (2), StB: 8A4
Clos de la Maison (2), StB: 8B3
Clos de la Maison (2), StL: 6B1
Clos de la Maison (2), StMa: 4A3
Clos de la Maison (2), StMa: 4C4
Clos de la Maison (2), StMy: 2C2
Clos de la Maison (2), StO: 1C2
Clos de la Maison (2), StO: 5B2
Clos de la Maison (2), StP: 5D1

Clos de la Maison (2), StP: 6A1
Clos de la Maison (2), StP: 6A3
Clos de la Maison (2), StP: 6C4
Clos de la Maison (2), Tr: 3C2
Clos de la Maison (3), StB: 6C3
Clos de la Maison (3), StB: 9A1
Clos de la Maison (3), StO: 1D4
Clos de la Maison (5), StO: 1A4
Clos de la Maison (5), StP: 6C1
Clos de la Maison, Gr: 11A1
Clos de la Maison, Gr: 11C2
Clos de la Maison, StB: 8B4
Clos de la Maison, StH: 6D2
Clos de la Maison, StH: 7C3
Clos de la Maison, StJ: 2B1
Clos de la Maison, StJ: 2C2
Clos de la Maison, StJ: 2D1
Clos de la Maison, StJ: 2D2
Clos de la Maison, StJ: 3C3
Clos de la Maison, StL: 6B4
Clos de la Maison, StMa: 4C2
Clos de la Maison, StMy: 2A4
Clos de la Maison, StMy: 2C3
Clos de la Maison, StO: 1D1
Clos de la Maison, StO: 1D3
Clos de la Maison, StO: 5B1
Clos de la Maison, StO: 5B4
Clos de la Maison, StP: 1D4
Clos de la Maison, StP: 5D2
Clos de la Maison, StP: 6C2
Clos de la Maison, StP: 6C3
Clos de la Maison, StS: 7B2
Clos de la Maison, Tr: 3C4
Clos de la Maison, Tr: 3D2
Clos de la Maison, Tr: 3D4
Clos de la Maison, Tr: 7A2
Clos de la Maison et Gruchy, StB: 8B3
Clos de la Malpezière, StJ: 2D2
Clos de la Mare (2), StJ: 3C1
Clos de la Mare (2), StO: 1D1
Clos de la Mare, StJ: 3C3
Clos de la Mare, StL: 6B1
Clos de la Mare, StO: 1B3
Clos de la Mare, StO: 2C3
Clos de la Mare Badier, StH: 10A1
Clos de la Mare Ballam, StJ: 2D2
Clos de la Mare Ballam et Clos Blampied, réunis, StJ: 2D2
Clos de la Mare Carrek, Gr: 11C2
Clos de la Mare Carrel, Gr: 11C2
Clos de la Mocquetterie, Gr: 10B4
Clos de la Mode des Reines, StMa: 7B4
Clos de la Montagne, StO: 5B2
Clos de la Mothe, Gr: 11A4
Clos de la Mouchetterie, Gr: 10B4
Clos de la Muraille, StL: 6B1
Clos de la Noce, StMa: 7B2
Clos de la Noce de l'Est, StMa: 7B2
Clos de la Noes ou Madolain, StJ: 3C1
Clos de la Nos, StMa: 7B2
Clos de la Nos de l'Est, StMa: 7B2
Clos de la Nos de l'Ouest, StMa: 7B2
Clos de la Nosse de l'Est, StMa: 7B2
Clos de la Pallotterie, StMa: 4A3
Clos de la Paroisse, StH: 6D4
Clos de la Pêcherie, Gr: 10B4
Clos de la Pelle, StP: 6C4
Clos de la Pente, StO: 1D1
Clos de la Perrellerie, StC: 11C4
Clos de la Perruque (2), Tr: 3C2
Clos de la Perruque, Tr: 3C4
Clos de la Petit Hougue, StP: 5B2
Clos de la Petite, Gr: 7D4
Clos de la Petite Pouquelaye, StH: 7C3
Clos de la Pièce, StL: 6D3
Clos de la Pièce Près du Havre de Crabbé, StMy: 2A3
Clos de la Pierre (2), StMy: 2C2
Clos de la Pierre, StJ: 2B3
Clos de la Pierre, StJ: 2D1

Clos de la Pierre, StMy: 2A4
Clos de la Pierre, StMy: 2C3
Clos de la Pierre, StMy: 2C4
Clos de la Pierre, StP: 5B3
Clos de la Pierre, StP: 6C3
Clos de la Pierre, Tr: 3D3
Clos de la Pierre Etange, Gr: 11A2
Clos de la Pierre Gérante, StP: 6C3
Clos de la Place Belhomme, StB: 6C3
Clos de la Platte Raie, StO: 1D1
Clos de la Pointe, StO: 1B1
Clos de la Pomme, Tr: 3A4
Clos de la Pompe, StC: 11C3
Clos de la Pompe, StO: 2C3
Clos de la Pompe, StP: 5D1
Clos de la Pompe, StS: 7B3
Clos de la Pompe, StS: 7D1
Clos de la Pompe, Tr: 7C2
Clos de la Porte (2), StS: 10B3
Clos de la Porte, StL: 6B2
Clos de la Porte, StMa: 7D2
Clos de la Porte et le Neuf Jardin, StS: 7D3
Clos de la Pouquelaye, StH: 7C3
Clos de la Pouquelaye, StO: 1C2
Clos de la Pouquelaye, Tr: 3A4
Clos de la Préchelle, Tr: 3C2
Clos de la Pretterie, StO: 1D4
Clos de la Prieuté, StH: 6D2
Clos de la Prutie, StB: 8A4
Clos de la Quenellerie, StB: 8A4
Clos de la Reine, StMy: 2D1
Clos de la Renonciation, StMa: 4C1
Clos de la Reuellerie, StL: 6B4
Clos de la Robeline, StO: 1C2
Clos de la Rocdière, StC: 10D1
Clos de la Rocdière et Fief Egon, Gr: 10D2
Clos de la Rocque (2), Gr: 11C2
Clos de la Rocque, StH: 10A4
Clos de la Rocque, StH: 6D2
Clos de la Rocque, StH: 7C4
Clos de la Rocque, StJ: 2B1
Clos de la Rocque, StMy: 2C1
Clos de la Rocque, StO: 1C2
Clos de la Rocque Sophiche, StC: 10D4
Clos de la Rocquette, StMa: 4C1
Clos de la Ronce, StO: 2C3
Clos de la Rosière, StS: 7D1
Clos de la Rosière, Tr: 3D3
Clos de la Route des Genêts, StB: 9A3
Clos de la Rue (2), StJ: 2D1
Clos de la Rue (2), StJ: 7A1
Clos de la Rue, StB: 8B4
Clos de la Rue, StJ: 3A3
Clos de la Rue, StL: 6A2
Clos de la Rue, StMy: 2A4
Clos de la Rue, StS: 7D2
Clos de la Rue des Bois et de La Malpezière, StJ: 2D2
Clos de la Rue és Abbés, StJ: 2C2
Clos de la Rue ès Abbés, StJ: 2C2
Clos de la Rue ès Abbés, StMy: 2C2
Clos de la Ruette, Gr: 11C4
Clos de la Ruette, StB: 9A3
Clos de la Ruette, StH: 7B3
Clos de la Ruette, StMa: 4C4
Clos de la Ruette, StMy: 2C1
Clos de la Ruette, StMy: 2C3
Clos de la Ruette, StMy: 2D1
Clos de la Ruette, StO: 5B2
Clos de la Ruette, StS: 10A2
Clos de la Ruette, StS: 7D2
Clos de la Ruette, Tr: 7B3
Clos de la Sente, Gr: 11A1
Clos de la Sente, StC: 11C1
Clos de la Sergenté, StL: 6D1
Clos de la Seult, StMa: 3D4
Clos de la Tihelle, StO: 1D3
Clos de la Touraille, StO: 1B3
Clos de la Tout, StL: 7A1
Clos de la Trinité, StP: 2C3

Clos de la Trinité de Bas, Tr: 3C1
Clos de la Valeure, StB: 8B4
Clos de la Valeuse, StP: 5D4
Clos de la Vallée, StB: 6C4
Clos de la Vallée, StB: 9A2
Clos de la Vallée, StH: 7C3
Clos de la Vallée, StL: 6B2
Clos de la Vallée, StMa: 3D4
Clos de la Vallée, StMa: 4C2
Clos de la Vallée, StS: 4C3
Clos de la Vallette, StS: 7D3
Clos de la Valogne des Charrières, StH: 7C4
Clos de la Vanelle, StJ: 2B4
Clos de la Vassetterie du Milieu, StH: 10A1
Clos de la Vassetterie du Nord, StH: 10A1
Clos de la Vassetterie du Sud, StH: 10A1
Clos de la Vasterie, StH: 7C1
Clos de la Verte Rue (2), Tr: 3C4
Clos de la Verte Rue, StMy: 2C4
Clos de la Veuve, StMa: 3D4
Clos de la Vieille Maison & Clos de Devant, StL: 6B2
Clos de la Viellanderie, StL: 6D2
Clos de la Vielle Maison, StO: 1D1
Clos de la Vilel, StMa: 4A3
Clos de la Villaise, StO: 1C2
Clos de la Ville, StB: 9C1
Clos de la Ville, StC: 10D3
Clos de la Ville, StH: 7C3
Clos de la Ville, StMy: 2A4
Clos de la Ville, StMy: 2C2
Clos de la Ville de Guernsey La Girouette, StO: 1C2
Clos de la Ville ès Gros, StMy: 2C4
Clos de l'Abondonnée, StMy: 2C2
Clos de l'Abri à la Dame, Tr: 3A4
Clos de l'Acre, StH: 7C2
Clos de Lael, StMy: 2C4
Clos de l'Allée, Tr: 3C2
Clos de l'Allouette, StMa: 4C4
Clos de l'Amiral, StO: 5B1
Clos de l'Ancienne et la Neuve Maison, Tr: 3D1
Clos de l'Ancienne Maison, Tr: 7B3
Clos de l'Arsenal, Gr: 10B4
Clos de l'Arsenal, StP: 6C3
Clos de l'Audelà, StMa: 4A3
Clos de Laurens, StMa: 7B4
Clos de Laurens, StP: 6A2
Clos de Laurens, StP: 6C2
Clos de l'Avenue, StB: 9A2
Clos de l'Avenue, StJ: 2D1
Clos de l'Avenue, StMa: 11A2
Clos de l'Avenue, StMa: 7B2
Clos de l'Avoine, StJ: 7A1
Clos de l'Écluse, Tr: 7A4
Clos de l'École, StB: 8B1
Clos de l'École, StL: 6B1
Clos de Lecq, StO: 1C2
Clos de l'Eglise, StMy: 2C1
Clos de l'Église, StJ: 2D1
Clos de l'Église, StMy: 2C4
Clos de l'Église, StP: 6C1
Clos de Léonard de Goupit, StB: 6C3
Clos de Léoville, StO: 1D2
Clos de L'Epine (2), StO: 1A4
Clos de l'Épine, StC: 10D2
Clos de l'Épine, StJ: 3A3
Clos de l'Épine, StMy: 2C2
Clos de l'Épine, StO: 1D4
Clos de l'Épine, StP: 6C1
Clos de l'Épine, Tr: 3C1
Clos de l'Esbirel, StP: 6C2
Clos de l'Esbirel de l'Est, StP: 6C2
Clos de l'Espine, StB: 8A4
Clos de l'Espine, StB: 8B3
Clos de l'Est, StH: 7C3
Clos de l'Est, StJ: 7A1
Clos de l'Est, StL: 6D1
Clos de l'Est, StMy: 2C2

Clos de l'Est, StMy: 2C3
Clos de l'Est, StO: 1B3
Clos de l'Est, StP: 5B4
Clos de l'Est, StP: 6C2
Clos de l'Est, StS: 10B1
Clos de l'Est, StS: 10B2
Clos de l'Est et Clos de Derrière et le Pendant, StL: 2D3
Clos de l'Est de la Maison, StP: 6A1
Clos de l'Est et de Perrotte, StS: 10A4
Clos de l'Étable, StMa: 4D1
Clos de l'Étocquet, StJ: 2B3
Clos de l'Étouble, Tr: 3C1
Clos de l'Exchange, StO: 1D4
Clos de l'Homel, StP: 6A3
Clos de Lisle, StO: 5B2
Clos de l'Issue et Clos de Derrière, StP: 6A4
Clos de l'Oeillière, StB: 8A4
Clos de l'Oison, StS: 7D2
Clos de l'Omrel, Gr: 10B4
Clos de l'Orge (2), StB: 8A4
Clos de l'Orme, StL: 6B3
Clos de l'Orme, StMy: 2C4
Clos de l'Orme, StMy: 6A2
Clos de l'Ouest, Gr: 11A2
Clos de l'Ouest, StB: 8B2
Clos de l'Ouest, StH: 6D4
Clos de l'Ouest, StMy: 2C3
Clos de l'Ouest, StO: 1B3
Clos de l'Ouest, StP: 5D1
Clos de l'Ouest, StS: 10B1
Clos de Lucas, StL: 6B1
Clos de Luce, StS: 10B3
Clos de Luce et Le Clos de Sorsoleil, StL: 6B1
Clos de Lucerne, StO: 5B1
Clos de Lulague, StJ: 2B3
Clos de Lulague, StMy: 2A4
Clos de Mabel, StL: 2D3
Clos de Machon, Gr: 7D4
Clos de Machon, StS: 7D2
Clos de Machon, StS: 7D3
Clos de Machon, StS: 7D4
Clos de Madeleine, StH: 7C3
Clos de Madeleine, StMy: 2C3
Clos de Madolain, StJ: 3C1
Clos de Mahaut, StO: 1D3
Clos de Mahier, StMy: 2C1
Clos de Mahier, StMy: 2C3
Clos de Mahy, StMy: 2C1
Clos de Mahy, StMy: 2C3
Clos de Mailler, StH: 7C2
Clos de Mailleter, StO: 1D4
Clos de Maitland, StJ: 7A1
Clos de Malassis, StS: 7C4
Clos de Malet et de Payn, StMa: 7B4
Clos de Mallet, StC: 10D2
Clos de Mallet, StMa: 4A3
Clos de Mallet, StMa: 4C1
Clos de Mallet, StS: 7C4
Clos de Marett, StH: 7C1
Clos de Marett, StH: 7C2
Clos de Marett, StS: 7D4
Clos de Marett, Tr: 3C4
Clos de Marett, Tr: 7A4
Clos de Marettes, Gr: 11C2
Clos de Marie Hue, StMy: 6A1
Clos de Marinel, StL: 2D3
Clos de Martin, StJ: 2D4
Clos de Martin, StO: 1D3
Clos de Massie, StS: 7D4
Clos de Masurier et Clos de la Maison, StP: 5D2
Clos de Matelot, StP: 6A1
Clos de Mattingale, Gr: 10B4
Clos de Mattingley, StC: 10B4
Clos de Mauger, Gr: 11A1
Clos de Mauger, StJ: 2B4
Clos de Mauger, StMa: 4C2
Clos de Mauger, StP: 6C3

101

Clos de Mauger, StS: 7D1
Clos de Maupertuis, StC: 10D3
Clos de Maupertuis, StH: 7C1
Clos de Ménage, StO: 1D1
Clos de Ménage, StO: 1D3
Clos de Messervy, StMa: 7B4
Clos de Messervy, StS: 10B1
Clos de Messervy, StS: 7B2
Clos de Michel, StMy: 2C4
Clos de Michel, Tr: 3C2
Clos de Michel, Tr: 3D4
Clos de Milieu, Gr: 10B4
Clos de Milieu, StL: 2D4
Clos de Milieu, StMa: 7B2
Clos de Milieu, StMy: 2A3
Clos de Minier, StMy: 2C1
Clos de Mitan, StB: 9A2
Clos de Miton, StB: 5D4
Clos de Moisson, Tr: 7A4
Clos de Mont Mado, StJ: 2D2
Clos de Monts, StC: 10D2
Clos de Morel Nord, StS: 10B4
Clos de Morel Sud, StS: 10B3
Clos de Morin, StJ: 3C3
Clos de Morin et Jardin de du Feu, StJ: 3C3
Clos de Mosfait, Tr: 7A4
Clos de Mot, StL: 2D4
Clos de Motlet, Tr: 3C1
Clos de Mottée et Clos de Menelequet, StJ: 2A4
Clos de Murluquet, StMa: 7B4
Clos de Navet, StMy: 2C3
Clos de Neuf Courtils, StO: 1B3
Clos de Nicolas Le Brun La Mare, StO: 1D4
Clos de Nicolle, StMa: 7D2
Clos de Nicolle et de Julienne, Gr: 11A1
Clos de Nivet, StMy: 2C3
Clos de Noiron, StP: 6A1
Clos de Nord, StJ: 3C3
Clos de Norman, StL: 6B1
Clos de Nourrie, StS: 10B1
Clos de Pallot, StS: 7B3
Clos de Parad' ville, StS: 7D3
Clos de Patier, StS: 10B1
Clos de Payn (2), StMa: 4C1
Clos de Payn, Gr: 10B2
Clos de Payn de l'Est, StL: 2D3
Clos de Payn de l'Ouest, StL: 2D3
Clos de Pennery, StP: 5B2
Clos de Pepin, StJ: 2D1
Clos de Perchard, StS: 10B3
Clos de Peronelle, Tr: 7B1
Clos de Perrée, StMa: 4C2
Clos de Pestil, StB: 8B2
Clos de Petit Jean, StP: 6A4
Clos de Philip Dumaresq, StMa: 4C4
Clos de Philippe, Tr: 7B3
Clos de Philippe le Bas, StB: 5D4
Clos de Picachon du Sud, Tr: 3D3
Clos de Picot (2), Tr: 3C2
Clos de Picot (2), Tr: 3D3
Clos de Picot, StJ: 2B1
Clos de Pierre, StJ: 2A4
Clos de Pierre Nicolle, StMa: 4C3
Clos de Pignon, StO: 5B2
Clos de Pinel, StJ: 3C3
Clos de Pirouet, Gr: 10B3
Clos de Pirouetterie, Gr: 11A1
Clos de Pitton, StS: 7D1
Clos de Pleinmont, StB: 9A1
Clos de Poigndestre, StMa: 4C4
Clos de Polline et de Lemprière, StJ: 7A1
Clos de Poplar, StS: 7D4
Clos de Porcs, StO: 1B3
Clos de Porion, StH: 10A1
Clos de Poste, StC: 10D3
Clos de Potin, StS: 7D4
Clos de Pougeol, StO: 1D1
Clos de Pouivet, StS: 7B4
Clos de Poulain, Tr: 3A4

Clos de Poyret, StS: 7B4
Clos de Price, Tr: 7A4
Clos de Prouings, StO: 2C3
Clos de Prudhomme, StMy: 2C3
Clos de Puit, StO: 1D1
Clos de Py, StO: 1D1
Clos de Quatre Vergées et de Carteret, StO: 5B2
Clos de Quennevais, StB: 6C3
Clos de Quérée, StS: 7B4
Clos de Querrée, StJ: 2B4
Clos de Quetteville, StMa: 7B2
Clos de Quetteville, StMa: 7B4
Clos de Quimperel, StMy: 2C2
Clos de Quintaine, StO: 5B2
Clos de Rachel et Clos de Sohier, StMa: 4C2
Clos de Ramont, StS: 4C3
Clos de Raut, StMa: 4C1
Clos de Rebecca de Ste Croix, StH: 6D2
Clos de Remon, StJ: 2D1
Clos de Renaul, StO: 1B3
Clos de Renouf, StP: 6A2
Clos de Ricard (2), StL: 2D3
Clos de Ricard, StB: 6C3
Clos de Ricard, StO: 1A3
Clos de Ricard, StO: 1A4
Clos de Richard, StS: 7D2
Clos de Richard Aubin, Gr: 10B2
Clos de Richard Payn, StO: 1A4
Clos de Robin, Gr: 7D4
Clos de Robin et Clos du Douaire, StJ: 2D1
Clos de Rocquebé, StC: 10D3
Clos de Romeril (2), StH: 7C2
Clos de Romeril (2), Tr: 7C1
Clos de Romeril, StO: 2C3
Clos de Romeril, StS: 10B1
Clos de Roncier, Gr: 10B4
Clos de Ronehy, Gr: 10B4
Clos de Rouen (3), StS: 10B1
Clos de Rozel, StMa: 7B2
Clos de Ruez, StO: 1A4
Clos de Sable, StS: 10D1
Clos de Samson (6), StO: 1D1
Clos de Sarre, StMa: 4C2
Clos de Sarre, StO: 1B3
Clos de Saulx, StL: 2D3
Clos de Saut Falluet, StP: 6C3
Clos de Saval et Jardin à Pommiers, Gr: 11C2
Clos de Sebire, StMy: 2C4
Clos de Sègle, StS: 11A1
Clos de Seigle, Gr: 10B4
Clos de Sept Diables, StH: 7C2
Clos de Sequée et Champ de la Hougie, StC: 10D3
Clos de Servais, StO: 1C2
Clos de Signaux, StB: 8D1
Clos de Simeon et de Cosnet, Gr: 11A1
Clos de Six Champs, StH: 10A1
Clos de St André, StH: 6D4
Clos de St André, StMy: 2C1
Clos de St Aubin, StB: 9A3
Clos de St Clément, StC: 11C4
Clos de St Clément, StP: 6C1
Clos de St Étienne, StMa: 7D2
Clos de St George, StO: 1B3
Clos de St Jean (4), StJ: 2C2
Clos de St Jean, StJ: 2B3
Clos de St Jean, StJ: 2D1
Clos de St Jean, StMy: 2A3
Clos de St Jean, Clos du Nord et de Devant, StL: 2D3
Clos de St Mare, StP: 5B3
Clos de St Marie, StMy: 2C4
Clos de St Ouen, StO: 1D4
Clos de St Ouen, StO: 5B1
Clos de St Ouen, StS: 7D3
Clos de St Pierre (2), StP: 6C1
Clos de St Pierre, StMy: 2C3
Clos de St Pierre, StP: 6C3

Clos de St Saveur, StS: 4C3
Clos de Ste Marie, StMy: 6A2
Clos de Stocall, StH: 7C4
Clos de sur le Douet, StJ: 2D4
Clos de sur le Hogard, StB: 8A4
Clos de Surelle, StP: 5B2
Clos de Tarrin, StJ: 2B4
Clos de Terrin, StJ: 2B4
Clos de Thomas, StMy: 2C2
Clos de Thomas, StP: 2C3
Clos de Thomas Nicolle, Tr: 3C4
Clos de Tom Labey, Gr: 11C4
Clos de Toreau (2), StMy: 2C1
Clos de Touzel, StP: 6C3
Clos de Travers (3), StL: 6B1
Clos de Travers, Gr: 11C1
Clos de Travers, StP: 5B2
Clos de Travers, StP: 6C1
Clos de Travers, Tr: 3C4
Clos de Travers, Tr: 3D3
Clos de Travers, Tr: 7B1
Clos de Traversin, StL: 6B3
Clos de Traversin, StL: 6D1
Clos de Trié, Gr: 11A1
Clos de Triguel, StMa: 4C3
Clos de Valpy, StMa: 7D2
Clos de Vase (2), StMy: 2C1
Clos de Vase, StH: 7C2
Clos de Vase, StMy: 2C3
Clos de Vaudin, StJ: 2B4
Clos de Vaudin, StJ: 2D2
Clos de Vaudin, StL: 6B3
Clos de Vautier, StO: 1C2
Clos de Vautier, StO: 1D2
Clos de Vaze, StH: 7C3
Clos de Velous, StC: 10D2
Clos de Verp, StMy: 2C3
Clos de Verp, StMy: 6A1
Clos de Vibert, StP: 6C4
Clos de Viel, StB: 6C4
Clos de Vigot, StMy: 6A2
Clos de Vinchelez (2), StO: 1D1
Clos de Vinchelez, StJ: 7A1
Clos de Vinchelez, StO: 1A4
Clos de Voisin et Jardin de Derrière, StJ: 7A1
Clos de Ziez, Tr: 3D3
Clos d'Échelle, StJ: 2D4
Clos d'Edouard, StH: 7C4
Clos d'Edouard, StL: 6A2
Clos d'Edouard Amy, Gr: 11C2
Clos Delais, StMy: 2C2
Clos d'Élysée, StH: 7C4
Clos Dentu, StJ: 7A1
Clos d'Ernaut, StMy: 6A2
Clos Derrière La Croute, StJ: 2B4
Clos Derrière le Couvent, StB: 5D4
Clos des Agneaux, StL: 6B1
Clos des Aillettes, StMa: 7B4
Clos des Aix (2), StP: 6A2
Clos des Allés, Tr: 3C2
Clos des Alleurs, Gr: 11A3
Clos des Alleurs, StH: 10A2
Clos des Alleurs, StMa: 4A3
Clos des Alleurs, StMa: 4C4
Clos des Anglais, StS: 7D4
Clos des Arbres, Tr: 7C1
Clos des Aumônes, Gr: 11C4
Clos des Avoineries, Gr: 10B2
Clos des Avoines, StJ: 2D2
Clos des Avoines, StJ: 3C1
Clos des Avoines du Sud, StMy: 2D1
Clos des Baissières, StL: 6A2
Clos des Baissières, StMy: 6A2
Clos des Baissières, StP: 6A2
Clos des Barrées, StMy: 2C2
Clos des Barres, StO: 1D4
Clos des Bâtards, StS: 7B4
Clos des Belles Favières, StH: 7C3
Clos des Billières, StL: 6B4

Clos des Bissionières du Sud, Tr: 7A2
Clos des Boeufs, StH: 6D4
Clos des Boeufs, StMy: 6A2
Clos des Boeufs, StO: 1D4
Clos des Boeufs, StP: 6C2
Clos des Bornes, StB: 9A2
Clos des Bornes, StS: 7D4
Clos des Boulineries, StMy: 2C2
Clos des Boulleries, StMy: 2C2
Clos des Brêches, StC: 10D1
Clos des Buttes (2), StJ: 2D1
Clos des Buttes, StMa: 4C1
Clos des Cabarettes, StMa: 7B4
Clos des Caillettes, StMa: 7D2
Clos des Camps, StH: 6D4
Clos des Camps du Quesne, StO: 1B3
Clos des Carrières, StJ: 2D2
Clos des Carrières, StS: 7D1
Clos des Cauchez, StP: 2C3
Clos des Caux, StO: 1D3
Clos des Caves, Gr: 11C2
Clos des Cayettes, StMa: 7D2
Clos des Champs, StJ: 2D2
Clos des Champs, StJ: 3C1
Clos des Champs, StL: 6B2
Clos des Champs au Presbytère, StO: 1D3
Clos des Champs de l'Épine, StL: 6D1
Clos des Champs des Baraques, StJ: 2B4
Clos des Champs Pelés, StO: 1D4
Clos des Chasses, StP: 6C3
Clos des Châtaigners, StMa: 3D4
Clos des Chênes, StMy: 1D2
Clos des Chenolles de l'est, StJ: 2D2
Clos des Chevaux, StP: 6C3
Clos des Ciseaux, StH: 10A1
Clos des Côtils, StP: 5B4
Clos des Courts Champs, StJ: 2D2
Clos des Croix, Tr: 3C4
Clos des Dessous Verclut, StC: 11C1
Clos des Dessus les Vaux, StL: 6B2
Clos des Échanges (2), Tr: 3D3
Clos des Enfants, StMy: 2C1
Clos des Épines, StS: 10B1
Clos des Équerières, StJ: 2A4
Clos des Esards, StMa: 4C2
Clos des Escaliers, StMy: 6A2
Clos des Escaliers, Tr: 3C2
Clos des Essarts, StMa: 4C2
Clos des Estoquets, StMa: 4C2
Clos des Fiefs (2), StMa: 4A3
Clos des Filles, StP: 6A4
Clos des Filles, StP: 6C3
Clos des Filles avec l'Abreuvoir, StP: 5B4
Clos des Forées, StO: 1A4
Clos des Forêts, StO: 1A4
Clos des Fosses, StO: 1D4
Clos des Fosses, StS: 7D3
Clos des Fouenneaux, StL: 2D3
Clos des Fourneaux, StB: 8A4
Clos des Gloriettes Rennets, StMy: 2C4
Clos des Goués, Gr: 10B2
Clos des Grandes Levées, StMa: 4C1
Clos des Grandes Rue, StMa: 4C4
Clos des Grands Mans, StB: 9A1
Clos des Gronds, StMy: 2C2
Clos des Gros, Tr: 7A4
Clos des Grunes (2), StO: 1B3
Clos des Grupieaux (2), StP: 6C4
Clos des Haies, Tr: 3C2
Clos des Hautes, StJ: 3C1
Clos des Hazettes, Tr: 7A4
Clos des Hêches (2), StO: 1A4
Clos des Hêches, StC: 10D1
Clos des Hêches, StO: 1D4
Clos des Herbes (2), Gr: 11A3
Clos des Hougues (2), StMy: 2A4
Clos des Hougues, La Lisière and La Hougue, StO: 1C2
Clos des Houguettes, StH: 10A1
Clos des Houguettes, StS: 7D4

Clos des Hureaux, StJ: 2B4
Clos des Hureaux, StS: 7C4
Clos des Hures, StO: 1D2
Clos des Hurettes (2), Gr: 11A1
Clos des Huriaux, StJ: 2B1
Clos des Huriaux, Tr: 7A2
Clos des Issues, StJ: 2B4
Clos des Issues, StMy: 2C2
Clos des Jardins, StMy: 2C1
Clos des Landes (3), StP: 6C3
Clos des Landes, Gr: 10D2
Clos des Landes, StB: 9A2
Clos des Landes, StJ: 2B3
Clos des Landes, StMy: 2C2
Clos des Landes, StO: 1A3
Clos des Landes, StO: 1C1
Clos des Landes, StP: 6C1
Clos des Landes, StS: 7D2
Clos des Laveurs, StS: 10A4
Clos des Levés, StMa: 4C4
Clos des Longs Champs, StB: 6C3
Clos des Longs Sillons et la Fosse Vitaine, Tr: 3A4
Clos des Longues Pièces, StMy: 2C4
Clos des Malots, StJ: 3C3
Clos des Mans, StB: 9A1
Clos des Marais et Clos du Marais Badier, Gr: 11A4
Clos des Mares, StMa: 4C1
Clos des Mares, StMa: 4C2
Clos des Mares, StMa: 7B4
Clos des Mares, Tr: 7B3
Clos des Marettes (4), StO: 1D4
Clos des Marettes, Tr: 3C3
Clos des Marineaux, StMy: 2C4
Clos des Marions, Tr: 3C2
Clos des Masses, Tr: 7A4
Clos des Maugers, StS: 7D3
Clos des Mielles (2), StC: 10D1
Clos des Mielles, StC: 10D3
Clos des Moines, StS: 7D1
Clos des Montais (2), StP: 5B4
Clos des Monts (2), StL: 6B4
Clos des Monts, Gr: 10D2
Clos des Monts, StB: 9A2
Clos des Monts, StC: 10D2
Clos des Monts, StS: 10A2
Clos des Moraines, StL: 2D4
Clos des Mores, Gr: 11A1
Clos des Moutures, StL: 6D2
Clos des Moutures, StO: 1C2
Clos des Murs, StH: 7B3
Clos des Nées, Tr: 7A2
Clos des Nettes Terres, StS: 7D2
Clos des Nettes Terres, Tr: 3C1
Clos des Nettes Terres et Clos de la Ruette, StMa: 4B3
Clos des Neuf Courtils, StO: 1B3
Clos des Noués, StO: 1A3
Clos des Nouettes de l'Ouest, Tr: 3C2
Clos des Pallières, StO: 1B3
Clos des Pallières, StO: 1A4
Clos des Parisies, StMy: 2C2
Clos des Parties, Tr: 3C4
Clos des Pauvres (2), StB: 9A1
Clos des Pauvres (2), StL: 2D4
Clos des Pauvres (2), StO: 1B3
Clos des Pauvres (2), Tr: 7A4
Clos des Pauvres, Gr: 11C1
Clos des Pauvres, StC: 10D2
Clos des Pauvres, StC: 11C1
Clos des Pauvres, StC: 11C2
Clos des Pauvres, StH: 7C1
Clos des Pauvres, StH: 7C2
Clos des Pauvres, StL: 6B4
Clos des Pauvres, StL: 6C2
Clos des Pauvres, StL: 6D1
Clos des Pauvres, StMa: 4C2
Clos des Pauvres, StMa: 4C4
Clos des Pauvres, StMy: 2A4

Clos des Pauvres, StO: 1D4
Clos des Pauvres, StP: 5B3
Clos des Pauvres, StS: 10A2
Clos des Pauvres, StS: 10B1
Clos des Pauvres, StS: 7D1
Clos des Pauvres (Don Gruchy), StJ: 2D2
Clos des Pauvres (Don Gruchy), StMa: 4C4
Clos des Pauvres et La Pièce des Côtils, StO: 5B4
Clos des Pauvres Le Don Gruchy, StMy: 2C2
Clos des Pelles, StB: 8A4
Clos des Pelles, StMa: 4A3
Clos des Pelles, StO: 1D2
Clos des Pelles, Tr: 3D3
Clos des Pelles, Tr: 7A2
Clos des Peseries, Tr: 7C2
Clos des Petits, StO: 1A4
Clos des Philipins, StP: 2C3
Clos des Pièces, StS: 7D3
Clos des Pièces (Don Gruchy), StO: 5B1
Clos des Pierres (2), Tr: 3C2
Clos des Pierres, StJ: 7A1
Clos des Pigeons, StL: 6B4
Clos des Pigneaux, StS: 10B1
Clos des Pins (2), StMa: 4C4
Clos des Poiriers, Gr: 10D2
Clos des Pommiers, StS: 10A4
Clos des Prés, Gr: 10B3
Clos des Prés, StMa: 3D4
Clos des Prêtres, StMy: 2A4
Clos des Quatre Carrefour, StMa: 4A4
Clos des Raulx Pains, StH: 6D4
Clos des Reboursies, StB: 6C3
Clos des Rés, StL: 2D4
Clos des Reuses, StMy: 2A3
Clos des Reuses, StMy: 2A4
Clos des Rimarches, StO: 1D4
Clos des Rocquedières, Gr: 10B4
Clos des Rocquettes, Gr: 10B4
Clos des Rocquettes, Tr: 3C3
Clos des Ronces, Gr: 11A1
Clos des Ronces, StH: 6D4
Clos des Ronces, StJ: 2B3
Clos des Ronciers, Gr: 10D2
Clos des Rondins, StB: 9A1
Clos des Rosées, Gr: 11A4
Clos des Rosées, StJ: 2D4
Clos des Rouges Camps et Pepinière, StMa: 3D4
Clos des Ruelles, StO: 1D4
Clos des Ruelles, StP: 6C3
Clos des Rues, StL: 6B1
Clos des Rues, StP: 6C2
Clos des Rués, StO: 1D1
Clos des Ruettes, StMa: 4C3
Clos des Ruettes, StO: 1D3
Clos des Sables, StB: 8B2
Clos des Sablons et Bout de Chien, StH: 10A1
Clos des Sapins, StO: 1C2
Clos des Sapins, StP: 6C4
Clos des Sapins, Tr: 3A4
Clos des Settaux, Tr: 3C4
Clos des Silleries (3), Gr: 10D2
Clos des Silleries, StC: 10D2
Clos des Six Rues, StL: 6B1
Clos des Sous le Val, StS: 10B1
Clos des Torres, StC: 10D2
Clos des Touffes, StJ: 2B1
Clos des Tours, StB: 9A4
Clos des Trappes, StL: 6B2
Clos des Traversins, StS: 10B3
Clos des Trois Cornières, StMa: 7B4
Clos des Vallées, StJ: 2D2
Clos des Vallées, StJ: 7A1
Clos des Varines, StMa: 4A3
Clos des Vaux, Gr: 11C1
Clos des Vaux, StMy: 2A4
Clos des Vaux, StS: 7D1

103

Clos des Vaux, Tr: 7A2
Clos des Vaux Bougiers, StP: 6A4
Clos des Vaux et Clos à l'Âne, StP: 6C3
Clos des Vaux Rougiers, StP: 6A4
Clos des Veaux, StS: 10B2
Clos des Verclins de Haut et la Hurette, StMa: 4D3
Clos des Veuves, StMa: 4B3
Clos des Veuves, StMa: 4C2
Clos des Vieilles, StJ: 2A4
Clos des Vieillottes, Tr: 7D1
Clos des Viviers, StL: 6B2
Clos Désées (2), StP: 6A2
Clos Deslandes, StS: 7D2
Clos d'Esnouf, Tr: 7B3
Clos d'Esther, StS: 10A4
Clos d'Estienne, StB: 5D4
Clos d'Eustin, StS: 7D3
Clos Devant, StJ: 2A4
Clos Diélament, Tr: 7B1
Clos d'Ingouville, Tr: 3C3
Clos d'Isaac Hamon, StB: 9A1
Clos d'Offices, StMy: 2C4
Clos Dolbel, StL: 2D4
Clos d'Olive (3), StMy: 2C2
Clos d'Olive, StMy: 2A4
Clos d'Olives, StJ: 3C1
Clos d'Or, Tr: 7A4
Clos d'Oran, Tr: 7A4
Clos Doré, StS: 7D1
Clos Dorey (2), Tr: 3C3
Clos Dorey, StMy: 6A1
Clos Dorey, StO: 5B1
Clos Dorey, StS: 7D3
Clos d'Py, StO: 1D1
Clos d'Tassi, StH: 7C2
Clos du Bailli, StB: 9A3
Clos du Bailli, StJ: 2B4
Clos du Bailli, Tr: 7B3
Clos du Bailly, StMa: 7D2
Clos du Bailly, StP: 6C4
Clos du Banquet, StJ: 2B4
Clos du Baril, Tr: 7B3
Clos du Batelage, StMy: 2A3
Clos du Becquet, StB: 8B2
Clos du Becquet, StO: 1A2
Clos du Becquet, StP: 6A1
Clos du Becquet, Tr: 3D3
Clos du Bénéfice, StH: 10A2
Clos du Bênit, StB: 8B3
Clos du Blanc Pignon, StB: 6C4
Clos du Bois, StB: 5D4
Clos du Bois, StP: 6A4
Clos du Bosquet (2), StO: 5B2
Clos du Bouillon (2), StL: 6D2
Clos du Bouillon (2), StP: 6C3
Clos du Bouillon, StJ: 2B3
Clos du Bouillon, StMa: 4C3
Clos du Bouillon, StO: 1D3
Clos du Bourg, Gr: 10B2
Clos du Bourg, StC: 10D2
Clos du Bout, StP: 5B4
Clos du Bout, StP: 6C3
Clos du Bout de la Chasse (2), StL: 6D1
Clos du Bout de la Chasse, StO: 1C4
Clos du Bout de la Rue, StO: 1D1
Clos du Bout des Alleurs, Gr: 11A3
Clos du Breton, StO: 1A4
Clos du Breton, StO: 1C2
Clos du Breton, StO: 1D1
Clos du Breton, Tr: 3C4
Clos du Breton, Tr: 3D4
Clos du Breton, Tr: 7A4
Clos du Brocq, StO: 1D4
Clos du Brocq, StP: 6A3
Clos du Broudre, StO: 1D1
Clos du Brouillard, StMa: 4C1
Clos du Brun, StH: 7C2
Clos du Bu de la Rue, StL: 6B4
Clos du Buisson, StL: 6D3

Clos du Buisson, StO: 1A4
Clos du Buisson, Tr: 7B1
Clos du Bunker, StP: 6A2
Clos du Burron, StJ: 2B4
Clos du But, StO: 5B4
Clos du Cannevière, StS: 7B4
Clos du Carrefour, StJ: 2D3
Clos du Carrefour, StMy: 2C1
Clos du Carrefour, StP: 6A2
Clos du Cerf, StMy: 2C4
Clos du Cerf, StO: 1D1
Clos du Cerf, StO: 2C3
Clos du Champ, Gr: 11C1
Clos du Chasseur, StL: 6B4
Clos du Chemin, StP: 6C2
Clos du Chêne, StJ: 2D2
Clos du Chêne, StS: 7B4
Clos du Chére, StO: 1D1
Clos du Chicane, StB: 9A4
Clos du Cimitière, Gr: 10B2
Clos du Cocq, Gr: 11C2
Clos du Coin (2), StB: 9A1
Clos du Coin, StC: 10D3
Clos du Coin, StO: 5B2
Clos du Conte, StO: 1D4
Clos du Corneille, StO: 1D1
Clos du Cosnet, StJ: 2D2
Clos du Cosnet, StP: 1D4
Clos du Cosnet, StP: 2C3
Clos du Cosnet, Tr: 3C1
Clos du Côtil, StB: 6C4
Clos du Cougnard, StMa: 7B4
Clos du Courtil, StMy: 2C2
Clos du Cras (2), StO: 1D4
Clos du Cras, StB: 9A1
Clos du Creux Baillot, StO: 1D2
Clos du Derrière, StL: 6D1
Clos du Docteur, StB: 9A2
Clos du Douaire (2), StMy: 2C4
Clos du Douaire et Grand Clos, StL: 2D3
Clos du Douet (2), StMy: 2C4
Clos du Douet, StJ: 2D2
Clos du Douet, Tr: 7B1
Clos du Feu, StC: 11C2
Clos du Four, StL: 2D4
Clos du Franc Fief, StJ: 3C1
Clos du Fresne (2), StL: 6B2
Clos du Girot, StO: 1B3
Clos du Got, StMy: 6A2
Clos du Grais, StMy: 2A4
Clos du Greffe, StMy: 2A4
Clos du Grossier, StMy: 2C3
Clos du Guérais, StL: 6D2
Clos du Guerdain, StL: 6D2
Clos du Guet, StC: 10D3
Clos du Hardi, StL: 2D4
Clos du Haut, Gr: 11C2
Clos du Haut, StMy: 6A2
Clos du Haut du Milieu, StH: 6D4
Clos du Haut du Mont, StO: 1C1
Clos du Heaume, StO: 5B1
Clos du Hecq, StP: 6A1
Clos du Hogard (2), StJ: 2B3
Clos du Hôgard, StL: 2D3
Clos du Hôgard, StMa: 4C1
Clos du Hogard et Pepinière, StJ: 7A1
Clos du Hooper, StMa: 7D2
Clos du Houguillon, StL: 6B4
Clos du Houguillon, Tr: 7B1
Clos du Hugh, StJ: 2D1
Clos du Hurel, StMy: 2C1
Clos du Jardin (2), StP: 6A1
Clos du Jardin, StP: 6C4
Clos du Jardin de Radier, Gr: 10B4
Clos du Jardin de Radire, Gr: 11C2
Clos du Jean de Colard, Tr: 3C4
Clos du la Bras, Tr: 7A4
Clos du Large, StO: 1A4
Clos du le Ménage, StO: 1A4
Clos du Maistre (2), StMy: 2C4

Clos du Maistre, StL: 6C2
Clos du Maistre, StMy: 6A2
Clos du Maistre, StS: 7D3
Clos du Maître, StMy: 2C4
Clos du Maître, StP: 6A1
Clos du Malin Tourne, StL: 6B3
Clos du Manoir (2), StMy: 2C1
Clos du Manoir, StJ: 2B3
Clos du Marais (2), StB: 8B3
Clos du Marais (4), StO: 1D3
Clos du Marais, StP: 2C3
Clos du Marais, StS: 7B4
Clos du Marinel de l'est, StJ: 2D2
Clos du Marinel de l'ouest, StJ: 2D2
Clos du Marquand, StO: 1D4
Clos du Masurier, Tr: 3D3
Clos du Menàge, StB: 8A4
Clos du Ménage (2), StJ: 2D1
Clos du Ménage (2), StMa: 4C2
Clos du Ménage (2), StMy: 2C4
Clos du Ménage (2), StMy: 2D1
Clos du Ménage (2), StMy: 6A2
Clos du Ménage (2), StO: 1B3
Clos du Ménage (2), StO: 1C2
Clos du Ménage (2), StO: 5B1
Clos du Ménage (2), StP: 5B4
Clos du Ménage (3), StB: 6C3
Clos du Ménage (3), StB: 9A1
Clos du Ménage (3), StMy: 2C2
Clos du Ménage (3), StO: 1D2
Clos du Ménage (3), StO: 1D4
Clos du Ménage (3), StP: 6A1
Clos du Ménage (3), Tr: 3C2
Clos du Ménage (3), Tr: 7B1
Clos du Ménage (4), StO: 1D1
Clos du Ménage (4), StO: 5B2
Clos du Ménage (8), StO: 1A4
Clos du Ménage, StB: 8B3
Clos du Ménage, StB: 9A2
Clos du Ménage, StH: 7C1
Clos du Ménage, StJ: 2B3
Clos du Ménage, StJ: 2B4
Clos du Ménage, StJ: 2C2
Clos du Ménage, StL: 2D3
Clos du Ménage, StL: 6A2
Clos du Ménage, StL: 6B1
Clos du Ménage, StL: 6B2
Clos du Ménage, StL: 6C2
Clos du Ménage, StL: 6D1
Clos du Ménage, StMy: 2A4
Clos du Ménage, StMy: 2C1
Clos du Ménage, StMy: 2C3
Clos du Ménage, StO: 1A3
Clos du Ménage, StO: 1D3
Clos du Ménage, StO: 2C1
Clos du Ménage, StO: 5B4
Clos du Ménage, StP: 2C3
Clos du Ménage, StP: 6C4
Clos du Ménage, Tr: 3D1
Clos du Ménage, Tr: 7C2
Clos du Ménage de Vinchelez, StO: 1B3
Clos du Ménage est, StO: 1B3
Clos du Ménage et Clos de la Pierre, StMy: 2C2
Clos du Ménage et de Devant, StMy: 2C2
Clos du Ménage et de la Maison, StJ: 2B3
Clos du Ménage et de la Maison, StO: 1D4
Clos du Ménage et de Samarès, StH: 7B3
Clos du Ménage et Grand Clos, StO: 1D4
Clos du Ménage et Pepinière, StMy: 2C4
Clos du Ménage ouest, StO: 1B3
Clos du Messervy, StMa: 7B2
Clos du Meurier, StJ: 2A4
Clos du Midi, StP: 1D4
Clos du Midi, StP: 2C3
Clos du Midi, Tr: 3D3
Clos du Miieu, StJ: 2D2
Clos du Milieu (2), StJ: 2D3
Clos du Milieu (2), StMy: 2C2
Clos du Milieu (2), Tr: 3C4

Clos du Milieu (3), StL: 2D3
Clos du Milieu, StB: 5D4
Clos du Milieu, StC: 11C1
Clos du Milieu, StH: 7B3
Clos du Milieu, StH: 7C1
Clos du Milieu, StJ: 2B4
Clos du Milieu, StJ: 2D1
Clos du Milieu, StJ: 2D4
Clos du Milieu, StJ: 7A1
Clos du Milieu, StL: 6B3
Clos du Milieu, StMy: 2C1
Clos du Milieu, StO: 1B3
Clos du Milieu, StO: 1C2
Clos du Milieu, StO: 1D2
Clos du Milieu, StO: 5B2
Clos du Milieu, StP: 2C3
Clos du Milieu, StP: 6A1
Clos du Milieu, StP: 6C3
Clos du Milieu, Tr: 3D3
Clos du Milieu, Tr: 7B3
Clos du Milieu des Fougères de Payn, StL: 2D3
Clos du Milieu ou de l'Eglise, StMy: 2C1
Clos du Miliey, StO: 1D4
Clos du Miliey et de Devant, StO: 1D1
Clos du Milin, StMy: 2A4
Clos du Moigne, StH: 6D2
Clos du Moigne, StMa: 3D4
Clos du Moine, StJ: 3C3
Clos du Moint Pellé, StH: 10A1
Clos du Monsieur, StMa: 4C4
Clos du Monsieur, Tr: 3C1
Clos du Mont Arthur, StB: 9A3
Clos du Mont au Monnier, StL: 6B1
Clos du Mont Capel, StO: 1D2
Clos du Mont de Huë, StO: 1B3
Clos du Mont de la Rocque, StB: 9A1
Clos du Mont des Vignes, StS: 4C3
Clos du Mont ès Naux, StS: 10B4
Clos du Mont et de Mourant, Gr: 10B4
Clos du Mont Gavey, StL: 6B2
Clos du Mont Mado, StMy: 2A4
Clos du Mont Ubé (2), StC: 10D1
Clos du Montais, StO: 1A4
Clos du Montais, StO: 1D4
Clos du Moquet, StMy: 2A3
Clos du Motier, StMy: 2A3
Clos du Motier, StO: 5B2
Clos du Motier Nord, StMy: 2C1
Clos du Motier Sud, StMy: 2C1
Clos du Mottier, StJ: 2B4
Clos du Moulin (2), StMa: 4A3
Clos du Moulin (2), StO: 5B1
Clos du Moulin (2), StP: 2C3
Clos du Moulin, Gr: 10B4
Clos du Moulin, Gr: 11A4
Clos du Moulin, StL: 6B2
Clos du Moulin, StL: 6D1
Clos du Moulin, StL: 6D3
Clos du Moulin, StMy: 2C1
Clos du Moulin, StO: 1B3
Clos du Moulin, StO: 1D1
Clos du Moulin, StS: 7D1
Clos du Moulin à Vent, Gr: 11C1
Clos du Moulin de Drouet, StO: 1D2
Clos du Mourier, StL: 6D1
Clos du Noiron, StP: 2C3
Clos du Noiron Sud, StMy: 2C3
Clos du Nord (2), StJ: 2B4
Clos du Nord (2), Tr: 3C2
Clos du Nord (4), StJ: 2B3
Clos du Nord, StB: 8B2
Clos du Nord, StB: 8B3
Clos du Nord, StJ: 2B1
Clos du Nord, StJ: 2D1
Clos du Nord, StJ: 2D2
Clos du Nord, StJ: 3C3
Clos du Nord, StJ: 7A1
Clos du Nord, StMa: 7B4
Clos du Nord, StMy: 1B4

Clos du Nord, StO: 1C4
Clos du Nord, StO: 5B1
Clos du Nord, StP: 5B4
Clos du Nord, StP: 6C2
Clos du Nord, Tr: 3D2
Clos du Nord, Tr: 3D3
Clos du Nord de St Samson, StB: 5D4
Clos du Nord du Vert Chemin dans les Tippes, StP: 5B3
Clos du Nord et Clos de Devant, StL: 2D3
Clos du Nord Lande Pinel, StJ: 2B4
Clos du Nord-Ouest, StP: 5D2
Clos du Panigot, StP: 6A2
Clos du Paradis, StH: 10A2
Clos du Paradis, StS: 7D4
Clos du Parcq, Gr: 11C2
Clos du Parcq, StB: 9A1
Clos du Parcq, StH: 7C1
Clos du Parcq, StL: 2D3
Clos du Parcq, StO: 1D1
Clos du Parcq de l'Ouest, Tr: 7B3
Clos du Parcq et Clos de Messervy, StMa: 4C4
Clos du Parish Hall, StL: 6B3
Clos du Parq, StMy: 2C4
Clos du Passage (2), Gr: 11C2
Clos du Perrier, StL: 6D1
Clos du Petit, StO: 1A4
Clos du Petit Fort, StO: 1C4
Clos du Pignon (2), StB: 8A4
Clos du Pignon (2), StP: 6C1
Clos du Pignon, StB: 6C3
Clos du Pignon, StJ: 2D2
Clos du Pignon, StP: 6C4
Clos du Pignon, Tr: 7A1
Clos du Pignon, Tr: 7B3
Clos du Pissot, StP: 6A2
Clos du Plémont, StO: 1A2
Clos du Poinier, Gr: 10D2
Clos du Poirier, StL: 6B3
Clos du Poivre, Tr: 3D3
Clos du Pont, StJ: 2D1
Clos du Pont, StO: 5B4
Clos du Pont, StP: 6C1
Clos du Pont, StS: 7B4
Clos du Potage, Gr: 10B2
Clos du Potigare, StP: 6A3
Clos du Potiron, StMy: 2C4
Clos du Poulin, Tr: 7B1
Clos du Pré, StJ: 2D2
Clos du Pré`, StJ: 2D2
Clos du Presbytère, StP: 6A3
Clos du Presbytère, Tr: 3C4
Clos du Prêtre, StH: 7C3
Clos du Prêtre, StL: 2D4
Clos du Prêtre, Tr: 3C1
Clos du Puis, Tr: 7A4
Clos du Puits, Gr: 10D2
Clos du Puits, StB: 6C3
Clos du Puits, StH: 7C2
Clos du Puits, StJ: 2B4
Clos du Puits, StMa: 4A4
Clos du Puits, StO: 1C2
Clos du Puits, StO: 1D2
Clos du Puits, StP: 6A1
Clos du Puits, Tr: 3A4
Clos du Puits, Tr: 3C2
Clos du Puits, Tr: 3D3
Clos du Quasne, StO: 1B3
Clos du Quêne, StS: 7B4
Clos du Rast, StMa: 3D4
Clos du Ray (2), StJ: 2B1
Clos du Ray, Gr: 11A2
Clos du Ray, StB: 9A1
Clos du Ray, StH: 6D2
Clos du Ray, StH: 7C1
Clos du Ray, StL: 2D4
Clos du Ray, StL: 6D1
Clos du Ray, StMa: 4C1
Clos du Ray, StMa: 7B4

Clos du Ray, StMy: 2C2
Clos du Rocher, StB: 5D4
Clos du Rocquier, StC: 10D2
Clos du Rocquier, Tr: 3C4
Clos du Rocquier de Bas, Tr: 3C4
Clos du Romeril, Tr: 7B3
Clos du Roncherex, StB: 5D4
Clos du Roncier, StC: 10B4
Clos du Roncier, StC: 10D2
Clos du Rondin, StH: 7C1
Clos du Rondin, StMy: 2C1
Clos du Saloir, StMa: 3D4
Clos du Saut Falluet, StP: 5D4
Clos du Saut Falluet, StP: 6C3
Clos du Schai, StC: 10D3
Clos du Sèigle, StS: 11A1
Clos du Seigneur, StJ: 2D4
Clos du Seigneur, StO: 5B3
Clos du Seigneur et Clos du Ménage, StMy: 2C3
Clos du Sergeant, StMa: 7B4
Clos du Sergent, StMa: 7B4
Clos du Signal, StB: 9A3
Clos du Sommier, Gr: 11C4
Clos du Sommier, StL: 6B3
Clos du Sud (2), StS: 10B3
Clos du Sud, Gr: 10B2
Clos du Sud, Gr: 10B4
Clos du Sud, StB: 8B2
Clos du Sud, StC: 11C1
Clos du Sud, StJ: 2A4
Clos du Sud, StJ: 2B3
Clos du Sud, StJ: 2D1
Clos du Sud, StO: 5B1
Clos du Sud, StP: 5D1
Clos du Sud, StP: 6C2
Clos du Sud, Tr: 3C4
Clos du Sud, Tr: 3D2
Clos du Sud de l'Ouest, Gr: 11C2
Clos du Sud- Ouest, Gr: 11A3
Clos du Tambour, StO: 1D4
Clos du Tas de Géon, Tr: 3C2
Clos du Telegraphe, StP: 6A1
Clos du Trésor, StB: 6C4
Clos du Trot, StL: 6B3
Clos du Trot, Le Long Champ et Jardin à Pommiers, StL: 6B3
Clos du Val (2), Gr: 11A1
Clos du Val, StL: 6B1
Clos du Val au Bel, StP: 6A1
Clos du Val au Chasteaux de Cedeman, Tr: 7B1
Clos du Val Chêne, StMy: 2C1
Clos du Val la Voi, StB: 9A1
Clos du Val Macié et Le Clos de Fortune, StC: 10D2
Clos du Vallon, StMy: 2A4
Clos du Vallon, StMy: 2C1
Clos du Vau Tocque, StB: 9A3
Clos du Vavasseur, StB: 5D4
Clos du Vazon, StP: 6A4
Clos du Vert Chemin, StH: 7C3
Clos du Vert Chemin, StP: 5D1
Clos du Vicart, Tr: 3D1
Clos du Vicomte (2), StO: 1D4
Clos du Viellard, StMa: 3D4
Clos du Viellard, StS: 10A2
Clos du Vivier, StB: 6C3
Clos du Vivier, StB: 9C4
Clos Dumaresq, StB: 8B1
Clos Dumaresq, StB: 8B3
Clos Dumaresq, Tr: 3C1
Clos Durell, Tr: 3C4
Clos Durell, Tr: 7A4
Clos Duret, StB: 9A1
Clos Dutot (2), Gr: 10B2
Clos Edouard, Tr: 7A2
Clos Elizabeth, StJ: 2B3
Clos Épinette, StS: 7B3
Clos ès Alleés, Tr: 3C2

105

Clos ès Boeufs, StP: 6A1
Clos ès Breton, Tr: 7D1
Clos ès Camps, StP: 6A4
Clos ès Corvées, StS: 4C3
Clos ès Feuvres, StO: 5B1
Clos ès Luce, StO: 1D4
Clos ès Mottes, StS: 7D2
Clos ès Mourants, Gr: 11A1
Clos ès Sapins, StS: 7D2
Clos Esnouf, StH: 6D2
Clos Esnouf, StL: 6D1
Clos Esnouf, StP: 5D2
Clos Esther le Gallais, StH: 10A4
Clos et Côtil du Désert, StL: 6B4
Clos Étienne, StB: 5D4
Clos Faineaux, StP: 6C1
Clos Faldouet, StMa: 4C3
Clos Falle, Gr: 11A2
Clos Falle, StMa: 7B2
Clos Falle, StMy: 2C4
Clos Falle, StMy: 6A2
Clos Falle, StP: 5B2
Clos Fallu (2), StMa: 7B2
Clos Fallu, StO: 5B2
Clos Fauvel, Gr: 11A1
Clos Fauvel, StC: 10D1
Clos Feuvre (2), StO: 1A4
Clos Feuvre, Gr: 11A1
Clos Feuvre, StMy: 2C4
Clos Feuvre, StO: 1D4
Clos Feuvre, StP: 6A1
Clos Fils Thomas, StJ: 2B3
Clos Fondan, StC: 10D3
Clos Fondan, StO: 1D1
Clos Fortin, StMa: 7B2
Clos Fournay, Tr: 3D3
Clos François, Gr: 10B4
Clos François, StJ: 3C3
Clos François et Clos du Moine, StJ: 3C3
Clos Frémis, StP: 5B4
Clos Frère (2), StJ: 2B4
Clos Gabeldu, StL: 6B1
Clos Gallichan (2), StMa: 4C2
Clos Gallichan, StP: 6C3
Clos Gallichan, Tr: 3C1
Clos Gallichan, Tr: 3C2
Clos Gallie, Tr: 7B1
Clos Gasnier, StO: 1D1
Clos Gaudin de Devant, StH: 7B3
Clos Gavey, StJ: 2B4
Clos Gavey, StS: 10B3
Clos Genest, StJ: 2B3
Clos Gentil, StS: 7D4
Clos George, Tr: 3D1
Clos Germain, StMa: 4C3
Clos Gervaise, StB: 5D4
Clos Gibaut, StB: 9A1
Clos Gibaut, Tr: 3C1
Clos Giffard, StP: 6C3
Clos Giffard, Tr: 3C2
Clos Giffard, Tr: 3C4
Clos Giot, StP: 6C1
Clos Gobre (2), StO: 1B3
Clos Gras, StL: 6C2
Clos Grault, Gr: 10D2
Clos Gresley, StO: 1D3
Clos Gresley, Tr: 3D4
Clos Gros, StMa: 4C3
Clos Gruchy (2), Tr: 7A2
Clos Grue, StMa: 4C3
Clos Guernsey, StMy: 2A3
Clos Hacquoil (2), StO: 1B3
Clos Hacquoil, StO: 1A4
Clos Hacquoil, StO: 1D4
Clos Hamon, StJ: 2D4
Clos Hamon, StP: 6C4
Clos Hamon, StS: 10B3
Clos Hamon et Clos de Ménage, StP: 6A4
Clos Hamptonne, StL: 6C2
Clos Hardi (2), StJ: 2D1

Clos Hâtain, StP: 6A2
Clos Hâtivel, StO: 5B1
Clos Hatto, StO: 1D1
Clos Helleur, StB: 6C3
Clos Henri, StL: 6B2
Clos Herivel (3), StO: 1D3
Clos Herivel, StO: 1C2
Clos Héron, StL: 2D3
Clos Hillion, StH: 6D4
Clos Hollandais, Tr: 7B3
Clos Horman, StL: 6D1
Clos Hors de la Ville (2), StO: 1A4
Clos Hors de la Ville Romain Renouf, StO: 1A4
Clos Hougette, StMa: 4A3
Clos Houguette, StL: 6B2
Clos Hubert, StO: 5B1
Clos Huelin, StL: 6B3
Clos Huelin, StO: 1A4
Clos Huelin, StP: 5B4
Clos Huet, StMa: 3D4
Clos Hughe Yolom, StS: 10B1
Clos Jacques, StJ: 2D2
Clos Jacques, StMa: 4C4
Clos Jacques, StO: 1C2
Clos Jacques, StP: 5B2
Clos Jacques, StP: 6A3
Clos Jacquet, StB: 9A1
Clos Jarret, StJ: 3C3
Clos Jean, StMy: 2C2
Clos Jean Gruchy, StP: 6A1
Clos Jean Noé, StMa: 4A3
Clos Jean Roze, StP: 6A4
Clos Jeandron, StMa: 4C1
Clos Jeanne, StC: 10D2
Clos Jeanne et la Pièce Gibaut, StJ: 2B3
Clos Jehan, StB: 8D1
Clos Jehan, StL: 6A4
Clos Jehan, StO: 1D3
Clos Jehan, StP: 5B4
Clos Jéhan, StB: 8B3
Clos Jehannet, Tr: 3C2
Clos Jenkins, StL: 6B1
Clos Jervais Renouf, StMy: 2C4
Clos Joli (2), StO: 1A4
Clos Journeaux, StMa: 4C1
Clos Journeaux, StMa: 7B4
Clos Julien, StO: 1D3
Clos Jutize, Gr: 11A3
Clos la Rue, StH: 7C1
Clos l'Abri, StJ: 3C3
Clos Lael, StMy: 2C2
Clos l'Amy (2), StC: 10D2
Clos Langlois, StP: 5D3
Clos l'Anne, StP: 6C3
Clos Laurens, StMa: 4C3
Clos le Couteur, StB: 9A1
Clos le Marquand, StMa: 7B2
Clos le Marquand, Tr: 7D3
Clos le Mottée, StJ: 2D1
Clos le Quesnel, StB: 5D4
Clos le Taillis, StMa: 7B2
Clos Leonard Maresq, StJ: 3C1
Clos Lesbirel, StMy: 2A3
Clos l'Étoquet du Sud, StO: 1D1
Clos Lucas, StO: 1B3
Clos Luce (3), StP: 5D1
Clos Luce de Bas (2), StMy: 2C4
Clos Luce de Haut (2), StMy: 2C4
Clos Mabel de Caen, StP: 6C3
Clos Machon, StJ: 2B1
Clos Machon, StJ: 3A3
Clos Machon, StMa: 4A3
Clos Machon, StMa: 4A4
Clos Maci, StS: 7D4
Clos Macié, StS: 7D4
Clos Madeleine (2), StO: 1A4
Clos Magdoiain, StO: 1A4
Clos Mahaut, StJ: 3A3
Clos Mahaut, StL: 6B3

Clos Mahaut, StO: 1D4
Clos Mahier, StO: 1D2
Clos Maistre, StMy: 6A2
Clos Malerchi, Gr: 7D4
Clos Mallet, StJ: 2B3
Clos Mallet, StMa: 4C3
Clos Mallo, StL: 6B2
Clos Mano, StMa: 7B2
Clos Manquais, StS: 10B2
Clos Marée, StL: 6B1
Clos Mares, StMa: 4A4
Clos Maresq, StJ: 3C1
Clos Maresq, StP: 2C3
Clos Maresques, StP: 6C3
Clos Maret, StJ: 2B3
Clos Maret, Tr: 7C2
Clos Marett, StB: 9A2
Clos Marett, StMa: 7B4
Clos Marett, Tr: 3D3
Clos Marett et du Ménage, StJ: 2B3
Clos Marette, StC: 10D1
Clos Marette, StC: 10D3
Clos Marette, StP: 6C1
Clos Marquand, StO: 1D2
Clos Marquet et les Madocques, StB: 5D4
Clos Marrett, StP: 2C3
Clos Martel, StMa: 4C3
Clos Martin (2), StMy: 2C1
Clos Martin, StH: 7C3
Clos Martin, StL: 2D3
Clos Martin, StMa: 4C2
Clos Masurier, StJ: 3C3
Clos Mathieu, StP: 5B2
Clos Matthieu, StP: 6C1
Clos Mattingley, StC: 10D2
Clos Mauger, StL: 6B3
Clos Mauger, StO: 1C2
Clos Mauqier (2), StJ: 2B4
Clos Melville, Tr: 7B3
Clos Messervy, Gr: 10D2
Clos Messervy, StJ: 7A1
Clos Messervy, StMa: 7B2
Clos Messervy, StS: 10B3
Clos Messervy, Tr: 3C1
Clos Michand, StJ: 2B4
Clos Michel, StH: 6D2
Clos Michel, StO: 1A4
Clos Michel, StS: 10B3
Clos Michel, Tr: 3C2
Clos Michel, Tr: 7A2
Clos Millais, StMy: 2C1
Clos Millais, StO: 1C2
Clos Millions, StB: 8B2
Clos Moesau, StMa: 7B2
Clos Moignan, StMy: 2A4
Clos Mollet, StC: 10D1
Clos Monsieur Swan, StP: 5B4
Clos Morin, StJ: 2D2
Clos Mortier, StJ: 2B4
Clos Mottée, StJ: 3C1
Clos Moulin, StC: 11C1
Clos Murphy, StS: 7D3
Clos Nicholas, StL: 6B1
Clos Nicolas, StO: 1A4
Clos Nicolas Heaume, StO: 1D1
Clos Nicolas Robert, StMy: 2C1
Clos Nicolle (2), StL: 6B4
Clos Nicolle, Gr: 11A1
Clos Nicolle, StH: 7C1
Clos Nicolle, StJ: 3A3
Clos Nicolle, Tr: 3C2
Clos Nicolle, Tr: 7A4
Clos Nicolle de Bas, StMa: 4A3
Clos Nicolle de Haut, StMa: 4A3
Clos Noel, Tr: 3D3
Clos Noir Godin, StO: 1B1
Clos Noirmont, StH: 7B3
Clos Nord-est, StJ: 2B3
Clos Orange (2), StP: 6C1
Clos Orange, StB: 8B1

Clos Orange, StL: 6A4
Clos Painglaux, StB: 8A4
Clos Pallot, Gr: 11C4
Clos Pance, StO: 1D3
Clos Paul, StMa: 4C2
Clos Paul, StMy: 6A2
Clos Paumelle, StS: 7D3
Clos Payn, StMa: 11A2
Clos Payn, StMa: 4C1
Clos Payn, StMa: 7B4
Clos Payn, StP: 6C1
Clos Payn, StP: 6C4
Clos Payn, StS: 10B2
Clos Pelles, Tr: 7B1
Clos Pendant, Tr: 7B1
Clos Perchard, StMa: 4C2
Clos Perée, StS: 7B4
Clos Perrée, StO: 1C1
Clos Perrou, StL: 2D3
Clos Pesnel, StL: 2D3
Clos Picard, StMy: 2C2
Clos Picot, Tr: 3C2
Clos Picot, Tr: 3C3
Clos Picot, Tr: 3D4
Clos Picot, Tr: 7A2
Clos Pierre Hacquoil, StO: 1B3
Clos Pierre le Gresley, StO: 1B3
Clos Pierre Puté, StJ: 3A3
Clos Pigneaux, StP: 5D1
Clos Pinel (2), StMy: 2C2
Clos Pinel, StJ: 3C1
Clos Pipon (2), StB: 8B3
Clos Pipon, StB: 9A1
Clos Pipon, StB: 9A2
Clos Pipon, StO: 1D4
Clos Pipon, StP: 1D4
Clos Piquet, StP: 6C1
Clos Piquet, StP: 6C3
Clos Pisot, StB: 8B4
Clos Pitons, StB: 8B3
Clos Plaine, StH: 7C1
Clos Poigdestre, StS: 7D2
Clos Poingdestre, StMa: 7B2
Clos Poingdestre, StS: 10B2
Clos Poirier, Tr: 3C1
Clos Pol, Tr: 3C2
Clos Pont Marquet, StB: 8B2
Clos Ponterrin, Tr: 7B3
Clos Porion, StJ: 2B1
Clos Prastoire, Tr: 3C2
Clos Prastoure, Tr: 3C2
Clos Prêtre, StH: 7C4
Clos Priaulx, StO: 5B2
Clos Prochain, StP: 5B4
Clos Quenault, StS: 7D2
Clos Querée, Tr: 7B1
Clos Quesne, StJ: 2B3
Clos Quetteville, StMa: 7B2
Clos Rachel, StC: 10D3
Clos Raulin, StB: 6C3
Clos Raulin, StO: 5B4
Clos Raulin, Tr: 7B1
Clos Rault, StH: 7C1
Clos Remon (2), StL: 2D3
Clos Remon, StJ: 2D1
Clos Renault de Haut et Bas, StJ: 7A1
Clos Renouf (2), StJ: 2B3
Clos Renouf, StB: 8A4
Clos Renouf, StL: 6B1
Clos Renouf, StP: 6A2
Clos Ricard et Vavasseur, StB: 5D4
Clos Richard, StS: 7D1
Clos Richard, Tr: 7B1
Clos Robert, StJ: 2B4
Clos Robert, StMy: 2C1
Clos Robert, StO: 1B3
Clos Robin (2), StB: 9A1
Clos Robin, StO: 1A4
Clos Robin, StO: 5B2
Clos Romeril, StJ: 3C3

Clos Romeril, StO: 2C1
Clos Roncier, Gr: 11A1
Clos Rossignol (2), StO: 1C4
Clos Rossignol, StO: 1D4
Clos Rouen, StS: 10B2
Clos Rouge Cul, StL: 6B1
Clos Rouge et les Longs Champs, StP: 6A1
Clos Roy, StB: 6C3
Clos Royal, StS: 10B2
Clos Sable, StH: 6D4
Clos Salmon, StO: 1D3
Clos Salmon, StP: 6C2
Clos Sarah, StH: 7C1
Clos Sarre, StJ: 2A4
Clos Saules, StO: 1D1
Clos Saulmon, StC: 10D3
Clos Seale, StB: 6C3
Clos Selous, StP: 6A1
Clos Simon, StS: 7D1
Clos Soldat (3), StO: 1D4
Clos St Brelade, StB: 6C4
Clos St Étienne, StJ: 3C1
Clos St Malo, StL: 6B2
Clos St Ouen, StO: 2C3
Clos St Pierre, StP: 1D4
Clos St Pierre, StP: 2C3
Clos St Sauveur, StMa: 4C3
Clos St Sauveur, StS: 4C3
Clos Stocall, StH: 7C2
Clos Stocall, StS: 7D3
Clos Stocall, StS: 7D4
Clos sur la Mare, StMy: 2C2
Clos sur la Ville (2), StO: 1A4
Clos sur les Vaux, StP: 6A3
Clos Syvret, StO: 1C4
Clos Syvret, StO: 1D4
Clos Syvret, StP: 6C3
Clos Table, StB: 9A3
Clos Taiell, Tr: 7B1
Clos Taillis, StJ: 2D1
Clos Taupin, StMa: 4A3
Clos Thomas, StO: 1A4
Clos Thomas, StO: 1D1
Clos Thomas Chevalier, StH: 7C4
Clos Thomin, Tr: 7B1
Clos Thoreau, StJ: 2C2
Clos Tinglay, Gr: 10B2
Clos Tirley, Gr: 10B2
Clos Tocque, StO: 1D1
Clos Tocque, StP: 6C1
Clos Tom, StP: 5B4
Clos Touris, StB: 8B3
Clos Touzel, Gr: 11C2
Clos Touzel, StL: 6A2
Clos Trachy, StJ: 2C2
Clos Trachy, StL: 6A4
Clos Trachy, StO: 1C2
Clos Val la Give, Gr: 10B4
Clos Varin, StL: 6A4
Clos Vautier, StMa: 4A3
Clos Vautier, StO: 1A4
Clos Vautier, StO: 1B3
Clos Vautier, StO: 1D1
Clos Vautier, StO: 1D2
Clos Vautier, StO: 5B2
Clos Vernon, StMy: 2C4
Clos Vert, StP: 6C1
Clos Vibert (2), StO: 1A4
Clos Vibert (3), StO: 2C1
Clos Vibert, StO: 1B3
Clos Vibert, StO: 1D4
Clos Vibert, Tr: 7B3
Clos Vic, Gr: 11A4
Clos Vincent, StJ: 3C3
Clos Yves et Grand Clos, Petit Clos, StMy: 2C2
Close Rock, StH: 9D2
Closet (2), StO: 1D2
Closet (4), StO: 1D1
Closet, StB: 8A4

Closet, StMy: 2C1
Closet, StMy: 2C4
Closet, StO: 1A3
Closet, StO: 1A4
Closet, StO: 1B3
Closet, StO: 1D3
Closet, StO: 5B1
Closet, StO: 5B4
Closet, StP: 5D1
Closet, StP: 6C1
Closet, StS: 7D1
Closets (2), StP: 6C3
Closets, StB: 5D1
Closets, StB: 8A4
Clôture (2), StC: 11C4
Clôture (2), StMa: 4C4
Clôture (2), StO: 5B3
Clôture (2), StP: 5D1
Clôture, StJ: 7A1
Clôture, StMa: 4A3
Clôture, StO: 1A3
Clôture, StO: 5B1
Clôture, StS: 10A2
Clôture, StS: 10B3
Clôture, Tr: 3A3
Clôture à Grain, StO: 5B1
Clôture de Geon, StO: 5B3
Clôture de Noirmont, StB: 9A3
Clôture du Blanc Mondin, StC: 10D1
Clôture du Nord, StL: 6B2
Clôture du Sud, StL: 6B2
Clôtures, StO: 1A3
Cloverley, StMa: 4C4
Club House, StB: 8B1
Clubley Estate, StH: 10A1
Clucards, StJ: 2B4
Clump Rock, StMa: 4A2
Cocagne, StJ: 2B4
Cochellerie, StB: 6C3
Codret, StO: 1D2
Coet, StMa: 4C3
Coffin des Moulins, StS: 7D3
Cohue, StJ: 3C3
Coie, StS: 10A2
Coie Lane, StH: 10A2
Coiesmon, StL: 2D4
Coignarderie (2), StMa: 7B4
Coin (2), StB: 6C3
Coin, Gr: 11A3
Coin, StL: 6B4
Coin, StMa: 4A4
Coin Arthur, Co: 1C3
Coin Cottage, StO: 5B2
Coin ès Vrais, Co: 1A1
Coin ès Vrais, StO: 1A1
Coin Gervaise, StH: 6D4
Coin Varin et Jardin du Puits, StP: 6A2
Cointin, StO: 1D1
Col, StMy: 2A3
Col de la Rocque, Co: 1C1
Col de la Rocque, Co: 2A3
Coleron, Co: 8B4
Coleron Battery, Co: 8B4
Colin, StJ: 2A2
Colinerie, StP: 5B3
College Hil, StH: 10A4
College House, StS: 10A4
Collette Martello Tower, StH: 10C1
Colline d'Or, StMa: 4D3
Colmbiers, StMy: 2C1
Colomberie, StH: 10A4
Colombette, Co: 4A4
Colombier (2), StMy: 2C1
Colombier, StMa: 4A3
Colombier, StMa: 4B1
Colombier, Tr: 3D4
Colombier Manor, StL: 6B3
Colombier, Les Messières de l'Anglois, Jardin et Hogard, StL: 6B2
Colombine, Tr: 3A2

Columba Hall, StMa: 4C1
Columbus Street, StH: 10A1
Combat, StO: 5B1
Commercial Street, StH: 10A3
Common Lane, StH: 10A2
Commune, Gr: 11C2
Commune, StB: 8A2
Commune, StC: 10D4
Commune, StMa: 4C2
Commune, StO: 1B3
Commune, StO: 1D2
Commune, StP: 6C1
Commune, StS: 7D4
Commune, Tr: 3D3
Commune, Tr: 7A2
Commune, Tr: 7B1
Commune de Bas, StB: 9C1
Commune de Gorey, Gr: 11A2
Commune de Gorey, Gr: 11A4
Commune de Gorge, StS: 10B3
Commune de Haut, StB: 9C1
Commune de la Bequüe, StMy: 6A1
Commune de la Hougue Boëte, Tr: 3A3
Commune de l'Abbesse de Caen, StMa: 4C2
Commune de Mélèches, StH: 10A1
Commune de Nobretez, StP: 6A1
Commune de Rozel, StMa: 4C2
Commune de St Clement, StC: 10D4
Commune de St Sauveur, StS: 7B3
Commune de Vinchelez de Haut, StO: 1B1
Commune de Vinchelez de Haut, StO: 1B3
Commune des Fiefs de Diélament et La Gruchetterie, Tr: 3D1
Commune des Pièces de Haut et de Bas, StMa: 4A3
Commune du Fief de la Gruchetterie, Tr: 3D1
Commune du Fief de l'Aumosne, StMy: 2A4
Commune du Fief de Morville et Robillard, StO: 1C4
Commune du Fief de Vinchelez de bas, StO: 1A1
Commune du Fief Haubert, StO: 1A3
Commune du Fief Luce de Carteret, StB: 5D3
Commune du Nord, StMy: 2A4
Commune Escaqueville, StMy: 1B4
Conefray, StJ: 2B3
Conêt, Tr: 3C2
Côneterie, StMa: 4C1
Congretational Church, StJ: 7A1
Conière, Co: 11C3
Conières, StS: 10B1
Connette, Tr: 4A1
Connevière, Tr: 7B3
Constancia Lodge, StC: 10D2
Conterie, StC: 10D1
Cônuenie, StB: 9C1
Convie, StC: 11C3
Convière, StC: 11C3
Corbeaux, Gr: 10B2
Corbière, Co: 8A3
Corbière Lighthouse (2), Co: 8A3
Corbières, StMa: 4A4
Corbiêthes, Tr: 3D2
Corderet, StO: 1D2
Corderie, StB: 8B4
Corderie, StB: 9A1
Cormoran, Co: 2B2
Cormorant Rock, Co: 2B2
Cornerie, StP: 6C1
Cornes, StMa: 4A4
Cornes Lucas de l'Est, Tr: 7A4
Cornes Lucas de l'Ouest, Tr: 7A4
Cornetterie, StMa: 4C1
Cornières, StJ: 2B3
Cornières, StMa: 4C1
Cornières, StMa: 4C4
Cornières, StS: 7B2
Cornières, Tr: 3D1

Cornil, StJ: 2B4
Cornu, StO: 5B3
Cornu, Tr: 7A4
Coronation Park, StL: 6D3
Corp du Quesne, StO: 1B3
Corps de Garde, StMa: 4A4
Corps de Garde et Magazine de St Samson, Gr: 11D3
Corrin Pré et Jardin de Jambard, Gr: 11A3
Corvées (2), StL: 6B1
Corvées, StJ: 2A2
Corvées, StO: 1D3
Corvées de Bas, StL: 6B1
Corvées et Berne et Clos du Bocage, StB: 9A1
Cosnets et Coursières, StJ: 3C3
Cosniers, StL: 6B1
Cosniètnes, Tr: 3D1
Costil de Bouloigne, StMa: 4C2
Costil de l'Écarceux, StO: 1B3
Costil de St Jean, StL: 6B2
Costil et Vallette, StL: 6B3
Costil sur La Grève de Lecq, StO: 1B4
Costils, StP: 6C4
Costils de Scilles du Val de Lecq, StMy: 1D2
Costils des Falaises, StO: 1B4
Côte, Co: 11C3
Côte aux Palières, StMa: 4C4
Côte Pallot, StMa: 4A4
Côteau, StP: 2C3
Côteau, StP: 6A4
Côteau, Tr: 7C1
Côteau de la Gillerie, StP: 6A4
Coteau du Mont Fiquet, StB: 8D1
Côteaux, StB: 9A1
Côteaux, StP: 2C3
Côteaux Bouts, StP: 6C3
Côtes, StMa: 4B1
Côtes du Nord, Tr: 3D2
Côtes du Nord, Tr: 3D4
Côtil (2), StB: 8B2
Côtil (2), StB: 9A1
Côtil (2), StC: 11C1
Côtil (2), StJ: 2B4
Côtil (2), StJ: 7A1
Côtil (2), StL: 2D4
Côtil (2), StP: 6C4
Côtil (2), Tr: 3A4
Côtil (2), Tr: 3C4
Côtil (2), Tr: 7A2
Côtil (3), StL: 6A4
Côtil (3), StL: 6B2
Côtil (3), StMa: 4C2
Côtil (3), StMy: 2A4
Côtil (3), StMy: 2C1
Côtil (3), StP: 6C2
Côtil (3), StS: 10B3
Côtil (3), Tr: 3D1
Côtil (4), StH: 7C4
Côtil (4), StL: 6B4
Côtil (4), StMa: 4C3
Côtil (4), Tr: 7B1
Côtil, Gr: 11C1
Côtil, StB: 6C3
Côtil, StB: 8B4
Côtil, StB: 9A2
Côtil, StC: 10D2
Côtil, StH: 6D4
Côtil, StH: 7C1
Côtil, StH: 7C3
Côtil, StJ: 2B2
Côtil, StJ: 2D1
Côtil, StJ: 2D4
Côtil, StJ: 3C3
Côtil, StL: 6D1
Côtil, StMa: 4A3
Côtil, StMa: 4C1
Côtil, StMa: 4C4
Côtil, StMa: 7D2
Côtil, StMy: 1D2

Côtil, StMy: 2C3
Côtil, StMy: 2C4
Côtil, StO: 1D2
Côtil, StO: 2C1
Côtil, StO: 5B2
Côtil, StO: 5B3
Côtil, StO: 5B4
Côtil, StP: 2C3
Côtil, StP: 6A4
Côtil, StP: 6C3
Côtil, StS: 10A2
Côtil, StS: 10A4
Côtil, StS: 11A1
Côtil, Tr: 3D4
Côtil, Tr: 7C2
Côtil à Fougère, Tr: 3C4
Côtil à Geon, StB: 5D3
Côtil à Geon, StMy: 2A3
Côtil à Geon, StMy: 2C1
Côtil à Geon, StMy: 2C3
Côtil à Geon, StP: 5D1
Côtil à Geon, Tr: 7A4
Côtil à Geon, Tr: 7B1
Côtil à Géon, StP: 6A4
Côtil à Geon et Cailloux, StO: 1A2
Côtil à Greffe, StO: 1A2
Côtil à l'Est (2), StS: 10B1
Côtil à l'Est, StS: 7D1
Côtil à l'est du Pré, Tr: 7B1
Côtil à l'Ouest de la Surelle, StP: 5B4
Côtil au sud du pré, StMy: 2C1
Côtil Banquette, StP: 6A1
Côtil Beaugie, StMa: 4C2
Côtil Becquet, StMa: 4A4
Côtil Bertrand, StMy: 2A4
Côtil Boisé, StP: 6A4
Côtil Buenon, StMa: 4A4
Côtil Carrel, StB: 8A4
Côtil Carteret, Gr: 11A3
Côtil Chevalier, StO: 1C1
Côtil d'Aval, StL: 6B3
Côtil de Bas, Gr: 10D2
Côtil de Bas, StJ: 7B3
Côtil de Bastard, StMa: 3D4
Côtil de Belle Semence, StO: 1D2
Côtil de Brébis, Gr: 10B4
Côtil de Cohagne, StMa: 4D3
Côtil de Derrière, StC: 10D2
Côtil de Dessus les Veux, Gr: 10B2
Côtil de Gallie, StP: 6A1
Côtil de Gargate, StP: 6A4
Côtil de Gargate de Haul, StP: 6A3
Côtil de Gelliarges la Douaire, StL: 6D1
Côtil de Godel, Tr: 7C1
Côtil de Haut, Gr: 10D2
Côtil de Haut, StJ: 7B3
Côtil de Haut, StL: 2D4
Côtil de Haut, StL: 6D4
Côtil de Hue, StMy: 6A1
Cotil de Jacques Hue, StO: 1B3
Côtil de Jean Vicq, Gr: 10B4
Côtil de la Carrière, StS: 7D1
Côtil de la Carrières, StS: 4C3
Côtil de la Croix, StL: 6B3
Côtil de la Croix, StO: 5B2
Côtil de la Dimerie, StMy: 2C3
Côtil de la Dimerie, StP: 6A1
Côtil de la Fontaine, StL: 6B4
Côtil de la Fontaine de Gargate, StP: 6A4
Côtil de la Garenne, StS: 7C4
Côtil de la Grève de Lecq, StMy: 1D2
Côtil de la Grève de Lecq, StMy: 1D2
Côtil de la Hougue, StO: 1C4
Côtil de la Maîtresse, StMa: 4D1
Côtil de la Mare, StP: 5B4
Côtil de la Molgnarderie, Gr: 10B2
Côtil de la Pointe, StJ: 7B3
Côtil de la Richardsonnerie, StB: 8B4
Côtil de la Rocque Batalet, StL: 6B2
Côtil de la Vallée, StMa: 4A3

108

Côtil de la Vallette, StL: 6B3
Côtil de la Vallette, StP: 6A3
Côtil de la Vallettes ès Filles, StMa: 4A4
Côtil de la Verte Rue et Trélis, Tr: 3C4
Côtil de le Maison, StO: 1B4
Côtil de l'Écluse, Tr: 7A4
Côtil de l'Est, Tr: 3C2
Côtil de l'Ouest, StO: 5B1
Côtil de l'Ouest du Clos du Sud, Gr: 10B4
Côtil de Louis, StL: 6D2
Côtil de Malassis à l'Bet du Moulin, StS: 7C4
Côtil de Michaud, StMy: 2C1
Côtil de Perrat, StH: 7C3
Côtil de Perrot, StL: 2D4
Côtil de Servais, Gr: 11A2
Côtil de Sud de la Sergenté, StL: 6D1
Côtil de Tinel, StO: 5B3
Côtil d'Elie et Jardin du Pie, Tr: 3C2
Côtil des Barres, StL: 6B4
Côtil des Carrières, StB: 9C1
Côtil des Fosses, StMa: 4C1
Côtil des Fossettes (2), StMy: 1D2
Côtil des Huriaux, StS: 10B1
Côtil des Landes, Gr: 10D2
Côtil des Mont-Agnes et Petit Côtil, StB: 9A1
Côtil des Petites Côtillons, StP: 6A4
Côtil des Routeurs, StL: 6B3
Côtil des Routeurs, StO: 1D2
Côtil des Vaux, StL: 6D2
Côtil du Chasser, StL: 6D2
Côtil du Désert, StL: 6B4
Côtil du Désert, StP: 6C4
Côtil du Dos de d'Âne, StL: 6D1
Côtil du Douet, StO: 1B3
Côtil du Fort à Faire, StP: 6A3
Côtil du Milieu, StB: 9A1
Côtil du Milieu, StL: 6D2
Côtil du Mont Cherdon, StB: 5D3
Côtil du Mont de la Grece de Lecq, StMy: 1D2
Côtil du Mont de la Mare, StP: 5B3
Côtil du Nord, StB: 9A1
Côtil du Nord, StJ: 2D4
Côtil du Nord, StMa: 4A3
Côtil du Nord et du Sud du Val, StMa: 4C2
Côtil du Petit Pré, StMa: 4A3
Côtil du Pissot, StP: 6A2
Côtil du Pré, StS: 7C4
Côtil du Pré, StS: 7D3
Côtil du Presbytère, StP: 6A3
Côtil du Rocher la Fételle, StS: 7D1
Côtil du Sud (2), StL: 6B3
Côtil du Sud, StJ: 2D4
Côtil du Sud, StMa: 4A3
Côtil du Val, StMa: 4A4
Côtil du Val Aumet, StS: 10B1
Côtil du Val des Moulins, Gr: 11A1
Côtil du Vivier, StB: 8B3
Côtil Dutot, Tr: 3A4
Côtil en Triangle, StL: 6B3
Côtil ès Fontaines, StP: 6C3
Côtil et Carrière, StS: 7D1
Côtil et Jardin de Devant, StL: 6B3
Côtil et Pré du Fond (2), StMa: 4C4
Côtil et Vallette, StP: 6C4
Côtil Farm, StMa: 4C3
Côtil Jean Luce (2), StO: 1B3
Côtil la Morue, StJ: 7A1
Côtil Labey, StB: 8A4
Côtil Marett, StMa: 4A3
Côtil Misère, StMa: 4A4
Côtil Mourant, Gr: 10B2
Côtil Nicolle, Gr: 11A3
Côtil Parquet, StB: 5D4
Côtil Pirouet, StMy: 2A4
Côtil Proche le Blanc Moulin (2), Gr: 11A1
Côtil Qisant, StJ: 2B4
Côtil Quermain, StH: 7C4

Côtil Rose, StB: 8B2
Côtil Taiell, Tr: 7B1
Côtil Whitley, StMa: 4D1
Côtils (2), StH: 7C1
Côtils, StB: 9A1
Côtils, StMa: 4C1
Côtils, StMa: 4D1
Côtils, StMy: 1B4
Côtils, StO: 1D3
Côtils, StP: 5D1
Côtils, StP: 6A3
Côtils, Tr: 3D4
Côtils, Tr: 7B1
Côtils de Crusoé, StO: 1D2
Côtils de Derrière, StB: 8B2
Côtils de Godel, Tr: 7A4
Côtils de Guerdain et de Bidan, StB: 9C1
Côtils de la Grande Lande, StMa: 3D4
Côtils de la Vallotine, StL: 6B3
Côtils de l'Escalier, StH: 7C4
Côtils des Vaux, Tr: 3A4
Côtils du Cerf et de la Fontaine, StO: 1D2
Côtils du Mont Mathieu, StO: 5B1
Côtils du Mont Ubé, StC: 10D1
Côtils du Vivier, StB: 9A1
Côtils Vassoteline, StL: 6B3
Cottage Farm, StL: 2D4
Cottage Farm, StMa: 4A4
Cotte (2), StJ: 2B1
Cotte, Gr: 10D2
Cotte, StO: 1A1
Cotte, Tr: 3C4
Cotte à la Chèvre, StO: 1A1
Cotte Cave, StB: 9C1
Cotte de St Brélade, StB: 9C1
Cotte Pallot, StMa: 4A4
Couchette ès Nonnes, StJ: 2B4
Couet, StO: 1A4
Coulèvre de Bas, Tr: 3A4
Coulèvres, Tr: 3A4
Coupe (2), Co: 4B3
Coupe (2), StMa: 4B3
Coupe Fliquet, StMa: 4B3
Couperon, Co: 4A4
Couperon, StMa: 4A4
Coupes (2), StO: 1B3
Cour Normande, StMa: 4C4
Courcamps, StL: 6D1
Couronne, Co: 9C4
Cours Cordon, StJ: 2D2
Coursière, StMy: 2A4
Coursières (2), StB: 8A4
Coursières (2), StO: 1C2
Coursières, StO: 1D1
Court Clos, StO: 5B2
Court Clos, Tr: 3C3
Court Clos d'Edouard Payn, StMa: 4C1
Court Conêt, StP: 6A2
Courte Pièce, Gr: 10B4
Courte Pièce, Gr: 10D2
Courte Pièce, StB: 8B3
Courte Pièce, StMy: 2C1
Courte Pièce, StO: 5B1
Courtel, StMy: 2C2
Courtels, StC: 10D2
Courtes Fontenelles, StJ: 2B3
Courtil, StMy: 2C2
Courtil, StS: 7B2
Courtills du Parcq, Tr: 7B3
Courtils, Gr: 10B2
Courtils, Gr: 11C2
Courtils, StJ: 3C1
Courtils, StMa: 7B2
Courtils, StO: 1A4
Courtils, Tr: 3D3
Courtils de Jean Payn, StS: 7B2
Courtils de la Hougue, StO: 1B3
Courtils et Clos Bauche, StO: 5B1
Courtinerie, StL: 6B2
Courts Camps, StJ: 2B1

Courts Camps, StS: 7D1
Courts Champs, StJ: 2B3
Courts Champs, StJ: 2D2
Courts Champs, StJ: 3C1
Courts Champs, StMa: 4A4
Courts Champs, StO: 1D3
Courts Champs, StO: 5B2
Courts Champs, StP: 6C1
Courts Champs, Tr: 7A4
Courts Cordons, StMy: 2C2
Courts Tours (2), StL: 6D2
Coutanche Farm, Tr: 3C1
Coûture, Gr: 11A1
Coûture, StJ: 2A2
Couvent, StB: 5D4
Couvent, StL: 6B2
Couvent, StO: 5B1
Couvent Champ, Tr: 7B1
Couvrières, StMy: 2C2
Crabbé, Co: 2A3
Crabbé Farm, StMy: 1D2
Crabbé Rifle Range, StMy: 1B4
Crabière, Co: 5A2
Crabière, StH: 10C1
Crabière Slip, StO: 5A2
Cracherie, StB: 6C3
Cracheux, Co: 9C4
Craig Street, StH: 10A3
Craigie Hall, StC: 10D4
Crâne, Tr: 3A2
Cranne, StO: 1B3
Cranne du Rocquerel, Co: 1B3
Crapaud, Co: 10C1
Crapaud Road, Co: 9D4
Crapaudière, StB: 5D3
Crapaudière, StP: 5D1
Crapeau, Co: 10C1
Craque, StO: 1B1
Craque au Quetnou, StB: 8B2
Cras de l'Est, StB: 8B3
Crépinerie, Tr: 7B2
Cressonière, StL: 7A1
Crête, StJ: 3A3
Crête, StMa: 4D3
Crête Fort, StJ: 3A3
Crête Guard House, StMa: 4D3
Crête Loquet, StO: 1A1
Crête Rochette, Co: 1A1
Crête Rochette, StO: 1A1
Creux, Co: 9C3
Creux, StB: 8B3
Creux, StJ: 2A2
Creux au Cat, Co: 10C1
Creux au Diable, StMa: 4D1
Creux au Français, StO: 1A1
Creux au Lassé, StMy: 1B4
Creux au Mouo, StO: 1A2
Creux au Musc, StO: 1A2
Creux Boinne, Tr: 3D4
Creux Bouanne, Tr: 3D4
Creux de Geônais, Co: 1B3
Creux de la Hougue, StO: 1A2
Creux de la Sloupe, Co: 1B4
Creux de la Touraille, StMy: 2A3
Creux de l'Asec, StMy: 1B4
Creux de l'Épine, Co: 1B1
Creux des Hèches, StO: 1A2
Creux des Maufaits, Co: 1A1
Creux du Vis, StMy: 2A3
Creux Fantômes, StB: 8B4
Creux Gabourel, Co: 1B1
Creux Gros, Co: 1B1
Creux Malo, Co: 3D2
Creux Ros, StO: 1A3
Creux Terrible, StMy: 2A3
Crevasse, Co: 1C1
Cricket Field, StH: 10A4
Critchet ès Dains, StP: 5D2
Croc du Hurté, Co: 10D3
Crochelle, Co: 9C2

109

Crochenolles, StO: 5B1
Crocq, Co: 9A2
Crocquées, Co: 8A2
Crocquet, Co: 9A2
Croiserie, StO: 1D1
Croiserie, Tr: 7A4
Croix (2), StMy: 2C4
Croix (2), StO: 1D3
Croix (3), StO: 1C2
Croix (4), Gr: 11A3
Croix, StB: 8B3
Croix, StMa: 4C1
Croix, StMy: 2C2
Croix, StP: 6C1
Croix, Tr: 3C2
Croix, Tr: 7A4
Croix au Lion (2), StP: 6A3
Croix au Maître, StMa: 7B2
Croix Besnard, StS: 10B1
Croix Câtelain, Gr: 10B2
Croix Câtelan, Gr: 10B2
Croix Câtellain, Le Pendant et Le Poulton, Gr: 10B2
Croix Chapel, Gr: 11A3
Croix de la Bataille, Gr: 10B4
Croix de la Hague, StP: 6A3
Croix des Bourgs, StL: 6D1
Croix du Manoir, StO: 5B2
Croix ès Mottes, StS: 7D2
Croix Haute, StO: 1D3
Croix Huart, StB: 8B2
Croix Moignard, StMa: 4C2
Cross Base, StO: 1B3
Cross Cottage, StMa: 4A3
Crossbow House, Tr: 7B3
Croute (3), StB: 8A4
Croute, StJ: 2B1
Croute, StJ: 2B4
Croute, StJ: 7A1
Croute, StL: 2D3
Croute, StL: 6A4
Croute, StL: 6B3
Croute, StMy: 2A4
Croute, StO: 1D3
Croute, StP: 6A1
Croute, Tr: 3C3
Croûte, StB: 9A3
Croute de Bas, StL: 6A4
Croute de Haut, StL: 6A4
Croute de Haut et de Bas, StMa: 3D4
Croûte des Pendants, StB: 8A4
Croûte Grande, StO: 5B2
Croûte Petite, StO: 5B2
Croutes, StP: 5D2
Croutes Mourant, Gr: 11A3
Crowley, StS: 7B4
Croydon Road, StH: 10C2
Crup, Tr: 3A4
Cuisine, StP: 6A1
Cunneviere, Tr: 3D3
Curé, Tr: 3A4
Curé et La Babine, Tr: 3A4
Cyprès, StJ: 3C1

Dain, StP: 6C1
Daisy Farm, StP: 6C1
Daisy Hill, Gr: 11A2
Daisy Hill Farm, Gr: 11A2
Dam, StMy: 2A3
Dame Blanche, StC: 10D3
Dame Roze, StMa: 4A4
Damerayne, StH: 10A4
Danger Rock, Co: 9C3
Dansimon, StJ: 2B1
Danube, StMy: 2C4
Dasher Rock, Co: 11B2
Daurian, StP: 5B4
David Place, StH: 10A2
Davisonnerie, StS: 11A1

Délais, Co: 8A3
Délés, StO: 1D1
Dell Farm, StB: 9A1
Deloraine, StS: 7C4
Deloraine Road, StS: 7D3
Demi Acre, StMy: 2A4
Demi Verge, Tr: 3D2
Demi-Verge, StP: 5B3
Demi Vergee, StB: 8A4
Demi Vergée, Tr: 3D2
Demi-Vergée, StMy: 9A3
Demie, Co: 10D3
Demie, Co: 4B3
Demie de la Tour, Co: 4A1
Demie des Pas, Co: 10D3
Demie Rock, Co: 2B2
Demies, Co: 1B4
Demies, StMa: 4B1
Demi-verges, StP: 6A3
Dentalu, StMa: 4B1
Dentenée, StJ: 2D1
Dents de la Crête, Co: 4D3
Depôt Field, StMa: 4C2
Dêpot Field, StMa: 4C4
Derière du Navire, Co: 8C2
Derrière de la Maison, StP: 6C2
Désert (2), StL: 6B3
Désert (2), StO: 1B1
Désert (2), StO: 1C4
Désert, StMy: 1D2
Désert, StO: 1A2
Désert, StO: 1A4
Désert, StO: 1B3
Désert, Tr: 7B3
Désert et la Vallette, StS: 7D1
Désert et Petit Désert, StB: 5D4
Désertage, StO: 1D2
Déserts, StB: 8B2
Déserts, StH: 7C3
Déserts, Tr: 3C2
Deslés, Co: 8A3
Detou, StB: 8A3
Deux Vergées, StP: 6C3
Deuxième Clos, StO: 1D1
Devant, StP: 6A3
Devil's Hole, StMy: 2A3
Devise (2), StO: 1A4
Devon Villa, StMa: 4C3
Devonshire Place, StH: 10A3
D'gautière, Co: 5C3
D'Hautrée, StS: 10A2
Diamond Rock, Co: 9C4
Dicq, Co: 10C2
Dicq Road, StS: 10C2
Dicq Rock, Co: 10C2
Diélament Manor, Tr: 7B1
Dimerie, StMy: 6A1
Diorite Boulders, StJ: 2B3
Diroûilles, StMa: 4A2
Disused cemetery, Gr: 11A4
Ditch, StJ: 2B4
Dix Perches, StO: 1A2
Dix Perches Plats, StO: 1A2
D'Lais, StO: 1D1
Dogs Nest, Co: 10C3
Dolée, Co: 4B3
Dolmen, StO: 1C4
Dolmen de la Ville ès Nouaux, StH: 6D4
Dolmen des Cinq Pierres, StB: 9A3
Dolmen des Monts Grante, StO: 1C4
Dolmen du Couperon, StMa: 4A4
Dolmen du Mont Ubé, StC: 10D1
Dolmen stone, StMy: 6A2
Domeniquerie, StB: 9A1
Don farm, StJ: 2B1
Don Guilleaume, StO: 1B3
Don Road, StH: 10A4
Don Street, StH: 10A3
Dongola Road, StH: 10A2
Dorset Street, StH: 10A1

Dos d'Âne de la Vallette, StO: 1B3
Dou de Plémont, Co: 1A2
Douachin, StP: 5D1
Douaire (2), StJ: 2B3
Douaire, StJ: 2D1
Douaire, StO: 1B3
Douaire, StS: 10B3
Douaire, StS: 10B4
Doubles Chasses, StO: 1D1
Douceville, StH: 6D2
Douet, StH: 7B3
Douet, StJ: 2D1
Douet, StJ: 3C1
Douet, StO: 1D1
Douet à Laver, StMy: 2C4
Douet à Laver Collard, Tr: 3C2
Douet Clément (2), StB: 8B2
Douet David, StS: 10B1
Douet de La Mer, Co: 1B3
Douet de la Mer, StMy: 2A2
Douet de l'Ecq, Co: 8C2
Douet de My Grève, StL: 6D4
Douet de Pirou, StS: 7D3
Douet de Rue, StMy: 2D1
Douet de Rue, StMy: 2D3
Douet du Canard, StP: 6C4
Douet du Pirot, StS: 7D3
Douet Giffard, Tr: 3A3
Douettin, Gr: 11A2
Douro Terrace, StS: 10A4
Doux Die, Co: 8D1
Douzaine d'Oeufs, Tr: 3A4
Draw-bridge, StO: 1A2
Dresden Hall, StP: 2C3
Drocque, Co: 2A2
Droves, StP: 5B3
Drury Lane, StH: 10A2
Duhamel Street, StH: 10A3
Dulce Donum (Manse), StJ: 7A1
Dumaresq Street, StH: 10A3
Dummy Lane, StH: 10A1
Dune (2), Tr: 3D3

East Lynne, Gr: 11C2
East Reef, Co: 1B2
East View, Tr: 7A4
East View, Tr: 7C2
Eaux Teurlées, StB: 5D3
Eaux Torlaix, StB: 5D3
Eaux Torlées, StB: 5D3
Ebenezer Chapel, Tr: 3C2
Ebenezer Farm, Tr: 3C2
Ecouttes Vent, StMa: 4C2
Écréhous, StMa: 4B1
Eden Chapel, StS: 7D2
Eden Grove, StL: 6B1
Eden House, StMy: 2C2
Eglise, StMa: 4C4
Egypt, Tr: 3A4
El Tico, StP: 5C2
Elizabeth Avenue, StB: 8B1
Elizabeth Castle, StH: 9D2
Elizabeth Place, StH: 10A1
Elizabeth Street, StS: 10C2
Elms, StMy: 2A4
Elms, StMy: 2C4
Elms, StO: 1A4
Elms, StP: 6C3
Elsingham Farm, StMa: 4C1
Elsingham Lane, StMa: 4C1
Élysée, StH: 7C4
Élysée, StP: 6A1
Émezières, StJ: 2A4
Enderly, StS: 10B1
English Harbour, Co: 10C1
Épimars, Co: 1C1
Epinets, StS: 10B1
Epinettes, StO: 1D2

Eries, Tr: 3C2
Eris, Tr: 3C2
Escaufard, StMy: 1D2
Eschaufards (2), StMy: 1B4
Escofards, StMy: 1D2
Esplanade, StH: 10A3
Étacq sous la Thiébaut, StO: 1C4
Étacquerons, Co: 11B1
Éteu Rock, StH: 10A3
Etienne, StC: 10D1
Étoquets, StMa: 4C3
Eureka, Co: 4D2
Eversley, StMa: 4C1
Everton Farm, StS: 7B4

F.B. (Florence Boot) Playing Fields, StC: 10D1
F.S., StP: 6A3
Fairfield, StP: 6A1
Fairfield, Tr: 7A2
Fairlands, Gr: 7D4
Fairview, StL: 2D3
Fairview, StS: 7D4
Falaise, StB: 9C1
Falaise, StJ: 3A3
Falaise, StMy: 2A3
Falaise, StMy: 2A4
Falaise à Brebis, StO: 1A3
Falaise ès Freres, StJ: 2B4
Falaises des Mouriers, Co: 2A2
Faldouet, StMa: 11A2
Faldouet Dolmen, StMa: 11B1
Faldouet Farm, StMa: 4C4
Faldouet Lane, StMa: 11A2
Faldouet Lodge, StMa: 4C4
Faldouet Post Office, StMa: 4C4
Fallaize, StJ: 3A3
Fallen Menhir, Co: 10C2
Fantaisie, StMa: 7B4
Fantaisie, StP: 6C2
Farm, Gr: 11C2
Farm, StJ: 2B4
Farm et fields 1795, StL: 2D4
Farmers Inn, StO: 1D4
Fârouin, StO: 5B1
Fauvellerie (2), StC: 10D1
Fauvic Cross Roads, Gr: 11C2
Fauvic Old Farm, Gr: 11C2
Fauvic Old Railway Station, Gr: 11C2
Fauvic Road, Gr: 11C2
Fauvic Tower, Gr: 11C2
Faux Bie, StH: 10A2
Faux Bie Terrace, StH: 10A2
Featrel, StO: 5B1
Fenêtre, Co: 5A2
Ferme, StMa: 3D4
Ferme, StP: 6A3
Ferme Bandinel, StMa: 4C1
Ferme de la Chapelle (2), StP: 5D2
Ferme de la Fontaine, Gr: 10B4
Ferme Grandet, StL: 2D3
Ferme Jean Morel, StL: 6B3
Fern Hill, StH: 7C1
Fern Valley, StH: 7C1
Ferndale, StP: 5D2
Ferrière, StS: 7D4
Fers Chauds, Co: 8A2
Feugeraie, StB: 8B2
Feugerel, StB: 5D4
Feugerel, StC: 11C1
Feugerel, StJ: 3C3
Feugerel, StL: 6A4
Feugerel, StL: 6B3
Feugerel, StMa: 4C3
Feugerel, StMy: 1D2
Feugerel, StMy: 2C2
Feugerel, Tr: 3C3
Feugerel Jervaise et Les Fontaines Davy, StB: 8B2

Feugrel, StO: 1C4
Feugueriaux, StS: 7C4
Feuvre, StO: 1D2
Feverie, StS: 7B2
Février, StB: 9A1
Fief, StMa: 4A3
Fief Beurrié, StMa: 4C3
Fief Chevalier (2), StB: 8B3
Fief ès Neveus, StL: 6D1
Fief Hubert, Tr: 7A1
Fief Saval, Tr: 3D4
Fiefs de la Buttière, StMa: 7B2
Fierco, StMa: 4B1
Filiâtres (2), StO: 1A4
Filleul, StL: 6D3
Finisterre Hotel, StB: 9C1
Fiquet Bay, Co: 8D1
First Tower, StH: 9B2
Fisherman Rock, Co: 11B4
Fitillier, StB: 9A1
Five Oaks, StS: 7D3
Flag Field, StP: 5D1
Flagstaff, StJ: 2B4
Flagstaff, StMy: 1B4
Flagues, StB: 8B1
Flagues de l'Est, StB: 8A4
Flagues de l'Ouest, StB: 8A4
Flagues du Milieu, StB: 8A4
Flat Rock, Co: 10D3
Flat Rock, Co: 1B2
Flem, StH: 6D4
Fleurion, StMa: 4C1
Fliquet (2), StH: 7C3
Fliquet Bay, Co: 4B3
Fliquet Tower, StMa: 4B3
Florêts, StO: 1C4
Foe, StMa: 4C4
Fol, StMa: 4C4
Folie, StL: 6D1
Folie, StL: 6D4
Fonataine, StS: 7D3
Fond du Braye, Co: 8A2
fond du Goullé, Co: 5C4
Fond du Marais, StB: 8A4
Fondrillon, Co: 11C4
Fonds, Gr: 11A3
Fonds, Gr: 11A4
Fonds de Longueville, Gr: 10D2
Fonds des Jardins, StB: 5D4
Fonds Lane, Gr: 11A3
Font Hill, StH: 7C4
Fontaine, Gr: 11A3
Fontaine, Gr: 11C2
Fontaine, StB: 6C3
Fontaine, StL: 6B3
Fontaine, StMy: 2C3
Fontaine, StO: 1C2
Fontaine, StP: 6C1
Fontaine, StP: 6C3
Fontaine, Tr: 3C4
Fontaine au Corbin and Lavoir, StJ: 2B4
Fontaine aux Yeux, Co: 1B4
Fontaine David, StB: 8B2
Fontaine de la Chapelle de Lecq, StO: 1D4
Fontaine de l'Hermitte, Tr: 3A2
Fontaine de Mirtre, Tr: 3A2
Fontaine de Panigot, StP: 6A4
Fontaine des Mittes, Tr: 3A2
Fontaine et Pré St Maur, Tr: 3C2
Fontaine Gaupette, StMa: 3D4
Fontaine Mabon, Tr: 3C4
Fontaine Martin, StO: 1A2
Fontaine St Martin, StL: 6B3
Fontaines, StJ: 2B1
Fontaines, StS: 7D3
Fontaines Martin, StO: 1A1
Fontelle, StMa: 4A4
Fontenelle, StC: 10D3
Fontenelles, StJ: 2B3
Fontenelles, StMa: 4A4

Fontenelles, StO: 1D1
Fontis, StP: 6A1
Fontorelles, StO: 1D1
Foraines, Co: 9B4
Forêt, StMa: 4A2
Forêt, StO: 1A4
Forêts (3), StO: 1A4
Forge, StL: 6B4
Forge, StMy: 2C1
Forge, StO: 1D4
Forge, Tr: 3D3
Forgé, Tr: 7B3
Forge des Marais, StC: 11C1
Fort Charles, StH: 9D2
Fort Conway, Gr: 11A4
Fort d'Auvergne, StH: 10C2
Fort Henry, Gr: 11A4
Fort Regent, StH: 10A3
Fort William, Gr: 11A2
Fortafaire de la Ville Gilbert, StB: 8B3
Forteresse, Co: 8D1
Fortunée, Tr: 3C2
Fosse (2), StMa: 4A3
Fosse, Co: 4D1
Fosse, StB: 9A1
Fosse, StB: 9C1
Fosse, StH: 7C1
Fosse, StJ: 2B1
Fosse, StJ: 2D1
Fosse, StJ: 3A3
Fosse, StMa: 3D4
Fosse, StMa: 4B3
Fosse, StMy: 2A3
Fosse, StMy: 2A4
Fosse, StO: 1A4
Fosse, StO: 1C4
Fosse, Tr: 3C2
Fosse, Tr: 4A1
Fosse, Tr: 7B1
Fosse à Grès, StMa: 4C1
Fosse à l'Écrivain (3), StS: 7D1
Fosse à Mortier, StO: 1B3
Fosse au Mottier, StB: 8B4
Fosse au Ross, Co: 2B1
Fosse au Saumier, StMy: 2C2
Fosse au Vée, StB: 9A3
Fosse Benest (2), StMa: 3D4
Fosse Buesnel (2), StO: 1D3
Fosse Buesnel, StL: 2D4
Fosse Colin, StB: 8B2
Fosse Dameraine, StMa: 4C2
Fosse Tauraude, StO: 1A4
Fosse Tauraude, StO: 1D4
Fossé Vicq (2), Co: 2A2
Fossé Vicq, Co: 2B1
Fosse Vourin, StB: 8C2
Fosselle, StB: 6C4
Fossellerie, StP: 6C4
Fosses, StO: 1D1
Fosses Codin, StB: 8B2
Fosses de Crévin, StJ: 2B4
Fossette, StJ: 3A3
Fossettes (2), StMy: 1D2
Fossettes (2), StMy: 2C1
Fossettes à Géon, StMy: 1D2
Fouaneaux, StB: 8A4
Fougères, StJ: 2D4
Founet de Beauport, Co: 8D1
Fourché, Co: 8D2
Fourneaux (2), StL: 2D3
Fournier de Beauport, Co: 8D1
Fournier du havre, Co: 8D1
Fourquie, Co: 9C4
Fours, Co: 11C3
Frais Rocher, Co: 5A4
Franc Fief, StB: 6C3
Franc Fief Farm, StB: 6C3
Franche Tenise, StC: 10D1
Franches Terres, StP: 5D1
Francheville, Gr: 10B2

111

Franchise, StMa: 7B2
Francis Street, StH: 10A4
Frédée Lane, StH: 7C1
Frégonière, StS: 10A2
Frégonières, Gr: 10B4
Frémont Promontory Fort, StJ: 2B4
Frênaie, StMa: 4C3
French Harbour, Co: 10C1
Frênes, StJ: 2D2
Frères Chapel, StJ: 2D2
Fret, StB: 8D4
Fret, StB: 9C3
Frette, StMa: 4A2
Friche du Nord, StB: 6C4
Friennes, StO: 5B2
Froid Vent, StMa: 4C4
Frontière, StMy: 2C4
Frontières, StB: 6C3
Frougaise, StMa: 4A2
Frouquie, Co: 10D3
Frouquie, Co: 9C3
Frouquie, Co: 9C4
Frouquie, StMa: 4A2
Frouquie de Noirmont, Co: 8D2
Frouquie Rock, Co: 8A3
Fruquiers d'Amont, Co: 8C1
Fuller's Mill, StJ: 2A2
Fuller's Mill, StO: 1D2
Furco, StMa: 4B1

Gabart, StMa: 4C3
Gabourellerie, StO: 1B3
Gâcherie, StMy: 2A4
Gâchière, StMy: 2A4
Gaillards, StO: 1D3
Gaillmain, StC: 11C1
Galaid Methodist Chapel, StL: 6D3
Galêtri, StO: 1B1
Gallerie, StMa: 4C1
Gallerie, StO: 5B1
Gallichanerie, StS: 7D1
Gal'lie, StO: 1C1
Gallierie, StMa: 4C1
Gallows Hill, StH: 10A1
Galots, Co: 10C2
Gardé de Gros, StMy: 2C2
Gardé de la Rue, StMa: 4C4
Gardé de la Rue, StMy: 2C1
Gardé d'Lermite, StP: 6A1
Gardé du Hogard, StMy: 2C2
Garde et Magazine de Rocquebort, StC: 10D3
Garden Lane, StH: 10A1
Gare, Gr: 11A4
Garenne (2), StL: 6A4
Garenne (2), StMa: 11B1
Garenne, StH: 6D4
Garenne, StL: 6D1
Garenne, StP: 6A3
Garenne du Pré, StL: 6D1
Garennes, StH: 7D1
Garennes, StO: 1D2
Garrison Field, StB: 5D4
Garth, StP: 5D2
Gas Lane, StH: 10A4
Gas Place, StH: 10A2
Gas Works, StH: 10A2
Gâte Bois, StP: 2C3
Gate Posts, StO: 1A4
Gau Pet, StMa: 3D4
Gaudins, StB: 8B3
Gaule, StMa: 3D4
Gaupet, StMa: 3D4
Gauvinie, StS: 7D2
Gelettes, StL: 6C2
General Don's farm l'Oasis, StB: 8B2
Genest, StC: 10D1
Genestaux, StO: 1B3

Geoffroi, Co: 5C4
Geoniaire, StJ: 3A3
Geonière, StO: 5B2
Géonière, StO: 1B3
Géonière, StO: 5B2
Géonière, Tr: 3C2
Géoniéres, StP: 6C2
Geonnais (4), StO: 1B3
Geonnais, StO: 1C1
Gêonnais (2), StO: 1B3
Geonnerie, Tr: 3A4
Geonnière, StJ: 2B3
Geonnière, StJ: 2B4
Geonnière, StO: 1A3
Geonnière, StO: 1D2
Géonnière (2), StJ: 2B1
Géonnière et Vivier, Tr: 3C4
Georgetown Road, StS: 10C2
Gerard, StB: 5D4
German building, StL: 2D3
German Fortification (2), StO: 1C1
German guns, Co: 1A3
German Tower (5), StO: 1A3
German Tower, StB: 8A3
Geroons, StO: 1D2
Gervais, StMy: 2C4
Gervais de Bas, StMy: 2C4
Gervais de Haut, StMy: 2C4
Ghost Hill, StB: 9A3
Ghouquetterie, StMa: 4C3
Gibet des Hures, StO: 5B3
Gibraltar, Co: 4D1
Gibraltar, StP: 6C4
Giffard, Tr: 3C4
Gilanderie, StB: 8B4
Gingueval, StL: 6B3
Giparé, StJ: 2D2
Giparé, StJ: 3C3
Giraide, StMa: 4C2
Girande, StMa: 4C2
Girard, StB: 5D4
Girette, StJ: 2B4
Girette, StMa: 4A4
Githottes, Co: 4A1
Gladsmuir, Tr: 7A1
Glen, StP: 6C4
Glencoe, StL: 2D3
Glenrose, StP: 6A2
Glenside, StL: 6D3
Gloriettes (2), StMy: 2C4
Gloucester Street, StH: 10A3
Godellée, Tr: 7C2
Godellie, Tr: 7C2
Godfrayellerie, StP: 5D1
Godillie, Tr: 7A4
Godillie, Tr: 7C2
Goedfal, StMy: 2D1
Golf Course, StC: 10D1
Golf Lane, Gr: 11A4
Gomère, Tr: 7A4
Gommard, Tr: 7A4
Goodfat, StMy: 2D1
Goodlands, StS: 10B1
Goose Green Marsh, StP: 6C4
Gordon's Tower, Co: 5C4
Gorey Castle, StMa: 11B1
Gorey Church, StMa: 11B1
Gorey Common, Gr: 11A4
Gorey Harbour, Co: 11B1
Gorey House, Gr: 11A2
Gorey Lodge, Gr: 11A2
Gorey Pier, StMa: 11B1
Gorey Village, Gr: 11A2
Gorey Village Railway Station, Gr: 11A2
Gospel Hall, StL: 6B2
Goués Farm, Gr: 10B2
Goullé, Co: 5C4
Goupillière, StJ: 2D4
Gouray Cottage, Gr: 11A2
Government House, StS: 10A2

Governor's House, StH: 9D2
Gown Rock, Co: 9D2
Grainerie, StMa: 4A3
Grainville Manor, StS: 7C4
Grand Babin, Tr: 3C2
Grand Bas, Co: 4D1
Grand Bas Acre, StMa: 4C4
Grand Battery, StH: 9D2
Grand Becquet, StO: 1B1
Grand Becquet, StO: 1B3
Grand Betchet, StO: 1B1
Grand Bourg, Gr: 10B2
Grand Câtelet, StJ: 2D1
Grand Champ, Gr: 11A3
Grand Champ, StMa: 4C1
Grand Champ, StMa: 4C4
Grand Champ des Huriaux (2), StMy: 2A3
Grand Champ des Prés, StMa: 7D2
Grand Charpins et Clos de la Chasserie, StH: 7C1
Grand Charrière Slip, StC: 10C2
Grand Chêne, StO: 1D3
Grand Clos (2), Gr: 10B2
Grand Clos (2), Gr: 10B4
Grand Clos (2), Gr: 11C1
Grand Clos (2), Gr: 11C2
Grand Clos (2), StB: 5D4
Grand Clos (2), StJ: 2A4
Grand Clos (2), StJ: 2D1
Grand Clos (2), StL: 2D3
Grand Clos (2), StL: 2D4
Grand Clos (2), StL: 6B3
Grand Clos (2), StMa: 4C4
Grand Clos (2), StMa: 7B4
Grand Clos (2), StMy: 2A4
Grand Clos (2), StO: 1C2
Grand Clos (2), StO: 5B1
Grand Clos (2), StP: 2C3
Grand Clos (2), StP: 5D1
Grand Clos (2), StP: 6A3
Grand Clos (2), StP: 6A4
Grand Clos (2), StS: 7D3
Grand Clos (2), StS: 7D4
Grand Clos (2), Tr: 3A4
Grand Clos (2), Tr: 3D3
Grand Clos (3), Gr: 11A1
Grand Clos (3), StH: 6D4
Grand Clos (3), StH: 7C1
Grand Clos (3), StJ: 2B4
Grand Clos (3), StJ: 7A1
Grand Clos (3), StMa: 3D4
Grand Clos (3), StMa: 4C2
Grand Clos (3), StMa: 7B2
Grand Clos (3), StMy: 2C1
Grand Clos (3), StP: 6C2
Grand Clos (3), StS: 7D1
Grand Clos (3), Tr: 3C1
Grand Clos (3), Tr: 3C4
Grand Clos (3), Tr: 7A2
Grand Clos (3), Tr: 7B2
Grand Clos (4), StB: 9A3
Grand Clos (4), StJ: 2B3
Grand Clos (4), StMy: 2C4
Grand Clos (4), StMy: 6A2
Grand Clos (4), StO: 1A4
Grand Clos (4), StO: 1D4
Grand Clos (4), StP: 6A1
Grand Clos (4), StS: 10B1
Grand Clos (4), Tr: 7A4
Grand Clos (5), StL: 6B1
Grand Clos (5), StP: 5B4
Grand Clos (5), Tr: 3C2
Grand Clos (6), StJ: 2D2
Grand Clos (6), StMa: 4C3
Grand Clos (7), StMy: 2C2
Grand Clos, Co: 8A1
Grand Clos, Gr: 10D2
Grand Clos, Gr: 11A2
Grand Clos, Gr: 7D4
Grand Clos, StB: 6C3

112

Grand Clos, StB: 8B2
Grand Clos, StB: 8B3
Grand Clos, StC: 10D1
Grand Clos, StC: 10D2
Grand Clos, StC: 10D3
Grand Clos, StC: 10D4
Grand Clos, StH: 10A1
Grand Clos, StH: 6D2
Grand Clos, StH: 7B3
Grand Clos, StH: 7C4
Grand Clos, StJ: 2C2
Grand Clos, StJ: 3C3
Grand Clos, StL: 6D1
Grand Clos, StL: 6D2
Grand Clos, StMa: 11A2
Grand Clos, StMa: 11B1
Grand Clos, StMa: 4A4
Grand Clos, StMa: 4C1
Grand Clos, StMa: 7D2
Grand Clos, StMy: 2C3
Grand Clos, StMy: 2D1
Grand Clos, StO: 1D1
Grand Clos, StO: 1D3
Grand Clos, StO: 2C3
Grand Clos, StO: 5B2
Grand Clos, StO: 5B3
Grand Clos, StP: 5B2
Grand Clos, StP: 6A2
Grand Clos, StP: 6C1
Grand Clos, StP: 6C3
Grand Clos, StP: 6C4
Grand Clos, StS: 10A4
Grand Clos, StS: 10B3
Grand Clos, StS: 11A1
Grand Clos, StS: 7B3
Grand Clos, StS: 7B4
Grand Clos, StS: 7C4
Grand Clos, StS: 7D2
Grand Clos, Tr: 3C3
Grand Clos, Tr: 7B1
Grand Clos, Tr: 7B3
Grand Clos à Genest et de Derrière, StJ: 3C1
Grand Clos à l'Est, StH: 7C3
Grand Clos à l'Ouest, StJ: 7A1
Grand Clos à l'Ouest de la Maison, StS: 10B2
Grand Clos au Mont Cochon, StH: 6D4
Grand Clos au Sud de la Maison, StL: 2D4
Grand Clos Bisson, StO: 1B3
Grand Clos Carré, StS: 7D3
Grand Clos d'Aval, StMa: 4C3
Grand Clos de Bas (2), StP: 6A1
Grand Clos de Bas, StO: 1B3
Grand Clos de Bisson, StJ: 2D4
Grand Clos de Devant, Tr: 3C1
Grand Clos de Diélament, StH: 7C1
Grand Clos de Faldouet, StMa: 4C4
Grand Clos de Grasfort, StMa: 4C4
Grand Clos de Haut, StJ: 3C3
Grand Clos de Haut et les Marettes (2), StMa: 4D3
Grand Clos de la Boucterie, StS: 7B3
Grand Clos de la Chasse, StL: 6B2
Grand Clos de la Colomberie, StH: 10A4
Grand Clos de la Côte au Palier, StMa: 4C4
Grand Clos de la Croix, StJ: 3C1
Grand Clos de la Croix, StP: 6C1
Grand Clos de la Croix et le Petit Clos de la Croix, StJ: 3C1
Grand Clos de la Fosse, StC: 10D3
Grand Clos de la Fosse, Tr: 7B1
Grand Clos de la Francheville, Gr: 10B2
Grand Clos de la Hougue, StMy: 2A3
Grand Clos de la Hure, Gr: 10B4
Grand Clos de la Maison, StB: 9A1
Grand Clos de la Mare, StC: 10D3
Grand Clos de la Mauve, Tr: 3C2
Grand Clos de La Profonde Rue, Tr: 3D3
Grand Clos de la Rocque, Gr: 11C2
Grand Clos de la Sauvallerie, StB: 5D4

Grand Clos de la Sergente, StB: 8A4
Grand Clos de la Verte Rue, Tr: 3C4
Grand Clos de l'Étoquet (2), StO: 1D1
Grand Clos de l'Ouest, StJ: 7A1
Grand Clos de Maillefer (2), StO: 1D4
Grand Clos de Marc, Tr: 7A1
Grand Clos de Patier, StS: 7D3
Grand Clos de Philippe, StO: 1D4
Grand Clos de Romeril (2), StJ: 3C3
Grand Clos de Romeril, Tr: 3C1
Grand Clos de St Jean, StJ: 2D3
Grand Clos de St Ouën, StO: 2C1
Grand Clos de St Pierre, StP: 6A3
Grand Clos de Ste Marie, StMy: 2D1
Grand Clos de Vallet, Tr: 3A4
Grand Clos de Vicart, StL: 6B4
Grand Clos de Vigot, StMy: 6A2
Grand Clos des Champs Pelles, StP: 2C3
Grand Clos des Côtils, StL: 2D4
Grand Clos des Fonds, Gr: 11A3
Grand Clos des Hougues, Tr: 3D4
Grand Clos des Hureaux, StS: 7D3
Grand Clos des Hures, StL: 6C2
Grand Clos des Landes (2), StMy: 1D2
Grand Clos des Landes, StP: 6C3
Grand Clos des Mans, StB: 9A1
Grand Clos des Marettes, StMa: 4C4
Grand Clos des Monts, StS: 10A2
Grand Clos des Pernelles, StL: 6B4
Grand Clos des Reuses, StMy: 2A3
Grand Clos des Varines, StS: 10B3
Grand Clos du Col de la Rocque, StMy: 2A3
Grand Clos du Coin, StB: 9A1
Grand Clos du Genestel et Jardin à Cosnard, Gr: 11C1
Grand Clos du Hurel, Tr: 3C2
Grand Clos du Jardin, StP: 6A1
Grand Clos du Manoir, StS: 7B2
Grand Clos du Masurier, Tr: 3D3
Grand Clos du Ménage, StB: 8B3
Grand Clos du Ménage, StO: 1C2
Grand Clos du Ménage, Tr: 3D4
Grand Clos du Mont Capel, StO: 1D2
Grand Clos du Mont des Vignes, StB: 6C4
Grand Clos du Mont ès Naux, StS: 10B3
Grand Clos du Mont Géhan, StMa: 4C2
Grand Clos du Montais, StB: 6C3
Grand Clos du Moulin, StC: 11C1
Grand Clos du Nord (2), StMy: 1D2
Grand Clos du Nord, StJ: 2B3
Grand Clos du Nord, StMy: 1B4
Grand Clos du Ponterrin, StS: 7D1
Grand Clos du Ravenal, Gr: 11A1
Grand Clos du Ravnay, Gr: 11A1
Grand Clos du Ray, StL: 2D4
Grand Clos du Rocquier, Tr: 3C4
Grand Clos du Sud, StB: 8A4
Grand Clos et Clos de Martine (2), StS: 4C3
Grand Clos et Clos de Martine, StS: 11A1
Grand Clos et Clos du Bosquet, StMy: 2C2
Grand Clos et Jardin de Thomas, StMy: 2C1
Grand Clos et la Partie Est et Ouest du Pré, StL: 2D4
Grand Clos et Le Clos de Louis, StL: 6D2
Grand Clos et le Petit Clos et Jardin de Derrière, StJ: 3C3
Grand Clos Fallu, StMa: 7B2
Grand Clos Graut, StS: 10A4
Grand Clos la Partie Sud, StL: 6B3
Grand Clos Lemprière, StS: 7C4
Grand Clos Malet, StMa: 7D2
Grand Clos Marie, StL: 6D2
Grand Clos Messervy, StMa: 4C3
Grand Clos Nord, StL: 2D3
Grand Clos Sud, StL: 2D3
Grand Clos, Rue Jacques, Tr: 7A2
Grand Commune, StP: 6A4
Grand Cosnet, Tr: 3C1
Grand Côtil (2), StL: 6D1
Grand Côtil (2), StMa: 4D1

Grand Côtil (2), StP: 6C4
Grand Côtil, StB: 9A1
Grand Côtil, StC: 10D2
Grand Côtil, StH: 7C1
Grand Côtil, StL: 6C2
Grand Côtil, StMa: 4A3
Grand Côtil, StMa: 4B3
Grand Côtil, StMa: 4C2
Grand Côtil, StMa: 4C3
Grand Côtil, StMa: 7B2
Grand Côtil, StMy: 2C4
Grand Côtil, StO: 5B1
Grand Côtil, StP: 6A3
Grand Côtil de la Roche Culée, Tr: 3A4
Grand Côtil de Vivian, Tr: 7B3
Grand Côtil du Malassis, StS: 7C4
Grand Côtil du Nord, StMy: 1D2
Grand Côtil et Petit Jardin du Côtil, Gr: 10B4
Grand Courtil, StO: 5B1
Grand Croute, StJ: 2D2
Grand Douet, StH: 10A4
Grand Ècarceur, StO: 1B3
Grand et le Petit Clos de l'Étoquet, StO: 1D1
Grand et Petit Banc, Co: 5C3
Grand et Petit Caramé, Co: 11C3
Grand et Petit Clos, StMy: 2A4
Grand et Petit Clos de Viviant, StJ: 2D2
Grand et Petit Clos du Pont, StJ: 2D2
Grand et Petit Côtil, StO: 2C1
Grand et Petit Côtil, Tr: 7B1
Grand et Petit Four, Co: 9C3
Grand et Petit Keinage, StMa: 4B1
Grand et Petit Parcq, StH: 7C1
Grand et Petit Val en Douet, StJ: 3A3
Grand Étacquerel, Co: 1C1
Grand Fara, Co: 4D4
Grand Farcit, StMa: 4C1
Grand Fief Chevalier, StB: 8B3
Grand Fief Quérrée, Tr: 3C4
Grand Fontenil, Gr: 10B4
Grand Frédée de Haut et de Bas, StH: 7C1
Grand Gallichan, StMy: 2C2
Grand Genestel et le Becquet de Havard, StC: 10D2
Grand Hâtivel, StO: 5B1
Grand Havre, StB: 8A2
Grand Hurel, StL: 6B3
Grand Hurel, StMy: 2A4
Grand Hureux, StP: 5D1
Grand Jardin (2), StB: 6C3
Grand Jardin (2), StJ: 2B1
Grand Jardin (2), StL: 2D3
Grand Jardin (2), StL: 2D4
Grand Jardin (2), StL: 6B1
Grand Jardin (2), StL: 6B3
Grand Jardin (2), StMa: 4C3
Grand Jardin (2), StMy: 2C2
Grand Jardin (2), StMy: 2C4
Grand Jardin (2), StO: 1C2
Grand Jardin (2), StP: 6A3
Grand Jardin (4), StJ: 2D2
Grand Jardin, Gr: 11A1
Grand Jardin, Gr: 11A3
Grand Jardin, StB: 8B2
Grand Jardin, StC: 11C1
Grand Jardin, StJ: 2C2
Grand Jardin, StJ: 2D1
Grand Jardin, StJ: 3C1
Grand Jardin, StJ: 3C3
Grand Jardin, StJ: 7A1
Grand Jardin, StL: 6D1
Grand Jardin, StL: 6D2
Grand Jardin, StMa: 3D4
Grand Jardin, StMa: 4A3
Grand Jardin, StMa: 7B2
Grand Jardin, StMa: 7B4
Grand Jardin, StMy: 2C1
Grand Jardin, StMy: 2C3
Grand Jardin, StMy: 6B1

Grand Jardin, StO: 1A4
Grand Jardin, StP: 6A1
Grand Jardin, StP: 6A2
Grand Jardin, StP: 6C2
Grand Jardin, StS: 10A4
Grand Jardin, StS: 7B3
Grand Jardin, StS: 7D1
Grand Jardin, StS: 7D2
Grand Jardin, StS: 7D3
Grand Jardin, StS: 7D4
Grand Jardin, Tr: 3A3
Grand Jardin, Tr: 3C2
Grand Jardin, Tr: 3C3
Grand Jardin, Tr: 3C4
Grand Jardin, Tr: 3D4
Grand Jardin, Tr: 7B1
Grand Jardin, Tr: 7B3
Grand Jardin à l'Ouest, StL: 6B1
Grand Jardin à Pommiers, Gr: 11A1
Grand Jardin à Pommiers, StJ: 2D2
Grand Jardin à Pommiers, StL: 6D3
Grand Jardin à Pommiers, StMa: 4C4
Grand Jardin à Pommiers, StO: 1D1
Grand Jardin à Pommiers, Tr: 7A4
Grand Jardin au Carrefour, StL: 6B1
Grand Jardin de Derrière, StMy: 2C3
Grand Jardin de Hardy, StJ: 3C1
Grand Jardin de Haut, StJ: 2D3
Grand Jardin de la Croute, StMy: 2C1
Grand Jardin de la Pompe, StP: 6C3
Grand Jardin de Malassis, StL: 6B1
Grand Jardin et Clos, StP: 6A3
Grand Jardin et Clos de Gruchard, StJ: 2D1
Grand Jardin et Jardin de Derrière, StS: 10B2
Grand Jardin et Jardin de Marett, Tr: 3C4
Grand Jardin et le Clos des Buttes la Mare, Tr: 7B3
Grand Jardin Lemprière, StMy: 2C4
Grand Jardin, Jardin de Haut et Bas et Les Varines, StL: 2D3
Grand Jardin, Jardin de Pinel et le Pré, StJ: 2B4
Grand Jardin, La Rocdière et La Cannevière, Gr: 10D1
Grand Jardinse, StMy: 2A4
Grand Marais (4), StB: 8A4
Grand Marais, StB: 8B3
Grand Marquet, Tr: 7A4
Grand Miquet et Petit Miquelet, StB: 8B3
Grand Moulet, Co: 10C3
Grand Mourier, StJ: 2B1
Grand ou Long Parcq, StMa: 3D4
Grand Parc, StH: 7C2
Grand Parc, StL: 6B2
Grand Parc, Tr: 3C1
Grand Parc et Clos à Genest, StMa: 4C1
Grand Parcq, StO: 5B2
Grand Parcq, Tr: 3D4
Grand Parcq, Tr: 7B1
Grand Parcq St Maurice, Tr: 7A2
Grand Parquet, Tr: 4A3
Grand Perroit, StH: 7C2
Grand Pièce, Gr: 11A2
Grand Pièce, Tr: 3D3
Grand Pré (2), Gr: 11A2
Grand Pré (2), StJ: 2D4
Grand Pré (2), StO: 1C4
Grand Pré (2), Tr: 7B1
Grand Pré (3), Tr: 3C4
Grand Pré (4), StS: 10B3
Grand Pré, Gr: 11A3
Grand Pré, StB: 8A4
Grand Pré, StB: 9A2
Grand Pré, StC: 10D2
Grand Pré, StJ: 2B1
Grand Pré, StJ: 2B4
Grand Pré, StJ: 2D2
Grand Pré, StL: 6B3
Grand Pré, StMa: 4C4

Grand Pré, StMy: 6A1
Grand Pré, StMy: 6A2
Grand Pré, StO: 1C1
Grand Pré, StO: 1C2
Grand Pré, StP: 6C1
Grand Pré, StS: 11A2
Grand Pré, StS: 7B2
Grand Pré, Tr: 3C3
Grand Pré, Tr: 7A1
Grand Pré, Tr: 7A4
Grand Pré Chesnaie, StMa: 4A3
Grand Pré de la Croute, StJ: 2B4
Grand Pré de Malassis, StS: 7C4
Grand Pré de Ste Marie, Tr: 3C4
Grand Pré du Plat Douet, Tr: 3C4
Grand Pré du Sud, StJ: 2D2
Grand Pré et Pré des Mares, StS: 10B3
Grand Pré les Jardins de Hue, StMy: 2C4
Grand Puchet, StMa: 4D1
Grand Puchot, StJ: 2B1
Grand Rabot, StO: 1A4
Grand Ratière, StJ: 2D4
Grand Saturin, StMy: 2A4
Grand Sue (2), StMa: 4C1
Grand Val au Moine, StC: 10D2
Grand Vâlchin, StMy: 2A4
Grand Vallette, StO: 1C2
Grand Valquet, StMy: 2A4
Grand Vaux, StS: 10A2
Grande Arconie, Co: 11C3
Grande Basse, Co: 4D1
Grande Basse Croute, StMa: 3D4
Grande Bataille, StJ: 2C2
Grande Becque, StMy: 6A2
Grande Becqüe, StMy: 6A1
Grande Bretonne, Tr: 3C4
Grande Buttière, StO: 5B1
Grande Capelle, StL: 6A4
Grande Chapelle, StL: 6A4
Grande Charrière, Co: 10C4
Grande Cheminée, StP: 6C1
Grande Chemon di Roi, StMy: 2C4
Grande Clos, StMa: 4C2
Grande Clos, StO: 1D1
Grande Cloture (2), StP: 5B4
Grande Clôture, StP: 5B1
Grande Collette, Co: 10D4
Grande Commune, StP: 6A4
Grande Coulèvre, Tr: 3A4
Grande Coûture, Gr: 7D4
Grande Croute, StJ: 2B4
Grande d'Azette, Co: 10C4
Grande Dune, StJ: 2B3
Grande et la Petite Pi2ce des Mielles, StB: 5D4
Grande et Petit Lande, StL: 6B1
Grande et Petite Anquette, Co: 11C3
Grande et Petite Carrière et La Vallette, StC: 11C1
Grande et Petite Dunes, StL: 6D4
Grande et Petite Noire, StMa: 4B1
Grande et Petite Rainerie et Le Long Champ, StMy: 2A4
Grande et Petite Rousse, StMa: 4B1
Grande Fliquette, StS: 7D3
Grande Fosse (2), StP: 6A1
Grande Fosse, StP: 5D1
Grande Frédée, StH: 7C1
Grande Frouquie, Co: 11C3
Grande Galère, StH: 7C1
Grande Gallaize (2), StL: 6D1
Grande Hougette, StMy: 2A3
Grande Hougue, StO: 1D2
Grande Lande (2), StB: 8B3
Grande Lande, StB: 8D1
Grande Lande, StMa: 3D4
Grande Lande, StMa: 4A3
Grande Lande, StMy: 2A3
Grande Lande du Grouet, StB: 8A4
Grande Maison, StJ: 3C3

Grande Mangeuse, StH: 10C1
Grande Mare de Samarès, StC: 10D3
Grande Masion, Tr: 7A4
Grande Masse, StS: 10B3
Grande Mieille la Vachière, StB: 8B1
Grande Mielle, StP: 5D1
Grande Monnière, Tr: 7A2
Grande Montagne, StL: 6D1
Grande Montagne, StP: 2C3
Grande Montagne, StP: 6C2
Grande Montagne et les Montagnes de Bas, StP: 6C2
Grande Pelle, StO: 1B3
Grande Perruque, Tr: 3C2
Grande Perruque, Tr: 3C2
Grande Piéce, StO: 1C4
Grande Piéce, StO: 1D3
Grande Pièce (2), Gr: 11A2
Grande Pièce (2), StB: 9C2
Grande Pièce (2), StL: 6B2
Grande Pièce (2), StMa: 4A3
Grande Pièce, Gr: 10B2
Grande Pièce, Gr: 11A1
Grande Pièce, Gr: 11A3
Grande Pièce, StB: 5D4
Grande Pièce, StB: 8A4
Grande Pièce, StC: 10D1
Grande Pièce, StH: 7C2
Grande Pièce, StJ: 2D1
Grande Pièce, StL: 6B4
Grande Pièce, StL: 7A1
Grande Pièce, StMa: 4D1
Grande Pièce, StO: 1C1
Grande Pièce, StO: 1D3
Grande Pièce, StO: 5B1
Grande Pièce, StO: 5B4
Grande Pièce, Tr: 7B2
Grande Pièce de Dessus les Côtils, StL: 6D2
Grande Pièce de Hamon, StP: 5B4
Grande Pièce de la Commune, StMa: 4C2
Grande Pièce de la Solitude, StMa: 4C4
Grande Pièce des Monts, Gr: 11A2
Grande Pièce d'Ingouville, StS: 10A2
Grande Pièce du Séquée, StC: 10D3
Grande Plaine, Gr: 11A2
Grande Plaine, StJ: 3C3
Grande Plaine, StJ: 7A1
Grande Pouquelaye, StH: 7C3
Grande Pouquelaye, StO: 1A4
Grande Pré, StO: 1C4
Grande Rade, Co: 9D3
Grande Rimache, StO: 1D4
Grande Robette, StH: 7C3
Grande Route d'Anne Port, StMa: 4D3
Grande Route de Faldouet, StMa: 4C4
Grande Route de la Côte, StC: 10D4
Grande Route de Rozel, StMa: 4A3
Grande Route de Rozel, StMa: 4C1
Grande Route de St Clement, StC: 10D1
Grande Route de St Laurent, StL: 6B1
Grande Route de St Laurent, StL: 6D1
Grande Route de St Marie, StMy: 2C3
Grande Route de St Ouen, StO: 5B2
Grande route de St Pierre, StP: 5B2
Grande Route de St Pierre, StP: 6A3
Grande Route de Ste Catherine, StMa: 4D1
Grande Route des Sablons, Gr: 11C4
Grande Route du Mât, StP: 2C3
Grande Route du Mây, StP: 1D4
Grande Route du Mont à l'Abbé, StH: 7C1
Grande Rue, StMy: 2A4
Grande Rue, StMy: 2C2
Grande Sequette, StO: 1D1
Grande Terre, StMa: 4B3
Grande Thiébault, StO: 1C4
Grande Tremblée, StO: 1A3
Grande Vallette, Gr: 10B4
Grande Vallette, StB: 9A4
Grande Vallette, StH: 7C1
Grande Vallette, StMa: 4A3

Grande Vallonerie, StC: 10D1
Grande Varine, StS: 10B3
Grande Vaudin, Co: 9C3
Grandenerie, Tr: 3C4
Grandes Acres, StJ: 2B3
Grandes Berckes, StO: 1A4
Grandes Bouvées, StJ: 2B1
Grandes Buttes, StL: 6B3
Grandes Clos et Clos St Georges, StMy: 2C1
grandes Corbières, Co: 8D4
Grandes Corvées, StL: 6B1
Grandes Courtils, StL: 6B2
Grandes et Peties Croix, StO: 1D3
Grandes et Petites Landes, StP: 6A4
Grandes et Petits Houmets, StH: 7C1
Grandes Hures, StP: 6A4
Grandes Hures, StS: 10B1
Grandes Lande, StMa: 4C4
Grandes Lande, Tr: 3D3
Grandes Marais, StB: 8A4
Grandes Marettes, Tr: 3C3
Grandes Montagnes, StL: 6B3
Grandes Perrotines, StO: 1B3
Grandes Retraites, StO: 5A4
Grandes Rues (2), StMa: 4C4
Grandes Rues; les Fosses et Côtils, StMa: 4C4
Grandes Varines et Clos d'Aval, StL: 2D3
Grands, StS: 10B1
Grands Bourgs, StL: 6D1
Grands Charrières, StH: 7C4
Grands Chemins, StS: 7D2
Grands Côteaux, StH: 6D2
Grands Côtils, StMa: 4D1
Grands et Petits Malassis, StS: 7C4
Grands Gobard, StH: 7C1
Grands Grupeiaux de Bas, StP: 6C2
Grands Hammonets, StJ: 7A1
Grands Jardins, StO: 1D2
Grands Manoirs, Tr: 7A2
Grands Marineaux, StO: 1D2
Grands Vaux, StS: 7C4
Grands Vaux Resevoir, StH: 7D1
Graneg, Gr: 10B4
Grange, StMy: 2C2
Grange, Tr: 7A4
Grantex Farm, StO: 1D3
Grantez Farm, StO: 1D3
Gras Vallet, StMa: 4C2
Grasett Park, StS: 10C2
Grasfort, StMa: 4C4
Grassdale, StL: 6B1
Grasse Fosse, Co: 4A4
Gravel Pit, StMy: 1B4
Graveline, Co: 10C1
Graveur, Co: 4D1
Graviers, Co: 8A3
Graviers du Petit Port, Co: 8A3
Gré, StL: 2D4
Great and Little Ankty, Co: 11C3
Great and Little Oyster Bank, Co: 11B4
Great Menhir (2), StB: 8B1
Great Road, Co: 9D3
Great Rock, Co: 1B2
Great Union Road, StH: 10A1
Great Union Street, StH: 10A1
Green Farm Lane (2), StMa: 7D2
Green Island, Co: 10D3
Green Island Common, StC: 10D3
Green Road, StC: 10C2
Green Rock, Co: 8A3
Green Rock, StMa: 4B1
Green Street, StH: 10A4
Green Street, StH: 10C2
Greenfield, Tr: 3C1
Greenfields, StMy: 2C2
Greenhill, StL: 2D4
Greenhill, StMa: 4C4
Greenhill, StP: 6A2
Greenland, StP: 5B4

Greenville, StB: 9A1
Grenville Street, StH: 10A4
Grès, StB: 9C1
Grès, Tr: 7B3
Grese, StMa: 4A2
Grève au Lançon, Co: 1A2
Grève d'Azette, StC: 10C2
Grève de Lecq, Co: 1B4
Grève de Lecq Barracks, StMy: 1B4
Grève de Lecq woods, StO: 1D2
Grève ès Bantchets, Co: 1A2
Grey Gables, StB: 9A1
Greystones, StO: 1D3
Grimperel, StJ: 2D3
Grise Rock, Co: 1C3
Grises, Co: 8A2
Gros du Château, Co: 9D2
Gros Étacs, Co: 11C3
Gros Jardin, StMy: 2C2
Gros l'Tat, Co: 11C3
Gros Puits, StS: 10A4
Gros Rocher, StMa: 4A4
Grosnez, StO: 1A1
Grosnez Castle, StO: 1A1
Grosse et Petit Tête, StMa: 4B1
Grosse Moie, Co: 11B1
Grosse Rock, Co: 9A4
Grosse Rocque, StB: 8A4
Grosse Tête (2), Co: 8D1
Grosse Tête des Houmets, Co: 10D3
Grosse Tower, StO: 5A2
Grosvenor Street, StH: 10A4
Grotte du Chêne, StO: 1A2
Grouet, Co: 8A3
Grouin, Co: 8A3
Grouin Battery, StB: 8B4
Groulet, Co: 8B4
Groullée du Fond du Braye, Co: 8A2
Grouville Arsenal, Gr: 10B4
Grouville Church, Gr: 11A3
Grouville Court, Gr: 11A3
Grouville Golf Course, Gr: 11A4
Grouville Main Road, Gr: 10B4
Grouville Windmill, Gr: 11C1
Grove, StL: 6D1
Grove Street, StH: 10A4
Grune, Co: 3D1
Grune de Becquet, Co: 1B2
Grune de Douet, Co: 1B2
Grune de Lecq, Co: 1B2
Grune de l'Église, Co: 8B4
Grune du Nord-ouest, StMa: 4A2
Grune du Sud-ouest, StMa: 4A2
Grunes aux Dardes, Co: 9C3
Grunes du Port, Co: 9C4
Grunes Houillères, Co: 8A3
Grunes St Michel, Co: 10C4
Grunes Vaudin, Co: 9C3
Grunot, Co: 9C3
Grupieaux, StP: 6C4
Guard House, StJ: 2B1
Guard House, StJ: 3A3
Guard House, StMa: 4A4
Guard House, StO: 1A2
Guard House, Tr: 3A4
Guard House, Tr: 3D2
Guard House et Fortification, StMa: 4B3
Guard House in ruins, StMy: 2A3
Guard House and Semaphore, StJ: 2B1
Gubauderie, StB: 8B4
Guenetière, StS: 10B1
Guerdain, StO: 1D2
Guerdainerie, Tr: 3C4
Guererie, StJ: 3C1
Guilleaumerie, StS: 7B3
Guilleman, StC: 11C1
Guillemelterie, StH: 7C2
Guilleminerie (2), StO: 1D2
Guillemots, Co: 11B3

H.M. Prison, StB: 8D1
Haguais (2), StC: 10D1
Haguais, StC: 10D3
Hague (2), StP: 5B3
Hague Manor, StP: 6A3
Hague Mill, StP: 6A3
Hague Resevoir, StP: 6A1
Hagues, StP: 5B3
Haie Fleurie, StMa: 4A4
Haies, Tr: 7A4
Haimpettes, Tr: 3D1
Haîzies, StB: 8A3
Halcyon House Farm, StH: 7C3
Halkett Place, StH: 10A4
Hambie, StS: 7D4
Hammonets (4), StJ: 7A1
Hammonets, StJ: 3C3
Hamonerie (2), StO: 1A4
Hamonerie, Tr: 7B3
Hamonie (2), StO: 1A4
Hampton Villa, StL: 2D3
Hamptonne (2), StP: 6A3
Hamptonne, StL: 6B2
Handois, StL: 2D4
Handois resevoir, StL: 2D4
Hanières, Gr: 11C2
Hanières, StO: 1D3
Hanières, StO: 5B1
Haniford Lane, StH: 6D4
Hannière, StMa: 3D4
Harvard (2), StC: 10D2
Harve, Co: 8B4
Harve de Fer, Co: 4D3
Harve de Rozel, Co: 4A3
Harve de St Jaume, StH: 9D2
Harve des Fontaines, Co: 10D4
Harve Giffard, Co: 3A3
Harve Jean de Gruchy, Co: 3A3
Harve Tower, StO: 1C1
Hastings Road, StH: 10A4
Hatherleigh, StMy: 2C2
Hâtiveaux, StO: 5B1
Hâtivel, StO: 5B1
Hâtivels, StO: 5B1
Hau, StMa: 4A2
Haugards, Co: 4D4
Hauge Reservoir, StP: 6A1
Haule Manor, StB: 9A2
Haut de la Cache, StJ: 3A3
Haut de la Rue, StO: 1D4
Haut de Lecq, StO: 1B3
Haut de l'Orme (2), Tr: 7B3
Haut de l'Orme, StH: 7B3
Haut de l'Orme, Tr: 7C1
Haut du Braye, Co: 5C4
Haut du Gran Pré, StB: 8A4
Haut du Marais, StC: 10D4
Haut du Marais, StO: 1D4
Haut du Mont, StB: 8A4
Haut du Mont, StB: 9A1
Haut du Rué, StMa: 4C3
Haut le Marais, StB: 8A4
Haut Mur (2), Tr: 4A1
Haute Croix, Tr: 7B3
Haute Entrée Farm, StMa: 4A3
Haute Falaise, StO: 1A2
Haute Falaize, StB: 8A2
Haute Quéruée, StMa: 7D2
Haute Tombette, StMy: 2C2
Haute Vue, Tr: 3D3
Hautes Croix, StJ: 3C1
Hautes des Buttes, StMy: 2C4
Hautes Gardes, Co: 8A3
Hautes Parées, Gr: 11C4
Hautes Pareilles, Gr: 11C4
Hauteur, StH: 7C2
Hauteur, Tr: 7C2
Hauteville, Tr: 3C2
Hautlieu, Tr: 3C2

115

Hautlieu School, StS: 10A2
Hautmont, StJ: 3A3
Hauvre Bauche, StO: 1C4
Havard, StC: 10D2
Havelet Farm, StP: 6C3
Havre Bauche, Co: 1C4
Havre de Fliquet, Co: 4B3
Havre de l'Étacq, Co: 1C1
Havre de Sert à Rien, Co: 8D1
Havre des Pas, Co: 10C2
havre ès Cabots, Co: 10D4
Havre ès Maques, Co: 10D4
Havre ès Normans, Co: 4A3
Havre la Chaussee, Co: 11B1
Havres, Co: 1C1
Haye de Fleury, StMa: 4A4
Haye du Puits, Gr: 11A4
Heap of stones 1795, StB: 9C4
Heaume House, StH: 10C1
Hêche, StMa: 4D1
Hêche des Capçons, Co: 8A1
Hêches du Parq, StMy: 2C4
Hennière (2), StMa: 3D4
Hermitage of St Helier, StH: 9D2
Herquantin, Co: 11C3
Hersures, StP: 5D2
Hérupe, StJ: 3C3
Hérupe Farm, StJ: 2D4
Hêtres, StP: 6A1
High Field Lane, StH: 7C3
High View, StH: 7C3
High View, StL: 6A2
Highfield, StH: 7C3
Highfield, StMa: 4C4
Highfield, StP: 6C2
Highfield, StS: 7D1
Highfield, Tr: 7A2
Highfield Estate, StH: 7C1
Highfield Lane, StS: 7D1
Highland, StB: 6C3
Highland, StO: 1A4
Highland, Tr: 7B1
Highlands, StL: 6B4
Highlands College, StS: 10A2
Highstead, StS: 7D3
Hignarde, StH: 10A1
Hilgrove School, Gr: 11A2
Hillside, StC: 10D1
Hillside, StMy: 6A2
Hillside, StP: 6C4
Hilltop, StMy: 6A2
Hinguette, Co: 10C4
Hinguette, Co: 9C3
Hoard, Tr: 4A1
Hocq (2), StC: 10D4
Hocq, Co: 10D4
Hocq Hotel, StC: 10D4
Hocq House, StC: 10D2
Hocq Lane, StC: 10D4
Hocqardéthie, Tr: 3C1
Hocqs, StJ: 3A3
Hocquarderie, StJ: 3C1
Hogard, StH: 7D1
Hogard, StJ: 2B3
Hogard, StJ: 3C1
Hogard, StMy: 2C4
Hogard, StO: 1C2
Hollies, StC: 10D4
Holmbury, Tr: 7A1
Holmdale, StMa: 3D4
Holmfield Avenue, StB: 9A3
Homardière, Co: 1C3
Home Farm, Gr: 11A3
Home Farm, StP: 6A3
Home Lea Farm, StO: 1D2
Homestead, Gr: 11A3
Homestead, StP: 6A1
Homet, Co: 8D2
Homets, Co: 11C3
Homets, Co: 8D2

Homme, StB: 8B4
Hommet, Co: 1C1
Hope Street, StH: 10A3
Hopeley, StH: 7C1
Hoquette, StMa: 4B1
Horrêts, Gr: 11C2
Hotel Milano, StO: 1C1
Houblonerie, StS: 10A4
Hougemont, StMa: 11A2
Hougette, StMy: 2C1
Hougette, StO: 1B1
Hougettes (3), StO: 1B4
Hougettes, StMy: 1B4
Hougettes, StO: 1B3
Houguais, StMa: 4B1
Hougue (2), StL: 6D1
Hougue (2), StP: 5B2
Hougue (2), StP: 6A4
Hougue (3), StB: 8A4
Hougue, StMy: 2A3
Hougue, StO: 1A2
Hougue, StO: 1B3
Hougue, StO: 1C2
Hougue, StO: 1D1
Hougue ** Lucas, StO: 1B3
Hougue à Genêl, StO: 1B3
Hougue Avenue, StH: 7C1
Hougue Bênarde, StO: 1A4
Hougue Bie, Gr: 7D4
Hougue Bie Grange, Gr: 7D4
Hougue Bie Road, StMa: 11A2
Hougue Bie Road, StS: 11A1
Hougue Boëte, StJ: 2D1
Hougue Couvet, StB: 8B3
Hougue de Forêt (2), StB: 8B3
Hougue de Grosnez, StO: 1A1
Hougue de Vinde, StB: 9C2
Hougue des Geonnais (2), StO: 1B3
Hougue des Platons, Tr: 3A4
Hougue Farm, StS: 7D4
Hougue Mauger, StMy: 2C1
Hougue?, StO: 1A2
Hougues (3), StO: 1C2
Hougues, StMy: 2A4
Hougues Boes, StO: 1A3
Hougues Farm, Tr: 3D4
Houguette (2), StJ: 7A1
Houguette (2), StO: 5B1
Houguette (5), StJ: 2A2
Houguette, Gr: 11A3
Houguette, StC: 10D2
Houguette, StC: 10D4
Houguette, StH: 7C1
Houguette, StJ: 7B3
Houguette, StL: 6B2
Houguette, StMy: 2C4
Houguette, StP: 5B4
Houguette, StS: 10B2
Houguette, StS: 7D3
Houguette, StS: 7D4
Houguette, Tr: 3C2
Houguettes (2), StJ: 7B3
Houguettes, StB: 8B2
Houguettes, StJ: 7A1
Houguettes Clos S' étel, StMa: 4C2
Houguettes Romeril, StB: 9A3
Houguillon, StMa: 4A3
Houguillon, StMa: 4D1
Houguillon, Tr: 7B1
Houle, Co: 2A2
Houle, Co: 2B1
Houle au Chien, Tr: 3D2
Houle des Chiens, Tr: 3D2
Houles, Co: 11C3
Houles, Co: 8D1
Houlliées, Co: 8D1
Houmets, Gr: 11A2
Hoummets (2), Gr: 11A2
Houqueux, Co: 8C2
Hourettes, StO: 5B2

Howard Davis Park, StS: 10A4
Hubaut, Co: 9C3
Huchet, StL: 2D4
Huelin's Brick Works, StS: 7D3
Huguenotterie, StO: 1C4
Huppes, StJ: 2B4
Huquet, StL: 2D4
Huquet, StMa: 7B2
Huquet's Shipyard, StMa: 4C2
Hure, Gr: 10B4
Hure, Gr: 11A3
Hure, StO: 1A2
Hure, StO: 5B1
Hure, Tr: 3D4
Hureaux, StB: 9C1
Hureaux, StS: 7C4
Hurel (2), Tr: 3C2
Hurel (2), Tr: 7A2
Hurel, Co: 11C2
Hurel, Co: 8A3
Hurel, StH: 7C4
Hurel, StL: 6B4
Hurel, StMa: 4A4
Hurel, StMy: 2A3
Hurel, StMy: 2A4
Hurel, StMy: 2C1
Hurel, StO: 1A4
Hurel, StO: 1C4
Hurel, StO: 1D1
Hurel, StP: 6C4
Hurel Bênit, StB: 8B3
Hurel Farm, StH: 7C3
Hurel Tower, Gr: 11C2
Hures (4), StO: 5B3
Hures (5), StJ: 3A3
Hures, StO: 1D2
Hures de Haut, du Sud et de Bas, StO: 1D2
Hures Grosment, StB: 9A3
Hurets, Tr: 3D1
Hurets Guard House, Tr: 3D1
Hurette, Gr: 11A1
Hurette, StB: 8B1
Hurette, StJ: 3C3
Hurette, StMa: 4A3
Hurette, Tr: 3C2
Hurettes, StMa: 3D4
Huriaux (2), Gr: 11A1
Huriaux (2), StB: 9A1
Huriaux (2), StH: 7C2
Huriaux (2), StJ: 2B1
Huriaux (2), StMa: 3D4
Huriaux (2), StMa: 4A3
Huriaux (2), StO: 1A3
Huriaux (2), StS: 10B1
Huriaux (2), StS: 7D1
Huriaux (5), StMy: 2A3
Huriaux, Co: 8C2
Huriaux, Gr: 10D2
Huriaux, StB: 8A4
Huriaux, StO: 1A2
Huriaux, StO: 1A4
Huriaux, StO: 1B3
Huriaux, StO: 5B2
Huriaux, Tr: 3D1
Huriaux, Tr: 7A2
Huriaux au Cras, StB: 8B3
Huriaux de Bas, StB: 5D4
Huriaux de Bas, StO: 1B3
Huriaux de Haut, StB: 5D4
Huriaux de Haut, StO: 1B3
Huriaux de l'Est, StB: 8B3
Huriaux de l'Ouest, StB: 8B3
Huriaux et Longs Champs, StL: 6B4
Huriaux Grand, StS: 7D3
Huriaux Petit, StS: 7D3
Huterie, StMa: 4C1
Huterie, StMa: 4C3

Icho Tower, Co: 11C3
Ifs, Tr: 7A4
Île au Guerdain, Co: 9C3
Inkerman Farm, StS: 7B4
Inner Road Rock, Co: 11B2
Inverness Lodge, StL: 6B1
Issues, StJ: 2D2
Issues, StMa: 4A4
Ivy Farm, StJ: 2B1
Ivy Farm, StJ: 7A1
Ivy House, StB: 9A3
Ivy Stone (2), StC: 10D3
Ivy Stone Farm, StC: 10D3
Ivyside, StMa: 7D2
Ivystill, StS: 10B3

Jalousie, StB: 9A3
Jambard de Bas, StS: 7B4
Jambard de Haut, StS: 7B4
Jambart Farm, StC: 10D4
James Street, StH: 10A4
Jarden du Couvent, StMy: 6A2
Jardin (2), StJ: 2B4
Jardin (2), StJ: 3C3
Jardin (2), StMy: 2C2
Jardin (2), StO: 1A4
Jardin (2), StO: 1D3
Jardin (2), StO: 5B2
Jardin (3), StMy: 2C4
Jardin (3), StO: 1D1
Jardin (3), StO: 1D4
Jardin, Gr: 11A3
Jardin, Gr: 11C1
Jardin, Gr: 11C2
Jardin, Gr: 11C4
Jardin, StB: 5D4
Jardin, StB: 6C3
Jardin, StB: 8B3
Jardin, StB: 9A2
Jardin, StB: 9C1
Jardin, StC: 11C1
Jardin, StH: 7C1
Jardin, StJ: 2B3
Jardin, StL: 6A2
Jardin, StL: 6B1
Jardin, StL: 6B3
Jardin, StMa: 4C1
Jardin, StMa: 4C3
Jardin, StMa: 4C4
Jardin, StMy: 2A4
Jardin, StMy: 2C1
Jardin, StMy: 2C3
Jardin, StO: 1C2
Jardin, StP: 2C3
Jardin, StP: 5B4
Jardin, StP: 5D1
Jardin, StP: 5D2
Jardin, StP: 6A2
Jardin, StP: 6A3
Jardin, StP: 6C4
Jardin, StS: 7D3
Jardin, Tr: 3D2
Jardin, Tr: 3D3
Jardin, Tr: 3D4
Jardin, Tr: 7A2
Jardin, Tr: 7A4
Jardin à Chanvres, Gr: 7D4
Jardin à Chardons, StS: 7D2
Jardin à Fleurs, StMa: 11A2
Jardin à Fournil, Gr: 11A1
Jardin à Fruits, StS: 11A1
Jardin à Greffes, StS: 7D4
Jardin à la Bonne, Tr: 3C4
Jardin à la Dame, StP: 6A3
Jardin à la Vieille, Tr: 3C1
Jardin à l'Est, Gr: 10B2
Jardin à l'Est, Gr: 11A4
Jardin à l'Est, Tr: 3C4
Jardin à l'Est du Hogard, StJ: 2A4

Jardin à l'Est du Hôgard, StJ: 2B1
Jardin à l'Est du Hogard et Grange, StB: 9A1
Jardin à l'Ouest, StB: 9A1
Jardin à l'Ouest, StC: 10D1
Jardin à l'Ouest, StP: 6A3
Jardin à l'Ouest, StS: 7C4
Jardin à l'Ouest, Tr: 3C4
Jardin à l'Ouest du Hôgard, StO: 1D1
Jardin à l'Ouest du la Maison, StP: 6A1
Jardin à Osier, StC: 10D1
Jardin à Pommiers, StP: 5B4
Jardin à Pommiers (2), Gr: 10B2
Jardin à Pommiers (2), Gr: 10B4
Jardin à Pommiers (2), Gr: 11C1
Jardin à Pommiers (2), StJ: 3A3
Jardin à Pommiers (2), StL: 2D4
Jardin à Pommiers (2), StMa: 4C3
Jardin à Pommiers (2), StMa: 4C4
Jardin à Pommiers (2), StMa: 7B4
Jardin à Pommiers (2), StMy: 2C4
Jardin à Pommiers (2), StS: 7D1
Jardin à Pommiers (2), Tr: 3C1
Jardin à Pommiers (2), Tr: 3C2
Jardin à Pommiers (3), StJ: 7A1
Jardin à Pommiers (3), StMa: 4C2
Jardin à Pommiers (3), StP: 6A1
Jardin à Pommiers (3), Tr: 3C4
Jardin à Pommiers (3), Tr: 7B3
Jardin à Pommiers (4), StJ: 2D2
Jardin à Pommiers (4), StMa: 4C1
Jardin à Pommiers, Gr: 10D2
Jardin à Pommiers, Gr: 11A1
Jardin à Pommiers, Gr: 11A2
Jardin à Pommiers, Gr: 11A3
Jardin à Pommiers, Gr: 11A4
Jardin à Pommiers, Gr: 11C4
Jardin à Pommiers, StB: 9A2
Jardin à Pommiers, StH: 6D2
Jardin à Pommiers, StH: 7C2
Jardin à Pommiers, StJ: 2D1
Jardin à Pommiers, StJ: 2D4
Jardin à Pommiers, StJ: 3C1
Jardin à Pommiers, StL: 6B2
Jardin à Pommiers, StL: 6B3
Jardin à Pommiers, StL: 6B4
Jardin à Pommiers, StL: 6D1
Jardin à Pommiers, StMa: 11B1
Jardin à Pommiers, StMa: 4A3
Jardin à Pommiers, StMa: 4D3
Jardin à Pommiers, StMa: 7B2
Jardin à Pommiers, StMy: 2C2
Jardin à Pommiers, StMy: 2C3
Jardin à Pommiers, StO: 1B3
Jardin à Pommiers, StO: 1C2
Jardin à Pommiers, StO: 1D1
Jardin à Pommiers, StO: 1D2
Jardin à Pommiers, StO: 1D3
Jardin à Pommiers, StO: 2C3
Jardin à Pommiers, StP: 2C3
Jardin à Pommiers, StP: 5B4
Jardin à Pommiers, StP: 6A4
Jardin à Pommiers, StP: 6C3
Jardin à Pommiers, StP: 6C4
Jardin à Pommiers, StS: 11A1
Jardin à Pommiers, StS: 7D2
Jardin à Pommiers, StS: 7D4
Jardin à Pommiers, Tr: 3A4
Jardin à Pommiers, Tr: 3C3
Jardin à Pommiers, Tr: 3D3
Jardin à Pommiers, Tr: 7A2
Jardin à Pommiers, Tr: 7B1
Jardin à Pommiers, Tr: 7B2
Jardin à Pommiers du Sud, StJ: 2D2
Jardin à Pommiers et Jardin des Buts, StJ: 7A1
Jardin à Pommiers et Jardin du Fort-à-Faire, StJ: 3A3
Jardin à Pommiers et la Cotte Vibert, StP: 2C3
Jardin à Pommiers et Vallette de la Maison,

StL: 6B4
Jardin à Potage (2), StB: 9C1
Jardin à Potage (2), StH: 7C3
Jardin à Potage (2), StMa: 4A3
Jardin à Potage (2), StP: 6A3
Jardin à Potage (2), StS: 7D4
Jardin à Potage (2), Tr: 3D3
Jardin à Potage (2), Tr: 7B1
Jardin à Potage (3), StS: 7B4
Jardin à Potage (4), StJ: 2D2
Jardin à Potage, Gr: 10B2
Jardin à Potage, Gr: 11C1
Jardin à Potage, StB: 6C3
Jardin à Potage, StH: 7C1
Jardin à Potage, StH: 7C2
Jardin à Potage, StJ: 2B1
Jardin à Potage, StJ: 2B4
Jardin à Potage, StL: 6B3
Jardin à Potage, StMa: 4C2
Jardin à Potage, StMa: 4C3
Jardin à Potage, StMa: 4C4
Jardin à Potage, StMa: 7D2
Jardin à Potage, StMy: 2C1
Jardin à Potage, StMy: 2D1
Jardin à Potage, StO: 1D3
Jardin à Potage, StO: 2C3
Jardin à Potage, StP: 5D2
Jardin à Potage, StS: 7B3
Jardin à Potage, Tr: 3C2
Jardin à Potage, Tr: 3D4
Jardin à Potage, Tr: 7A4
Jardin à Potage, Tr: 7B3
Jardin à Potage de la Fontaine, StMa: 7B4
Jardin à Potage de la Maison, StMa: 7B4
Jardin à Potage et Chênée, StMa: 7D2
Jardin à Potage et Clos de la Maison, StH: 6D2
Jardin à Potage et Clos de la Maison, StMa: 4C4
Jardin à Potage et Grand Jardin de l'Est, StJ: 2D4
Jardin àn Pommiers, Tr: 3D3
Jardin Appelé les Greffes, StL: 6B2
Jardin Arthur, StP: 6A3
Jardin au Carrefour, StL: 6B1
Jardin au Nord de la Maison, StC: 10D2
Jardin au Nord de la Maison, Tr: 3A4
Jardin au Potage, StS: 7D2
Jardin au Vies, StS: 7D2
Jardin aux Herbes, Tr: 3C4
Jardin aux Herbes, Tr: 7B1
Jardin aux Herbes et du Puits, StMy: 2C2
Jardin aux Herbes, à Potage et le Clos du Ménage, StO: 1B3
Jardin Bas de Lemprière, StMy: 2C4
Jardin Benest, StB: 6C3
Jardin Bisson, StO: 5B2
Jardin Brun, StL: 6D3
Jardin Cabot, Tr: 4A3
Jardin Carré, StL: 6B1
Jardin Cras, StL: 6B1
Jardin d'Ahier, StMa: 4C1
Jardin d'Ahier, StS: 7D4
Jardin d'Angot, Tr: 3C3
Jardin d'Angot, Tr: 3C4
Jardin d'Anley, StMa: 7B2
Jardin Datrier, StS: 10B3
Jardin de Bas (2), Gr: 10D2
Jardin de Bas (2), StMy: 2A4
Jardin de Bas (3), StL: 6B3
Jardin de Bas, Gr: 11A3
Jardin de Bas, StB: 8A4
Jardin de Bas, StH: 7C1
Jardin de Bas, StJ: 2D2
Jardin de Bas, StJ: 3C1
Jardin de Bas, StL: 2D4
Jardin de Bas, StL: 6A4
Jardin de Bas, StL: 6B2
Jardin de Bas, StMa: 3D4
Jardin de Bas, StMa: 4D3

117

Jardin de Bas, StMa: 7B4
Jardin de Bas, StMy: 2C1
Jardin de Bas, StMy: 2C3
Jardin de Bas, StMy: 2C4
Jardin de Bas, StO: 1D1
Jardin de Bas, StO: 5B1
Jardin de Bas, StO: 5B2
Jardin de Bas, StP: 5D1
Jardin de Bas, StP: 6A1
Jardin de Bas, StS: 10A2
Jardin de Bas, StS: 4C3
Jardin de Bas, StS: 7D4
Jardin de Bas, Tr: 3D3
Jardin de Bas, Tr: 7B1
Jardin de Bas, Tr: 7B3
Jardin de Bas du Sud et du Nord, Tr: 3C1
Jardin de Basseacre, StS: 7D3
Jardin de Baudains, StC: 10D1
Jardin de Baudains, StMa: 7B4
Jardin de Benjamin, StB: 8A4
Jardin de Bigerel, StO: 5B1
Jardin de Bisson, StP: 6A3
Jardin de Blampied, StP: 6A4
Jardin de Buron, Tr: 3C2
Jardin de Causé, StC: 11C3
Jardin de Colard, Tr: 3C4
Jardin de Corbel, StH: 7C1
Jardin de Corbel, Tr: 7B3
Jardin de Corbel et à Ronces & le Clos de Haut, StJ: 7A1
Jardin de Damian, Gr: 11A2
Jardin de Damian, StS: 7B4
Jardin de David, StB: 6C3
Jardin de David Bandinel, StB: 6C3
Jardin de Délà, StMa: 4C3
Jardin de Démiant, StS: 7B4
Jardin de Denis, StMy: 2A4
Jardin de Denize, StMy: 2A4
Jardin de Derrière, StO: 1D4
Jardin de Derrière (2), StH: 7C1
Jardin de Derrière (2), StJ: 3C3
Jardin de Derrière (2), StL: 6B1
Jardin de Derrière (2), StMy: 2C1
Jardin de Derrière (2), StO: 1D4
Jardin de Derrière (2), StO: 5B2
Jardin de Derrière (2), StS: 10B1
Jardin de Derrière (3), StMy: 2A4
Jardin de Derrière (4), StJ: 2D2
Jardin de Derrière, Gr: 7D4
Jardin de Derrière, StJ: 2D4
Jardin de Derrière, StJ: 3C1
Jardin de Derrière, StJ: 7A1
Jardin de Derrière, StL: 6A4
Jardin de Derrière, StL: 6B3
Jardin de Derrière, StL: 6B4
Jardin de Derrière, StMa: 4A4
Jardin de Derrière, StMa: 4B3
Jardin de Derrière, StMa: 7B2
Jardin de Derrière, StMa: 7D2
Jardin de Derrière, StMy: 2C2
Jardin de Derrière, StMy: 2C3
Jardin de Derrière, StMy: 2C4
Jardin de Derrière, StO: 1B3
Jardin de Derrière, StP: 5B4
Jardin de Derrière, StP: 6A1
Jardin de Derrière, StP: 6A2
Jardin de Derrière, StP: 6C1
Jardin de Derrière, StS: 4C3
Jardin de Derrière, StS: 7B4
Jardin de Derrière, StS: 7D2
Jardin de Derrière, Tr: 3A4
Jardin de Derrière, Tr: 3C4
Jardin de Derrière, Tr: 7A4
Jardin de Derrière, Tr: 7C2
Jardin de Derrière and Clos de l'Ouest, StO: 1D1
Jardin de Derrière du Nord, StJ: 2B3
Jardin de Derrière et Clos de Richard, StJ: 3C3
Jardin de Derrière et de la Pompe, StL: 6B3

Jardin de Derrière et Deslanderie, Tr: 7A1
Jardin de Derrière et Pépinière, StMa: 4C3
Jardin de Dessous, StO: 1D4
Jardin de Devant (2), Gr: 11C2
Jardin de Devant (2), StJ: 3C3
Jardin de Devant (2), StL: 2D3
Jardin de Devant (2), StO: 5B2
Jardin de Devant (2), StP: 6A2
Jardin de Devant (2), StS: 10B1
Jardin de Devant (2), StS: 10B3
Jardin de Devant (2), StS: 7D2
Jardin de Devant (2), Tr: 3C4
Jardin de Devant (2), Tr: 7A2
Jardin de Devant (2), Tr: 7B1
Jardin de Devant (3), StH: 7C1
Jardin de Devant (3), StJ: 2D2
Jardin de Devant (4), StMy: 2C1
Jardin de Devant (4), StMy: 2C4
Jardin de Devant, Gr: 11A1
Jardin de Devant, Gr: 11A2
Jardin de Devant, StB: 5D4
Jardin de Devant, StB: 8B2
Jardin de Devant, StC: 10D1
Jardin de Devant, StC: 10D2
Jardin de Devant, StC: 11C3
Jardin de Devant, StH: 6D4
Jardin de Devant, StJ: 2A4
Jardin de Devant, StJ: 2B1
Jardin de Devant, StJ: 2B3
Jardin de Devant, StJ: 2D1
Jardin de Devant, StJ: 2D3
Jardin de Devant, StJ: 3C1
Jardin de Devant, StJ: 7A1
Jardin de Devant, StL: 6B1
Jardin de Devant, StL: 6B3
Jardin de Devant, StL: 6D1
Jardin de Devant, StMa: 3D4
Jardin de Devant, StMa: 4C2
Jardin de Devant, StMa: 4C3
Jardin de Devant, StMa: 4C4
Jardin de Devant, StMa: 7B4
Jardin de Devant, StMy: 2A4
Jardin de Devant, StMy: 2D1
Jardin de Devant, StMy: 6A2
Jardin de Devant, StP: 5D1
Jardin de Devant, StP: 6A1
Jardin de Devant, Tr: 3D3
Jardin de Devant, Tr: 7A1
Jardin de Devant, Tr: 7A4
Jardin de Devant, Tr: 7B3
Jardin de Devant out Jardin de Cras, StL: 2D4
Jardin de Devant, Jardin et Grand Clos des Parties, Tr: 3C4
Jardin de Diélament, Tr: 7A4
Jardin de Durell, StS: 7D4
Jardin de Falle, Gr: 11C1
Jardin de Falle, StMa: 4C3
Jardin de Falle, StS: 7D4
Jardin de Fauvel, StMa: 7D2
Jardin de Feugerel, StJ: 2B3
Jardin de Filliastre, StMa: 4C1
Jardin de Fiquet, StS: 10A4
Jardin de Franc Fief, StB: 6C3
Jardin de Franc Fief devant, StB: 6C3
Jardin de Fromontel, StC: 10D4
Jardin de Gaffron, StJ: 2D1
Jardin de Gaudin, StMa: 4A3
Jardin de Gavey, StH: 7C1
Jardin de Gavey, StS: 10B3
Jardin de Gavey, StS: 7B4
Jardin de Gibaut, StP: 6A1
Jardin de Giffard, Tr: 3C2
Jardin de Guillot, StJ: 3C1
Jardin de Hamptonee, StMy: 2C4
Jardin de Hamptonne et de Falle, StP: 6A3
Jardin de Haut (2), StMy: 2C1
Jardin de Haut (2), StP: 6A1
Jardin de Haut, StB: 9A1
Jardin de Haut, StC: 10D2

Jardin de Haut, StC: 11C1
Jardin de Haut, StH: 7C1
Jardin de Haut, StJ: 2D2
Jardin de Haut, StJ: 3C3
Jardin de Haut, StL: 6B2
Jardin de Haut, StMa: 4C2
Jardin de Haut, StMy: 2A4
Jardin de Haut, StMy: 2C3
Jardin de Haut, StO: 1D1
Jardin de Haut, StO: 1D4
Jardin de Haut, StP: 6A1
Jardin de Haut, StS: 4C3
Jardin de Haut, StS: 7B4
Jardin de Haut, StS: 7D3
Jardin de Haut, Tr: 3C1
Jardin de Haut, Tr: 7A4
Jardin de Haut, Tr: 7B3
Jardin de Haut au nord et au sud, StMy: 2C4
Jardin de Haut et de Bas, StH: 7C4
Jardin de Haut et de Longueville, StS: 10B2
Jardin de Haut, Sud et Bas, StO: 5B2
Jardin de Hogard, StJ: 2D2
Jardin de Hogard, StL: 2D3
Jardin de Hubert et les Clsoets, StS: 7D1
Jardin de Hugh, StH: 7C2
Jardin de Hurel and Clos du Ménage, StO: 1D2
Jardin de Jacques, StC: 10D3
Jardin de Jacques, StL: 6A4
Jardin de Jacques, StP: 6A2
Jardin de Jamin, Tr: 3C1
Jardin de Jean du Feu, Tr: 7B1
Jardin de Jean Esnouf de Derrière et le Percage, StJ: 2D1
Jardin de Jersey et Clos de la Sapinée, StMy: 2D1
Jardin de Journeaux et Jardin de le Gendrerie, Gr: 11A3
Jardin de Julize et Jardin de Poigndestre, StS: 7D4
Jardin de la Bissonerie, Tr: 3D4
Jardin de la Blanche Pierre, Gr: 7D4
Jardin de la Blinerie, StC: 10D1
Jardin de la Bouhail, StL: 6B3
Jardin de la Boulangerie, StJ: 3C3
Jardin de la Boutique, StS: 11A1
Jardin de la Brianderie, StL: 6B2
Jardin de la Cannivière, StH: 7B3
Jardin de la Carrière, Gr: 7D4
Jardin de la Carrière, StMa: 4C3
Jardin de la Carrière, StS: 7D1
Jardin de la Carrière, Tr: 7B1
Jardin de la Cave, StMy: 2C2
Jardin de la Chapelle, Gr: 11A3
Jardin de la Chapelle, StC: 10D4
Jardin de la Chapelle, StL: 6D2
Jardin de la Chapelle, StS: 7B4
Jardin de la Charrière, StMy: 2A4
Jardin de la Chasse (2), StS: 7B3
Jardin de la Chasse, Gr: 11A3
Jardin de la Chasse, StJ: 2D2
Jardin de la Chasse, StJ: 3C3
Jardin de la Chasse, StP: 6A1
Jardin de la Chasse et Châtaigniers, StJ: 2D1
Jardin de la Chaumière, StMa: 3D4
Jardin de la Chesnaie, StJ: 7A1
Jardin de la Cloche, Gr: 7D4
Jardin de la Colomberie, StC: 10D1
Jardin de la Commune, StP: 6A2
Jardin de la Corderie, Gr: 10B2
Jardin de la Cotte, StC: 10D2
Jardin de la Croix, Gr: 10B2
Jardin de la Croix, StC: 10D2
Jardin de la Croix, StJ: 2D1
Jardin de la Croix, StMa: 4A3
Jardin de la Croix, StS: 7D2
Jardin de la Croix de la Bataille, Gr: 10B4
Jardin de la Croute, StMy: 2C1
Jardin de la Croute, StO: 1B3
Jardin de la Faulte, Tr: 7B3

Jardin de la Fontaine (2), StP: 2C3
Jardin de la Fontaine, Gr: 11A3
Jardin de la Fontaine, StH: 7B3
Jardin de la Fontaine, StO: 1B3
Jardin de la Fontaine, StO: 1C2
Jardin de la Fontaine, StO: 5B1
Jardin de la Fontaine, Tr: 3C2
Jardin de la Fontaine, Tr: 7B1
Jardin de la Fontaine et à Pommiers, StS: 10B1
Jardin de la Forge, StL: 6B3
Jardin de la Fosse, Gr: 7D4
Jardin de la Fosse, StL: 6D1
Jardin de la Fosse, StO: 1D4
Jardin de la Fosse, StS: 10A2
Jardin de la Fosse, StS: 7D1
Jardin de la Fosse, Tr: 3A4
Jardin de la Gallerie, StL: 2D4
Jardin de la Grandinerie, StO: 5B2
Jardin de la Haye, Tr: 3C4
Jardin de la Hêche, StS: 11A1
Jardin de la Madeleine, StO: 1D1
Jardin de la Maison (2), StMa: 4C4
Jardin de la Maison (2), StS: 7D2
Jardin de la Maison, Gr: 10B4
Jardin de la Maison, Gr: 11A2
Jardin de la Maison, Gr: 11C1
Jardin de la Maison, StH: 7C3
Jardin de la Maison, StL: 2D4
Jardin de la Maison, StL: 6B3
Jardin de la Maison, StMa: 11A2
Jardin de la Maison, StMa: 4B3
Jardin de la Maison, StMa: 4C3
Jardin de la Maison, StMa: 7B4
Jardin de la Maison, StMy: 6A2
Jardin de la Maison, StO: 1D2
Jardin de la Maison, StO: 1D4
Jardin de la Maison, StP: 6C1
Jardin de la Maison, StS: 10A4
Jardin de la Maison et de l'Est, du Nord et de Derrière, StMy: 2C2
Jardin de la Maison et le Petit Jardin, StL: 2D3
Jardin de la Maison Hamptonne, StC: 10D2
Jardin de la Maison Touzel, StC: 10D3
Jardin de la Mare, StJ: 3C3
Jardin de la Mare, StMy: 2A4
Jardin de la Mare et Grand Jardin à Pommiers, Gr: 7D4
Jardin de la Mare Jaraude et Jardin à Potage, Tr: 3C1
Jardin de la Marquanderie, StB: 8B2
Jardin de la Martin, StS: 7D4
Jardin de la Meule, StH: 7C3
Jardin de la Minauderie (2), StO: 1B3
Jardin de la Nicollerie, Gr: 10D2
Jardin de la Pepinière, StMy: 6A2
Jardin de la Percharderie, Tr: 3D3
Jardin de la Perne, StO: 5B1
Jardin de la Petite Lodge, StO: 5B2
Jardin de la Piquerie, StO: 2C1
Jardin de la Pointe (2), StO: 5B2
Jardin de la Pointe, StMa: 7B2
Jardin de la Pointe, StMy: 2C2
Jardin de la Pointe et d'Aval, StJ: 2B4
Jardin de la Pompe, StH: 7C4
Jardin de la Porte, StL: 6B4
Jardin de la Porte, StP: 6A2
Jardin de la Porte, Tr: 3C1
Jardin de la Préqué, StL: 2D4
Jardin de la Quotte, StC: 10D2
Jardin de la Rae, Tr: 3C1
Jardin de la Roquette, StC: 10D4
Jardin de la Rue (2), StJ: 2D1
Jardin de la Rue (2), StMy: 2C4
Jardin de la Rue (2), Tr: 7A4
Jardin de la Rue (2), Tr: 7B3
Jardin de la Rue, StJ: 2D2
Jardin de la Rue, StJ: 3C1
Jardin de la Rue, StL: 2D4

Jardin de la Rue, StMy: 2C3
Jardin de la Rue, StS: 7D1
Jardin de la Rue et Pepinière, StJ: 3C3
Jardin de la Rue et Pré, StS: 10B3
Jardin de la Ruefd, StS: 10B3
Jardin de la Tannerie, StJ: 2A4
Jardin de la Tonnerie, Gr: 10B4
Jardin de la Tubelinerie, StC: 10D1
Jardin de la Vallette, StP: 6C2
Jardin de la Vallette aux Ânes, Tr: 7B1
Jardin de la Vallette Ozanne, Tr: 7B1
Jardin de la Vieille Maison, Tr: 7B1
Jardin de la Villaise, StO: 1C2
Jardin de l'Abbé, StS: 7D1
Jardin de l'Abrévoir, StJ: 2D1
Jardin de le Connevière, Tr: 7B3
Jardin de le Flute, Tr: 7B3
Jardin de le Hêche, StS: 7D2
Jardin de l'Ebel, StMa: 7B4
Jardin de l'Épine (2), Gr: 10B4
Jardin de les Butières, StS: 7B2
Jardin de l'Est, StB: 8A4
Jardin de l'Est, StL: 2D4
Jardin de l'Est, StMa: 7B4
Jardin de l'Est, StP: 5B4
Jardin de l'Étang, StL: 6B1
Jardin de l'Hermit, StP: 6A1
Jardin de l'Hermite, StMy: 6A2
Jardin de l'Image, StO: 5B2
Jardin de l'Ouest, StL: 2D3
Jardin de l'Ouest, StP: 5D4
Jardin de l'Ouest, StP: 6A1
Jardin de l'Ouest, Tr: 7B3
Jardin de l'Ouest et de l'est de la Rouge, Tr: 3C2
Jardin de Mabel, StJ: 2D1
Jardin de Mabel, StL: 2D3
Jardin de Mabon, StS: 7D1
Jardin de Machon, StMa: 3D4
Jardin de Madame, StJ: 2A2
Jardin de Madame, StMy: 2C4
Jardin de Mahaut Pré, StO: 1D3
Jardin de Marquand de Devant et de la Fontain, StL: 6D3
Jardin de Mauger, Gr: 10B2
Jardin de Mauger, Tr: 7A2
Jardin de Messervy, StMa: 4C1
Jardin de Michel, StH: 6D4
Jardin de Michel, StO: 1D4
Jardin de Milieu, StJ: 7A1
Jardin de Millais, StS: 10B3
Jardin de Moncelle, StMy: 2A4
Jardin de Mouchel, StMy: 2A4
Jardin de Nerd, StB: 8A4
Jardin de Nicolle, Tr: 7C2
Jardin de Norman, Tr: 7A4
Jardin de Oak Cottage, Tr: 7A2
Jardin de Paroie, StJ: 2B3
Jardin de Pepin, StJ: 2D1
Jardin de Perchard, Gr: 7D4
Jardin de Perchard, Pepinière et Clos du Ménage, StS: 7D4
Jardin de Perrée (2), StJ: 2D2
Jardin de Philipot, Tr: 7A2
Jardin de Picot, Tr: 3C2
Jardin de Pipet, Gr: 11A4
Jardin de Pipet et de le Rue, Gr: 11A3
Jardin de Pipet et Jardin à Pommiers, La Bouillonière, Gr: 11A3
Jardin de Poigndestre, StH: 7C3
Jardin de Potage, StJ: 7A1
Jardin de Potage, StL: 6B3
Jardin de Potage, StMy: 2C2
Jardin de Potage, StMy: 2C3
Jardin de Potage, StMy: 2C4
Jardin de Potage, StP: 6A3
Jardin de Potage et à Pommiers, StMy: 2C3
Jardin de Potage et de Bas, StMa: 4A3
Jardin de Pressoir, StMy: 2C3
Jardin de Prévôt, StC: 11C1

Jardin de Prochain et Jardin de la Chasse, StP: 6A1
Jardin de Rachel Payn, StO: 5B2
Jardin de Radier, StS: 7D2
Jardin de Raulin, StS: 2D3
Jardin de Rchel, StMy: 2A4
Jardin de Rebecca de Ste Croix, StH: 6D4
Jardin de Recroé, StMa: 4C2
Jardin de Remon, StMy: 6A2
Jardin de Renaut, StMa: 4D3
Jardin de Renaut, StS: 7B3
Jardin de Ricard, StS: 7B3
Jardin de Richard, StS: 7D1
Jardin de Rossignol, StL: 6B1
Jardin de Rossignol, StO: 2C1
Jardin de Rouet, StH: 7B3
Jardin de Rougetel, Gr: 11A3
Jardin de Ruez, StO: 1D4
Jardin de Sarre, StJ: 2A4
Jardin de Sohier, Tr: 7A1
Jardin de Soullemont, StS: 7B4
Jardin de St Étienne, StMa: 7B4
Jardin de St George et la Pointe, StO: 1B3
Jardin de St Jean, StJ: 2D4
Jardin de St Jean, StJ: 7A1
Jardin de St Jean, StJ: 7B3
Jardin de St Martin, StMa: 4C1
Jardin de St Maurice, Tr: 7A2
Jardin de Stocall, Gr: 10B4
Jardin de Sud, StMa: 4A3
Jardin de Taillis, Tr: 7B1
Jardin de Tandin, Gr: 11A3
Jardin de Thomas, StH: 6D2
Jardin de Travers, StMa: 11A2
Jardin de Travers, StMa: 7B4
Jardin de Vaudin, StJ: 7B3
Jardin de Vibert (2), StP: 6A3
Jardin de Viel Amice, StL: 2D3
Jardin des Bissonières, StMy: 2D3
Jardin des Bouillons, Tr: 7C2
Jardin des Butières, Gr: 10B4
Jardin des Buttes, StL: 6B3
Jardin des Buttes, Tr: 7B3
Jardin des Carreaux, StH: 7C3
Jardin des Chanderies, StMy: 2C4
Jardin des Charrières, StMy: 2C3
Jardin des Chasses, StMy: 2C2
Jardin des Closets, StS: 7D2
Jardin des Coursières, StS: 10A2
Jardin des Croix, Tr: 3C2
Jardin des Ecorvés, StS: 4C3
Jardin des Escaliers, StJ: 2B4
Jardin des Escaliers, StJ: 3C1
Jardin des Fermes, StMa: 4C1
Jardin des Fosses, StJ: 2A4
Jardin des Fosses, StMa: 4C2
Jardin des Fosses, StMy: 6A2
Jardin des Grandes Fosses, StL: 6D3
Jardin des Greffes, StL: 6B2
Jardin des Gronds, StMy: 2C2
Jardin des Hêches, StMy: 2C4
Jardin des Landes, StH: 7C2
Jardin des Lauriers, StP: 6C2
Jardin des Mares (2), StMa: 7B4
Jardin des Marettes, StS: 7D3
Jardin des Montagnes, StL: 6B3
Jardin des Noguettes, StL: 2D3
Jardin des Ormes, StMy: 2A4
Jardin des Petits Fonds et Jardin de la Chardonnerie, Gr: 11A3
Jardin des Peupliers, Tr: 3A4
Jardin des Pommiers, StMy: 2C2
Jardin des Rennes, StMa: 7B4
Jardin des Ruches, StJ: 2D2
Jardin des Ruelles et Jardin de Devant, Gr: 10B4
Jardin des Vallées, StMa: 4C4
Jardin dessus la Haie, StJ: 3C3
Jardin d'Est, StS: 7D2
Jardin d'Esther, StMa: 7B4

119

Jardin Devant la Maison, StMa: 4C2
Jardin devant la Maisonette, StP: 6A3
Jardin du Pont, StJ: 2D1
Jardin d'Olivet, Tr: 3D1
Jardin d'Oliviers (2), StB: 8B3
Jardin du Buron, StP: 6A3
Jardin du Câtelet, StJ: 2D1
Jardin du Clos, StMy: 2C1
Jardin du Colombier, StB: 9A2
Jardin du Curé, Gr: 11A3
Jardin du Curé et Côtil, Gr: 11A3
Jardin du Dolme, StP: 2C3
Jardin du Douaire, StMy: 2C4
Jardin du Douaires, StH: 7C2
Jardin du Douet, StO: 1A4
Jardin du Douet, StP: 5B4
Jardin du Douet, StS: 7B4
Jardin du Douet, Tr: 7A1
Jardin du Douet, Tr: 7A4
Jardin du Four, StP: 6A2
Jardin du Froid, StS: 10B1
Jardin du Haut du Marais, StO: 1D4
Jardin du Hecq, StH: 7C1
Jardin du Hogard, StMa: 7D2
Jardin du Hogard, StMy: 2C2
Jardin du Hogard, StMy: 2C4
Jardin du Hogard, StO: 1D1
Jardin du Hogard, StO: 1D4
Jardin du Hogard, StP: 6A1
Jardin du Hôgard, StH: 7C2
Jardin du Hôgard, StMa: 4C4
Jardin du Marais (2), StMy: 2C1
Jardin du Marais, StMy: 2C2
Jardin du Marais et Jardin du Milieu, Tr: 7A4
Jardin du Marié, StJ: 2D1
Jardin du Ménage, StS: 10B1
Jardin du Ménage, StS: 7D4
Jardin du Ménage des Feuvres, StO: 1A4
Jardin du Milieu, Gr: 11A2
Jardin du Milieu, StB: 6C3
Jardin du Milieu, StC: 10D2
Jardin du Milieu, StC: 11C1
Jardin du Milieu, StP: 5D1
Jardin du Millais, StO: 1C2
Jardin du Mont au Monnier, StL: 6B1
Jardin du Nord, Gr: 11A3
Jardin du Nord, Gr: 11A4
Jardin du Nord, StMy: 2C2
Jardin du Nord, StO: 1D4
Jardin du Nord, Tr: 3C1
Jardin du Nord et Sud, StMy: 2C3
Jardin du Payn, Tr: 3C2
Jardin du Perron, Gr: 11C4
Jardin du Pi, StS: 7D1
Jardin du Pignon, StMy: 2C4
Jardin du Pipet, Gr: 11A3
Jardin du Planiscret(?), StL: 6B2
Jardin du Pont, StMa: 7B4
Jardin du Potiron, StMy: 2C4
Jardin du Poulain, StMy: 2A4
Jardin du Pré, StP: 5D1
Jardin du Pré, Tr: 7B1
Jardin du Presbitaire, Gr: 11A3
Jardin du Presby, StS: 10B3
Jardin du Pressair, StMy: 2C2
Jardin du Pressoir, StB: 6C3
Jardin du Pressoir, StB: 9A1
Jardin du Pressoir, StJ: 3C1
Jardin du Pressoir, StL: 2D3
Jardin du Pressoir, StP: 2C3
Jardin du Pressoir, StP: 6A4
Jardin du Prêtre, StJ: 2B3
Jardin du Puits, Gr: 10B4
Jardin du Puits, StC: 11C3
Jardin du Puits, StP: 6A3
Jardin du Puits, Tr: 3C2
Jardin du Puits, Tr: 3D3
Jardin du Rectorat, StP: 6A3
Jardin du Rondi, StMy: 2C1

Jardin du Sud, StL: 2D3
Jardin du Sud, StL: 6B1
Jardin du Sud, StP: 5B4
Jardin du Sud, Tr: 3C2
Jardin du Sud-Est, Gr: 11A4
Jardin du Tendain, Gr: 11A1
Jardin du Tot, Tr: 7A4
Jardin du Val, Tr: 7B1
Jardin du Verd, StS: 7B4
Jardin du Verp, StL: 2D3
Jardin du Verp, StS: 7B4
Jardin du Vivier, StH: 7D1
Jardin du Vivier, StJ: 2D2
Jardin du Vivier, StS: 7D4
Jardin d'Yvon, Gr: 11C4
Jardin en Derrière, StL: 6B1
Jardin en Devant les Cottes, StMy: 2C1
Jardin en Devant les Offices, StMy: 2C1
Jardin et Champs du Pontliétaut, StC: 10D4
Jardin et Clos de Dottée, StL: 6B1
Jardin et Clos de Gallichan, StP: 6A4
Jardin et Clos de Haut, StMa: 4A3
Jardin et Clos de Rauvet, StH: 7C1
Jardin et Clos d'Esther, StS: 7D3
Jardin et Clos du Milieu, StMy: 2C4
Jardin et Côtil, StS: 7D1
Jardin et Côtil de la Garenne, StO: 1D2
Jardin et Court Champ, Tr: 3C2
Jardin et Maison Gruchy, StP: 6A1
Jardin et Pré du Couvent, StL: 6D4
Jardin Feuvre, StMy: 6A2
Jardin Fouennin, StMa: 4A3
Jardin Fruitier, StJ: 3C3
Jardin Girard, Tr: 7A4
Jardin Gruchy, StS: 10B2
Jardin Herivel, StO: 1D1
Jardin Huré, StJ: 2D2
Jardin Janvrin, StB: 5D4
Jardin Johanné, StJ: 2B3
Jardin John le Scelleur, StMa: 4A3
Jardin la Fosse, StO: 1D1
Jardin la Pointe, StO: 1D4
Jardin le Potage, StO: 1D1
Jardin Léonard, StO: 1B3
Jardin Mathieu, StMy: 2C1
Jardin Mauger, StMy: 2C4
Jardin Mauger, StO: 1D2
Jardin Minier, StO: 1D1
Jardin Mourant, StS: 4C3
Jardin Mure, StJ: 2D1
Jardin Mure, StL: 6D3
Jardin Muré, Gr: 11A2
Jardin Muré, Gr: 11A3
Jardin Muré, Gr: 11A4
Jardin Muré, StC: 10D2
Jardin Muré, StH: 7C2
Jardin Muré, StJ: 2D2
Jardin Muré, StL: 6A4
Jardin Muré, StL: 6B3
Jardin Muré, StMa: 4C4
Jardin Muré, StO: 2C3
Jardin Muré, StP: 5B4
Jardin Muré, StP: 6A2
Jardin Muré, StS: 10B1
Jardin Muré, Tr: 3A4
Jardin Muré, Tr: 3C4
Jardin Muré, Tr: 7B3
Jardin Muré, du Ménage, du Potage, StMa: 4C1
Jardin Neuf, StH: 6D4
Jardin Petit Pré, StO: 1B3
Jardin Pinel, StJ: 2D1
Jardin Potager, StJ: 2B4
Jardin Potager, StJ: 2D2
Jardin Potager, StL: 6B1
Jardin Potager, StL: 6B3
Jardin Potager, StMa: 4C3
Jardin Potager, StMy: 1D2
Jardin Potager, StMy: 6A2
Jardin Potager, StP: 5B4

Jardin Potager l'Habitacle, Tr: 7A4
Jardin Pottager les Trentes Perches et Jardin de Mayo, StMa: 7B2
Jardin Prastoire et Jardin à Pommiers, Tr: 3C2
Jardin Renault, StMy: 2C4
Jardin Sarah, StH: 7C1
Jardin Simon, StB: 5D4
Jardin sous le Mont, StO: 1C2
Jardin sur le Douet et la Vallette, StMy: 2C4
Jardine à Potage, StL: 2D3
Jardine de Derrière, StL: 2D4
Jardine de Derrière, StMy: 2C4
Jardinet, StS: 7B4
Jardinets, StMy: 2C2
Jardinières, StMy: 2C2
Jardins (2), StP: 5D1
Jardins, Gr: 11A3
Jardins, StJ: 2D2
Jardins, StL: 6B1
Jardins, StO: 1D4
Jardins, Tr: 7B3
Jardins Sept Pendants de Nicolas le Bailly, StMy: 2A4
Jardins à Fleurs et Arbres Fruitières, Tr: 7C2
Jardins Richard Noel, StMy: 2C4
Jaunace, StJ: 3C3
Jaune Creux, Co: 1A3
Jaune Tête, Tr: 3D3
Jaunes Banques, StB: 9C4
Jeffrey's Leap, StMa: 11B1
Jegenette, Tr: 3C1
Jehanneries, StB: 9A1
Jerreux, StMa: 4A3
Jersey Bird Observatory, StO: 5B3
Jersey Girls' College, StH: 10A2
Jeteusse, Co: 8D2
Jetures, Co: 8D2
Jeune's Garden, StC: 10D3
Joie, StMa: 4A2
Joli, StMa: 4A2
Jolie (2), StMy: 2C1
Joncs Roulins, StO: 1B3
Jougue, StC: 10D3
Journeaux Street, StH: 10A1
Jubilee Farm, StP: 6A4
Jubilee Hill, StP: 5D2
Jumelles, Co: 10C1
Jumelles, StMa: 4A2
Jument, Co: 8C1
Junées, Co: 9C2
Juterus, Co: 8D2
Jutize, StC: 11C1
Jutize, Gr: 10B4
Kaines, Co: 8D1
Karamé, Co: 11C3
Keep, Tr: 7B1
Kempt Tower, StO: 5A2
Kensington Place, StH: 10A1
Keppel Tower, Gr: 11C2
King Street, StH: 10A3
King's Cliff, StH: 10A1
King's Farm, StB: 9A1
King's Mill, StL: 6B2

L'Abri, StO: 5B2
L'Accontreau, StO: 1C2
L'Accountreau, StO: 1D1
L'Accoutreau, StO: 1A4
Ladder to beach, StMy: 2A3
Lague, Co: 4B3
L'Aiguillon, Co: 8D1
L'Aiguillon, Co: 8D2
L'Aiguillon, Gr: 11C1
L'Alchu, StO: 5B1
L'Aleval, StP: 6A2
Lambelle, StJ: 2A4
L'Ami des Pas, StH: 10C3
L'Amont Billot, Tr: 3C4

L'Amont de la Boutique, StO: 1C4
L'Amont de la ville Bagot, StO: 1D1
L'Anciene Champ du Rectorat, StS: 10A2
L'Ancienne Maison de la Ville, Gr: 11C2
L'Ancienneté Clos de Derrière, StMy: 2C3
Lande (2), StH: 6D4
Lande (2), StP: 6C1
Lande, StB: 9A1
Lande, StJ: 2B3
Lande, StJ: 2B4
Lande, StL: 2D3
Lande, StMa: 7B2
Lande, StMy: 2A4
Lande, StO: 1A3
Lande, StP: 5B4
Lande, StP: 6A4
Lande, StS: 7C4
Lande, StS: 7D1
Lande, Tr: 3A3
Lande, Tr: 3C1
Lande à l'Ouest, StB: 8C2
Lande Bênoit, StB: 9C1
Lande de Haut, StL: 2D4
Lande de la Hougue, StB: 8A4
Lande des Congres, StB: 8A4
Lande des Signeaux, StB: 8C2
Lande du Passage (2), StB: 8A4
Lande Fleureuse, StB: 8B2
Lande Janvrin, StB: 8A4
Lande Pipon, StB: 9A1
Lande Renault, StB: 8B1
Landelle (4), StO: 1A3
Landelle, StO: 1B3
Landelle, StO: 1C2
Landenelles, StO: 1B3
Landes (2), StMa: 4C4
Landes (2), StO: 1D4
Landes (6), StO: 1A3
Landes (11), StO: 1D2
Landes, StB: 9A1
Landes, StB: 9C1
Landes, StJ: 2B3
Landes, StMa: 4C3
Landes, StMy: 1B4
Landes, StMy: 2C2
Landes, StO: 1A2
Landes, StO: 1A4
Landes, StO: 1C1
Landes, StP: 6C1
Landes, Tr: 3D4
Landes Chapel, StMa: 4C4
Landes de Crabbé, StMy: 1B4
Landes de Patron, Tr: 3D3
Landes des Grosnez, StO: 1A3
Landes House, StMa: 4C4
Landes Huts, StO: 1A3
Landes Pallot, StS: 7D1
Landes Race Course, StO: 1A3
Landes Souricières, StMy: 2A3
Landscape Grove, StH: 6D4
L'Âne, StMy: 2A3
L'Âne du Ouest, StO: 1B1
L'Anglaise, Co: 11C3
Langley Hall, StS: 7C4
Langley Park, StS: 7C4
Lannde Hubert, StS: 7B4
L'Anquetinerie, Gr: 11A1
L'Archon, StH: 10C3
Larde, StO: 5B3
Larde, StP: 5B3
L'Audla, Gr: 11A3
L'Auge Farm, StMa: 7B2
L'Augée, StH: 7C1
L'Augée Farm, StH: 7C1
Laurel House, Tr: 3C3
Laurens, StP: 5D1
Lauriers (2), Tr: 7B3
L'Avarison, Co: 11C3
Lavars, Co: 11C3
L'Avautron, Tr: 4A1

Laveurs, Co: 5A2
Laveurs Slip, StO: 1C4
Lavoir, StJ: 2D4
Lavoir, StJ: 3C3
Lavoir, StO: 1A1
Lavoir, StO: 1A4
Lavoir, StO: 1C2
Lavoir, Tr: 3A3
Lavoir, Tr: 3D1
Lavoir, Tr: 3D4
Lavoir des Coupes, StO: 1B3
Lawn House, StH: 7C3
Lazerne de Haut, StB: 5D4
L'Azette, Co: 10D3
Lead ore lodes, Co: 1C1
L'Êcarsée, Co: 4A1
L'Échiquelée, Co: 11C3
L'Échiquelez, Co: 11C3
L'Ecliavillon, Co: 3D1
L'Éclon, Co: 11C3
L'Ecluse, StMy: 1D2
L'Écluse, StMy: 2A4
Lecq, StO: 1B3
L'Écrevière, Co: 11B2
L'Écrevière, StMa: 4B1
L'Écrilleux, StB: 9C3
L'Écureuil, Co: 11B2
Leda House, StL: 6B3
L'Égouvilière, Co: 8A2
L'Enclos et les Petits Courtils, StH: 7C1
L'Enfant Bellis, Co: 1C3
Léoville Farm, StO: 1D2
L'Épaulière, Co: 1C1
L'Épine, Tr: 3C2
L'Équerrière, Co: 10C4
L'Équerrière, Co: 11B2
L'Équiervière, Co: 4A1
L'Erminée, StJ: 2B2
L'Espercheuse, Co: 8A3
L'Espine, StL: 6D3
L'Essart, StP: 6C4
L'Étacq, StO: 1C4
L'Étacq Quarry, StO: 1C4
L'Etacquerel, Co: 3D2
L'Etacquerel, Tr: 3D2
L'Etacquerel Fort et Battery, Tr: 3D2
L'Etoc, Co: 4D2
L'Étoc, Co: 11B2
L'Étoc, StMa: 4A2
L'Étocquet, StJ: 2B3
L'Étoquet (2), StO: 1D1
L'Étoquet du Nord, StO: 1D1
L'Étot, Co: 4D2
L'Étot, StMa: 4A2
Levée, StMa: 4A4
Lewis Street, StH: 10A1
Lewis Tower, StO: 1C4
L'Hativeaux, StO: 1D1
L'Herbeuse, StMy: 1B4
L'Hermitage, StJ: 2D2
L'Homme Mort, Co: 3A3
L'Hôpital, Co: 8C1
L'Hôpital, StMa: 4D1
L'Horizon Hotel, StB: 8B4
L'Hutrière, Co: 8A1
Library Place, StH: 10A3
Liennée (2), StB: 5D4
Lighthouse, StC: 10D2
Lighthouse, StMa: 4D2
Lignée du Beuf, Co: 11C3
Ligouière, Co: 8A2
L'Île Agois, Co: 2A3
L'Île Percée, Co: 9C3
Limes, StH: 7C1
Linden Court, StS: 10B1
Linden Hall, StH: 7C2
L'Industrie (2), StC: 10D3
Linières, StB: 8A4
Links Hotel, Gr: 11A4
Lipendé, Co: 2B1

Lisière, Co: 8C2
Lisière, StB: 9A3
Lisière, StMa: 4B3
Lisière, StMy: 2C4
Lisière en pendant, StO: 1D3
L'Isle au Prêtre, Co: 1C3
L'Islet, Co: 3D1
L'Islet de St Hélier, StH: 9D2
Lit d'Huîtres, Co: 11B4
Lit ès Chiens, Co: 1C3
Little Grove, StL: 6D3
Little Menhir, StB: 5D3
L'Oasis, StMa: 4C2
L'Oeillère, StB: 8A4
L'Oeillière, StB: 8A4
London House, StJ: 2A4
Long Bank, Tr: 3A4
Long Barn, Tr: 3C4
Long Becquet, StMy: 1B4
Long Becquet, StMy: 1D2
Long Buesnel, StMy: 2A4
Long Camp, Gr: 11C4
Long Canibut, StJ: 2B3
Long Câtel et Grand Jardin, Tr: 3D3
Long Champ (2), StC: 10D3
Long Champ (2), StMy: 2C4
Long Champ, Gr: 10D2
Long Champ, StB: 6C3
Long Champ, StB: 9A3
Long Champ, StC: 11C1
Long Champ, StC: 11C3
Long Champ, StH: 10A2
Long Champ, StH: 7C1
Long Champ, StJ: 3C1
Long Champ, StJ: 3C3
Long Champ, StMy: 2C1
Long Champ, StO: 1B3
Long Champ, StO: 1D2
Long Champ, StP: 5D1
Long Champ, StP: 6C3
Long Champ, StP: 6C4
Long Champ, StS: 10A2
Long Champ, Tr: 3D3
Long Champ de Bas, StH: 7C1
Long Champ de Haut, StH: 7C1
Long Champ des Sommiers, StB: 9A3
Long Champ du Mont Fliquet, StB: 8B3
Long Champ et Clos de Ste Marie, StMy: 2D1
Long Champ et Les Grandes Marettes, StJ: 3C3
Long Champ Marret, StB: 8B3
Long Champ Nord, Milieu et Sud, StP: 5B4
Long Champ sur les Mielles, StP: 5D1
Long Champs, StMy: 2C2
Long Cist, StMa: 4A4
Long Clos (2), StMa: 4C4
Long Clos (2), StMy: 2C1
Long Clos (2), StP: 2C3
Long Clos (2), Tr: 7B3
Long Clos (4), StH: 7C3
Long Clos, StB: 9A3
Long Clos, StC: 11C2
Long Clos, StJ: 2B3
Long Clos, StJ: 2B4
Long Clos, StJ: 3C1
Long Clos, StL: 6D3
Long Clos, StMa: 3D4
Long Clos, StMa: 4C1
Long Clos, StMa: 7B2
Long Clos, StMy: 2A4
Long Clos, StP: 6A3
Long Clos, StP: 6C1
Long Clos, StS: 10B1
Long Clos, StS: 7D1
Long Clos, StS: 7D4
Long Clos, Tr: 3C3
Long Clos, Tr: 3D4
Long Clos, Tr: 7B2
Long Conêt, StMy: 6A2

121

Long Côtil, StMa: 4C3
Long de la Cache, StJ: 3A3
Long Êchet, Co: 3A2
Long et le Court Désert, StMy: 2A3
Long Fauvic, Gr: 11C2
Long Field, StMa: 4C1
Long Houguette, Tr: 3C2
Long Jardin (2), Gr: 11A3
Long Jardin, StB: 9A3
Long Jardin, StMa: 3D4
Long Jardin, StMa: 4C3
Long Jardin, StMa: 7D2
Long Jardin, Tr: 3D4
Long Jardin, Tr: 7B1
Long Jardin de Devant, StMy: 2C4
Long Jardin et Clos de Lumier, StMa: 4C1
Long Jardin et Jardin du Pont, Gr: 11C4
Long Parcq, Tr: 3C4
Long Pré, Gr: 7D4
Long Pré, StL: 6D3
Long Pré, StMa: 4C1
Long Rock, Co: 1B2
Longbourgs, StL: 6D1
Longfield Avenue, StB: 9A3
Longfield Farm, StH: 7C1
Longs Camps, StS: 7D1
Longs Champs (2), StMy: 2C2
Longs Champs, Gr: 10B4
Longs Champs, StB: 9A1
Longs Champs, StJ: 2B1
Longs Champs, StJ: 2B3
Longs Champs, StMa: 4A4
Longs Champs, StO: 1A4
Longs Champs, StO: 1B3
Longs Champs, StP: 5B2
Longs Champs, StS: 10B1
Longs Jardins, StS: 7D3
Longs Prés, Gr: 11A1
Longue, StO: 5B1
Longue Banque, StJ: 2B4
Longue Courgette, Tr: 3C2
Longue Houguette, Tr: 3C2
Longue Rets, StL: 6D1
Longue Rocque, Co: 1C3
Longue Rue, StL: 6B1
Longue Rue, StMa: 4C1
Longue Vallette, StS: 10A4
Longues Fontenelles, StJ: 2B3
Longues Morettes, Tr: 3C3
Longues Raies, StP: 6A4
Longues Rées, StP: 6A4
Longueville Court, StS: 10B3
Longueville Manor, StS: 10B3
Longueville Road, StS: 10B3
Lookout, StO: 1A1
Lookout Tower, StO: 1A3
L'Ouaisné, Co: 9C1
Louanes, StP: 6A3
Louarn, StP: 6C4
Lourderie, Gr: 11C2
Lourderie, Gr: 11C4
Lourderie, StC: 11C4
Lousère, Co: 5A4
Lousière Slip, Co: 5A4
L'Ouzière Slip, Co: 5A4
Lovell's Field, StMa: 4C1
Lovers' Lane, StL: 6D3
Lower Ward, StH: 9D2
Lozière, StO: 5A2
L'Ranul, Tr: 7B1
Luzernes, StB: 8A2
Lyndale, StO: 1B3
Lyndale, Tr: 7A4
Lynfield, StMa: 7B4

Mabonnerie, Tr: 3C4
Macé, StMa: 4A4
Machoneri, StP: 6A1
Macpéla Cemetery, StJ: 7A1

Madocque, StB: 5D4
Mahier, StC: 11C1
Maigre Vallet, StMa: 4C2
Mail Packet (shipwreck), Co: 8A3
Maillots, Co: 1A3
Maillyi, StMa: 4C2
Main Rotchi, Co: 4A1
Mainland, StL: 6D3
Maison Bénie, StB: 8B3
Maison Charles, StL: 6D3
Maison de Baites, Tr: 3D3
Maison de Bas, StL: 6A2
Maison de Bas, Tr: 7B3
Maison de Derrière, StS: 7D3
Maison de Haut, StL: 6A2
Maison de Haut, StP: 6A4
Maison de Haut, StS: 10B1
Maison de Hue, StS: 7D4
Maison de la Hougue Bie, StS: 7D4
Maison de la Rocque, StH: 7C4
Maison de la Ruette, StO: 1C2
Maison de la Ville ès Phillippes, Gr: 11A1
Maison de St Jean, StJ: 2D1
Maison des Charrières, StO: 5B3
Maison du Canal, StO: 1D3
Maison du Coin, StB: 9A1
Maison du Douet (Avalon), StL: 2D3
Maison du Heaume, StP: 6A4
Maison du Marais, StO: 1D3
Maison du Puits, StJ: 2C2
Maison du Vau Tocque, StB: 9C1
Maison Gosset, StO: 5B3
Maison Gruchy, StB: 8B3
Maison Hérault, StB: 9A4
Maison le Hardy, StS: 7D1
Maison le Vesconte, StJ: 2B3
Maison Maret, Tr: 3C4
Maison Pelgue, StS: 7D2
Maison Queribel, StB: 8B3
Maison Queripel, StB: 8B1
Maison Simon, StB: 5D4
Maison St Louis, StS: 10A2
Maisonette, StP: 6A3
Maitland, StJ: 7A1
Maitland Manor, StC: 10D2
Maitlands, StH: 7C2
Maître Île, StMa: 4B1
Maîtrerie, StMa: 7B2
Maîtresse Île, Gr: 4B1
Mal y Tourne, StL: 6B3
Malade, Co: 4D3
Maletières, Gr: 11A2
Malfaverie, StMa: 11B1
Malitoine, StJ: 2D4
Mallet le Chapeau, StO: 5B1
Malletières, Gr: 11A3
Maltières, Gr: 11A2
Malzarderie, StJ: 3C1
Mance, StO: 1C2
Mangeuses, Co: 2A2
Manoir de la Brecquette, Co: 1C3
Manoir de la Trinité, Tr: 7A2
Manoir de St Jean La Hougue Boëte, StJ: 2D1
Manoir d'Elie, StC: 10D2
Manoir des Prés, StJ: 2B3
Manor Chapel, StB: 9A2
Manor Farm, StL: 6D2
Manor Farm, StMa: 4C2
Manor Farm, StO: 1D1
Manor Farm, StP: 6A3
Manor Field, StMa: 4C1
Manor Lodge, StMa: 4C1
Mans (2), StB: 9A1
Manu, StO: 1C2
Maple Grove, StJ: 3C1
Maraine Reef, Co: 11C3
Marais (3), StB: 8A4
Marais (4), StO: 1D3
Marais, Gr: 11A3

Marais, Gr: 11A4
Marais, StB: 8B1
Marais, StB: 8B3
Marais, StC: 10D4
Marais, StJ: 2D1
Marais, StMy: 2C1
Marais, StMy: 2C2
Marais, StP: 6C4
Marais, Tr: 3C1
Marais à La Cocque (2), Gr: 11C2
Marais de la Commune, StB: 8B1
Marais du Val (2), StB: 8B3
Marais du Val la Blache Charrière, StB: 8B3
Marais du Vivier, StMy: 2C1
Marais House, Gr: 11A3
Marais Marquand, StB: 8A4
Marasquet, StO: 5B2
Marbeaux, StJ: 2D2
Mare, Co: 8A3
Mare, StB: 9C1
Mare, StO: 1A3
Mare, StO: 1D4
Mare au Gras, Gr: 11C4
Mare au Haguée, StC: 11C3
Mare au Prêtre, Gr: 11C4
Mare au Seigneur, StO: 5A4
Mare Badier, StH: 7C3
Mare Ballam, StJ: 2D2
Mare Carrel, Gr: 11C2
Mare d'Angot, Tr: 3C4
Mare des Pisseraises, Co: 8A4
Mare des Prés, StJ: 2B4
Mare des Prés, StJ: 3A3
Mare du Hougais, StC: 11C3
Mare du Mont, StO: 1C1
Mare du Pont, StO: 1C1
Mare Slip, StC: 10D3
Mare Vineyard, StMy: 2A4
Marêquet, StO: 1C2
Mares, StMa: 4C2
Maresquet, StO: 1C2
Maresquet, StO: 1D3
Maresquet, StO: 5A4
Maresquet, StO: 5B2
Maret, Tr: 3D3
Marette, StP: 5D1
Marette, StP: 5D4
Marettes (2), StMa: 4C4
Marettes (2), StP: 5D1
Marettes, StMa: 4C3
Marettes, StMa: 4D3
Marettes, StMa: 7B2
Marettes, StO: 5B1
Marettes, StP: 6A3
Marettes, Tr: 3C3
Marettes du Bois, StO: 1D4
Marié, StJ: 2D1
Marie Celia, Tr: 3A2
Maries, Co: 10C1
Marina Avenue, StC: 10D1
Marinel, StJ: 2D2
Marinel, StMy: 2D1
Marins, Co: 11C3
Mark's Road, StH: 10A2
Marlochin, StJ: 2A2
Marmotier, StMa: 4B1
Maronnières, StP: 5B4
Maronniers, StP: 5B4
Marquanderie, StB: 8B2
Marquanderie Farm, StB: 8B2
Marquanderie Hoard of Armorican Coins 1935, StB: 8B2
Marquet, StMa: 4C3
Marrenères, Co: 1C1
Marrettes, StB: 8B3
Marrettes, StMy: 2C3
Marronniers, Gr: 11A3
Mars, Gr: 11A4
Martell Tower, StO: 1B4
Martello (white), StMa: 4B3

Martello No. 1, Gr: 11D3
Martello No. 2, Gr: 11C2
Martello No. 2, StL: 6D3
Martello No. 2, StO: 5A2
Martello No. 3, Gr: 11C2
Martello No. 3, StP: 6C4
Martello No. 3, StP: 5A4
Martello No. 4, StP: 5C2
Martello No. 4, Gr: 11C2
Martello No. 5, Gr: 11C2
Martello No. 5, StB: 5C4
Martello No. 6, StB: 5C4
Martello Tower, Gr: 11C4
Martello Tower No. 1, StB: 9A3
Martello Tower No. 2, StB: 8B4
Martello Tower No. 6, Gr: 11A2
Martigney, StH: 7C3
Martin, StO: 1A4
Masse, StO: 1D1
Masse, Tr: 3C4
Masse du Sud et les Champs à Blé, Tr: 3C4
Masures, Tr: 3D4
Mathe à Madame, StMy: 1B4
Maudelaine Estate, StB: 8B1
Maufant Manor, StS: 7B2
Maufant Road, StS: 7D2
Maupertuis, Co: 10C4
Maupertuis, StC: 10D3
Maupertuis, StMy: 2A4
Maupertuis Farm, StC: 10D3
Maurepos, Co: 3A1
Mauves, Tr: 3C2
Mâ-y-tourne, StJ: 2D4
Meadow Court, StMy: 2C1
Meadow Farm, Tr: 3C4
Meadow Vale, Gr: 10B2
Medusa House, StL: 6B1
Megalith dropped from barge, Co: 11C3
Megalithic habitation site, StB: 8A4
Meilles, Co: 8D4
Meils, Co: 8D4
Melbourne Garage, StJ: 2D2
Mêles, Co: 9C3
Memorial slab, StJ: 2B3
Ménage (2), StO: 1D3
Ménage (2), StO: 5B3
Ménage (3), StO: 1C2
Ménage (3), StO: 1D1
Ménage (4), StO: 1B3
Ménage (6), StO: 1A4
Ménage, StL: 6D1
Ménage, StMy: 2C2
Ménage, StO: 1A2
Ménage, StO: 1A3
Ménage, StO: 1C4
Ménage, StP: 5D2
Ménage, Tr: 3D4
Ménage, Tr: 7A2
Ménage de Bas, StO: 1C2
Ménage de Haut, StO: 1C2
Ménage de la Mannaie, StO: 1C2
Ménage de Millais, StO: 1C2
Ménage du Mont, StO: 1C2
Ménage du Nord, StO: 1A3
Ménage du Sud, StO: 1A3
Ménagi, StO: 1D1
Ménago, Vieux Clos, Petit Clos and Peponière, StO: 1D2
Menguy (2), Tr: 3C2
Merchais, StO: 1B3
Merquais (2), StO: 1B3
Merryvale Farm, StO: 5B2
Mesières, StJ: 2A4
Messerverie, StMa: 3D4
Messières, StMa: 4C4
Meueleuquet, StJ: 2A2
Meulet Point, Co: 3D2
Michard, Co: 5C4
Middle Battery, StO: 1B4
Middle Reef, Co: 11C3

Middlehill, StL: 6B3
Midi, StO: 1D2
Midland House, Tr: 7B3
Midvale, StP: 6C2
Midvale Road, StH: 10A1
Mieille, StB: 8B1
Mieliers, StL: 6A2
Mielle (2), StB: 9A2
Mielle, Gr: 11A2
Mielle, StB: 5D3
Mielle, StB: 9C1
Mielle, StB: 9B2
Mielle Clément, StB: 8B2
Mielle de l'Artillerie, StB: 8B2
Mielle de Morville (2), StO: 5A2
Mielle des Courses, StB: 5D4
Mielle des Manoeuvres, StB: 8B1
Mielle des Rouges Maisons, StB: 8B2
Mielle du Nord, StB: 8B2
Mielle du Parcq, Gr: 11A4
Mielle du Puits Mahaut, Gr: 11C4
Mielle du Sud, Gr: 11C2
Mielle du Sud, StB: 8B2
Mielle Giffard, StL: 6D4
Mielle Simon, StB: 8B1
Mielles, StO: 5B1
Mielles au Nord du Flague de Haut, StB: 8A4
Mielles de Gouray, Gr: 11A4
Mielles de la Vill, StH: 10A1
Mielles des Mines, StB: 8B2
Mielles en Sablon, StO: 1B4
Migos, StL: 2D3
Mile Stone, StJ: 2D1
Mill Farm, StMa: 4C2
Mill Rock, StMa: 4B1
Millots, StP: 5D2
Milons, StB: 8B2
Milton Farm, StMa: 4C1
Minden Place, StH: 10A4
Mious, Co: 8D1
Miquelet, StB: 8B3
Mirette', 1817, StH: 7C2
Misère, StH: 7C3
Missière, Tr: 7C2
Miton, StO: 5B1
Mitons, StB: 8B2
Moie, StO: 1A1
Moie Granite Quarry, StB: 8A4
Moine, Co: 8C2
Moiselleries, StMa: 4D3
Moissonière, StC: 10D2
Molots, StH: 7B3
Mon Desir, StP: 6C4
Mon Plaisir, StB: 9A2
Mon Plaisir, StL: 6B2
Mon Plaisir, StMy: 2D1
Monçais, StL: 6D2
Monceaux, StO: 1A2
Mondine Rock, Co: 10C4
Monelles, Tr: 3D4
Monnaie, StO: 1C2
Monnaie, Tr: 3C4
Monnière, Tr: 7A1
Monnières haut et bas, Tr: 7A1
Mons Gréberts, StL: 6C2
Mont, StO: 1C2
Mont, Tr: 3D3
Mont à La Brune, StB: 5D1
Mont à la Brune, StB: 5D3
Mont à l'Abbé Cemetery, StH: 10A1
Mont à l'Abbé Farm, StH: 7C1
Mont à l'Abbé House, StH: 7C1
Mont à l'Abbe Manor, StH: 7C3
Mont Agu, StMy: 1B4
Mont Arthur (2), StB: 9A3
Mont au Guet (2), StP: 5D1
Mont au Marquand, StO: 5B1
Mont au Meunier (2), StL: 6B1
Mont au Pais, Tr: 3A3

Mont au Prêtre Priory, StH: 7C2
Mont au Roux Farm, StB: 9A1
Mont Bauche, StO: 1D4
Mont Billot, Tr: 3C4
Mont Cambrai, StL: 6D1
Mont Cambrai, StL: 6D3
Mont Capel (2), StO: 1D2
Mont Cappel, StO: 1D2
Mont Cochon, StH: 6D4
Mont Cochon Farm, StH: 6D4
Mont d'Archirondel, StMa: 4C4
Mont de Beau Port, StB: 8B4
Mont de Gabard, Gr: 11A2
Mont de Gorey (2), StMa: 11B1
Mont de la Barcelone, StMy: 2A4
Mont de la Charrière, StP: 6A1
Mont de la Chênée, StL: 6B4
Mont de la Cherrière, StP: 6A1
Mont de la Crête, StMa: 4D3
Mont de La Frédée, Tr: 7C1
Mont de la Garenne, StMa: 11B1
Mont de la Greve de Lecq, StO: 1D2
Mont de la Hague, StP: 6A3
Mont de la Houge, StMy: 2C1
Mont de la Mare, StO: 5B3
Mont de la Pulente, StB: 8A2
Mont de la Rocque, StB: 9A1
Mont de la Rosière, StS: 7D1
Mont de l'École, StP: 6A4
Mont de St Anne, StH: 6D4
Mont de St Marie, StO: 2C1
Mont de Ste Catherine, StMa: 4C2
Mont de Veulle, StP: 6A3
Mont des Cabots, Gr: 10B4
Mont des Corvés, StO: 1D1
Mont des Grupieaux, StP: 6C2
Mont des Landes, StMa: 4C4
Mont des Longs Champs, StB: 9A1
Mont des Louannes (2), StP: 6C1
Mont des Louannes, StP: 6A4
Mont des Ormes, StMa: 4C2
Mont des Piétons, StB: 9A3
Mont des Routeurs, StO: 1D2
Mont des Routeurs, StP: 6A3
Mont des Tours, StB: 9A4
Mont des Vignes, StP: 6C3
Mont des Vignes, StP: 6C4
Mont du Boulevard, StB: 9A4
Mont du Bu de la Rue, StL: 6B4
Mont du Grouet, StB: 8A3
Mont du Jubilé, StP: 5D2
Mont du Ouaisné, StB: 9C1
Mont du Rocher, StL: 6C2
Mont du Val la Give, Gr: 10B4
Mont du Vallet, StO: 1C1
Mont ès Ânes, StO: 1C1
Mont ès Croix, StB: 8B3
Mont ès Neaux, StS: 10B3
Mont ès Nouveau, StS: 10B3
Mont ès Pendus, StH: 10A1
Mont ès Vaux du Brocq, StO: 5B1
Mont Fallu, StP: 6C2
Mont Félard, StL: 6D3
Mont Fiquet, StB: 8B3
Mont Fliquet, StB: 8B3
Mont Fondan, StP: 5D1
Mont Gabard, StMa: 11B1
Mont Gallie, StMy: 6A2
Mont Gavey (2), StL: 6B2
Mont Gibet, StH: 10A1
Mont Grantez, StO: 1D3
Mont Gras d'Eau, StB: 8B4
Mont Haley, StL: 6A4
Mont Huelin, StO: 1C2
Mont Huet, StO: 1B3
Mont Isaac, StL: 6B1
Mont l'Evesque, StL: 6B1
Mont Mado, StJ: 2D2
Mont Mado Lane, StJ: 2B4
Mont Mado Quarries, StJ: 2B4

Mont Mado Windmill, StJ: 2B4
Mont Mallet (2), StMa: 11B1
Mont Mathieu le Marquand, StO: 5B1
Mont Millais, StH: 10A4
Mont Misère, StL: 6B3
Mont Nicolle, StB: 9A1
Mont Orgueil, StMa: 11B1
Mont Patibulaire, StH: 10A1
Mont Pellier, Tr: 7A2
Mont Perrine, StL: 6B3
Mont Petit Port, StB: 8A4
Mont Pinel, StO: 1C4
Mont Pinel, StO: 1D3
Mont Plaisir, StS: 7D1
Mont Radier, Gr: 10B4
Mont Remon, StP: 6A2
Mont Rossignol, StO: 5B3
Mont Sohier, StB: 8B4
Mont Sohier, StB: 9A3
Mont Sohier, StS: 7D3
Mont Sommeir, StB: 8B4
Mont Sorsoleil, StL: 6B1
Mont St Nicholas, StMa: 11B1
Mont Ste Marguérite, StMa: 4A4
Mont Suzanne, StL: 6B4
Mont Tcheurdron, StB: 5D3
Mont Ubé, StC: 10D1
Mont Vautier, StO: 5B1
Mont Vibert, StO: 1C2
Montagne (3), StP: 6A1
Montagne, StP: 6A3
Montagne, StP: 6C3
Montagne à Geon, StP: 2C3
Montagne à Géon, StL: 6D1
Montagne à Géon, StP: 6C2
Montagne du Sud, StP: 2C3
Montagnes (2), StL: 6B3
Montais, StB: 8B1
Monte Bello, StP: 6C4
Montée de la Brequette, Co: 1C3
Montée de la Mare Slip, Co: 4D1
Montée des Grèves (2), Co: 11B1
Montée du Boulevard, Co: 11D3
Montée du Ouest, Co: 1C1
Montée du Verclut Slip, Co: 4D1
Montée Slip, Co: 11C2
Montrose, StP: 2C3
Monts (2), StMa: 4B3
Monts (2), StO: 1D3
Monts (3), Gr: 11A2
Monts (3), StO: 1C4
Monts de Grantex, StO: 1D3
Monts de la Mare (2), StP: 5B4
Monts de l'Est, StO: 1D3
Monts de l'Ouest, StO: 1D3
Monts Durell, StO: 1D3
Monts ès Pelles, Gr: 11A1
Monts Huelin, StP: 5B4
Monts Millais, StH: 10A2
Monts Millais, StH: 10A4
Monts Néron, StH: 7C3
Monts Simon, StMy: 2C4
Monts Simon du Milieu, StMy: 2C4
Monts Simons de l'ouest, StMy: 2C4
Moraines, StL: 2D4
Morandines, StO: 5B3
Morceau à Yves, StMy: 2C4
Morcel, StL: 6D3
Morel Farm, StL: 6B3
Morté, Co: 4A1
Morue, StJ: 7A1
Morville House, StO: 1D1
Moss Nook Farm, StH: 7C3
Motte, Co: 10D3
Motte, StB: 5D4
Motte Street, StH: 10A4
Mottée, StJ: 2D1
Mottée Farm, StJ: 2B3
Mouaine (2), Co: 1A2
Moudin, StC: 10D1

Moulin à Sucre, StL: 6D2
Moulin à Vent, Gr: 11A4
Moulin Bleu, StMa: 4A3
Moulin de Bas, Gr: 11A3
Moulin de Bas, Tr: 7A2
Moulin de Débénaire, StH: 10A3
Moulin de Fossard, StS: 10B3
Moulin de Friquet, StH: 6D2
Moulin de Gargate, StP: 6A4
Moulin de Gigoulande, StMy: 6A1
Moulin de Grantez, StO: 5B1
Moulin de Haut, Gr: 11A1
Moulin de Haut Faldoit, Gr: 11A1
Moulin de la Campagne, StO: 5B1
Moulin de la Cave, StP: 6C4
Moulin de la Haye, StL: 6B2
Moulin de La Mare, StO: 5B3
Moulin de la Perrelle, StMa: 4C2
Moulin de la Ville, StH: 10A2
Moulin de Lecq, StO: 1D2
Moulin de l'Hommel, StP: 6A4
Moulin de Louis Pol, StS: 7D1
Moulin de l'Oumel, StP: 6A4
Moulin de Ponterrin, Tr: 7B3
Moulin de Quetivel, StL: 6B2
Moulin de Quetivel, StP: 6C2
Moulin de Tesson, StP: 6C2
Moulin de Vicart, StL: 6B4
Moulin des Augrès, Tr: 7C1
Moulin des Écoliers, StL: 6B4
Moulin des Mouriers, StJ: 2A2
Moulin des Prés, Gr: 11A1
Moulin du Grand Saut, StB: 8B4
Moulin du Roi de la Reine, Gr: 11A1
Moulin Égoutte-Pluie, StB: 9A2
Moulin Gras Dos, StB: 8B4
Moulin Mal Assis, StS: 7C4
Moulin Papier, StMy: 2A4
Moulin Tostin, StP: 6A3
Mound, StB: 8B1
Mound, StO: 1C2
Mound 1795, Gr: 11A2
Mound 1795, StB: 8C2
Mount, StH: 9D2
Mount, StO: 5B3
Mount St Aubyn, Gr: 11A1
Mouossonnièthe, Co: 1A1
Mouotré, Co: 2B1
Mourennes, StL: 2D4
Mourier, StMy: 2A4
Mourier Bay, Co: 2B1
Mourier Valley, StMy: 2A4
Mouriers, Co: 2A2
Mourin, StS: 7D2
Moussues (2), StMy: 1D2
Moye Golf Course, StB: 8B1
Moye House, StB: 8B3
Moye Rock, Co: 8C2
Moye School, StB: 8B1
Mare, Gr: 11C2
Mulcaster Street, StH: 10A3
Mulots, StP: 5D2
Muraille de la Ville, StH: 10A3
Mure Petie, StP: 5D1
Murluqet, StMa: 7B4
Murluquet, StMa: 11A2
Museraie, StJ: 2B4
Museum Street, StH: 10A4

Naire, Co: 11C3
Nao, StJ: 3C1
Nau Clos, StMy: 2A4
Navière de l'Est, StO: 1B3
Navière de l'Ouest, StO: 1B3
Navière du Milieu, StO: 1B3
Navire, Tr: 3D1
Néhoterie, Tr: 3C2
Néhotterie, Tr: 3C1
Nelson Boulevard, StH: 10C2

Nelson House, StP: 6C3
Neltes Terres de Bas, Tr: 3C1
Neptune, Co: 8C1
Nère Rue, StO: 1A4
Neuf, StMa: 3D4
Neuf Chemin, StJ: 2D1
Neuf Clos (2), StMy: 2D1
Neuf Clos (2), StO: 1B3
Neuf Clos, Gr: 10B4
Neuf Clos, Gr: 11A3
Neuf Clos, StB: 6C3
Neuf Clos, StB: 8B3
Neuf Clos, StC: 10D3
Neuf Clos, StH: 7C3
Neuf Clos, StH: 7C4
Neuf Clos, StJ: 2D1
Neuf Clos, StJ: 3C1
Neuf Clos, StJ: 3C3
Neuf Clos, StMa: 7B2
Neuf Clos, StMy: 2A3
Neuf Clos, StMy: 2C3
Neuf Clos, StO: 1D3
Neuf Clos, StP: 5B4
Neuf Clos, StP: 6A1
Neuf Clos, StP: 6A2
Neuf Clos, StS: 10B1
Neuf Clos, Tr: 3A4
Neuf Clos, Tr: 3C2
Neuf Clos de La Banque (2), StO: 1D1
Neuf Cotil, StMa: 4A3
Neuf Gardin, StMa: 7B2
Neuf Jardin, StJ: 2D1
Neuf Jardin, StJ: 2D2
Neuf Jardin, StL: 2D3
Neuf Jardin, StL: 6B3
Neuf Jardin, StL: 6D2
Neuf Jardin, StMa: 7B2
Neuf Jardin, StMy: 2A4
Neuf Jardin, StMy: 2C2
Neuf Jardin, StMy: 6A2
Neuf Jardin, StO: 1B3
Neuf Jardin, StO: 1D3
Neuf Jardin, StO: 1D4
Neuf Jardin, StP: 6A1
Neuf Jardin, StP: 6A3
Neuf Jardin, StS: 10B1
Neuf Jardin, Tr: 3C4
Neuf Jardin, Tr: 7B1
Neuf Jardin et Jardin de Lucas, StMy: 6A2
Neuf Jardin et Jardin du Milieu, StL: 2D3
Neuf Jardin et Le petit Jardin du Nord, StJ: 2D2
Neuf Jardin et Pepinière, StMy: 2D1
Neuf Parcq, Tr: 3D4
Neuf Pré, Tr: 3C2
Neuilly, StMa: 7D2
Neuve Presse, StP: 5B4
Neuve Route, Tr: 3C3
Neuve Route, Tr: 7A1
Nevill Holt, StMa: 4C1
New harbour Wall, StH: 10C1
New St John's Road (2), StH: 10A1
New Street, StH: 10A3
New Trinity Hill, StH: 10A2
New York Lane, StS: 10B3
Newcastle House, StJ: 7A1
Newgate Street, StH: 10A3
Nez, StC: 10D4
Nez de la Rocque, Gr: 11D3
Nez du Château, Co: 11B1
Nez du Cuet Fort, Tr: 4A1
Nez du Guet, Co: 4A1
Nicolettes, StH: 10A4
Nicolle Mill, StH: 7C1
Nicolle Tower, StC: 10D2
Nid, StMa: 4C2
Nid ès Corbins, Co: 4A4
Nid ès Vraes, Co: 1A1
Nid ès Vraes, StO: 1A1
Nid Solitaire, StMa: 4C2

Nie, Co: 1C3
Nièmes, StP: 5B4
Nier Cheval, Co: 3A2
Nièthe Fontaine, StB: 8C2
Nipple Rock, Co: 10C3
Nipple Rock, StMa: 4B1
Nique ès Pies, Co: 1C3
Noa, StJ: 3C1
Noir Côtil, StB: 5C4
Noir Côtil, StB: 8A2
Noir Godin, StO: 1B1
Noir Pré, StP: 5D1
Noire, Co: 10C4
Noire, Co: 11C3
Noire Falaise, StO: 1A1
Noire Rock, StMa: 4A2
Noire Terre, StMa: 4D1
Noirmont, Gr: 11A3
Noirmont, StB: 9C1
Noirmont Headland, StB: 9C2
Noirmont Manor, StB: 9C2
Noirmont Pont, Co: 9C4
Noirmont Tower, Co: 9C4
Noirmont Warren Hougue, StB: 9C2
Noirmontaise, Co: 8A3
Nonpareil, StP: 6C1
Norcott Road, StS: 10A4
Nord (3), StJ: 2B3
Nord, StMy: 1B4
North and Middle Bank, Co: 11B2
North Arsenal, StMa: 7B2
North Reef Rock, StMa: 4B1
North Rock, Co: 1B2
Northern Telephone Exchange, StJ: 3C3
North-West Arsenal, StMy: 2C3
North-west Reef, Co: 1B2
Northwood, StJ: 2B1
Nosse, StMa: 7B2
Note, Co: 1B4
Note, StMy: 1B4
Note, Tr: 3B3
Note, Tr: 4A1
Noues, StO: 1A3
Nouette, StC: 11C1
Nouettes, Gr: 11A3
Nouettes, StC: 11C1
Nouettes, StC: 11C2
Nouettes, StO: 1D3
Nouettes, Tr: 3C4
Nouettes de l'Est, Tr: 3C2
Nouveau Côtil, StB: 8B3
Nouveaux Côtils, StMa: 4D1
Nouvelles Charrières, StJ: 3A3
Noyer, StB: 9C1
Noyer, StMa: 4D1
Noyers, StJ: 2D2
Noyers, StL: 6B4
Noyers, Tr: 3D3
Nuhot, StS: 10B3

Oak Farm, StL: 2D4
Oak Farm, StMy: 2C3
Oak Farm, StP: 6A4
Oak Walk, StP: 6C1
Oakborne, Gr: 11A3
Oakdale, StJ: 2D1
Oakdale, StP: 2C3
Oakfieldd, StS: 7B4
Oaklands, StH: 7C2
Oaklands, StL: 6B3
Oaklands, StP: 6A1
Oaklands, StS: 7B3
Oaklands Farm, Gr: 11A1
Oaklands Lane, StH: 7C2
Oaklands Lodge, Tr: 7C2
Oaks, StP: 6A3
Oakwood, StMy: 2C4
Old Beaumont Hill, StP: 6C2

Old Cottage, Gr: 10B2
Old Don Road, StH: 10A4
Old Farm, StC: 11C1
Old Farm, StH: 6D4
Old Farm, Tr: 7C2
Old Forge Lane, Gr: 11A4
Old Fort Road, Tr: 4A1
Old Harbour, Co: 10A3
Old House, StH: 7C1
Old Race Course, StB: 8B2
Old Road, StO: 5B1
Old Robin Hood Inn, StH: 10A2
Old St John's Road, StH: 10A1
Old Trinity Manor et Chapelle de St Maurice, Tr: 7A2
Old Well Court, StJ: 2D1
Onze Perches, StMy: 2A4
Orange Farm, StB: 9A1
Ormes (2), StL: 6D1
Ormes, StB: 5D4
Ormes, StJ: 7A1
Ormes, StL: 6B2
Ormes, StO: 5B1
Ormes, Tr: 3C2
Ossuary, StB: 5D3
Ouest, StO: 1A3
Overdale Hospital, StH: 10A1
Oxford House, StL: 6B1
Oxford Road (2), StH: 10A2
Oyster Beds, Co: 10D3
Oyster Beds, Co: 11B1
Oyster Beds, Co: 11B4
Oyster Ground, StMa: 4B1
Oyster Rock, Co: 9D4
Oyster Rocks, Co: 3D2

Pacice Causie (2), StC: 11C3
Pacquet, Co: 11B2
Paillerin, StB: 9C1
Paleron, StS: 7D2
Palières, StO: 1A4
Palles, StJ: 3C1
Pallion, StO: 1A4
Pallion, StO: 1B3
Pallion, StO: 1D2
Pallion, StO: 5B1
Palloterie, Tr: 3C2
Pallotterie, StMa: 4A3
Pallotterie, StS: 10B3
Palm Grove, StH: 7C4
Papinière, Tr: 3A4
Parade Place, StH: 10A3
Parade Road, StH: 10A1
Paradis et Becquet aux Chiens, Gr: 11C2
Parais, StJ: 2D4
Parc, StH: 7C2
Parc, StJ: 7A1
Parc, StMa: 4C4
Parc, StO: 1D3
Parc, StO: 5B2
Parc, Tr: 7C1
Parc au dessus de la Maison Godfray, StL: 6B2
Parc de Bas, StL: 6B2
Parc de Bas, StO: 1B1
Parc de Belle Fontaine, StMa: 11A2
Parc de Haut, StO: 1B3
Parc des Frais Vents et Clos d'Ahier, StS: 10B1
Parc Hotton, StL: 6B2
Parc Moine, StO: 1B1
Parcie Sud du Long Clos et Jardin de Derrière, StP: 2C3
Parcq (2), StMy: 2D1
Parcq (2), Tr: 7B3
Parcq, StJ: 2B3
Parcq, StL: 2D3
Parcq, StMa: 3D4
Parcq, StO: 1D2

Parcq, Tr: 7B1
Parcq Billot, StMa: 3D4
Parcq Cornu, Tr: 7A2
Parcq de l'Est, Tr: 7B3
Parcq de l'ouest, Tr: 7B3
Parcq du Nord, StMa: 4A3
Parcq du Sud, StL: 6B2
Parcq du Sud, StMa: 4A3
Parcq Farm, Gr: 11C1
Parcq Godfray, Tr: 3D4
Parcq Mollet, Tr: 7A2
Parcq Nicolle, StH: 7C1
Parcq Riddé, Gr: 11C2
Parcq, Le Gobet du Parcq à Jardin, StO: 1D2
Parcqs, Tr: 3D4
Parcqs, Tr: 7B3
Parcqs du Nord, Tr: 7A2
Parcs, StMa: 4B3
Parish Hall, StMa: 4C1
Parish Hall, StMy: 2C1
Parish Hall, StO: 1D4
Parish Hall, StS: 10A2
Parish Hall, Tr: 3C4
Park Estate, StB: 8B2
Parklands, StP: 6A4
Parleux à Thomas J'han, StMy: 1B4
Parq (2), StMy: 2C3
Parq, StMy: 2C4
Parq, StO: 1B3
Parq Blampied et le Clos Picot, Tr: 7A2
Parq Godefroi, Tr: 3D4
Parquet (2), Tr: 3C2
Parquet, StJ: 3C1
Parquet, StJ: 3C3
Parquet, Tr: 3D1
Parquet, Tr: 7B1
Parquet, Tr: 7B3
Parquet et Côtil, Tr: 7D1
Parquets (2), StMy: 2C1
Parquets, Tr: 7B3
Parquêts, StS: 10B3
Partie, StB: 8A4
Partie des Champs du Moulin Vent, StC: 10B4
Partie du Côtil Hamon (2), Tr: 4A3
Partie Est, StP: 6A3
Partie Est du Clos de la Chasse, StJ: 3C1
Partie est du Grand Clos, Gr: 11C1
Partie Est du Parcq et Clos de la Pièce de Genest, Tr: 7B1
Partie Nord du Clos à Genest, StJ: 7A1
Partie Nord du Neuf Clos et Neuf Jardin, Gr: 11C4
Partie Nord du Petti Clos de Chesnée, StJ: 2D2
Partie Nord du Petti Clos de Marie, StJ: 2D2
Partie Nord du Pré, StMa: 4C3
Partie Ouest du Clos des Hureaux, StS: 7C4
Partie Ouest du Clos des Roclines, StP: 6A3
Partie ouest du Grand Jardin du Hogard et le Clos du Feuvre, StMa: 7D2
Partie ouest du Jardin de Fauvel, StMa: 7D2
Partie Sud, StS: 4C3
Partie Sud des Clauts, StB: 8A4
Partie Sud du Clos à Genest, StJ: 7A1
Partie Sud du Grand Clos de la Croute, StMy: 2C3
Partie Sud du Neuf Clos, Gr: 11C4
Parties Est du Grand et Petit Clos de la Croix, StJ: 3C1
Pas, Co: 8A1
Pas, Co: 8A2
Passage, Gr: 11C2
Passage, StL: 2D3
Passage de l'Hôpital, Gr: 11A2
Passage Rock, Co: 9C3
Passage Vautier, StO: 1C4
Passeurs, StMa: 3D4
Patente, StL: 6B2
Paternosters, Co: 1B2

125

Patier House, StS: 10B1
Patier Road, StS: 10B1
Patrimoine (2), StL: 6B2
Patriotic Street, StH: 10A3
Patrons, Tr: 3D4
Pâture, StP: 2C3
Pâtures Élie Vibert, StO: 5B1
Pâtures Vibert, StO: 5A2
Pavillon, StMa: 4C2
Payn Street, StH: 10A3
Peatière, StB: 9C1
Pebinière, StS: 7B4
Pecage, StMy: 2C4
Pecrée, StO: 1C2
Peel Road, StH: 10A4
Peirson Road, StH: 10A1
Pèle, StS: 7D1
Pelle (3), StMa: 4C2
Pelle, StB: 8B3
Pelle, StJ: 7A1
Pelle, StO: 1C1
Pelle, StO: 1C4
Pelle, StO: 1D2
Pelle, StO: 5B2
Pelle, StP: 6A1
Pellerie, Tr: 3C2
Pelles (2), StB: 8A4
Pelles (2), StMa: 4A3
Pelles, StMa: 4C1
Pelles, StO: 1D2
Pelles, Tr: 3A4
Pellon, StP: 6C3
Pellots (2), StB: 5D4
Pelotte, Gr: 11A3
Pelouse, StO: 5B2
Pelouse devant la Maison, Gr: 11A3
Pendant (2), Tr: 7A4
Pendant (4), StMy: 2C4
Pendant, Gr: 11A1
Pendant, Gr: 7D4
Pendant, StB: 9A2
Pendant, StB: 9A3
Pendant, StH: 6D4
Pendant, StH: 7B3
Pendant, StJ: 2D3
Pendant, StJ: 2D4
Pendant, StL: 6B2
Pendant, StL: 6D1
Pendant, StMa: 4A3
Pendant, StMa: 4C1
Pendant, StMa: 4C2
Pendant, StMa: 4C3
Pendant, StMy: 2C1
Pendant, StMy: 2C3
Pendant, StMy: 6A2
Pendant, StO: 5B1
Pendant, StP: 6A2
Pendant, StS: 10B1
Pendant, StS: 10B3
Pendant, StS: 7D1
Pendant de Bas, StMa: 4C2
Pendant de Haut, StMa: 4C2
Pendant de l'est, StMy: 2A4
Pendant de l'est, StMy: 6A2
Pendant du Nord, StO: 1B1
Pendant du Sud, StMa: 4C2
Pendant et Jardin de Derrière, StS: 10A4
Pendant et le Carrière, StMa: 7B2
Pendant et Le Haut Pignon, Gr: 10B4
Pendantes, Co: 10C3
Pendants, StB: 8A4
Pendants, StB: 8D1
Pendants, StMy: 2A3
Pendants, StO: 2C1
Pendants, StS: 7D1
Pendants Huriaux, StB: 8B2
Penrhyn, StJ: 3C1
Pente avec l'Abreuvoir, StO: 5B2
People's Park, StH: 10A1
Pepin, StJ: 2D1

Pepinière (2), StMa: 4C4
Pepinière, StH: 7C1
Pepinière, StJ: 2B4
Pepinière, StJ: 2D1
Pepinière, StL: 6B2
Pepinière, StMa: 4C3
Pepinière, StO: 2C1
Pepinière, StP: 5B4
Pepinière, StP: 6A2
Pepinière, Tr: 3A4
Pepinière, Tr: 3D4
Pépinière (2), StL: 6B3
Pépinière, StO: 2C3
Pépinière, Tr: 3C4
Pepinière à M. Ed Hamon, Tr: 7A1
Pêqu'sie, Tr: 3D2
Percage, StJ: 2D1
Perlais, StC: 11C4
Perquage, StJ: 2D1
Perquages, StP: 6A1
Perré, StMa: 4D1
Perrelle, StMa: 4C2
Perrellerie du Sud, StC: 11C4
Perrettes, StJ: 2D4
Perrières, StO: 1D1
Perrineries, Tr: 7A2
Perrines, StP: 6A4
Perro, StO: 1C4
Perron, Gr: 11C4
Perron, StB: 8B3
Perron du Sud, StB: 8B3
Perrons (2), StO: 1A4
Perrons, StO: 1D3
Perrotins, StP: 6C3
Perruque (2), StJ: 2B3
Perruque (2), Tr: 3C4
Perruque, StH: 7C4
Perruque, Tr: 3A4
Perruque, Tr: 3D4
Perry Farm Lane, StMy: 2C4
Péserie, Tr: 3C2
Peter Street, StH: 10A4
Peteri, StMa: 4B3
Petite Clôture, StP: 5B4
Petite Dune, StJ: 2B3
Petite Montagne, StL: 6D1
Petite Pièce, StJ: 2D1
Petit, Tr: 3D3
Petit Aleval, StP: 6A2
Petit Babino, Tr: 3C2
Petit Bagot, StS: 10B3
Petit Baillhache, StB: 9C1
Petit Bastard, StS: 7D2
Petit Becquet, StO: 1B1
Petit Becquet à l'Ests, Tr: 7B1
Petit Bourg, Gr: 10B2
Petit Bourg, StC: 10D2
Petit Bouvée, StJ: 2A2
Petit Carré, StP: 5D1
Petit Câtel, Tr: 3D3
Petit Câtelet (2), StJ: 2D1
Petit Câtelet, StMy: 2C2
Petit Câtillon, Gr: 10B2
Petit Câtillon, Gr: 7D4
Petit Champ, StB: 9A1
Petit Champ, StMa: 4C4
Petit Champ, StO: 1D4
Petit Chevalene, Tr: 3C2
Petit Clos (2), Gr: 10D2
Petit Clos (2), StB: 8B3
Petit Clos (2), StH: 7C2
Petit Clos (2), StJ: 2A2
Petit Clos (2), StL: 6B2
Petit Clos (2), StMa: 4C3
Petit Clos (2), StMy: 2A4
Petit Clos (2), StMy: 2C4
Petit Clos (2), StMy: 6A2
Petit Clos (2), StO: 1D2
Petit Clos (2), StP: 1D4
Petit Clos (2), StP: 6A1

Petit Clos (2), StP: 6A4
Petit Clos (2), StS: 10A2
Petit Clos (2), StS: 7D1
Petit Clos (2), Tr: 7B3
Petit Clos (3), StJ: 2D1
Petit Clos (3), StMa: 4C2
Petit Clos (3), StO: 1A4
Petit Clos (3), Tr: 3C1
Petit Clos (3), Tr: 3D3
Petit Clos (3), Tr: 7B1
Petit Clos, Gr: 11A2
Petit Clos, Gr: 11A4
Petit Clos, StB: 9A1
Petit Clos, StB: 9A3
Petit Clos, StC: 11C1
Petit Clos, StH: 10A1
Petit Clos, StH: 6D2
Petit Clos, StJ: 2A4
Petit Clos, StJ: 2B4
Petit Clos, StJ: 2D2
Petit Clos, StJ: 3A3
Petit Clos, StL: 6D1
Petit Clos, StMa: 3D4
Petit Clos, StMa: 4A3
Petit Clos, StMa: 4C1
Petit Clos, StMa: 4C4
Petit Clos, StMa: 4D3
Petit Clos, StMy: 2C1
Petit Clos, StMy: 2C2
Petit Clos, StMy: 2C3
Petit Clos, StMy: 2D1
Petit Clos, StO: 1A3
Petit Clos, StO: 1B3
Petit Clos, StO: 1C4
Petit Clos, StO: 1D1
Petit Clos, StO: 1D3
Petit Clos, StO: 5B1
Petit Clos, StO: 5B2
Petit Clos, StP: 5B4
Petit Clos, StP: 6C2
Petit Clos, StS: 10B4
Petit Clos, StS: 7B3
Petit Clos, StS: 7D2
Petit Clos, StS: 7D4
Petit Clos, Tr: 3A3
Petit Clos, Tr: 7A2
Petit Clos, Tr: 7A4
Petit Clos Bisson, StO: 1B3
Petit Clos de Bisson, StL: 6B2
Petit Clos de Brebinette, Tr: 3C1
Petit Clos de Derrière, StJ: 7A1
Petit Clos de Devant, StJ: 2D2
Petit Clos de Devant, StL: 2D4
Petit Clos de Devant, Tr: 7B1
Petit Clos de Gourey, Gr: 11A2
Petit Clos de Hacquoil, StO: 1D4
Petit Clos de Hue, StH: 10A1
Petit Clos de La Banque, StO: 1D1
Petit Clos de la Chasse, StL: 6B2
Petit Clos de la Cotte, Tr: 7B3
Petit Clos de la Croix, StJ: 3C1
Petit Clos de la Croix, StMa: 7B4
Petit Clos de la Croix, StP: 6C1
Petit Clos de la Ferrone, StS: 7D3
Petit Clos de la Hougue, StMy: 2C1
Petit Clos de la Hougue, StP: 6A1
Petit Clos de la Mare (2), StC: 10D3
Petit Clos de la Mare Ballam, StJ: 2D1
Petit Clos de la Rocque, Gr: 11C2
Petit Clos de l'Impolite, Gr: 10B3
Petit Clos de l'Impolite, Gr: 10B4
Petit Clos de Mahaut, StO: 1D3
Petit Clos de Marc, Tr: 7B3
Petit Clos de Patier, StS: 7D3
Petit Clos de Robin, StB: 9A1
Petit Clos de Rocquebert, StC: 10D3
Petit Clos de Rocquebert, StC: 10D4
Petit Clos de Romeril, StJ: 3C3
Petit Clos de St Jean, StJ: 2D1
Petit Clos de St Jean, Tr: 3C1

Petit Clos de St Sauveur, StS: 4C3
Petit Clos de Touzel et Clos de Gardier et Petite Pièce d'Âge, Gr: 11C2
Petit Clos de Travers, Tr: 3D3
Petit Clos des Alleurs, StMa: 4C4
Petit Clos des Écorvées, StS: 4C3
Petit Clos des Forêts, StO: 1A4
Petit Clos des Hougues, Tr: 3D4
Petit Clos des Hures, StL: 6C2
Petit Clos du Champ Donné, StO: 1D1
Petit Clos du Ménage, StB: 8B3
Petit Clos du Moulin à vent, Gr: 10B4
Petit Clos du Nord, StMy: 1D2
Petit Clos du Parcq, StJ: 3C1
Petit Clos du Ray, StL: 2D4
Petit Clos et Clos de la Hougue, StS: 7D4
Petit Clos Fallu, StMa: 7B2
Petit Clos Huelin, StO: 1A4
Petit Clos Malet, StS: 7D2
Petit Clos Marie, StL: 6B4
Petit Clos Millais, StMy: 2C1
Petit Closet, StO: 1A4
Petit Cosnet, StO: 1A4
Petit Côteau au Sud du Vallon, StP: 5B4
Petit Côtil, StH: 7C1
Petit Côtil, StJ: 2A4
Petit Côtil, StL: 6B3
Petit Côtil, StL: 6C2
Petit Côtil, StMa: 4C3
Petit Côtil, StMa: 7B2
Petit Côtil, StO: 5B3
Petit Côtil, StS: 10B1
Petit Côtil, Tr: 3C2
Petit Côtil, Tr: 7A4
Petit Côtil des Pernelles, StL: 6B4
Petit Côtil des Pernelles, StL: 6D2
Petit Côtil en Pointe, StP: 6A4
Petit Courtil, StO: 5B1
Petit Désert, StO: 1B3
Petit Étaquerel, Co: 1C1
Petit Fara, Co: 4D3
Petit Farcit, StMa: 4C1
Petit Feugerel, StJ: 3C3
Petit Feugerel, StMy: 1D2
Petit Feugerel, Tr: 3C3
Petit Feûtrel, StO: 5B1
Petit Fief Chevalier, StB: 8B3
Petit Fillart, StO: 1D4
Petit Fort (2), StO: 1C4
Petit Fourcher, Co: 11B2
Petit Gallichan, Tr: 3C1
Petit Harve, Co: 8A2
Petit Haut de Nord, StB: 8A4
Petit Hougue, StO: 1C2
Petit Hougues, StMy: 2A4
Petit Hurel, StMy: 2A4
Petit Jardin (2), StJ: 2D2
Petit Jardin (3), StMy: 2C1
Petit Jardin, StB: 9A3
Petit Jardin, StH: 7C2
Petit Jardin, StJ: 2B1
Petit Jardin, StL: 2D3
Petit Jardin, StMa: 4C3
Petit Jardin, StMy: 2C2
Petit Jardin, StO: 1A3
Petit Jardin, StP: 6C2
Petit Jardin, Tr: 3C2
Petit Jardin à Pommiers, StMa: 4C3
Petit Jardin à Pommiers, StMy: 2C2
Petit Jardin à Pommiers, StMy: 2C3
Petit Jardin de Bas, StJ: 7A1
Petit Jardin de Haut, StJ: 2D4
Petit Jardin de la Fontaine, StMa: 3D4
Petit Jardin du Côtil, Gr: 10B4
Petit Long Clos, StMa: 4A3
Petit Madolain, Le Clos des Venclles et Grand Clos, StJ: 2D2
Petit Manoir, StS: 10A2
Petit Marais (2), StB: 8B3
Petit Marais, StB: 8B1

Petit Marais de la Commune, StB: 8A2
Petit Ménage, StS: 10A4
Petit Mont, StH: 6D4
Petit Mont, StMy: 2A4
Petit Moulin, Du Prieur, Du Mont Cochon, StH: 6D4
Petit Mourier, StJ: 2A2
Petit Mourier, StJ: 2A4
Petit Parc, StH: 7C2
Petit Parcq, StH: 7C1
Petit Parcq, StH: 7C4
Petit Parcq, StO: 5B2
Petit Parcq, Tr: 3D4
Petit Parcq St Maurice, Tr: 7A2
Petit Park, StJ: 7A1
Petit Parq, Tr: 3D4
Petit Parquet, StMa: 4A3
Petit Parquet, Tr: 3C1
Petit Parquet, Tr: 4A3
Petit Pas, Co: 9C3
Petit Pendant, StMy: 2A4
Petit Perruque, Tr: 3C2
Petit Philipot (2), Tr: 3C2
Petit Pièce, Gr: 10B4
Petit Pièce, StH: 7C1
Petit Pinacle, Co: 1A3
Petit Pinel, StO: 1D3
Petit Plémont, Co: 1A2
Petit Ponterrin, StS: 7D1
Petit Port, Co: 3A4
Petit Port, Co: 8A4
Petit Port, StB: 9C4
Petit Portelet, Co: 11B1
Petit Pré (2), StJ: 2D4
Petit Pré (2), Tr: 3C4
Petit Pré, Gr: 10B4
Petit Pré, Gr: 11A3
Petit Pré, Gr: 11A4
Petit Pré, StJ: 2B4
Petit Pré, StJ: 7A1
Petit Pré, StMa: 4A3
Petit Pré, StMy: 2C4
Petit Pré, StMy: 6A2
Petit Pré, StO: 1C4
Petit Pré, StP: 5D1
Petit Pré, StP: 6A2
Petit Pré, StS: 4C3
Petit Pré, StS: 7B2
Petit Pré, Tr: 3D3
Petit Pré, Tr: 7B1
Petit Pre à l'Est de la Maison, StJ: 2D2
Petit Pré de Bailhache, StS: 10A4
Petit Pré de Haut, Tr: 7B1
Petit Pré de la Caroline, StMy: 2C3
Petit Pré de la Roche Cluée, Tr: 3A4
Petit pré de St Maur, Tr: 3C2
Petit Pré de SteMaure, Tr: 3C2
Petit Pré du Parcq, Gr: 11C1
Petit Pré du Percage, StL: 2D3
Petit Pré du Plat Douet, Tr: 3C4
Petit Pré et la Soulsée, Tr: 7B1
Petit Pré la Butière, StO: 1A4
Petit Pré Lemprière, StS: 7C4
Petit Pré sous le Vivier, Tr: 7B1
Petit Pré sud du Vivier, StS: 10A4
Petit Puchot, StJ: 2B1
Petit Puchot, StMa: 4D1
Petit Queruée, StMa: 4C3
Petit Rabot, StO: 1A4
Petit Rondin, StB: 9A4
Petit Rouen, StS: 10B1
Petit Rue du Nord, Gr: 7D4
Petit Vallette, StO: 1C2
Petite, Tr: 3A4
Petite Basse Croûte, StMa: 3D4
Petite Bataille, StJ: 2C2
Petite Becquet, StO: 5B3
Petite Blanche Pierre, StL: 6B1
Petite Capelle, StL: 6A4
Petite Césaree, Tr: 4A1

Petite Césarée, Tr: 4A1
Petite Clôture, StMa: 4A3
Petite Croute, StJ: 2B4
Petite et Grande Grune, Co: 9C3
Petite Filliâtre, StO: 1A4
Petite Forêt, StO: 1A4
Petite Fosse (2), StP: 5D1
Petite Fosse, StJ: 2B4
Petite Fosse, StMa: 3D4
Petite Fosse, StP: 6A1
Petite Garenne, Tr: 7A2
Petite Grève, Co: 1C1
Petite Hougettes, StMy: 2C1
Petite Hougue, StO: 1A4
Petite Hougue, StO: 1B1
Petite Hougue, StO: 1C2
Petite Hougue, StO: 1D2
Petite Houguette, StJ: 7A1
Petite Houguette, Tr: 3C2
Petite Hure, StJ: 3A3
Petite Lande, StMa: 3D4
Petite Maison de Grégoire, StL: 6B2
Petite Mielle de la Vachière, StB: 8B1
Petite Montagne (2), StP: 6A1
Petite Montagne (2), StP: 6C2
Petite Pelie, StO: 1B3
Petite Piéce, StO: 1C1
Petite Pièce, StMa: 4A3
Petite Pièce, StO: 1C3
Petite Pièce, StO: 5B2
Petite Pièce, StS: 7B3
Petite Pièce de Marie Pipon, StB: 5D4
Petite Plaine, Tr: 7A2
Petite Pouquelaye, StH: 7C3
Petite Queruée, StMa: 7D2
Petite Ratière, StJ: 2D4
Petite Retraites, StO: 5B3
Petite Rimache, StO: 1D4
Petite Robette, StH: 7C3
Petite Rocquette, StO: 5B1
Petite Routes des Mielles des Quennevais, StB: 8B2
Petite Rue de l'Église, StP: 6A3
Petite Sente, StC: 11C4
Petite Sequette, StO: 1D1
Petite Tranche, StJ: 2D2
Petite Tremblée, StO: 1A3
Petite Tronche, StJ: 2D2
Petite Vallée, StMa: 4A4
Petite Vallée au Noël, StJ: 2D3
Petite Vallette, StH: 6D2
Petite Vallette, StS: 7D1
Petite Vallonerie, StC: 10D1
Petite Varine, StS: 10B3
Petite Venelle, StC: 10D3
Petite Vergée, StMy: 2C2
Petite Vergée, StO: 1B3
Petites Ainières, StO: 1A2
Petites Barrées, StMy: 2C2
Petites Blanches, StMa: 4B1
Petites Buttes, StL: 6B3
Petites Capelles, StJ: 2D1
Petites Clotures et le Picachon, StMy: 1D2
Petites Corbières, Co: 8D2
Petites Fontaines, Gr: 10B4
Petites Hures, StO: 1D2
Petites Landes, StMa: 4C4
Petites Marettes, StP: 6A3
Petites Montagnes, StL: 6B3
Petites Nièmes, StP: 5B4
Petites Perrotines, StO: 1B3
Petites Ronciéres, StMy: 2A3
Petites Rues, StL: 6B3
Petites Souricières, StMy: 2A3
Petites Types, StP: 5B3
Petites Vertes Vignes, StH: 7C3
Petits Alleurs, StS: 10B1
Petits Camps, StMa: 4C3
Petits Côtils et Côtil de Raide, StO: 1D2
Petits Genestiaux, StO: 1B3

Petits Hommonets, StJ: 7A1
Petits Manoirs, Tr: 7A2
Petits Marineaux, StO: 1D2
Petits Vallets, StO: 5B2
Petri, StMa: 4B3
Pette, StP: 6A3
Peupliers, StO: 2C3
Pézerie, Tr: 3C2
Pezeries, StB: 8A4
Pezeries, StO: 1D1
Philadelphie Chapel, StP: 6A3
Philipot, Tr: 3C2
Phillips Street, StH: 10A4
Piannes, Co: 8A2
Picache, Tr: 3A4
Picachon, StH: 7C1
Picachon, StJ: 2A4
Picachon, StJ: 3C1
Picachon, StL: 6A2
Picachon, StL: 6B2
Picachon, StL: 6B3
Picachon, StMy: 2C2
Picachon, StO: 2C1
Picachon, StP: 6C2
Picachon, StS: 7D3
Picachon du Nord, Tr: 3D3
Picachons de Haut et Bas, StH: 6D4
Picoterie, StB: 9A1
Picoterie, Tr: 3C2
Picots, StJ: 2A2
Picotte, Gr: 11C4
Pié d'Tassée, StH: 7C2
Pièce (3), Tr: 3D3
Pièce, StB: 5D4
Pièce, StB: 8B2
Pièce, StB: 8B3
Pièce, StJ: 2B3
Pièce, StL: 6D2
Pièce, StMa: 4A3
Pièce, StMa: 4A4
Pièce, StMa: 4C2
Pièce, StMa: 4D1
Pièce, StMy: 2C4
Pièce, StO: 1A3
Pièce, StO: 1B1
Pièce, StO: 1D2
Pièce, StO: 5B2
Pièce, StP: 6C4
Pièce, StS: 7D1
Pièce, StS: 7D3
Pièce, Tr: 3C2
Pièce, Tr: 3D1
Pièce, Tr: 3D4
Pièce, Tr: 7B1
Pièce à Genest, StMa: 3D4
Pièce à Genêt, StMa: 4A3
Pièce à Geon, StMy: 1B4
Pièce à Geon, StMy: 2A3
Pièce à Geon, StMy: 2C1
Pièce à la Dame, StMa: 4A3
Pièce a l'Ouest, StB: 5D4
Pièce au Bray, StB: 8B3
Pièce au Prince, StO: 5B3
Pièce Balan, StB: 9C4
Pièce Balan Est, StB: 9C4
Pièce Balan Ouest, StB: 9C4
Pièce Balleine, StP: 5B4
Pièce Becquet du Ouest, Tr: 7B1
Pièce Brélade, StB: 8B3
Pièce Carrée, StO: 1D4
Pièce d'Aaron, Gr: 10B4
Pièce d'Age, Gr: 11C2
Pièce Daniel, StP: 5D1
Pièce d'Arges, Gr: 11C2
Pièce d'Avant, Tr: 4A1
Pièce de Bas, StB: 5D4
Pièce de Bas, StO: 1C3
Pièce de Bas, StO: 1C4
Pièce de Bordage, StB: 9C1
Pièce de Crabbé, StMy: 2A3

Pièce de Dehors, StC: 10D4
Pièce de Dessous, Gr: 11C2
Pièce de Dessus les Monts, Gr: 11A2
Pièce de Dessus les Vaux, StB: 9A1
Pièce de Devant, StO: 5B3
Pièce de Devors, StB: 8B2
Pièce de Fiquet de l'Est, StH: 10A2
Pièce de Fiquet de l'Ouest, StH: 10A2
Pièce de Giffard, Tr: 3A3
Pièce de Hamon, StO: 1D3
Pièce de Jean le Bas, StO: 1D4
Pièce de l 'Hermitage, StO: 1D4
Pièce de la Fontaine Martin, StO: 1A2
Pièce de l'Amiral, StO: 1B1
Pièce de l'Est, StB: 8A4
Pièce de St Samson, StB: 5D4
Pièce de Sur le Parcq Jutize, Gr: 11C2
Pièce des Avoineries, StB: 8B3
Pièce des Champs, Tr: 3D4
Pièce des Chemins, StH: 7C4
Pièce des Communes (2), StMa: 4C2
Pièce des Communes, StMa: 4D1
Pièce des Courtils, Gr: 11C2
Pièce des Huriaux, StB: 9A1
Pièce des Landes, StO: 1C1
Pièce des Landes, StP: 6C3
Pièce des Longs Champs, StO: 1B1
Pièce des Mieilles, StB: 5D4
Pièce des Mielles (2), StB: 8B2
Pièce des Pouquelées, Tr: 3A4
Pièce des Sablons, StO: 1C1
Pièce des Trois Vergées, StS: 7C4
Pièce d'Orge, Gr: 11C2
Pièce du Haut des Creux, StH: 10A4
Pièce du Milieu, StO: 1C4
Pièce du Mont Capel, StO: 1D2
Pièce du Mont Creveux, StMa: 4A3
Pièce du Mont Crevu, StMa: 4A3
Pièce du Nord, StMa: 4A3
Pièce du Nord, StMy: 2A3
Pièce du Nord, StO: 5B1
Pièce du Nord, Tr: 3A3
Pièce du Nord, Tr: 3D2
Pièce du Prince, StO: 5B1
Pièce du Scrée, StMa: 4A3
Pièce Germain, StMa: 4A3
Pièce Hubert, StMa: 7B4
Pièce le Maistre, StB: 8B3
Pièce Machon (2), StMa: 4A3
Pièce Martel, StP: 6C3
Pièce Martine, Gr: 10D2
Pièce Masson, StMa: 4A3
Pièce Mauger, Tr: 7B2
Pièce Michel?, StO: 1A2
Pièce Neil, StS: 10B2
Pièce Nicolle, Tr: 7B1
Pièce Orange, StB: 8B3
Pièce Ouest, StB: 8B2
Pièce Pendant, StB: 8B2
Pièce Pendant, StMa: 4A3
Pièce Pointue, StJ: 2B1
Pièce Pointure, StP: 5D2
Pièce Renault, Gr: 11A2
Pièce Rossignol, StO: 5B1
Pièce St Clair et Le Champ de la Table, StL: 6D2
Pièce Tingley, StC: 10D1
Pièces (2), StMa: 3D4
Pièces, StB: 5D4
Pièces, StJ: 2A4
Pièces, StJ: 3C1
Pièces, StMa: 4A3
Pièces, StMa: 4C3
Pièces, Tr: 3D2
Pièces à sécher du Vraic, StO: 1C1
Pièces de Geon, StMa: 3D4
Pièces de Giffard, Tr: 3A3
Pièces, Clos des Agneaux et Clos ès Vaches, Tr: 7B3
Pièche de Genestel, Gr: 11A3

Pied de la Rue, StC: 10D2
Pier Road, StH: 10A3
Pierre au Crabes, Co: 10D4
Pierre au Mulet, Co: 3D2
Pierre au Poisson, Co: 9C3
Pierre Butée, StO: 5A2
Pierre des Baissières, StL: 6A2
Pierre Mouillée, StMa: 4D2
Pierres Bordelles, Co: 10C4
Pierres de Lecq, Co: 1B2
Pierres Tassés, StH: 7C2
Pigeonnerie (2), StB: 9A3
Pigeril, Tr: 3C2
Pigneaux, StS: 7D4
Pignon, StO: 5B2
Pignonet, Co: 9C4
Pihannerie du Nord, StJ: 3C1
Pihannerie du Sud, StJ: 3C1
Pile of stones, StO: 1A2
Pillon, Co: 4D2
Pilon, Co: 4D2
Pilot View, StMa: 11B1
Pin Rock, Co: 4A1
Pinacle, Co: 1A3
Pinacle, StO: 1A3
Pine Farm, StO: 5B2
Pine Farm, StP: 6C1
Pine Farm, Tr: 7B1
Piquoise, StMa: 4A2
Pirate's Cave (2), StB: 8A4
Pirouette, StJ: 3C1
Pissot, StL: 6A4
Pissot, StP: 6A2
Piton, StB: 8B3
Pitonnerie, StL: 2D3
Pittain Causie, StC: 11C1
Pittain Causie, StC: 11C3
Place, StP: 6C1
Place à l'Est, StO: 1A4
Place du Jeu, StL: 6B1
Plaine (2), StC: 11C3
Plaine (4), StJ: 2A2
Plaine, StB: 8B2
Plaine, StC: 11C1
Plaine, StJ: 2B3
Plaine, Tr: 7A2
Plaine du Nord, StP: 6C3
Plaine du Sud, StP: 6C3
Plaine Rose, StB: 8B2
Plaisance Road, StS: 10C2
Planistret, StL: 6B4
Planque, Gr: 11A2
Planque, Tr: 7B1
Planque de Helles, StH: 10A4
Plat Côtil, StO: 5B2
Plat Douet, StS: 10B3
Plat Douet, Tr: 7B3
Plat Douet Road, StS: 10D1
Plat Houmet, Co: 8B4
Plat Pé, Co: 1C3
Plat Rocher, Co: 10C4
Plat Rotchi, Co: 11D1
Plataine, StL: 6B4
Plataine, StO: 5B2
Plate, StMa: 4A2
Plateau des Minquiers, Co: 9B3
Plateau du Nord, StB: 8B3
Plateau du Sud, StB: 8B3
Platière, Co: 8C1
Platière, StO: 1B1
Platons, Tr: 3A4
Plats Camps, StMa: 3D4
Plats Camps, StS: 10B1
Plats Quarts, StC: 10D2
Platte, StMa: 4A2
Platte Beacon, Co: 9A4
Platte Beacon, StH: 9D4
Platte Commune, StMa: 4A3
Platte et Haute Mare, StC: 10D3
Platte Raie, StO: 1D1

Playing Fields, StB: 5D4
Pleasant Street, StH: 10A4
Pleine, StMa: 4B3
Pleins Champs, Nord et Sud, StC: 10D2
Plémont Deep, Co: 1B2
Pliatchéte, Co: 1B3
Ploughed-out Tumulus, StO: 1D3
Poches à Suie, Co: 9C3
Poietot, StC: 10D4
Poignand Lande, StP: 6A4
Point du Port, Co: 8D1
Pointe (2), StL: 6B1
Pointe (2), StO: 1C4
Pointe (2), StO: 1D1
Pointe (4), StO: 1A4
Pointe, StB: 8B4
Pointe, StB: 9C1
Pointe, StJ: 2B3
Pointe, StL: 6B3
Pointe, StMa: 4A3
Pointe, StMa: 4D1
Pointe, StMy: 2A3
Pointe, StMy: 2C1
Pointe, StMy: 2C2
Pointe, StO: 1A3
Pointe, StO: 1B3
Pointe, StO: 5B1
Pointe, StP: 6C3
Pointe, StS: 10B3
Pointe, StS: 10D1
Pointe, Tr: 3C2
Pointe de Bas, StH: 10C1
Pointe de la Moye, Co: 8C2
Pointe de Ldecq, Co: 1B4
Pointe du Fret, StB: 8D4
Pointe du Pré, StS: 7B2
Pointe du Rocqsé, Co: 1B3
Pointe ès Caves, Co: 1B4
Pointe et la Picachon, StMy: 2C1
Pointe le Moigne, Co: 8C2
Pointes, StJ: 2B3
Points Trépieds, StMa: 4B1
Pointue, StMa: 4B1
Poires, StMa: 4C2
Poirian et la Petite Geonaière, StJ: 2B1
Poitron, Co: 9C3
Polles, StJ: 3C1
Polouse, Tr: 7B1
Pomme d'Or, StH: 6D4
Pomme d'Or Farm, StH: 6D4
Pommière, StMy: 2C1
Pommiers, StL: 6D3
Pomona, StH: 10A1
Pompe, StMy: 2C1
Pompe Sohier, StMa: 4C1
Pond 1775, Tr: 3C4
Pont, Gr: 11C4
Pont, StJ: 2D2
Pont, StJ: 2D4
Pont, StMa: 7B4
Pont, Tr: 3C2
Pont au Bré, StP: 5B2
Pont au Bré, StP: 6A1
Pont de la Moie, Co: 1A1
Pont du Val, StB: 5D4
Pont Marquet, StB: 8B2
Pont Naturel, StO: 1B1
Pontac, StC: 10D4
Pontac Old Railway Station, StC: 11C3
Ponterrin, StS: 7D1
Ponterrin Villa, StS: 7D1
Pontin's/Parkin's Holiday Village, StO: 1A2
Pontorson Farm, StC: 10D4
Poonah Road, StH: 10A1
Porcquelées, Tr: 3A4
Porétot, StC: 10D4
Port, StP: 5C2
Port de la Mare, Co: 5C2
Port de l'Îsle Percée, Co: 9C3
Porte, StJ: 2B4

Porte, StJ: 7B3
Porte, StO: 1A4
Porte, StO: 1C1
Porte, StS: 7B4
Porte, Tr: 3C1
Porte, Tr: 3C2
Portelet, StL: 6D1
Portelet Bay, Co: 9C1
Portelet Holiday Camp, StB: 9C1
Portelet Hotel, StB: 9C1
Portelet House, StB: 9C1
Portelet Ledge, Co: 9C3
Portelet Tower, Co: 9C3
Portelets, StB: 8A4
Porteret, Tr: 3D1
Porteret or Lisscester Battery, Tr: 3D1
Portinfer, StO: 1A4
Poste, StO: 1A3
Pot du Rocher, Tr: 3D4
Pot du Rocher Farm, Tr: 3D4
Potage de Bas, StP: 6A2
Potirons, StMy: 2C4
Pouclée Cottage, StH: 7C3
Poudretterie, StMa: 4A4
Poulailliers, StMa: 4A4
Poulain, StH: 6D2
Poullier (2), Tr: 7B1
Poupette, StO: 1A3
Pouquelaye, StH: 10A2
Pouquelaye, StH: 7C3
Pouquelaye, StMy: 6A2
Pouquelaye de Faldouet, StMa: 11B1
Pouquelée des Monts, StO: 1C4
Poussin, StO: 1D3
Poytronne, Co: 9C3
Prairie, StL: 6D3
Prairie, StMy: 2C4
Prairies, StJ: 2D2
Prairies, Tr: 7A1
Pratel, Tr: 3C4
Prâtel, Tr: 3C2
Pré (2), Gr: 11A1
Pré (2), StB: 6C3
Pré (2), StB: 8A4
Pré (2), StL: 7A1
Pré (2), StMy: 2A4
Pré (2), StMy: 2C3
Pré (2), StMy: 2C4
Pré (2), StO: 1C4
Pré (2), StO: 1D2
Pré (2), StP: 5B3
Pré (2), StS: 7D2
Pré (2), Tr: 7A2
Pré (3), StC: 11C1
Pré (3), StMa: 7B2
Pré (3), StO: 1B1
Pré (3), StO: 1C2
Pré (3), StO: 5B3
Pré (3), StP: 6A3
Pré (4), StL: 2D3
Pré (4), StS: 7D1
Pré (4), Tr: 7A4
Pré (5), StMy: 2C1
Pré (5), Tr: 3C4
Pré (6), StJ: 2D2
Pré, Gr: 10B2
Pré, Gr: 10D1
Pré, Gr: 11A2
Pré, Gr: 11A3
Pré, Gr: 11C4
Pré, StB: 5D4
Pré, StB: 8B4
Pré, StB: 9C1
Pré, StC: 10D1
Pré, StC: 10D3
Pré, StH: 10A2
Pré, StH: 6D2
Pré, StJ: 2B3
Pré, StJ: 2D1
Pré, StJ: 3A3

Pré, StJ: 3C3
Pré, StJ: 7A1
Pré, StL: 6B2
Pré, StL: 6B3
Pré, StL: 6B4
Pré, StL: 6D1
Pré, StL: 6D2
Pré, StMa: 4A4
Pré, StMa: 4C2
Pré, StMa: 4C3
Pré, StO: 1A2
Pré, StO: 1D3
Pré, StO: 1D4
Pré, StP: 5B4
Pré, StP: 5D1
Pré, StP: 6A4
Pré, StP: 6C2
Pré, StP: 6C3
Pré, StS: 10A2
Pré, StS: 10B3
Pré, StS: 7B4
Pré, StS: 7D4
Pré, Tr: 3C1
Pré, Tr: 3C2
Pré, Tr: 3D3
Pré, Tr: 7B3
Pré à la Dame, Gr: 10D1
Pré à l'Est, Gr: 11A1
Pré à l'Ouest, StJ: 2D2
Pré au Portier (2), Gr: 11C2
Pré Bauche, StO: 1C4
Pré Baudains, StMa: 7B4
Pré Baudins, StO: 1A3
Pré Bertram, StS: 10B3
Pré Bunière, Tr: 3C4
Pré Cabot, StMa: 11A2
Pré Carré, StJ: 2B4
Pré Cassot, Tr: 7A2
Pré Cochon (2), Gr: 11A3
Pré d'Anthoine, Gr: 10D1
Pré d'Avranches, StO: 5B3
Pré de Bas (2), StJ: 3C3
Pré de Bas, Gr: 10B2
Pré de Bas, Gr: 10B4
Pré de Bas, Gr: 10D1
Pré de Bas, StB: 9C1
Pré de Bas, StH: 7C1
Pré de Bas, StJ: 2B3
Pré de Bas, StMy: 2C3
Pré de Bas, StP: 5B4
Pré de Bas, StS: 7C4
Pré de Bas de la Grève de Lecq, StO: 1D2
Pré de Bas et Pré de la Molletterie, StS: 10B3
Pré de Bas Vivier, StL: 6B3
Pré de Bertrand, Gr: 11A1
Pré de Brelade, StC: 10D3
Pré de Collas et le Pré de la Corbinerie, StC: 10D4
Pré de Crabbé, StMy: 2A3
Pré de David, StO: 1D3
Pré de Derrière, StS: 10B3
Pré de Dessus, Gr: 11A4
Pré de Devant (2), StMy: 2C1
Pré de Devant (2), StO: 5B2
Pré de Devant, StL: 2D3
Pré de Devant, StMy: 6A2
Pré de Devant, StP: 6A4
Pré de Devant, StS: 10B3
Pré de Devant la Maison, StP: 6A3
Pré de Devant le Presbytére, StO: 1D4
Pré de Falle, StS: 7D1
Pré de Gallie, StMa: 4C1
Pré de Gât, StP: 5D1
Pré de Gauvain, StC: 10D1
Pré de Haut (2), StJ: 3C3
Pré de Haut (3), StP: 5B4
Pré de Haut, Gr: 10B4
Pré de Haut, Gr: 10D1
Pré de Haut, Gr: 7D4
Pré de Haut, StB: 9C1

Pré de Haut, StJ: 2B3
Pré de Haut, StJ: 7A1
Pré de Haut, StL: 6B1
Pré de Haut, StMa: 4C4
Pré de Haut, StMy: 2C3
Pré de Haut, StS: 10B3
Pré de Haut, StS: 7D3
Pré de Haut, Tr: 3A4
Pré de Haut et Bas, Gr: 10B4
Pré de Jacques, StP: 5B2
Pré de Janvrin, StP: 5D1
Pré de la Bissonerie, Tr: 3D4
Pré de la Carrière, StO: 1C4
Pré de la Chasse, StJ: 2D2
Pré de la Collette, StS: 10B3
Pré de la Commune, StS: 7D4
Pré de la Fontaine, Gr: 11A2
Pré de la Fontaine, StMy: 2C3
Pré de la Fontaine, StO: 1C2
Pré de la Haye, Gr: 11A3
Pré de la Maison de St Clement, StC: 10D3
Pré de la Picoterie, StB: 9A1
Pré de la Qualité, StL: 6B3
Pré de la Reine, Gr: 10B3
Pré de la Saline, StO: 1C4
Pré de la Sauvallerie, StB: 5D4
Pré de la Vallette, Tr: 7A2
Pré de l'Aleval, StP: 6A2
Pré de le Fosse, StO: 1D3
Pré de l'Ecluse (2), StS: 10B1
Pré de l'Est, StJ: 3C1
Pré de l'Oie, StB: 9A3
Pré de Millais (2), StS: 10B3
Pré de Millais et de Perchard, StS: 10B3
Pré de Panigot, StP: 6C4
Pré de Payn, StJ: 2D3
Pré de Payn, StL: 2D3
Pré de Percage, StP: 6C1
Pré de Perrin, StC: 10D4
Pré de Ponterrin, Tr: 7B3
Pré de Remon, StMy: 2C4
Pré de Rozel, StS: 7C4
Pré de Sohier, StS: 7D1
Pré de St Pierre, StP: 5D1
Pré de Suzanne, Gr: 11A1
Pré de Talbot, StS: 10B3
Pré de Vaux, StP: 6A3
Pré de Vivier, Gr: 10B4
Pré des Allées, Tr: 3C4
Pré des Avoineries, StS: 10B3
Pré des Coupes, StO: 1B3
Pré des Issues, StJ: 2D2
Pré des Longues Vergées, Gr: 10B3
Pré des Mieilles, StB: 8B1
Pré des Mores, StS: 10B3
Pré des Tippes, StP: 5B3
Pré des Vaux, Gr: 10B2
Pré des Vaux, StB: 8B2
Pré des Vaux, StS: 10B1
Pré des Vaux du Nord, StS: 10B1
Pré des Vieux Viviers, Tr: 7B1
Pré Désert, StB: 8A4
Pré d'Ingouville, StS: 10A4
Pré du Bouillon, Tr: 3C4
Pré du Carrefour, StL: 6B1
Pré du Colombier, StS: 10A4
Pré du Douet, Tr: 7A1
Pré du Jubilé, StP: 5D1
Pré du Marais, StO: 1D3
Pré du Marinel, StJ: 2D2
Pré du Milieu, Gr: 10D1
Pré du Milieu, StB: 8B2
Pré du Milieu, StJ: 2D2
Pré du Milieu, StJ: 3C1
Pré du Milieu, StO: 1C1
Pré du Milieu, StS: 7D3
Pré du Milieu et Côtil de la Maison, Tr: 3D4
Pré du Milieu et des Vaux, StL: 6B1
Pré du Milieu et Noë Grossier, StMy: 2C4
Pré du Moulin, Tr: 7A2

Pré du Moulin de Haut, Tr: 7A2
Pré du Nord, StL: 2D3
Pré du Nord, Tr: 3C2
Pré du Nord et l'Ormelle, StC: 10D1
Pré du Passage, Gr: 10B3
Pré du Passeux, StB: 8A4
Pré du Petit Pont, Tr: 3C2
Pré du Pont, StJ: 2D1
Pré du Pont, StMy: 2C4
Pré du Pont Marquet, StB: 9A1
Pré du Presbytère, StP: 6A3
Pré du Sud, StC: 10D3
Pré du Sud, StJ: 2D3
Pré du Sud, StP: 6A1
Pré du Sud, Tr: 3D4
Pré du Vivier, Gr: 10B2
Pré du Vivier, StS: 10B1
Pré du Vivier, StS: 10B3
Pré du Vivier du Nord, StMy: 2C4
Pré du Vivier du Sud, StMy: 2C4
Pré et Beuquet en Triangle, StJ: 2B4
Pré et Clos des Marettes, StO: 1D4
Pré et Côtil, StO: 5B2
Pré et Côtil de Gallie, StP: 6A1
Pré et Côtil du Perquage, StB: 5D4
Pré et La Vallette, StO: 2C3
Pré et le Pendant, StH: 7C1
Pré et le Pendant, StMa: 4C4
Pré et le Pendant, StP: 5D1
Pré et Long Jardin, Tr: 3C4
Pré et Vallette, Gr: 10B4
Pré et Vallette, StP: 6A4
Pré et Vivier, StS: 7B3
Pré Farm, StC: 10D2
Pré Farm, StMa: 7B2
Pré Fleury, StP: 5D1
Pré Gosset, StS: 10A4
Pré Hamon (2), StO: 1C1
Pré Huelin, StP: 6A1
Pré Lemprière, StMa: 4C2
Pré Malet, StS: 10B1
Pré Martel, StB: 8B4
Pré Mont Pinel, StO: 1D3
Pré Prastel, StJ: 2B4
Pré Querrée, StJ: 2B4
Pré Robin, StO: 1C2
Pré Sec, StB: 8B1
Pré St Maurice, Tr: 7A2
Pré Vallon, StL: 6D1
Pré Vasé, Tr: 7A4
Pré Vibert, StO: 1C1
Pré Vibert, StP: 5B1
Préference Cottage, StMa: 7B4
Premier Clos, StO: 1D1
Premier Clos, StO: 1D2
Prés (2), StO: 1C4
Prés, Gr: 11A3
Prés, StH: 7C3
Prés, StL: 2D3
Prés, StO: 1C2
Prés, StO: 1D3
Prés, StP: 2C3
Prés, StP: 5B3
Prés, StS: 7D1
Prés, Tr: 3C4
Prés, Tr: 3D4
Prés, Tr: 7B1
Prés Aubin, StS: 10A4
Prés Birec, StO: 1C4
Près de la Gillerie, StP: 6A4
Prés de la Mare, StP: 5B3
Prés de la Reine, Gr: 11A3
Prés de Talbot, StC: 10D1
Prés des Fontaines, StC: 10D1
Prés des Nez, StP: 5B4
Prés des Vaux, StO: 1C2
Prés et Côtils, StS: 10B3
Prés et les Pestits, StJ: 7A1
Prés Farm, StMa: 7D2
Prés Manor, Gr: 11A3

Prés Messervy, StC: 10B3
Prés Querée, StJ: 2B4
Prés Querrée, StJ: 2B4
Presbitaire, StS: 10B3
Presse, StP: 5B4
Pressoir, StL: 6A4
Prétot, StO: 1A4
Pretterie, StP: 2C3
Prévalaie (2), Gr: 11A3
Prévôté, StO: 1A2
Pri, StP: 5B3
Prieuré et Chapelle de lecq, StO: 1D4
Prince's Tower, Gr: 7D4
Prince's Tower Road, StS: 7D4
Princess Place, StC: 10D1
Prior of Ste Marie de Bonne Nuit, StJ: 3A3
Priory, StC: 10D2
Priory Farm, StC: 10D2
Priory of St Clement de Petrivilla, StC: 10D2
Priory St Michel du Mont Gargane, StB: 9A3
Prison, StO: 1A1
Profonde Arène, Gr: 10B4
Profonde Rue (2), StJ: 2B3
Profonde Rue (2), Tr: 3D3
Profonde Rue, StO: 1C2
Promenade, Tr: 7A2
Prospect Farm, StJ: 2A4
Providence Street, StH: 10A4
Prudente, Co: 5C3
Puchot, StMa: 7B2
Puchots, StMa: 4D3
Puis, Co: 5A2
Puits (2), StC: 11C1
Puits, StH: 10C1
Puits, StH: 6D2
Puits, StMa: 4C3
Puits, Tr: 3D3
Puits de Haut, StO: 1D3
Puits de la Cotte, Co: 8D2
Puits de Léoville, StO: 1D1
Puits de Maufant, StS: 7D1
Puits du Pinacle, StO: 1A3
Puits Vorin, Co: 8C2
Pule, Co: 1A3
Pulé, Co: 1C1
Pulec, Co: 1C1
Pulente, Co: 8A2

Quaignon, StL: 2D4
Qualité, StL: 6B3
Quarantaine, StS: 10B1
Quarière, StMy: 2A4
Quarry le Fort du Verclut, StMa: 4D1
Quatorze Perches, StO: 1B1
Quatre Vergées, StO: 5B4
Quatre Vergées, StP: 5B3
Quatre Vergées, StP: 5D1
Quatre Vergées, StS: 4C3
Quatres Perches, StO: 1A2
Quatriène Clos, StO: 1D1
Queen Street, StH: 10A4
Queen's Field, StMa: 4C2
Queen's Meadow, Gr: 10B3
Queen's Road, StH: 10A1
Queen's Road, StH: 7C3
Queen's Tree, StMy: 2A4
Queen's Valley, Gr: 11A1
Quenanet, StO: 1D3
Quennevais Drive, StB: 8B1
Quennevais Gardens, StB: 5D4
Quenoterie, StMy: 2C4
Querée, Tr: 3C2
Querème, StH: 10C3
Quern's Avenue, StH: 10A1
Querpentier, StO: 1C2
Quesae, Tr: 3C2
Queue de Morue, StMy: 2A4
Queue de Morue, Tr: 3D1

130

Queue du Morue, StJ: 2A4

R.C. Cemetery, StMa: 4C1
R.C. Chapel, Tr: 3C4
Rabet, Gr: 10B4
Rabot, StO: 1A4
Rabots, StO: 1A4
Radier, Gr: 10B4
Radier Farm, Gr: 10B4
Raffrie, Gr: 10B4
Raised Beach 125ft, StH: 10C3
Raisies (2), StMa: 4C1
Raleigh House, StH: 7C2
Ramont, StS: 4C3
Raphaël, StS: 7B3
Rât, StL: 6B3
Raulinerie, Tr: 3C1
Ravenel, Gr: 11A1
Ravenscroft, StP: 5D1
Recquet, Tr: 7B1
Recroc, StMa: 4C2
Rectory, StC: 10D2
Rectory, StMa: 4C1
Rectory Farm, StMy: 2C1
Rectory Field, StMa: 4C1
Red Houses, StB: 8B2
Référi, Gr: 10B4
Regent Road, StH: 10A4
Renerie, StMy: 2A4
Repasseur des Pierres, Co: 4A4
Rêtel (2), StMy: 2A3
Retiré, StP: 6C1
Retraite, StC: 10D3
Retraite, StL: 6D1
Retraite, StO: 1C2
Retraite, StO: 5B3
Retraite, StP: 6C4
Retraite, StS: 10B1
Retraite, Tr: 7A1
Retreat, StH: 7C3
Retreat Farm, StS: 7B4
Reuses (2), StMy: 2A4
Reuses, Co: 2A3
Revenue House, StL: 6B1
Riages (3), StO: 5B1
Ricard, Co: 8D1
Richard Vicq, Gr: 10B2
Richelieu Park, StH: 7C3
Richmond Road, StH: 7C3
Rifle Range, Tr: 3A4
Rifle Target 1867, Co: 4D3
Rigondaine (4), Gr: 11A3
Rigondaine, Gr: 11A1
Rimache, StO: 1D4
Rivage, Gr: 11A2
Rivet, StMa: 4B1
Road Rock, Co: 11B4
Robeline (2), StO: 1C2
Robin, StO: 1D2
Robin de Bas, StMy: 1B4
Robinerie, StO: 1D4
Rocco Tower, Co: 5C4
Roche, StMa: 4A4
Roche d'Or, StC: 10D4
Rochebois, StB: 9A4
Rochelle, StB: 6C3
Rocheport, StMa: 4B1
Rocher, StC: 10D4
Rocher, StL: 6C2
Rocher, Tr: 3D1
Rocher Besnard, Co: 10C2
Rocher Bouvet, StMa: 4B1
Rocher des Proscrits, Co: 10C2
Rocher Fleuri, StP: 6A4
Rocher Martin, StMa: 4B1
Rocher Noir, StMa: 4A2
Rochers Fleuries, Tr: 3D3
Rochette, StC: 10D2
Rochette, StJ: 2A2

Rochettes, StMa: 4C4
Rock, Co: 9A4
Rock Terrace, StH: 10A2
Rockmount, Tr: 3D3
Rocomont, Co: 9B1
Rocq'sé de la Marée, Co: 5C2
Rocq'sé du Port, Co: 5C2
Rocquaise de l'Église, Co: 8B4
Rocque, Co: 1C1
Rocque, StC: 11C4
Rocque, StO: 5B1
Rocque à l'Aigle, StO: 1C4
Rocque au Mont, Co: 9B1
Rocque au Mont, Tr: 3B3
Rocque aux Jouaies, StB: 8B1
Rocque Aux Oyes, StB: 8B1
Rocque Batalet, StL: 6B2
Rocque Battelay, StL: 6B2
Rocque Berg Farm, StC: 10D3
Rocque du Mont, Tr: 3C2
Rocque Herbeuse, Co: 10D4
Rocque Ho, Co: 5C4
Rocque Mollet, StS: 10A2
Rocque Onvoi, StO: 5B1
Rocque Ozanne, Co: 8B4
Rocque Point, Co: 11D3
Rocque Pointue, StB: 8D1
Rocque Pointure, StB: 8B3
Rocque Railway Station, Gr: 11C4
Rocqueberg, StC: 10D3
Rocquemont du Moustier, Tr: 3D3
Rocquerel (2), StO: 1C4
Rocquette (3), StO: 5B1
Rocquette, Tr: 3C3
Rocquettes, Co: 10A1
Rocquettes, Gr: 10B4
Rocquettes, Tr: 3C3
Rocquettes et Clos de la Ruette, StMa: 4C4
Rocquier de Bas, StS: 7D3
Roderie, StMy: 2A3
Rodière, Gr: 10D2
Rodières, Gr: 10B4
Rodney Avenue, StH: 10C2
Rogodaine (3), Gr: 11C4
Rogodaine Belle Hougue, Gr: 11C4
Rollinière, StMa: 7B2
Romains, StJ: 2B3
Ronces Raies, StB: 5D4
Ronceuse, StB: 8A3
Ronchière, StO: 5B1
Rond, StMa: 3D4
Rond Clos, StB: 9A2
Rond Clos, Tr: 3D4
Rond Clos, Tr: 7B1
Rond Collas, StMa: 4C1
Rond Maillot, Co: 1A3
Rond Parcq, StMa: 4C2
Rondcole, Tr: 7B3
Ronde, Co: 10C4
Ronde, Co: 10D2
Ronde, StS: 7D3
Ronde Cheminée, StP: 6C1
Ronde Cotte, StO: 1C2
Ronde Lande, StP: 6A4
Ronde Sellière, StMa: 4B1
Rondel, StL: 6B2
Rondi, Co: 1C1
Rondi, StL: 6B3
Rondil et Le Main Moucher, StB: 8B2
Rondin (2), StJ: 3C3
Rondin, StB: 8A4
Rondin, StH: 6D2
Rondin, StJ: 2A2
Rondin, StL: 6B4
Rondin, StL: 6D2
Rondin, StMa: 4C4
Rondin, StMy: 2A4
Rondin, StMy: 2C1
Rondin, Tr: 3D1
Rondin de Crabbé, StMy: 2A3

Rondins, StL: 6D1
Rondins dans les Hurettes d'Anquetil, Gr: 11A1
Ronez, Co: 2B1
Ronez Quarry, StJ: 2B1
Ronez watch-house and Semaphore, StJ: 2B1
Roquase, Co: 9D2
Roquetier Rocks, Co: 10A3
Roqui Fendu et Pot au Beurre, StH: 10C1
Rose Cottage, Tr: 3C2
Rose Farm, StB: 9A3
Rose Farm, StH: 6D2
Rosedale Farm, StH: 6D4
Rosel, Co: 9C3
Roseland, Gr: 11C1
Roselands, StP: 6A1
Roselands, StS: 10B1
Roselea, StMa: 4C1
Rosemount, StS: 10A4
Roseville Street, StH: 10A4
Roseville Street, StH: 10C2
Rosière (2), Tr: 3D3
Rosière, Co: 8A4
Rosière, StB: 9A1
Rosière, StMy: 2C4
Rosière, StP: 6C4
Rosière, StS: 7D1
Rotchettes, Co: 1B4
Rotherwood, StJ: 2B4
Rouaudière, Co: 10C4
Rouaudière, Co: 9C3
Rouaux, Co: 3A2
Rouen, StS: 10B2
Rouen House, StS: 10B1
Rouge Banque, StB: 9C2
Rouge Bouillon, StH: 10A1
Rouge Creux, Co: 3A2
Rouge Creux, StO: 1A3
Rouge Cul, StL: 6B1
Rouge Netté, Tr: 3C2
Rouge Nez, Co: 1B4
Rouge Nez, StO: 1A3
Rouge Pièce, StB: 5D4
Rougeron, StJ: 7A1
Rouges Maisons, StB: 8B2
Rouget, StL: 6B2
Rouget, StMy: 1B4
Roulerie, Tr: 7A4
Roulin, StO: 1B3
Round Rouget, Co: 10D3
Rouoge Banque, Co: 4A4
Rousetain, Co: 4A4
Rousse, Co: 1A2
Rousse, Co: 8A3
Rousse, Co: 8D2
Roussel Street, StH: 10A1
Rousses, Co: 8D1
Rousses, StB: 9C1
Roussetterie, StL: 6D1
Route d'Anneport, StMa: 11B1
Route de Beaumont, StP: 6C1
Route de Bouley, Tr: 3D3
Route de Diélament, Tr: 7B3
Route de Douet Clément, StB: 5D4
Route de Fliquet, StMa: 4C2
Route de Fliquet, StMa: 4D1
Route de Gros Nez, StO: 1B3
Route de la Grange, StMy: 2C1
Route de la Haule, StB: 9A2
Route de la Haule, StL: 6D3
Route de la Haule, StP: 6C4
Route de la Hougue Bie, StS: 7D4
Route de la Pointe, StP: 5B4
Route de la Roulerie, StH: 7C2
Route de la Trinité, Tr: 7A4
Route de l'Eglise, StL: 6B3
Route de l'Église, StMy: 2C1
Route de l'Etacq, StO: 1C2
Route de l'Isle, StB: 6C3

Route de Maupertuis, StL: 6D2
Route de Portelet, StB: 9C1
Route de St Brelade, StB: 9A3
Route de St Jean, StJ: 2D1
Route de St Jean, StJ: 3C3
Route de Tabor, StB: 8B2
Route de Trodez, StO: 1D1
Route de Vinchelez, StO: 1D1
Route d'Ebenhezer, Tr: 3C2
Route des Augerey, StP: 2C3
Route des Augerez, StP: 6A1
Route des Buttes, StMa: 4C3
Route des Champs (2), StS: 10B1
Route des Côtils, Gr: 11C1
Route des Croix, Tr: 3C2
Route des Faunois, StB: 5D4
Route des Fosses à Mortier, StB: 6C3
Route des Genêts, StB: 8B2
Route des Genêts, StB: 9A3
Route des Havres, StO: 1C1
Route des Hêtres, StP: 6A1
Route des Hougues, StO: 1C2
Route des Landes, StO: 1A3
Route des Laveurs, StO: 1C4
Route des Maltières, Gr: 11A2
Route des Mans, StB: 9A1
Route des Mielles, StO: 5A2
Route des Perrons, StO: 1C2
Route des Platons, Tr: 3A3
Route des Prés, StO: 1C4
Route des Prés, StS: 10B3
Route des Quennevais, StB: 8B2
Route des Sablons, Gr: 11C2
Route des Toëttes, StMy: 2C1
Route des Touettes, StMy: 2A3
Route du Bocage, StB: 9A1
Route du Câtillon, Gr: 11A3
Route du Franc Fief, StB: 6C3
Route du Froid Vent, StL: 2D3
Route du Froid Vent, StS: 10B1
Route du Hurel, StMy: 2C1
Route du Marais, StO: 1D3
Route du Marêquet, StO: 1C2
Route du Mont Mado, StJ: 2B4
Route du Mont Mado, StJ: 3C1
Route du Moulin, StMa: 4C2
Route du Nord, StJ: 2A2
Route du Nord, StJ: 2B1
Route du Nord, StJ: 2B4
Route du Petit Clos, StH: 7C1
Route du Petit Port, StB: 8A4
Route du Plémont, StO: 1A2
Route du Sud, StB: 8B3
Route du Villot, StMa: 4C2
Route Militaire, StMy: 2C1
Route Orange, StB: 8B2
Routeurs, StS: 7D1
Routeurs, StS: 7D3
Royal Bay of Grouville, Co: 11A4
Royal Bay of Grouville, Co: 11C2
Royal Crescent, StH: 10A4
Royal Jersey Golf Club, Gr: 11A4
Royal Vineries, StL: 6D1
Rozel, StMa: 4A3
Rozel Farm, Tr: 3D2
Rozel Hill, StMa: 4A3
Rozel Manor, StMa: 4A3
Rozel Windmill, StMa: 4A3
Ruau, StMa: 4A2
Ruche, Tr: 3C2
Ruchot, Tr: 3C2
Rué, StP: 5D1
Rue (de la Devise), StO: 5B1
Rue à Don, Gr: 10B4
Rue à Don, Gr: 11A4
Rue à Eau, StMy: 2A4
Rue à Eaux, StO: 1D3
Rue à Georges, StMy: 6A2
Rue à la Marette, StP: 5D1
Rue à l'Eau, StO: 1D3

Rue à l'Épine, StMy: 2C2
Rue au Bailli, Tr: 7B3
Rue au Beuf, Gr: 10B2
Rue au Boeuf, Gr: 7D4
Rue au Cerf, StO: 1D1
Rue au Chèvre, Gr: 11A2
Rue au Moestre, StB: 9A4
rue au Moulin, StO: 1B3
Rue Batelet, StL: 6B2
Rue Bechervaise, StMy: 6A2
Rue Bechervaise, StP: 6A2
Rue Béchet, StJ: 7A1
Rue Cappelain, StP: 6C1
Rue Cointin, StO: 1D3
Rue Coutanche, Tr: 3C1
Rue Crespel, StMa: 3D4
Rue Crèvecoeur, StC: 11C1
Rue d'Ampierre, Tr: 7B3
Rue d'Asplet, Tr: 3C4
Rue d'Auvergne, StP: 6A1
Rue de Bas, StL: 6B2
Rue de Basacre, StMa: 4C4
Rue de Baudains, StMa: 4C3
Rue de Beauvoir, StS: 10B1
Rue de Belin, StMa: 4C1
Rue de Benjamin, StMa: 7D2
Rue de Beuvelande, StMa: 4C3
Rue de Brabant (2), Tr: 7A2
Rue de Brequet, StS: 7D3
Rue de Brotchet, Tr: 7B1
Rue de Cambrai, Tr: 3C2
Rue de Cap Verd, StL: 6D1
Rue de Causie, StC: 11C1
Rue de Crabbé, StMy: 2C1
Rue de Crossbow, Tr: 7B3
Rue de Francheville, Gr: 10B2
Rue de Frémont, StJ: 2B4
Rue de Froid Vent, StH: 10A4
Rue de Gombrette, StJ: 2D2
Rue de Guillaume et d'Anneville, StMa: 4C4
Rue de Haut, StL: 6D3
Rue de Haut, StO: 1A4
rue de Helles, StH: 10A4
Rue de Hérupe, StL: 2D4
Rue de Jambart, StC: 10D2
Rue de la Bachauderie, StMa: 7D2
Rue de la Bergerie, Tr: 3C2
Rue de la Blanche Pierre, Tr: 7A4
Rue de la Botellerie, StO: 1D4
Rue de la Campagne, StO: 5B1
Rue de la Capelle, StO: 1D2
Rue de la Chapelle, StC: 10D4
Rue de la Chapelle, StH: 10A4
Rue de la Chapelle, StH: 10C2
Rue de la Chapelle, StMa: 4C1
Rue de la Chapelle, StO: 1D2
Rue de la Chasse, StMa: 11A2
Rue de la Chesnaie, Tr: 3C3
Rue de la Clochette, StMa: 7D2
Rue de la Commune, StS: 7D4
Rue de la Corbière, StB: 8A4
Rue de la Côte, StMa: 11B1
Rue de la Coupe, StMa: 4A4
Rue de la Cour, StO: 5B1
Rue de la Croiserie, StO: 1D1
Rue de la Croiserie, Tr: 7A4
Rue de la Croix, StJ: 3C3
Rue de la Croix, StJ: 7A1
Rue de la Croix au Maître, StMa: 7B2
Rue de la Croix Besnard, StS: 10B1
Rue de la Croix Câtelan, Gr: 10B4
Rue de la Croute, StO: 1A4
Rue de la Croute, StO: 1D4
Rue de la Croûte, StO: 5B2
Rue de la Devise, StO: 1A4
Rue de la Falaise, Tr: 3D3
Rue de la Fontaine, Tr: 3C2
Rue de la Fontaine, Tr: 3C4
Rue de la Fontaine de Colard, Tr: 3C2

Rue de la Fontaine St Martin, StL: 6A4
Rue de la Fontaine St Martin, StL: 6B3
Rue de la Forge, StMa: 4C2
Rue de la Forge, StO: 1D4
Rue de la Fosse, StL: 6B1
Rue de la Fosse A Grès, StMa: 4C1
Rue de la Fosse au Bois, StO: 1D4
Rue de la Fremerie, StS: 10B3
Rue de la Frontière, StMy: 2C4
Rue de la Gabourellerie, StO: 1B3
Rue de la Garenne (2), Tr: 7A4
Rue de la Garenne, Tr: 7C2
Rue de la Genestière, StMa: 4C4
Rue de la Godillerie, Tr: 7A4
Rue de la Golarde, StL: 2D3
Rue de la Grande Vingtaine, StP: 5D2
Rue de la Grosse Épine, StMy: 2C2
Rue de la Grosse Épune, StMy: 2A4
Rue de la Guilleaumerie, StS: 7B3
Rue de la Hague, StP: 6A3
Rue de la Hambye, StS: 7D4
Rue de la Hauteur, StL: 2D3
Rue de la Hauteur, Tr: 7C2
Rue de la Houguette, StC: 10D4
Rue de la Houguette, StS: 7D3
Rue de la Lande, Tr: 3C1
Rue de la Landelle, StO: 1A3
Rue de la Maîtrerie, StMa: 7B2
Rue de la Mare, StO: 1D4
Rue de la Mare, StP: 5D1
Rue de la Mare Ballam, StJ: 2D1
Rue de la Mare des Cauchers, StO: 1D4
Rue de la Mare des Prés, StJ: 3A3
Rue de la Mare des Reines, StMa: 7B4
Rue de la Mare des Reinottes, StMa: 7B4
Rue de la Mer, StP: 5D1
Rue de la Palloterie, StMa: 4C1
Rue de la Pallotterie, StMa: 4A3
Rue de la Parade, Gr: 7D4
Rue de la Patente, StL: 6B1
Rue de la Pelle, StO: 5B2
Rue de la Perruque, StJ: 2B3
Rue de la Perruque, StMa: 4A4
Rue de la Petite, StC: 11C3
Rue de la Petite Falaise, Tr: 3C4
Rue de La Petite Lande, Tr: 3A3
Rue de la Pièce Mauger, Tr: 3D3
Rue de la Pièce Mauger, Tr: 7B1
Rue de la Platte Raie, StO: 1D1
Rue de la Pointe, StO: 1D4
Rue de la Pompe, Tr: 7A4
Rue de la Porte, StJ: 2B4
Rue de la Porte, StO: 1A4
Rue de la Pouclée et des Quatre Chemins, StMa: 11B1
Rue de la Prairie, StMy: 2C4
Rue de la Presse, StP: 5B4
Rue de la Prêterie, StP: 1D4
Rue de la Reine Elizabeth II, StP: 6C1
Rue de la Retraite, StS: 10B1
Rue de la Robeline, StO: 1C2
Rue de la Rosière, StMy: 2C4
Rue de la Scelletterie, StJ: 3C3
Rue de la Sente, Gr: 11A1
Rue de la Solitude, StMa: 4C2
Rue de la Trappe, StO: 1A4
Rue de la Valeure, StB: 8B4
Rue de la Valeuse, StB: 8B4
Rue de la Vallée, StH: 7C1
Rue de la Vallée, StMy: 2C3
Rue de la Vallée, StMy: 6A2
Rue de la Vallée, StP: 6A1
Rue de la Vignette, StMa: 7B4
Rue de la Villaise, StO: 1C1
Rue de la Ville, StL: 6A4
Rue de la Ville à l'Évêque, Tr: 3C3
Rue de la Ville à l'Évêque, Tr: 3C4
Rue de la Ville à l'Êvêque, Tr: 3C4
Rue de La Ville au Bas, StO: 1D3
Rue de la Ville Bas, StO: 1D1

Rue de la Ville Brée, StMa: 3D4
Rue de la Ville Emphrie, StL: 6D1
Rue de l'Aleval, StP: 6A4
Rue de l'Allée, Tr: 3C2
Rue de Lecq, StO: 1B3
Rue de l'Église, StJ: 2B4
Rue de l'Église, StP: 5D2
Rue de l'Église, StP: 6A3
Rue de l'Épine, Tr: 3C2
Rue de l'Étocquet (2), StJ: 2B3
Rue de l'Étoquet, StO: 1D1
Rue de l'Hermitage, StS: 10B1
Rue de l'Hormite, StP: 5D2
Rue de l'Orme, StMa: 4C3
Rue de Louanne, StP: 6C1
Rue de Mahaut, StO: 1D1
Rue de Maillefer, StO: 1D4
Rue de Malfavière, StMa: 11A2
Rue de Masse, StO: 1D1
Rue de Maufant, StS: 7B4
Rue de Maupertuis, StC: 10D3
Rue de Neuilly, StMa: 7D2
Rue de Panigot, StP: 6A4
Rue de Podestre, StH: 7C3
Rue de Pontliénaut, StC: 10D4
Rue de Radier, Gr: 10B4
Rue de Samarès, StC: 10D3
Rue de Sorel, StJ: 2B3
Rue de Sous Les Terres, StO: 1A3
Rue de St Anastase, StP: 6A4
Rue de St Blaize, StJ: 2B4
Rue de St Clair, StL: 6D2
Rue de St Jean, Tr: 7B3
Rue de St Julien, StMa: 4C3
Rue de St Mannelier, StS: 7D1
Rue de St Nicolas, StP: 6C1
Rue de Trachy, StH: 6D4
Rue de Val Poucin, Gr: 10B2
Rue de Vazon, StP: 6A4
Rue de Whitehall, Gr: 7D4
Rue de Yuthet, Tr: 7A4
Rue d'Egypte, Tr: 3A4
Rue d'Elysée, StP: 1D4
Rue d'Enfer, StJ: 2D1
Rue Derrière, StH: 10A3
Rue des Alleurs, Gr: 10B4
Rue des Alleurs, StH: 10A4
Rue des Alleurs, StMa: 4A3
Rue des Alleurs, StMa: 4C4
Rue des Alleurs, StMa: 7B2
Rue des Arbres, Tr: 7B3
Rue des Barroques, StJ: 2B4
Rue des Bessières, StL: 6A2
Rue des Bessières, StL: 6B1
Rue des Bilières, StL: 6B2
Rue des Boeufs, StMy: 6A2
Rue des Bois, StJ: 2D2
Rue des Bouillons, Tr: 3D3
Rue des Boulées, Tr: 7B3
Rue des Brûlées, Tr: 3C4
Rue des Brûlées, Tr: 7A2
Rue des Bruleries, StB: 5D4
Rue des Buttes, StMy: 2C4
Rue des Cabarettes, StMa: 7B4
Rue des Caen, StMa: 4A3
Rue des Camps, StL: 6B3
Rue des Canons, Tr: 7A1
Rue des Câteaux (3), Tr: 7B1
Rue des Champs, Gr: 11C1
Rue des Charrières, StMa: 4C2
Rue des Chasses, StJ: 2D1
Rue des Châtaigniers, StJ: 3C1
Rue des Chenolles, StJ: 2D2
Rue des Chenolles, StJ: 3C3
Rue des Cosnets, StO: 1A4
Rue des Côtils, StH: 7C1
Rue des Courts Champs, StJ: 2D2
Rue des Croix, StO: 5B2
Rue des Fonds, Gr: 11C1
Rue des Fontenelles, StMa: 4A4

Rue des Fontenelles, StO: 1D1
Rue des Fosses, StP: 6A3
Rue des Fosses, StP: 6C1
Rue des Fouonnaises, StO: 1D3
Rue des Fouôthets, StO: 1A4
Rue des Friquettes, StS: 7D3
Rue des Geonnais, StO: 1B3
Rue des Grès (2), Tr: 7B3
Rue des Haies, Tr: 7A2
Rue des Hamonnets, StJ: 7A1
Rue des Ifs, Tr: 7A4
Rue des Issues, StJ: 2D2
Rue des Mares, StMa: 4C2
Rue des Marettes, StMa: 4C4
Rue des Monnières, Tr: 3C4
Rue des Monnières, Tr: 7A1
Rue des Nièmes, StP: 5B4
Rue des Normans, Co: 8A2
Rue des Nouettes, StC: 11C1
Rue des Nouettes, StO: 1D3
Rue des Nouettes, StS: 10B3
Rue des Ormes, StMa: 4C4
Rue des Palières, StO: 1A4
Rue des Parcqs, StH: 7C1
Rue des Pelles, StMa: 4A4
Rue des Pelles, Tr: 7A2
Rue des Peupliers, StJ: 3C3
Rue des Pigneaux, StS: 7D2
Rue des Potiaons, StMy: 2C3
Rue des Potirons, StMa: 7B4
Rue des Prés, Gr: 11A3
Rue des Prés, StL: 2D3
Rue des Prés, StS: 10D1
Rue des Princes, StMy: 2C3
Rue des Raisies, StMa: 4C1
Rue des Raisies, StMa: 7B2
Rue des Sapins, StP: 6A3
Rue des Sauvalleries, Co: 5D4
Rue des Servais, StJ: 7A1
Rue des Servais, StL: 6B2
Rue des Sillons, StP: 6A1
Rue des St Mariais, StL: 6B3
Rue des Varslor, StL: 6B3
Rue des Varvots, StL: 2D3
Rue des Vaux, StMa: 4C1
Rue des Vignes, StP: 6C3
Rue des Viviers, StMa: 4C2
Rue des Vorets, StO: 1A4
Rue Dite le Vaux du Crêne, StMy: 2C1
Rue d'Olive, StMy: 2A4
Rue du Bec, Tr: 7A4
Rue du Becquet, Tr: 3D3
Rue du Becquet ès Chats, Tr: 3A3
Rue du Becquet Vincent, Tr: 7B3
Rue du Blanc Pignon, StMa: 4A3
Rue du Blin, StMa: 4C1
Rue du Blin, StMa: 4C2
Rue du Blouin, StMy: 2C2
Rue du Blouin, StMy: 2C4
Rue du Bocage, StP: 6A3
Rue du Bonnesfemmes, StO: 1D1
Rue du Bouillon, StMa: 4C4
Rue du Bouquet, StO: 1B3
Rue du Bourg, StC: 11C3
Rue du Camp, StMa: 4A3
Rue du Camp Durell, StMy: 2A4
Rue du Carrefour, StMa: 7B4
Rue du Carrefour au Clercq, Gr: 11A1
Rue du Câtel, Tr: 3D3
Rue du Câtel, Tr: 4A1
Rue du Cerf, StMy: 2C4
Rue du Champ Colin, StMa: 7D2
Rue du Champ Colin, StS: 7D4
Rue du Château Clairval, StS: 7D1
Rue du Cimitière, StJ: 2B3
Rue du Clos Fallu, StMa: 7B2
Rue du Clos Luce, StP: 5D1
Rue du Coin, StC: 10D1
Rue du Coin, StO: 5B4
Rue du Cônet, StB: 6C3

Rue du Cosnet, StB: 6C3
Rue du Côtil, StMa: 4C3
Rue du Couvent, StMy: 6A2
Rue du Couvent, StO: 5B1
Rue du Craslin, StP: 6C4
Rue du Creux Baillot, StO: 1D4
Rue du Douaire, StJ: 2D1
Rue du Douet, StMy: 2C2
Rue du Douet, StO: 5B2
Rue du Douettin, Gr: 11A2
Rue du Froid Vent, StMa: 4C4
Rue du Galet, StL: 6D3
Rue du Genestel, StC: 10D2
Rue du Grand Mourier, StJ: 2B1
Rue du Gros Chêne, StO: 1D3
Rue du Hocq, StC: 10D4
Rue du Hucquet, StMa: 7B2
Rue du Hucquet, StMa: 7B4
Rue du Hurel, Tr: 7A2
Rue du Hurel, Tr: 7A4
Rue du Long Bouet, StH: 10A4
Rue du Long Bouet, StH: 10C2
Rue du Maistre, StMy: 2C4
Rue du Manoir, StO: 5B2
Rue du Manoir, StP: 6A3
Rue du Marettes, StO: 1D4
Rue du Ministre, StMa: 4C4
Rue du Mont Capel, StO: 1D2
Rue du Mont Pellier, Tr: 3C4
Rue du Motier, StMy: 2C2
Rue du Motier, StO: 5B2
Rue du Moulin, StC: 10D2
Rue du Moulin, StMa: 4A3
Rue du Moulin de Fliquet, StH: 7C1
Rue du Moulin de Ponterrin, Tr: 7A4
Rue du Moulin de Ponterrin, Tr: 7B3
Rue du Muet, StJ: 2D1
Rue du Nord, StJ: 2B4
Rue du Nord, StO: 1B3
Rue du Nord, Tr: 3C2
Rue du Paradis, StS: 7D4
Rue du Parcq, Gr: 11C2
Rue du Pavillon, StMa: 4C2
Rue du Payn, StMa: 4C1
Rue du Petit Aleval, StP: 6A2
Rue du Petit Plémont, StO: 1A2
Rue du Pignon, StC: 10D2
Rue du Poivre, StJ: 7A1
Rue du Pont (2), StMy: 2C1
Rue du Pont (2), StO: 2C3
Rue du Pont, Gr: 11C4
Rue du Pont, StJ: 2D4
Rue du Pont, StS: 7B4
Rue du Pont des Oies, Tr: 3C1
Rue du Pont Marquet, StB: 8B2
Rue du Ponterrin, StS: 7D1
Rue du Port du Clos, StP: 5D1
Rue du Pré, StS: 7D3
Rue du Presbitaire, StP: 6A3
Rue du Presbytère, StC: 10D2
Rue du Presbytère, StP: 6A3
Rue du Presbytère, StS: 7C4
Rue du Presbytère, Tr: 3C4
Rue du Pribur, StO: 1D4
Rue du Prince Pontague, StC: 10D4
Rue du Puchot, StMa: 7B2
Rue du Puits, Gr: 11A1
Rue du Puits Manhaut, Gr: 11C4
Rue du Rat, StMa: 3D4
Rue du Rondin (3), StMy: 2C1
Rue du Rouge, StL: 6B1
Rue du Rué, StMa: 4C3
Rue du Sacrement, StMa: 7B4
Rue du Saut Falluet, StP: 5D4
Rue du Sergent, StMa: 7D2
Rue du Sud (2), StO: 1A4
Rue du Tas de Géon, Tr: 3C2
Rue du Temple, StJ: 2B4
Rue du Trot, StS: 7D2
Rue du Val, StH: 10A2

Rue du Vard, StL: 6B3
Rue du Vau Bachelier, StO: 1A4
Rue du Vieux Ménage (2), StS: 7D2
Rue du Vieux Moulin, Tr: 7C1
Rue Durell, StH: 10A3
Rue ès Abbés, StMy: 2C2
Rue ès Nonnes, StJ: 2B4
Rue ès Picots, Tr: 3D3
Rue ès Viberts, StMy: 2C3
Rue Fregle, StO: 1C2
Rue Galichie, StO: 5B1
Rue Graut, StC: 11C1
Rue Guerdains, Tr: 3C4
Rue Guille, StMa: 4D3
Rue Horman, Gr: 11A2
Rue Jacques, Tr: 7A2
Rue Jean Arthur, StP: 6A3
Rue Jean Lael, StMy: 2C4
Rue Jutize, Gr: 10B4
Rue Jutize, Gr: 11A3
Rue Laurens, StC: 10D2
Rue les Malletières, Gr: 10B2
Rue Mahier, StO: 2C3
Rue Malo, Gr: 11C1
Rue Maret, StP: 6C1
Rue Mathurin, Gr: 10B2
Rue Messervy, StS: 10B3
Rue Milbraie, StL: 6B3
Rue Militaire, StJ: 3C1
Rue Militaire, StO: 1D4
Rue Millais, StC: 10D2
Rue Parcqthée, StL: 6B1
Rue Quentain, StO: 1D3
Rue Rose, StP: 5D2
Rue Sara Henri, StL: 6B1
Rue Servais, StJ: 7A1
Rue Soldat, Gr: 10D2
Rue Soulas, Gr: 10B4
Rue Soulas, Gr: 10D2
Rue St Clément, StP: 6C1
Rue St Cosme, Tr: 3D3
Rue St Thomas, StS: 10B3
Rue Véguer, StO: 5B2
Ruelle à la Vioge, StP: 6C2
Ruelle Corbel, StL: 6D3
Ruelle de Haut, StMa: 4C3
Ruelle de Jean Langlois, StL: 6B3
Ruelle de St Clair, StH: 6D2
Ruelle des Creux, StH: 10A4
Ruelle des Tours, StC: 11C1
Ruelle du Prieur, StO: 1D4
Ruelle du Ravenal, Gr: 11A1
Ruelle ès Buches, Tr: 7A2
Ruelle ès Ruaux, StP: 6C4
Ruelle Vaucluse, StH: 6D4
Ruelles, StMa: 4C3
Ruelles, StO: 5B2
Ruelles, Tr: 7B3
Rues, StMa: 3D4
Ruette (5), StO: 1C2
Ruette, StB: 8B1
Ruette, StB: 9C1
Ruette, StH: 7C2
Ruette, StJ: 2D2
Ruette, StL: 6B2
Ruette, StMy: 2C4
Ruette à Pierre, StL: 6D1
Ruette au Canon, StH: 7C3
Ruette au Cras, StO: 2C3
Ruette d'Avranches, StL: 6B1
Ruette de Canu, StH: 7C3
Ruette de David, StS: 10B1
Ruette de Grantez, StO: 1D3
Ruette de Grault, StO: 1D1
Ruette de la Jolie, StMy: 2C1
Ruette de la Ville ès Gaudins, StMa: 4C1
Ruette des Mannaies, StO: 1C2
Ruette des Noués, StO: 1A3
Ruette du Coin, StO: 5B2
Ruette du Vau Bachelier, StO: 1A2

Ruette Duvérclut, StMa: 4D1
Ruette Gaupette, StMa: 3D4
Ruette Graut, StO: 1D1
Ruettes (2), StL: 6B2
Ruettes (2), StO: 1C2
Ruettes, StH: 10A4
Ruettes, StJ: 2D4
Ruettes, StJ: 3C3
Ruettes, StMa: 4C3
Ruettes, StO: 1D3
Ruettes, StP: 6A4
Ruettes, StS: 7D1
Ruettes, Tr: 3C3
Ruettes des Marineaux, StO: 1D2
Ruettes Farm, StS: 7D1
Ruettes Pinel, StH: 6B4
Ruettes Pinel, StH: 7B3
Ruined pier, Co: 1B4
Ruins shown 1867, StMy: 2A2
Ruisseau des Saules, Co: 4D1
Ruisseaux, StB: 9A3
Ruquet et East Ruquet, StMa: 4B1

Sable, StO: 5B1
Sablonière, StMa: 4B1
Sablons (2), StP: 5D1
Saie Harbour, Co: 4A4
Saie House, StMa: 4A4
Saillon, StB: 8B3
Saint Foin, StO: 2C3
Saint Serre, StMa: 4A4
Salais, StMa: 3D4
Saline (2), StO: 1C4
Saline, Co: 1C3
Saline, Co: 2B2
Saline, Co: 8B4
Saline slip, Co: 1C3
Salles, StH: 7C2
Samarès Avenue, StC: 10D1
Samarès Farm, StC: 10D1
Samarès Lane, StC: 10D3
Samarès Manor, StC: 10D1
Samarès Marsh, StC: 10D3
Samarès Railway Station, StC: 10D1
Samarès Slip, Co: 10D3
Sambue, Co: 10D3
Sambue Point, Tr: 3A2
Sambues, Co: 3A2
Samcro, Gr: 10B2
Sand Pits, StO: 5A2
Sand Street, StH: 10A3
Sandybrook Road, StP: 6C4
Santa Sofia, Gr: 11A1
Sardrière, StMa: 4B1
Sarsonnerie, StB: 8B4
Sarvé, Tr: 7B1
Saucée, StMy: 2C3
Sauchet, Co: 4A1
Saulsée, StJ: 7A1
Saulsée, StL: 6B1
Saulsée, StO: 5B2
Saulsée, Le Côtil et Boisene, StL: 6A2
Saulsées, StJ: 2B1
Saut, Co: 8C1
Saut au Tchian, StJ: 2B2
Saut Geoffroy, StMa: 11B1
Sauten, StO: 1A1
Sauvallerie, StB: 6C3
Sauvé, Tr: 7B1
Scallée, StMa: 3D4
Scelleterie, StL: 2D3
Scene of episode during French occupation of 1462, Tr: 3D3
Scez, StMa: 4A4
Scez Cottage, StMa: 4A4
School, StMy: 2C1
Scilles, StMy: 1D2
Scorbe, StJ: 2A2
Scorbe, StMy: 2A4

Scorbe, StMy: 2C2
Scoucherel, Co: 4A1
Screque, StMa: 4A4
Screz, StMa: 4A3
Sea View, StL: 6B3
Seafield, StL: 6D4
Seale Place, StH: 10A3
Seaton Place, StH: 10A3
Sebires, StMy: 2C4
Sefton, StC: 10D3
Seiz Perches, StO: 1A2
Sellette, Co: 9C3
Sellière, Co: 10D3
Semicircle of Stones, StO: 1A1
Sente, Gr: 11C2
Sente Maillard, Gr: 11C2
Sept Vergées, StB: 8B3
Septante Perches, StJ: 3C3
Sergenté, StB: 8A4
Sergenté, StC: 11C2
Sergenté, StMa: 4C1
Sergenté, StMy: 2C4
Sergenté, StP: 6C2
Sergenté, Tr: 3D3
Sergenté Nord et Sud, StL: 6D1
Serquez, StP: 2C3
Sestières, StP: 2C3
Sewer, StH: 10A3
Seymour Farm, StMa: 11B1
Seymour Garden, Gr: 11C4
Seymour Inn, Gr: 11C4
Seymour Tower, Co: 11C3
Shady Cottage, Tr: 7A4
Shamrock Bank, Co: 2B2
Sharp Flat, Co: 8A1
Sharp Rock, Co: 1B2
Silleries (3), Gr: 10D2
Sillette, Co: 9C3
Sillettes, StH: 6D4
Sillon, StL: 6B4
Sillon et Clos St Nicolas, StP: 6C2
Sillons, StL: 6B4
Sillons, StMy: 2A4
Silly, Co: 9C3
Simon Place, StH: 10A4
Sindair Farm, StP: 6C4
Sint Cyr, StJ: 2D2
Sion, StJ: 7A1
Sion Chapel, StJ: 7B3
Sion House, StC: 10D4
Sion House, StS: 10B1
Sir Winston Churchill Memorial Park, StB: 8B4
Siviettrie, StO: 1D3
Six Boules, StO: 1D4
Six Roads Farm, StL: 2D3
Six Rues (3), StL: 6B1
Six Vergées, StJ: 2D1
Six Vergées, StJ: 3C3
Slate Farm, StC: 11C1
Slip du Sein, Co: 1C1
Snow Hill, StH: 10A4
Snow's Rock, Co: 9C4
Solana, StB: 9A1
Solève, StC: 10D1
Solitude, StMa: 4C2
Solive, StC: 10D1
Somerleigh, StP: 2C3
Somier, StO: 1B3
Sommier, StB: 9C1
Sommier, StP: 5D2
Sommier de la Goute, StB: 8A4
Sommier de la Pepinière, StB: 9A3
Sommiers, StO: 1C2
Sordonnière, Co: 10D3
Sorel (3), StJ: 2A2
Sorel Cottage, StJ: 2B1
Sorel Pavilion, StJ: 2A2
Sorsoleil, Co: 5C4
Soublier, Co: 2A2

134

Souffleur, Co: 1B1
Source aux Yeux, Co: 1B4
Sourcins, Tr: 3C4
Sous de Chêne, StO: 5B1
Sous la Cache, StO: 1D3
Sous La Commune, StO: 1C4
Sous la Thiébaut, StL: 2D3
Sous le Bois, StP: 5D1
Sous le Clos, StO: 1C1
Sous le Mont, StO: 1C2
Sous le Monts Simon, StMy: 2C4
Sous le Pressoir, Tr: 7B1
Sous les Bois, Tr: 3D3
Sous les Serres, Tr: 7B3
South Ridge, Co: 11B2
South Rock, StH: 9D2
South-east Rock, Co: 9D2
South-west Grune, Co: 1B2
South-west Rock, Co: 9C3
Spring Farm, StMa: 7B4
Spring Grove, StL: 6D3
Springfield Grounds, StH: 10A2
Springfield Road, StH: 10A2
Springside, Tr: 3C4
Springvale, Gr: 10B2
Squez, StC: 10D3
Squez, StO: 1A3
St Agatha, StMa: 4D3
St Anastase, StP: 6A4
St Andrew's Church, StH: 6D4
St Andrew's Road, StH: 6D4
St Anne's Church, StO: 1D3
St Anne's Farm, StH: 7C3
St Aubin's Bay, Co: 9A2
St Aubin's Fort, Co: 9A4
St Aubin's Harbour, Co: 9A4
St Aubin's Main Road, StH: 9B2
St Aubin's Rly. Stn., StB: 9A2
St Augustine's House, StH: 10A1
St Brelade's Bay, Co: 9A3
St Brelades Church, StB: 8B4
St Brelade's Park, StB: 9A3
St Catherine's Bay, Co: 4D1
St Catherine's Breakwater, StMa: 4D2
St Catherine's Hill, StMa: 4C2
St Catherines Tower, StMa: 4C2
St Clair, StH: 6D2
St Clair, StL: 6D2
St Clement's Bay, Co: 11C3
St Clement's Church, StC: 10D2
St Clement's Farm, StC: 11C1
St Clement's Road, StC: 10D1
St Clement's Road, StS: 10A4
St Clement's School, StC: 10D4
St Ewold's, StH: 7C4
St George's Church, StO: 1A4
St George's Estate, StO: 1A4
St Germains, StL: 7A1
St Germains Farm, StL: 7A1
St Helier Harbour, Co: 10A3
St Helier's Church, StH: 10A3
St Jame's Haven, StH: 9D2
St James' Place, StH: 10A4
St James Street, StH: 10A4
St Jat, StS: 10A4
St Jaune, StO: 5B3
St John Perquage, StP: 6A4
St John's Bay, Co: 2B2
St Johns Church, StJ: 2B3
St John's Perquage, StMy: 2C4
St Joseph, Gr: 10B4
St Lawrence's Arsenal, StL: 6B3
St Lawrence's Church, StL: 6B3
St Lawrence's watch house 1817, StL: 6D3
St Luke's Crescent, StC: 10C2
St Mark's Church, StH: 10A2
St Mark's School, StS: 10A2
St Martinais, StL: 6D1
St Martin's Arsenal, StMa: 7B2
St Martin's Chruch, StMa: 4C1

St Martin's House, StMa: 4C1
St Martin's Perquage (2), StMa: 4C2
St Martin's Road, StMa: 7B4
St Mary's Church, StMy: 2C3
St Mary's Hill, StMy: 1D2
St Matthew's Church, StL: 6D3
St Matthieu's Church, StMy: 6A2
St Ouen's Bay, Co: 5C1
St Ouen's Church, StO: 5B1
St Ouen's Manor, StO: 5B2
St Ouen's Peronuage, StO: 1B4
St Ouen's Perquage, StO: 1D3
St Ouen's Perquage, StO: 1D2
St Ouen's Pond, StO: 5A4
St Ouen's Windmill, StO: 5B1
St Peter's Arsenal, StP: 6C3
St Peter's Church, Gr: 11C4
St Peter's Church, StP: 6A3
St Peter's House, StP: 6A1
St Peter's Parish Cannon, 1551, StP: 6C4
St Peter's Perquage, StB: 8B2
St Peter's Windmill, StP: 2C3
St Saviour's Church, StS: 10A2
St Saviour's Hill, StS: 10A2
St Saviour's Hill, StS: 7C4
St Saviour's Road, StH: 10A2
Stafford House, StH: 7C4
Stafford Lane, StH: 7C4
States Buildings, StH: 10A3
States Experimental Farm, Tr: 3C4
Steep Hill, StS: 10A2
Steephill, StH: 10A2
Stonewall, StH: 7C2
Stopford Road, StH: 10A2
Storling Castle Farm, StH: 7C4
Stuart Farm, StMy: 6A2
Sucoans, StP: 5B4
Summer Hill, StC: 10D2
Summerville, StMa: 4A3
Sunningdale, StH: 7C3
Sunniside, Gr: 11A1
Sunnyfields, StP: 6A3
Surguy Farm, StP: 6C1
Surville, StH: 7B3
Surville, StMa: 4C3
Surville Cemetery, Tr: 7A4
Sus les Vaux, StB: 9A1
Swan Farm, StS: 7C4
Swiss Valley, StS: 10B1
Sycamore, StMa: 4D1
Sycamore Farm, StP: 5D4

Table des Marthes, StB: 8A3
Table Rock, StMa: 4B1
Tabor Chapel, StB: 8B2
Tailis, StO: 5B2
Taillis (2), StH: 7B3
Taillis, StJ: 2B1
Taillis, StMa: 7B2
Taillis, StO: 5B2
Taillis, StS: 10A4
Taillis, Tr: 3D3
Taillis du Sud, StS: 7D3
Taillis et Côtil d'Anthoine, StS: 10B3
Tapinerie, Tr: 7A4
Tapinerie, Tr: 7B3
Tapon, StS: 10B1
Tarote, Tr: 7A4
Tas de Geon, Tr: 3A4
Tas de Pois, Co: 10D3
Tas de Pois, StMa: 4B1
Taulpied, Co: 10C4
Tchênée, Tr: 3A4
Tchithiéthe de Jean La Bas, Co: 1C3
Teighmore, Gr: 11A2
Telecommunications building, StO: 1D4
Telegraph Tower, StMa: 4B3
Tenement, StMy: 2C3
Tennue, StMy: 2C4

Tenue, StMy: 2C4
Terbaut, StJ: 2B4
Terbot, StJ: 2B4
Terrain Appelé la Petit Fosse, StP: 6A1
Terrain Bigand, StMy: 2C1
Terrains, StP: 6A3
Terre le Long de l'Avenue, StO: 1A4
Terre Neuve, StJ: 2D1
Terrebonne, Gr: 11A1
Terrior, StMa: 4A3
Terroir (2), StMa: 4A3
Tertré, StMy: 2C1
Terviêthe, StB: 8A4
Tesson Chapel, StL: 6C2
Têtards, Co: 10C4
Tête au Lion, Co: 8A1
Tête d'Âne, StO: 1A1
Tête de Frémont, StJ: 2B2
Tête de la Fontaine, Tr: 3D4
Tête de l'Uuest, Co: 8D1
Tête de Plémont, StO: 1A2
Tête des Champs, Tr: 3D3
Tete des Coupes, StO: 1B3
Tête des Hougues, Tr: 3D4
Tête des Hougues, Tr: 3D2
Tête des Pièces de Carrel, StO: 5B3
Tête des Quennevais, StB: 8B1
Tête du Feu, StO: 1B1
Tête du Fief, StJ: 2D1
Tête du Fief de la Houguette, StS: 7D3
Tête du Fieu, StO: 1B1
Tête du Houene, StB: 9C1
Tête du Noir Côtil, Co: 8A2
Tête du Seu, StO: 1B1
Tête du Vau Varin, StB: 9A4
Têtes de l'Est, Co: 8D1
Têton, Co: 10C3
Teurd Champ, StB: 8B3
Teurs Champs, Gr: 11A1
Teurs Champs, Tr: 3A4
Teut Camp, StB: 9A3
Thiébaut, Co: 1C3
Thiébaut, StO: 1C4
Thore, StB: 8B1
Thorn Hill, StH: 7C1
Thornhill Lane, StH: 7C1
Three Caves, Co: 3A2
Three Mile Farm, StS: 7D2
Three Oaks, StJ: 2B4
Three Oaks, StL: 6B1
Tihelle, StO: 1D3
Tihelle de Croix, StO: 1D3
Tihelle de Haut, StO: 1D3
Tinnée, StO: 5B1
Tippe, Co: 8C2
Tippes, StP: 5B3
Toëtte (4), StMy: 2C1
Toéttin, StP: 5D1
Tombelènes, Co: 3D3
Tombeline, StB: 8B3
Tombette, StMy: 2A4
Tonnelle, Co: 1C3
Tords Camps, Tr: 3A4
Torquard, Tr: 3A4
Tour Carrée- Square Tower, StO: 5A4
Tour de la Pierre Buttée, StB: 5C4
Tour de Rozel, Tr: 4A1
Tour de Vinde, Co: 9C4
Tour du Colonel Nicols, StC: 10D2
Tour du Sud, StB: 5C4
Tour Perrin, Tr: 4A1
Touraille, Co: 9C3
Tourelle, StMa: 11A2
Tourelle Field, StMa: 4C4
Tours, StC: 10D2
Tours, StC: 11C1
Tours Chapel, StC: 11C1
Touzel Field, StC: 10D3
Tower Hamlet, StS: 7D4
Trappe Seine, Co: 8A2

Travers Farm, StB: 9A3
Travers Farm Road, StB: 9A3
Traversain, StMy: 2C4
Traversain des Huriaux, StB: 8C2
Traversains, StB: 8B3
Traversau, StO: 1A4
Traversin, StS: 10B3
Traversine, StMa: 4A2
Tremblée, StO: 1A3
Trench, StMy: 2A3
Trente Perches, StB: 8B3
Trente Perches, StP: 6C1
Tréoville, StP: 6C1
Tres Creux, Co: 8C2
Tres Grunes, Co: 11B2
Tres Vergées, StMa: 4C4
Tresor, StL: 2D4
Tresor, StO: 5B1
Trésor, StO: 5B1
Trésor, StS: 10B1
Triangle, StB: 6C3
Triangle, StB: 8B3
Triangle, StH: 6D4
Triangle, StJ: 2B4
Triangle, StMy: 2A4
Triangle, StMy: 2C2
Triangle, StO: 1A3
Triangle à Pommiers, StMy: 2C2
Triangle Park, StH: 10A1
Trielle, StC: 10D2
Trielle, StC: 10D3
Triguelle, StC: 10D3
Trinity Church, Tr: 3C4
Trinity Hill, StH: 7C4
Trinity Road, StH: 10A2
Trinity Road, StH: 7C2
Triple Cave, StMy: 2A3
Triple Peak Rock, Co: 10D3
Trodez, StO: 1D1
Trois Bois, StL: 6B3
Trois Bois, StMy: 2C2
Trois Carres, StJ: 3C3
Trois Carres, StP: 5D1
Trois Carres, StP: 6C1
Trois Carres, Tr: 3C4
Trois Carres, Tr: 3D1
Trois Carrés, StMy: 2C3
Trois Champs au milieu des Tippes, StP: 5B3
Trois Cornières, StMy: 2D1
Trois Cornières, StS: 10B3
Trois Corniores, StO: 5B2
Trois Grunes, Co: 10D3
Trois Rocques (2), StP: 5B3
Trois Rocques, StP: 5A4
Trois Vergées, StMa: 4A4
Trois Vergées, StO: 5B4
Trois Vergées, StS: 7D4
Trois Vergées de Bas, StB: 8A4
Trois Vergées de Haut, StB: 8A4
Troisième Clos, StO: 1D1
Tronche et Clos de Mauger, Grand et Petit, StJ: 2D2
Trone Chêne, Tr: 3C2
Tronquesne, Tr: 3C2
Troopers Rocks, Co: 3D2
Trou au Diable, StMy: 2A3
Troupeurs, Co: 3D2
Trousse, Co: 2B1
Trousse Cotillon, StB: 8A4
Tumuli, Tr: 3D4
Tumulus, StMy: 2A4
Tumulus, StMy: 2C4
Tumulus, StO: 1A4
Tumulus, StO: 1B1
Tumulus, StO: 1D3
Tunnel Street, StH: 10A2
Turbois, StJ: 2B4
Turret et Pole Beacon, StMa: 4B3

Undercliff Hill, StH: 10A1
Union Inn, StH: 7C1
Union Inn Lane, StH: 7C1
Union Street, StH: 10A3
Uplands, StL: 2D3
Upper Clarendon, StH: 10A1
Upper King's Cliff, StH: 10A1

Vaer, StMa: 11B1
Vagues, StC: 11C3
Vakkette Corrée, StB: 8B4
Val (2), StB: 9A3
Val, StMa: 4C2
Val André, StH: 10A1
Val au Bel, StP: 6A1
Val au Feuvre (3), StO: 5B1
Val au Moine, StC: 10D2
Val Aumet, StS: 10B1
Val Clame, StS: 10B1
Val Clame, StS: 10B3
Val Cul Douet, StJ: 3C3
Val de Horman, Gr: 10B2
Val de la Mare, StO: 5B3
Val de la Mare Resevoir, StP: 5B4
Val des Charrières, StO: 5B3
Val des Moulin, Gr: 11A1
Val ès Fontaines, Co: 9A4
Val ès Reux, StO: 1C4
Val Feuillu, StS: 7D2
Val Gabard, Gr: 11A2
Val Huet, StB: 8B3
Val Plaisant, StH: 10A2
Val Poucin, Gr: 10B4
Val Rougie, StMy: 1B4
Val Varin, Co: 9A4
Val Vorin Battery, StB: 9A4
Valchên, StMy: 2A4
Vale Farm, StP: 6C2
Valerin, StB: 9A1
Valet, StJ: 2A4
Valette Farm, Gr: 11A2
Valeure, StB: 8B2
Valeuse (2), StB: 8B4
Vallantison, Co: 8D2
Vallée, StJ: 2B4
Vallée, StJ: 3A3
Vallée, StMa: 4B3
Vallée de Rozel, StMa: 4A3
Vallée de St Laurent, StL: 6D2
Vallée des Vaux, StH: 10A2
Vallée des Vaux, StP: 6C4
Vallée du Noé, StJ: 2D1
Vallée du Nord, StJ: 2D1
Vallées, StMa: 4A3
Vallées, StMa: 4C4
Vallet, StC: 10D2
Vallet, Tr: 3A4
Vallet, Tr: 3D4
Vallee du Pré, StL: 6B3
Vallets (5), StO: 1B3
Vallette (2), StB: 9C1
Vallette (2), StC: 11C1
Vallette (2), StH: 7C2
Vallette (2), StJ: 3C3
Vallette (2), StL: 6B1
Vallette (2), StL: 6B3
Vallette (2), StMy: 2C4
Vallette (3), StJ: 2A4
Vallette (3), StL: 2D4
Vallette (3), Tr: 7A4
Vallette (3), Tr: 7C2
Vallette (4), StL: 6B2
Vallette (4), StMy: 2C3
Vallette, Gr: 11A1
Vallette, Gr: 11A3
Vallette, Gr: 11C1
Vallette, StB: 5D4
Vallette, StB: 8A4

Vallette, StB: 8B2
Vallette, StB: 9A1
Vallette, StH: 6D2
Vallette, StJ: 2B4
Vallette, StJ: 2D4
Vallette, StJ: 7B3
Vallette, StL: 6A2
Vallette, StL: 7A1
Vallette, StMy: 1B4
Vallette, StMy: 2C1
Vallette, StMy: 2C2
Vallette, StO: 1A2
Vallette, StO: 1A4
Vallette, StO: 1B3
Vallette, StO: 1C2
Vallette, StO: 1C4
Vallette, StO: 5B1
Vallette, StP: 2C3
Vallette, StP: 5B2
Vallette, StP: 5D1
Vallette, StP: 5D3
Vallette, StP: 6A3
Vallette, StS: 10A2
Vallette, StS: 10B3
Vallette, StS: 4C3
Vallette, Tr: 3C4
Vallette, Tr: 7A2
Vallette à Genest, StP: 5B4
Vallette à Oeurs, StL: 6D2
Vallette à Pommiers, StL: 6B3
Vallette à Pommiers, StO: 1B3
Vallette Anquetil, Gr: 11A1
Vallette au Lion, StL: 6D2
Vallette au Meurtre, StO: 1D3
Vallette au Prêtre, StMa: 4A4
Vallette Boûseûthe, StB: 8A4
Vallette de Bas, StH: 7C1
Vallette de Bas, StL: 6B3
Vallette de Bas, StL: 6D2
Vallette de Bas et Côteau, StH: 7C3
Vallette de Haut, StL: 6D1
Vallette de Haut, StP: 6A1
Vallette de Haut et Bas, StMy: 2A4
Vallette de la Fontaine, StH: 6D4
Vallette de la Hannière, StMa: 3D4
Vallette de la Lande, StH: 6D4
Vallette de l'Auge, StMa: 7B2
Vallette des Croix, StB: 8B3
Vallette des Houmets (2), StH: 7C1
Vallette des Mielles, StB: 5D4
Vallette du Désert, StL: 6B4
Vallette du Fief, StMa: 4A3
Vallette du Parcq, StO: 1D2
Vallette du Rondin, StH: 7C1
Vallette ès Bettes (2), StB: 9C1
Vallette ès Filles, StMa: 4A4
Vallette et Côtil du Val du Chêne, StMy: 1D2
Vallette et Le Prêque, StL: 2D4
Vallette et Pré, StH: 7C3
Vallette et Pré de Haut, StH: 7C1
Vallette et Saulsée, StH: 6D2
Vallette Haubert, StO: 1A1
Vallette Robin du Haut, StMy: 1B4
Vallette Tocozaine, StMy: 2A3
Vallette Trot, StO: 1B4
Vallette Trot Battery, StO: 1B4
Vallettes (2), Tr: 7B1
Vallettes, Gr: 11C1
Vallettes, StO: 1B3
Vallettes, StO: 1D1
Vallettes, StO: 5B1
Vallettes de Bas, StP: 6A1
Valley Farm, StL: 6B4
Valley Farm, StMa: 4A3
Valley Farm, StP: 6A1
Valley House, StMy: 2A4
Valley Road, StH: 10A2
Vallon (2), StC: 10D3
Vallon (2), StJ: 2A4

Vallon (2), StS: 10B3
Vallon (2), Tr: 7C2
Vallon, Gr: 11A3
Vallon, StB: 5D4
Vallon, StMa: 4C4
Vallon, StP: 6C2
Vallon du Nord et Sud, Gr: 10B4
Vallondière, StB: 8A4
Vallonerie, StC: 10D1
Vallonet, StMa: 4C2
Vallons, StB: 9A1
Valmont, StMa: 4C3
Valogne, StH: 7C4
Valqué, StMy: 2A4
Van, StH: 6D4
Vanais, Clos Sable et Clos du Haut du Nord, StH: 6D4
Varines, StS: 10B3
Varvotière, StP: 6C1
Vatcher's Quarries 1914, StL: 2D4
Vau Bachelier, StO: 1A2
Vau Collet, StS: 10B3
Vaû ès Fontaines, Co: 9C2
Vau Rougi, Co: 1B4
Vau Tocque (2), StB: 9A3
Vaucluse (2), StH: 6D4
Vauléme et Jardin à Pommiers, StH: 7C2
Vauqueret, StB: 9A2
Vaûsot, Co: 8C2
Vauvarin, Co: 9A4
Vauvert, StMy: 2D1
Vaux (2), Tr: 3C4
Vaux, StB: 9A1
Vaux, StL: 6B3
Vaux, StO: 1C2
Vaux, StO: 1D2
Vaux, StO: 5B1
Vaux, StS: 4C3
Vaux, StS: 7C4
Vaux, Tr: 7B1
Vaux Bourel, StMy: 2A4
Vaux Brideaux, StO: 5B1
Vaux Cuissin (5), StO: 1D3
Vaux de Bas, StB: 8B2
Vaux de Handois, StL: 2D4
Vaux de Lecq (2), StO: 1D2
Vaux de Lecq, StO: 1B4
Vaux de Rozel, StMa: 3D4
Vaux de St Ouen de Carteret, StO: 5B3
Vaux et Côteaux, StO: 5B2
Vaux et Côtils de l'Anglois, StL: 6B2
Vaux et Côtils des Vaux, StP: 5B4
Vaux Larons, StB: 8A4
Vaux Larrons, StB: 8A4
Vaux Morel, StS: 10B1
Vaux Neél, StS: 10B3
Vaux New Road, StH: 10A2
Vaux Rongiers, StP: 6A4
Vaux Sot, StB: 8C2
Vauxhall Street, StH: 10A2
Ver l'Ouest, StL: 6B1
Verclut, Gr: 11C1
Verclut Farm, StMa: 4D1
Verd Meleu l'Ouest, StL: 6B1
Vergée, StL: 6D3
Vergée, StO: 1B3
Vergée du Nord, Co: 5A1
Vergée du Sud, Co: 5A1
Vergée et Lemie, StB: 6C3
Vergées, StO: 1D1
Verger, Gr: 10B2
Verger, StL: 6D1
Vermeilleux l'Ouest, StL: 6B1
Vermelue de l'Est, StL: 6B1
Vermelue de l'Ouest, StL: 6B1
Vermeux, Co: 5C3
Vermeux, Co: 8A2
Vermont, StB: 6C3
Vermont, StS: 7D3
Verp, StMy: 2C3

Vert Champ, StMa: 7B4
Vert Chemin, StH: 7C1
Vert Chemin, StP: 5B3
Vert Pignon, StMy: 6A2
Vert Pignon, Tr: 3C2
Vert Vallet, Co: 3D2
Vertclut, Co: 4D1
Verte Charrière, StP: 5D1
Verte Mielle (2), StO: 1B4
Verte Route, StMy: 2C3
Verte Rue (2), Tr: 3C4
Verte Rue, StB: 8B3
Verte Rue, StB: 9A1
Verte Rue, StL: 6B1
Verte Rue, StL: 6D1
Verte Rue, StMa: 4C2
Verte Rue, StMy: 2C2
Verte Rue, StO: 1C2
Verte Rue, StO: 1C4
Verte Rue, StO: 1D4
Verte Rue, StO: 5B2
Verte Rue, StP: 6A3
Verte Rue, StP: 6C2
Verte Rue, Tr: 7B1
Verte Rue Farm, StO: 5B2
Vertes Fosses, StB: 5D3
Vesconte Memorial, Tr: 3C2
Vicard, Co: 3B3
Vicard Harbour, Co: 3B3
Vicq Farm, Gr: 11C4
Victoria, StJ: 2A2
Victoria Avenue, StH: 6D4
Victoria College, StH: 10A4
Victoria Cottage Homes, StS: 7D3
Victoria Harbour, Co: 10C1
Victoria Hotel, StP: 6C2
Victoria Marine Lake, Co: 10A3
Victoria Road, StS: 10C2
Victoria Street, StH: 10A2
Victoria Tower, StMa: 11B1
Victoria Village, Tr: 7B3
Vieille Chapelle, StMa: 4C2
Vieille Charrière, StMa: 4C4
Vieille Forge, StO: 1C2
Vieille Garde, StMy: 1B4
Vieille Maison, Co: 7B1
Vieille Maison, StB: 9A4
Vieille Maison, StO: 1D2
Vieille Maison, StP: 6A4
Vieille Maison, StS: 7D4
Vieille Maison du Franc Fief, StB: 6C3
Vieille Pepinière, StMy: 2C4
Vieille Rue, Gr: 10B2
Vieille Rue à l'Eau, StO: 1D3
Vieilles, Co: 8D2
Vieilles Fontaines, StO: 1C2
Vielle, StMa: 4B1
Vielle Ardoise, Co: 11C3
Vielle Tête, Co: 11B1
Vier Châte, StMa: 11B1
Vier Mont, Gr: 10B4
Vier Mont, StO: 1D3
Vieux Champ, StO: 5B4
Vieux Château, StL: 6B2
Vieux Clos, StB: 8A4
Vieux Clos, StB: 8B3
Vieux Jardin, Gr: 10B4
Vieux Jardin, StB: 6C4
Vieux Jardin, StB: 8A4
Vieux Jardin, StJ: 2A4
Vieux Jardin, StMy: 2C2
Vieux Jardin, StMy: 2D1
Vieux Jardin, StS: 7D4
Vieux Ménage, StS: 7B4
Vieux Moulin, StMy: 2A4
Vieux Pré, Tr: 3C2
Vigille Charrièrs, Tr: 3D1
Vignette, StS: 7B4
Vignt Livres du Sud, StO: 5B2
Villa Millbrook, StL: 6D3

Villa Velletri, StH: 7C3
Villaise (5), StO: 1C2
Ville, StB: 9C1
Ville, StP: 2C3
Ville à l'Evêque, Tr: 3C3
Ville à l'Évêque, Tr: 3C4
Ville Abbé, StO: 5B1
Ville Abel, StO: 5B1
Ville au Bas, StL: 6A2
Ville au Bas, StO: 5B1
Ville au Moée, StB: 8B3
Ville au Nevea, StO: 1D4
Ville au Neveu, StO: 2C3
Ville au Veslet, StL: 6B1
Ville Bagot, StS: 10A4
Ville Brée, StMa: 3D4
Ville Conet, StB: 8A4
Ville de l'Eglise, StO: 5B1
Ville de l'Église, StP: 6A3
Ville de Troye, StO: 5B2
Ville des Chennes, StJ: 2B4
Ville Emphrie (2), StL: 6D1
Ville ès Gaudins, StMa: 4C1
Ville ès Gazeaux (2), StL: 2D3
Ville ès Gros, StL: 6B2
Ville és Normans, Tr: 7A1
Ville ès Nouaux, StMa: 4A3
Ville ès Nouaux, StH: 6D4
Ville ès Philippes, Gr: 11A1
Ville ès Quennevais, StB: 5D4
Ville ès Renauds, Gr: 11A4
Ville ès Scretz, StMy: 2A3
Ville ès Tubelins, StS: 10B1
Ville Gallais, StB: 9A3
Ville Gilbert, StB: 8D1
Ville Jacques, StL: 6B2
Ville la Bas, StO: 1A3
Ville Machon, Tr: 3D4
Ville Quenu, StB: 8A4
Ville Scrée (2), StMy: 2A3
Villot Farm, StMa: 4C2
Vincent Hall, Tr: 7B3
Vinchelez de Bas Manor, StO: 1B3
Vinchelez de Haut Manor, StO: 1B3
Vinchelez Farm, StO: 1D1
Vinde (2), StB: 9C4
Vinde, StB: 9C2
Vine Px., StP: 6C4
Vine Street, StH: 10A3
Vingt Livres du Milieu, StO: 5B2
Vingt Livres du Nord, StO: 5B2
Vingt Perches, StO: 1A2
Viottes, Tr: 7D1
Vitardorie, Tr: 3D3
Vivier (2), StMa: 4C1
Vivier, StB: 9C4
Vivier, StMa: 3D4
Vivier, StP: 5B3
Vivier, StS: 10B1
Vivier et le Bacin, StO: 5B2
Vollangère, StB: 8A4
Vouest, StMa: 4A3
Voûte, StO: 1C1
Vrachère, Co: 9B4
Vrachères, Co: 9C3
Vraic, StMa: 4B1
Vraicquières, Co: 9C3

Walnut Farm, StL: 6A4
Walnut Farm, StS: 7B4
Warren Farm, StB: 9C1
Water Lane, StP: 5D2
Water Splash, StP: 5C2
Watercress Spring, StB: 5D3
Waterloo Street, StH: 10A3
Water's Edge, Tr: 3D1
Waterworks Valley, StL: 2D4
Waverley House, StP: 5B4
Webber's Lane, Gr: 11C4

Welby Farm, StP: 6C1
Well, StMy: 2A3
Well, Tr: 4A1
Wellington Park, StS: 10A2
Wellington Road (2), StS: 10A2
West Hill, StH: 7C3
West Lynn, StO: 5B1
West Mount, StH: 10A1
West Mount Road, StH: 10A1
West Park Pavilion, StH: 10A1
West Rock, Co: 5A1
Westfield, StMy: 2C3
Westlands, StB: 6C3
Wheatlands, StP: 6C2
White House, StMa: 4C3
White Menhir, StO: 5B3
White Menhir, StP: 5B3
White Rock, Co: 10C3
White Rock, Co: 10D3
White Rock, Co: 8A1
Whitehall, Gr: 7D4
Whitelerie, StMa: 4C3
Winchester Street, StH: 10A2
Windsor House, StL: 6B1
Windsor Road, StH: 10A1
Witches' Rock, StC: 10D3
Wolf's Caves, StJ: 2B2
Woodlands, Gr: 11C1
Woodlands, StH: 7C1
Woodlands, StMy: 2C2
Woodlands Farm, Gr: 11C1
Woodlands Farm, StP: 6A3
Woods, StJ: 3C1
Woodville Hotel, StH: 10A4
Wrentham Hall, StMa: 4C1
Wye House, StP: 6C2

Yeseline, Co: 8A3
Yews, StP: 6A3
York Street, StH: 10A3

www.ingramcontent.com/pod-product-compliance
Lightning Source LLC
Chambersburg PA
CBHW061057170426
43194CB00025B/2960